한국 국가안보 전략의 전개와 과제

한반도, 동아시아 그리고 평화

이 도서의 국립중앙도서관 출판예정도서목록(CIP)은 서지정보유통지원시스템 홈페이지(http://seoji.nl.go.kr)와 국가자료공동목록시스템(http://www.nl.go.kr/kolisnet)에서 이용하실 수 있습니다.
CIP제어번호: CIP2017003336(양장), CIP2017003338(학생판)

한국 국가안보 전략의
전개와 과제

반도, 동아시아 그리고 평화
uth Korea's National Security Strategy:
olution and Challenges

박영준 지음

ㅏ울
ㅏ데미

일러두기

이 책은 저자가 2006년부터 2016년까지 여러 매체에 기고한 글과 새롭게 쓴 글을 엮은 책입니다.

서문

    이 책은 연구자로서 외도의 결과물들을 모은 것이다. 필자는 일본 정치 외교사 연구로 박사 학위를 받았고, 일본 군사 분야를 가르치는 대학교수가 되었다. 그런데 국방대학교라는 직장의 특성상 외부 학회나 언론기관들로부터 한국의 안보 정책에 대한 연구 발표나 칼럼 기고 등의 요청도 적지 않게 받았다. 그럴 때마다 거절하기도 곤란해 가끔 한국 안보 전략이나 정책에 대한 글을 쓰게 되었다. 그런데 이런 주제의 글을 몇 번 쓰다 보니 최초에는 의도하지 않았으나 한번 모아보는 것도 좋지 않겠나 생각했다.

    한국 안보 정책이나 남북한 관계에 대해서는 선후배 및 동료 연구자들의 뛰어난 기존 연구들이 있다. 필자는 애초부터 이 주제에 대한 전문 연구자도 아니고, 이 책에 실린 글들도 처음부터 일관된 체계를 염두에 두고 작성하지는 않았다. 그래도 이 책에 수록된 글들은 다음과 같은 몇 가지 특성이 있지 않나 생각된다.

    우선 한국의 현대 정치·외교사를 국가 전략 혹은 국가안보 전략의 카테고리에서 조망해보고자 했다. 국가 전략 혹은 국가안보 전략이란 국가의 생존과 주권의 확보라는 목표를 달성하기 위해 국가 내외의 정세 판단을 정확히 하고, 국가능력과 자원을 동원하며, 정치·사회·경제·외교·국방 등의 분야별 수단을 선택해 위협 요인들을 배제, 국가의 안전을 확보해가는 정책 구상을 의미한다. 지정학적으로 불리한 여건에서 대한민국이 지난 70여 년 동안 생존과 번영을 유지해온 것은 역대 지도자와 정부에 의한 국가 전략 차원의 고민과 모색이 나름대로 주효하지 않았을까? 그리고 역대 정부가 기울인 국가안보 전략에 대한 고민과 구상에 대한 나름의 성찰을 바탕으로 해야 21세기의 상황에서 던져지는 복잡한 국가안보의 현안에 학문적으로나 정책적으로 좀 더 잘 대응해나갈 수 있지 않겠는가? 처음부터 의도한 것은 아니지만 이 책에 수록된 글은 이 같은 국가전략, 혹은 국가안보 전략에 대한 필자의 문제의식하에서 시대별·현안별로 작성된 것들이다.

석·박사과정에서 주로 역사학적 방법론의 훈련을 통해 국제정치학을 연구했던 필자로서는 이 책의 논문들에서도 가급적 1차 사료에 대한 실증적인 조사 연구를 통해 개별 지도자의 국가 전략관이나 안보 정책 현안들을 정리하고자 했다. 미국이나 일본의 대학에서는 자신의 국가를 건설한 건국의 아버지들(founding fathers)이 남긴 서한이나 메이지 초기 정치가들의 일기를 기본 텍스트로 삼아 교육하고 연구하고 있다. 중국의 고위 관료나 명문 대학 학생들도 쑨원(孫文)이나 마오쩌둥(毛澤東), 덩샤오핑(鄧小平) 등의 저술을 숙독하면서 미래의 국가 전략을 구상하는 경우를 보게 된다. 그에 비해 우리는 분석틀과 모델 설정이 우선되고, 실제 정책을 담당한 인물들의 연설이나 저술에 대한 사료적 검토가 충분히 이루어지고 있지 않은 것 같다. 역사와 분리된 사회과학 연구는 잘못하면 다산(茶山) 정약용이 그토록 경계했던 허학(虛學)의 위험성을 가진다. 이런 문제의식

6

을 평소에 갖고 있는 필자는 이 책의 전반부에서 가급적 역사학적 방법에 입각해 개별 정치가들의 저술과 연설을 주요 텍스트로 삼아 국가안보 전략의 전개 흐름을 살펴보고자 했다.

필자는 역사학적 접근 방법이 국가안보 정책 현안에 대한 분석과 대안 제시 과정에서도 유용성을 갖는다고 생각한다. 현실주의, 자유주의, 구성주의 등 거대이론들의 영향력이 지배적인 국제정치학의 모델이나 분석틀을 중시해 안보 정책을 구상할 경우, 선택할 수 있는 안보 정책의 대안이 협소해질 수 있다. 그러나 역사학적 접근 방식에 입각해 안보 정책을 검토할 경우, 좀 더 구체적이고 포괄적인 검토가 가능하다고 생각한다. 이 책 후반부에 게재한 글들은 다소의 역사학적 방식을 적용해 북한 핵 문제나 동아시아 안보질서의 현안들을 분석하고 대안을 제시해본 결과이다.

다만 이 책은 애초부터 분석틀과 목차를 정하고 써내려간 글이 아니라 기존에 발표한 글들을 모은 것이기 때문에, 전체적으로 체제의 혼란이 남아 있다. 또한 전체 체제를 재구성하는 과정에서 몇 가지 주제에 대해서는 새롭게 글을 작성할 필요도 있었다. 다행히 2016년 전반기, 6개월간 연수의 기회를 맞아 미국 하버드 대학교에 체재하면서 기존에 썼던 글들에 약간의 수정을 가할 수 있었고, 몇 개의 주제들을 새롭게 작성할 수 있었다. 귀중한 기회를 다시 부여해준 하버드 대학교 미·일 관계 프로그램(US-Japan Program)의 수전 파(Susan Pharr) 교수 및 후지히라 신주(藤平新樹) 박사, 그리고 'The Two Koreas' 수업의 청강과 개별 만남 등을 통해 한국 현대사에 여러 유익한 견해를 제시해준 카터 에커트(Carter Eckert) 교수 등에게 고마움의 인사를 드린다. 필자의 졸고 출판을 결정해준 한울엠플러스의 윤순현 차장님과 편집을 담당해준 최은미 씨에게도 깊은 감사를 드린다.

그러나 이 책에 나타난 미비점은 오로지 필자의 책임에 속하는 것임을 잘 알고 있다. 독자 제현의 질정을 기다려 수정·보완해갈 것을 다짐한다.

2017년 2월
서울 수색동 연구실에서
박영준

차례

제1부

건국과 냉전기 국가안보 전략의 형성과 전개

인간이 사회생활을 영위하면서 만들어낸 매우 강력하고 거대한 제도 중 하나가 국가일 것이다. 플라톤(Platon)과 아리스토텔레스(Aristoteles), 그리고 공자(孔子)와 한비자(韓非子) 같은 동서양의 고전적 사상가들은 국가란 무엇이며, 어떻게 통치되어야 하는가의 문제를 나름의 시각에서 제기했다. 이후 국가가 무엇이고, 어떤 목적으로 존재해야 하는가에 대해 서구 정치사상 분야에서의 논의는 크게 너덧 가지로 대별할 수 있는 것 같다. 첫째, 니콜로 마키아벨리(Niccolò Machiavelli), 토머스 홉스(Thomas Hobbes), 게오르크 헤겔(Georg Hegel) 등에 의해 주창된 현실주의 국가론 혹은 절대주의 국가론을 들 수 있다. 이에 의하면 국가는 개별 구성원들의 자유와 복리를 증진하기 위해 만들어졌으나, 그 목적을 달성하기 위해 경제·군사·외교 등 제반 분야에 걸쳐 강력한 제도를 건설하지 않으면 안 된다는 것이다. 둘째, 존 로크(John Locke), 스튜어트 밀(John Stuart Mill) 등에 의해 주창된 자유주의 국가론 계보가 있다. 이들에 따르면 궁극적으로 중요한 것은 인간의 능력 구현과 재산권 보호이며, 국가의 목적은 이들 인간의 권리를 보호하기 위한 것이다. 국가는 인민들의 계약, 혹은 선거 같은 의사표시에 따라 구성되어야 하며, 국가의 능력이나 제도는 최소한도로 되지 않으면 안 된다는 최소국가론, 혹은 야경국가론을 이들은 주장한다. 셋째, 카를 마르크스(Karl Marx)와 블라디미르 레닌(Vladimir Lenin)에 의한 공산주의 국가론이다. 이들은 자본주의국가란 부르주아 계급의 이익을 옹호하기 위해 만들어진 도구에 불과하며, 궁극적으로 노동자 계급의 이익이 옹호되기 위해서는 국가 기구가 타도되어야 한다고 주장한다. 넷째, 시드니 웹(Sidney Webb)·베아트리스 웹(Beatrice Webb) 부부, 해롤드 라스키(Harold Laski), 스웨덴의 경제학자 군나르 뮈르달(Gunnar Myrdal) 등에 의해 제시된 복지국가론의 계보를 들 수 있다. 정치적으로 의회민주주의를 옹호하면서 이로 인해 구성되는 정부가 조세의 확충 등을 통해 개별 인간들, 특히 빈곤 노동계급의 복지를 위해 역할을 강화할 것을 주장한다.

국가의 존재 이유에 대해 이 같은 논의들이 존재한다고 할 때, 과연 1948년 이후 대한민국의 국가는 어떤 사상과 논리에 의해 제도와 운영 방식이 결정되어온 것일까? 국가 지도자들은 자신들이 건설하게 될 국가의 비전을 어떻게 구상해왔던가? 그리고 그 비전을 구현하기 위해 정치·경제·군사·외교 등의 여러 분야에서 어떤 전략을 설계해왔던가?

제1부에서는 이러한 문제의식에 따라 이승만, 박정희 등 한국의 초기 국정을 담당한 정치 지도자들이 남긴 연설과 저서들에 대한 문헌 분석을 시도한다. 건국 초기 대통령들의 연설을 살펴보는 것이 한국 국가 전략의 원점을 살펴보는 데 유용한 준거를 제시해줄 것으로 기대한다.

제1장

- - - - - - - - - - - - -

이승만 정부의 국가안보 전략

이승만 대통령(1875~1965)은 한말부터 일제 식민지 시기 그리고 건국 초기 한국 현대사를 상징하는 존재의 하나이다. 청년기에 과거를 준비하다가 신식 학문을 접하게 되면서 독립협회에 참가하고 ≪황성신문≫에 논설을 집필하는 등 애국계몽운동에 몸을 바쳤다. 국권 상실기에는 미국 유학을 떠나 하버드 대학교에서 석사, 프린스턴 대학교에서 박사 학위를 취득하는 등 당시로서는 보기 드문 학문적 성취를 이루었다. 3·1 운동 이후 상해에서 임시정부가 수립되었을 때 초대 대통령으로 취임했으며, 이후에도 미주에서 미국 정부를 상대로 한 탄원이나 동포들의 조직 및 저술 활동을 통해 나름의 독립운동에 진력했다.[1] 해방 이후에 귀국해 1948년

---

*   이 장은 박영준, 「한국 국가전략의 기원: 이승만과 박정희 국가구상의 연속성과 변화」, ≪교수논총≫, 제20권 2호(국방대학교, 2012)의 일부를 보완한 것이다.

1)   식민지 시기 이승만의 국제질서 인식을 살펴본 연구로는 박영준, 「이승만의 국제질서인식과 일본관: 식민지 시기에 있어 망국과 건국의 문제」, ≪한국정치외교사논총≫,

초대 대통령에 선출되었고, 이후 4·19 혁명에 의해 하야할 때까지 대통령 직에 재임했다.

미국 명문 대학에서 박사 학위를 취득한 학문적 성취, 한말 애국계몽운동 참가와 상해 임시정부의 초대 대통령 선출이라는 정치적 자산, 그리고 중국과 미국을 오가면서 형성한 다양한 국제사회와의 네트워크 등에 비춰볼 때, 이승만은 1948년 수립된 대한민국 초대 대통령으로서 손색없는 경륜과 경력을 갖추고 있었다고 볼 수 있다. 그러나 이러한 경력임에도 대통령 취임 이후 수차례 헌법을 개정하면서 장기 집권을 도모했고 결국 4·19 혁명에 의해 권좌에서 물러나게 되면서 그의 시대와 정치에 대한 평가는 현재 한국 사회에서 극명하게 양분되는 양상을 보인다. 예컨대 서중석은 당시의 서지 자료에 대한 역사학적 분석을 통해 이승만이 발표한 반공 담화 등도 치졸했으며, 국민을 기만이나 협박의 대상으로 생각했고, 결국 정상적 절차를 무시한 독재정치의 양상이 노정되었다며 그의 시대를 극히 비판적으로 평가한다.[2] 반면 김영호 등은 이승만이 북한과 남한 내의 반대 세력에 직면하면서도 토지개혁을 통해 왕조적 사회계층질서를 파괴하고 근대적 정치질서를 정착시키는 등 고도의 정치적 행위를 보였고, 건국 혁명을 이룩했다고 높이 평가한다.[3]

이 같은 상반되는 평가를 염두에 두면서, 이하에서는 1948년 정부 수

제31집 1호(2009.8) 참조.

2) 서중석, 『이승만과 제1공화국: 해방에서 4월혁명까지』(역사비평사, 2007), 12쪽.

3) 김영호, 「국가론의 관점에서 본 대한민국 건국의 특징과 의의」, ≪한국정치외교사논총≫, 제30집 1호(2008.8). 성신여자대학교 김영호 교수는 이후의 저술과 강연 등을 통해 1945년 이후 대한민국은 이승만에 의해 정치적·사회적으로 건국 혁명을 이룩했다고 평가한다. 2012년 9월 7일 국방대학교 안보과정 특강 자료 참조. 비슷한 관점은 김일영, 『건국과 부국: 현대한국정치사 강의』(생각의 나무, 2004); 유영익 엮음, 『이승만대통령 재평가』(연세대학교 출판부, 2006) 등을 참조.

립 이후 초대 대통령으로서 이승만이 새로운 국가의 비전에 대해 무엇을 구상했고, 그러한 국가의 안정과 번영을 확보해나가기 위한 안보 전략에 대해 어떤 방책을 추진하려 했던가를 그의 논설과 담화 자료를 중심으로 재구성하기로 한다.

1. 국가 건설 구상

1) 민족적 민주국가

이승만은 대통령 당선 이후 국회 연설이나 대국민 담화 혹은 칼럼 기재 등 다양한 방식을 통해 정치·경제·통일·외교 분야에 걸친 자신의 국가 구상을 국민들에게 적극적으로 설명했다.[4] 다양한 방식으로 표현된 그의 여러 메시지를 관통하는 주제는 과연 어떤 나라를 어떠한 방식으로 건설해나갈 것인가 하는 문제였다. 이 시기 그의 국가 비전을 핵심적으로 보여주는 연설 중 하나는 1948년 9월 30일, 제1회 78차 국회 본회의에서

---

[4] 이승만 대통령은 1949년 2월 21일의 반민족행위 특별조사위원회의 활동 관련 담화에서 대통령이 담화를 너무 많이 발표한다는 비판이 있다고 소개할 정도로 담화를 자주 발표했다. 그는 자신이 "아무 말도 아니하고 잘 되어 가기만 하면 좋겠지만, 내가 발표하지 않으면 이런 내용을 민중이 알 수 없게 되고 위기만 심하게 되는 터이므로 부득이해서 이와 같이 하는 것이요"라고 해서 자신의 빈번한 담화가 민중과의 소통 방식이라고 생각하고 있음을 드러냈다. ≪서울신문≫, 1949년 2월 22일 자. 『자료 대한민국사 10: 1949년 1-2월』(국사편찬위원회, 1999), 619쪽 재인용. 건국 초기의 모든 국가체제가 정립되지 못한 상황에서 국가 최고 지도자가 담화나 기자회견, 연설 등을 통해 대중들에게 자신의 국가 구상을 적극적으로 설명해나간 것은, 메시지의 내용 여하는 차치하고, 그 이전의 왕정체제와 구별되는 바람직한 정치 방식이었다고 생각된다.

행한 시정연설이었다. 이 연설에서 그는 대한민국의 기본 국책은 "민족 전체의 복리를 보속(保續)하고 국가위신을 안고(安固)케 할 수 있는 민족적 민주주의국가"[5]를 건설하는 것이라고 명언했다. 그는 '민족적 국가'를 상술하면서 대한민국 역사적 독자성에 비추어 반드시 단일 민족국가, 그리고 민족 전체의 균형적 발전을 보장하는 민족국가가 되어야 한다고 했다. 또한 '민주주의국가'에 관해서는 "주권이 오로지 3000만 민족에게 있고, 모든 정치적·경제적·사회적·문화적 권리와 책임이 기본적으로 만민에 균등한 국가"라고 설명했다. 이러한 '민족적 민주주의국가' 실현을 위한 정부의 당면 정책으로서 그는 국권의 완전 회복, 민생 개선을 위한 제반 정책, 행정의 쇄신, 그 외 국가 이념에 부합하지 않는 사회제도의 근본적 개혁, 국군의 건설과 국방 시설 촉진, 농공 균형의 산업 국가 재건, 동족상잔 참화 방지, 남북통일 조기 실현 등을 제시했다.

'민족적 민주주의국가'를 건설하겠다는 그의 비전은 다른 연설이나 담화에서도 거듭 강조되고 있다. 이보다 앞선 8월 15일, 대한민국 정부 수립 국민축하식의 연설에서 그는 건국의 기초가 될 요소들로 민주주의에 대한 신뢰, 민권과 개인 자유의 보호, 도시와 농촌의 생활 개량, 국제통상과 공업 발전 등을 제기한 바 있었다.[6] 1949년 1월 1일의 신년 연두 담화에서도 이승만 대통령은 "민주정체의 기초를 공고히 세워서 동양의 모범적인 민주국"으로 만드는 것이 목표라고 재강조했다.[7]

---

5) "1948년 9월 30일, 이승만 대통령의 제1회 78차 국회 본회의 시정방침연설", ≪시정월보≫, 창간호(1949년 1월 5일). 『자료대한민국사 8: 1948년 8-10월』(국사편찬위원회, 1998), 530쪽 재인용.

6) 이승만, "대한민국 정부수립 국민축하식 기념사", ≪한성일보≫, 1948년 8월 16일 자. 『자료대한민국사 8: 1948년 8-10월』, 3~5쪽 재인용.

7) "대통령 연두담화", ≪서울신문≫, 1949년 1월 1일 자. 『자료대한민국사 10: 1949년

그는 민주국가 혹은 민주정체를 군주정체와 대비해 설명한다. 예컨대 1950년 4월 29일, 총선거를 앞두고 발표한 특별교시에서는 군주정이나 전제정치가 임금과 그 측근 신하들만이 자유롭고 잘살던 체제였으나, 민주정치는 다수의 가난하고 천대받던 민중들이 자유를 누리며 복리를 보호받는 체제라고 설명한다. 그 자유와 복리를 보호받는 권리는 선거에 의해 가능하며, 그렇기 때문에 민주정체하에서는 다수 대중에 의한 선거권의 정당한 사용이 중요하다는 점도 강조한다.[8]

군주정과 대비되는 민주정체의 건설 그리고 '동양의 모범적인 민주국(가)' 구현의 비전은 청년 이승만이 한말 애국계몽운동에 투신하던 시절부터 형성되기 시작한 것이었다. 그는 1895년 미국 선교사로부터 미국이 백성들 투표로 임금을 선거하며 4년 후에 개선(改選)한다는 것을 처음 들었다고 회고했다. 이후 그는 조선의 기존 체제를 바꾸려는 혁명주의 활동을 하게 되었으며, 1919년 상해 임시정부 수립 시에도 이 정신이 이어져 독립민주국을 선포하게 되었다고 설명한다.[9] 이제 새로운 민주공화국의 대통령으로 선출된 그는 민주국가의 비전 실현을 위한 구체적인 과제들을 제기하기 시작했다.

이승만은 민주주의 정체의 근간을 이루는 정당, 선거, 의회, 의무교육, 지방자치 등 정치·사회제도들의 기초 원리에 대해서 수시로 연설을 통해 국민들에게 그 의미를 설명했다. 그는 1948년 9월 9일 발표한 담화를 통해 정당과 파당을 구분하면서, 정치상 주의가 없이 권리만 빼앗으려는 파당과 달리 국내에 사회주의나 자유주의 등 서로 다른 주의를 가진 두세

1-2월』, 2쪽 재인용.

8) 《자유신문》, 1950년 4월 30일 자. 『자료대한민국사 17: 1950년 4-6월』(국사편찬위원회, 2001), 245쪽 재인용.

9) 「광복절 기념사(1951.8.15)」, 『대통령 이승만박사 담화집』(공보처, 1953.12), 59쪽.

개 정당이 만들어져서, 민중의 복리를 위하면서 국권을 진전시키는 정당
정치체제 없이는 민주제도가 불가능함을 역설했다.[10] 1951년 광복절 경
축사에서는, 보통 가난한 사람들이 신문이나 대변인을 통해 자신들의 의
사를 발표하기가 어려운 까닭에 민주정체하에서는 정당제도를 영구한 토
대로 삼아 정부가 수립되는 것이라고 설명했다. 1952년 1월 14일의 연설
을 통해서도 극소수가 참가하는 군주제하의 정치와 달리 민주국가에서는
다수의 노동자, 농민이 직접 국가를 다스리기 위해 정당제도가 만들어진
다고 부연 설명했다.[11] 또한 그는 1950년 3월 14일의 담화와 1951년 광
복절 경축사 등을 통해서 특정 단체나 개인들이 변동을 일으키는 것을 방
지하기 위해 국회 구성을 단원제로 하는 것보다 양원제로 하는 것이 바람
직하고, 제헌헌법상의 대통령 간선제도 직접 국민들이 투표하는 직선제
로 하는 것이 타당하다는 견해를 제시한다.[12]

그는 민주주의에서 지방자치제의 중요성도 충분히 인식하고 있었다.
1949년 7월 4일, 지방자치법이 공포되었으나 당분간 서울시장과 각 도지
사를 대통령이 임명하게 된 경위를 설명하는 담화를 발표했다. 그는 지방
행정에 대해 각 도지사를 민중이 공동투표로 선출해 행정을 수행하는 것

---

10) ≪대한일보≫, 1948년 9월 10일 자. 『자료대한민국사 8:1948년 8-10월』, 300~301쪽
    재인용.
11) 「정당에 관한 설명(1952.1.14)」, 『대통령 이승만박사 담화집』, 65쪽. 이 연설에서
    이승만은 건국 직후 한민당이 특수 계급에만 한정된 정당이어서 자신의 목적에 위
    배되고, 이를 대체해 자기 주도로 창당된 자유당도 애초 노동자, 농민의 의사를 반
    영한다는 차원에서 노농당(勞農黨)으로 명칭을 정하려 했다는 일화도 소개한다.
12) 이 같은 대통령의 의견에 따라 1951년 11월 30일, 정부가 대통령 직접선거제와 상
    하 양원제를 골자로 하는 개헌안을 제출했고, 1952년 1월의 국회에서 부결되었으
    나, 결국 이해 5월에 정부가 계엄령을 선포하면서 7월에 개헌안을 가결시키게 된
    다. 조병옥, 『나의 회고록』(해동, 1986), 297~298쪽.

이 민주국가 성립의 기초이나, 한국의 경우 건국 초기의 단계이므로 부득이 남북통일 해결 이후 지방자치제를 본격 시행하겠다는 생각을 밝히고 있다.[13]

이승만 대통령은 민주정체를 구현하기 위해 과거 군주정체하에서의 잘못된 사회제도가 바로잡혀야 하고, 국민들에 대한 의무교육이 필요하다는 점을 거듭 역설했다. 1948년 11월 14일, 대한국민당의 창당식 축사에서 그는 "쌍놈을 양반과 같이, 빈자를 부자와 같이" 수준을 올려 부귀빈천 없이 평등·공생하는 민주주의 건국이 필요하다고 했다.[14] 또한 1949년 12월 10일에는 축첩방지법 관련 담화를 발표하면서, 남자가 소실을 두는 관습은 사회도덕상 불공평한 일이며, 개명된 나라의 국민으로서 '수치'스럽고 '치욕'적인 것이라고 비판했다.[15] 이러한 과거 사회제도에 대한 비판은 독립협회 시절부터 계몽운동가로서 그가 갖고 있던 신념이 반영된 것이었다고 보인다.[16]

1950년 6월 1일, 그는 의무교육과 관련된 담화도 발표했다. 이 담화에서 이승만 대통령은 민주주의국가는 백성이 운용해가는 것인데, 나라를 다스리는 사람들의 교육이나 사상의 수준이 낮으면 나라가 발전할 수 없

---

13) ≪자유신문≫, 1949년 7월 5일 자. 『자료대한민국사 13: 1949년 7-8월』(국사편찬위원회, 2000), 31쪽 재인용.

14) 연설문 요지는 ≪독립신문≫, 1948년 11월 16일 자. 『자료대한민국사 9: 1948년 11-12월』(국사편찬위원회, 1998), 161쪽 재인용.

15) ≪자유신문≫, 1949년 12월 11일 자. 『자료대한민국사 15: 1949년 11-12월』(국사편찬위원회, 2001), 489쪽 재인용.

16) 이 점에 관해 김영호 교수 이승만 대통령이 왕조적 사회계층질서를 파괴하지 않고서는 근대적 정치질서를 정착시킬 수 없다는 확고한 신념을 독립운동 시기부터 갖고 있었다고 지적했다. 김영호, 「국가론의 관점에서 본 대한민국 건국의 특징과 의의」, 19쪽.

는 것이기 때문에, 의무교육제도가 민주주의국가의 중요한 요소가 됨을 강조하고 있다.[17] 이 같이 이승만은 '동양의 모범적 민주국가' 실현을 위한 정치·사회·교육 분야에서의 구체적 과제들을 마치 계몽사상가처럼 국민들에게 설명하고 방향을 제시했다.

2) 공업 및 무역 국가

건국 초기 이승만 대통령은 신생 국가의 경제질서에 관해서도 강연이나 담화를 통해 활발하게 구상을 밝혔다. 특히 그는 빈상과 귀천을 불문하고 모든 인민이 평등하고 자유로운 경제적 삶을 살아가는 사회를 구상했고, 그 근본적 시책의 하나로서 토지개혁을 제시했다. 그는 1948년 12월 4일, 중앙방송국의 강연 방송을 통해 새로운 국가의 토지제도로서 기존 국유지와 적산 토지를 합해 모두 민유지로 분배하는 토지개혁 구상을 밝혔다.[18] 이 구상의 핵심은 대지주가 소유한 농지에 대해 지주의 소유권을 인정해 정부에서 상당 가격을 주고 토지를 매수하고, 매수된 토지를 다시 유상으로 농민에게 분배해서 소작인들이 그 소출로 토지 대금을 정해진 기간에 납부하고, 자기 소유화하는 것이었다. 이렇게 될 경우 토지가 없어 소작 생활을 하던 농민들은 정해진 기간에 토지대 납부 이후에 자신의 농지를 소유하게 될 것이고, 직접 토지를 경작하지 않던 지주들은 토지 매각 대금을 바탕으로 공업을 일으켜 국가산업을 발전시킬 수 있다

---

17) 『자료대한민국사 17: 1950년 4-6월』, 553쪽. 이러한 인식에서 그는 당시 한국의 교육계가 교실도 부족하고, 적령이 되어도 입학을 못하는 학생이 많음을 우려했다.

18) 이 방송에서 이승만 대통령은 자신의 토지개혁 구상이 1945년 귀국 직후부터 구상되고, 공표되었음을 밝히고 있다. ≪서울신문≫, 1948년 12월 10일 자. 『자료대한민국사 9: 1948년 11-12월』, 399~402쪽 재인용.

고 보았다. 따라서 이승만 대통령의 토지개혁 구상은 차후 단계인 공업 발전 구상과도 긴밀하게 연결되어 있다.[19]

같은 날의 강연에서 이승만 대통령은 우리나라가 농업을 근본으로 경제생활을 영위해왔지만, 토지에서 나는 소출로는 먹고살 것이 부족하기 때문에 공업을 육성해 생산력을 발전시키고 공산품의 국외 수출을 촉진해야 한다고 했다. 공장을 신설하면 농사를 못하고 일 없이 지내는 사람들의 생활 방도도 마련될 것이라고 보았다. 비록 소박한 언어이긴 하지만 이승만 대통령은 신생 대한민국이 공업 국가, 무역 국가로 나아가야 한다는 비전을 제시한 것이다. 그런데 공업과 산업을 육성하려면 자본이 불가피하게 필요하고, 이 자본은 기존 지주들이 토지를 매각한 대금으로 형성되지 않으면 안 된다고 설명했다.[20] 즉, 새로운 국가는 토지·노동·자본이 협조하며 서로 살아갈 수 있는 질서가 되어야 하며, 이는 자본가를 배척하는 공산주의와 근본적으로 구별되는 질서라고 그는 설명했다.

이승만 대통령은 공업 발전과 생산 증강의 관점에서 귀속재산 처리 문

---

19) 이승만 대통령이 추진한 토지개혁에 대한 학계의 평가는 보수와 진보를 막론하고 긍정적이다. 김영호 교수는 토지개혁이 전근대적 경제질서를 근대적으로 변화시키는 데 결정적으로 기여했고, 소규모 토지를 보유하게 된 농민들은 전근대사회에서 물적 토대를 장악하고 있던 소수 지주들을 대신해 근대 국가 국민으로 다시 태어나게 되었다고 보았다. 김영호, 「국가론의 관점에서 본 대한민국 건국의 특징과 의의」, 19쪽. 한편 서중석 교수도 토지개혁을 실시한 한국, 일본, 타이완은 이후 급속한 경제 발전을 실현했으나, 그렇지 못한 필리핀과 남미는 그 이후 산업화가 부진했다고 지적했다. 서중석, 『이승만과 제1공화국: 해방에서 4월혁명까지』, 42쪽.
20) 이 부분에서 그는 지주들이 그 이전에 무슨 사정으로 재정을 모았든지, 지금부터 그 재정으로 민족 생활 개량과 국가 기초 건설에 공헌한다면 찬성한다고 밝혔다. 이 점이 친일파 처단 문제에 대한 그의 소극적 태도와 관련 있는 점이라고 여겨진다. ≪서울신문≫, 1948년 12월 10일 자. 『자료대한민국사 9: 1948년 11-12월』, 402쪽 재인용.

제에 접근했다. 그에 의하면 미군정에 의해 이관된 일제의 적산가옥, 공장, 극장 등을 조기에 민간에 방매해 사유물로 해야 공장을 불허 받은 기업가들이 공업을 발전시키고, 집 없는 사람들이 주택을 소유해 생활이 안정되고, 문화인들이 영화를 발전시키게 될 것이라고 보았다.[21]

이승만 대통령은 1949년 8월 2일의 담화를 통해 통상 국가의 비전에 대해 좀 더 구체적으로 설명했다. 그는 지금의 시대가 약육강식이나 침략주의 시대가 아니라 국가 간 교제와 통상으로 서로 간 이익을 교환하며, 이를 통해 평화와 복리를 누릴 수 있는 시대라고 설명했다. 특히 공산주의자들의 주장과 달리 미국이 평화와 민주주의를 바탕으로 모든 나라와 통상과 외교를 발전시키려는 주의를 취하고 있다고 소개하면서, 새로운 공화국도 미국과 통상조약을 체결하고, 외국의 자본을 얻어와 기계공장을 확장해서 외국인들에게도 소용될 물산을 생산하는 것이 국민의 복리를 증진하는 방책이 될 것이라고 주장했다. 이승만 대통령은 공업 국가에 더해 개방된 통상 국가의 비전도 제시한 것이다.[22]

공업 국가 및 통상 국가 건설을 위해 이승만 대통령은 자본가 혹은 재

---

21) 1949년 9월 12일, 제5회 임시국회에 보낸 교서를 통해 이승만 대통령은 귀속재산 처리 과정에서 기왕의 지주들이 기계 공장을 차지해 공업을 발전시켜야 한다고 강조했다. 『자료대한민국사 14: 1949년 9-10월』(국사편찬위원회, 2000), 120쪽. 귀속재산 처리와 관련해서는 "1949년 7월 22일, 이승만 대통령의 기자회견", ≪자유신문≫, 1949년 7월 23일 자. 『자료대한민국사 13: 1949년 7-8월』, 234쪽 재인용.

22) 다만 1950년까지 한국이 수출할 공산물품이 절대적으로 부족했다. 공업 기반 정비가 안 된 시점에서 수출품은 미곡이나 철광석 등에 불과했다. 1950년 1월 28일 그는 미곡 수출에 대한 담화를 발표했다. 이 담화에서 그는 정부 보유 350만 석의 미곡 가운데 60~70만 석을 일본에 수출하기로 결정했다고 하면서, 이러한 해외 수출이 정부 재정에 도움이 될 것이라고 보았다. ≪서울신문≫, 1950년 1월 29일 자. 『자료대한민국사 16: 1950년 1-3월』(국사편찬위원회, 2001), 255~256쪽 재인용.

정가의 역할을 강조했다. 민주정치 시대에서 정부의 국고금만이 아니라 민중의 재산이 많아야 국가가 부강하다고 할 것인데, 민중의 경제력이 늘어나기 위해서는 자본가들이 계획을 세워 공업의 기초를 일으키고 해외에 수출하는 역할이 필요하다고 보았다. 그에게 정부의 역할은 법률을 정하고, 세금 관련 규칙을 만들어 국내공업과 경쟁하는 외국 기업의 활동에 제약을 가하는 정도이지 외국인들의 경제활동을 정부가 차단할 수는 없다고 했다.[23] 이를 보면 이승만 대통령은 개방경제하에 정부는 제한적인 역할만을 수행하고, 기본적으로 경제인들의 창업과 투자 활동이 경제 발전의 견인차가 되어야 한다는 경제 구상을 한 것으로 보인다.

2. '민주국가' 비전에 대한 위협

이승만 대통령은 그가 염원하던 민주주의국가 구현의 목표가 공산주의의 대두에 의해 위협받고 있음을 취임 초기부터 일관되게 지적하고 있다. 1948년 여순반란 사건, 그리고 1949년의 중국 대륙 공산화를 그는 민주주의에 대한 공산주의의 위협이라는 관점에서 인식한다. 1948년 11월 5일, 그는 여순반란 사건과 같은 "만행이 다시는 없도록 방어해야 할 것"이라고 하면서, 이를 방지하기 위한 법령을 준비할 것이라고 밝힌다.[24] 이때 준비된 '내란행위특별조치법'이 결국 명칭을 '국가보안법'으로 바꾸

---

23) 「대소 자본을 규합해 국가경제를 확장하라(1949.12.10)」, 「경제자립책에 대해(1952. 9.9)」, 「물산 이루어 부국 만들자(1953.6.5)」 등을 참조. 이 연설들은 『대통령 이승만박사 담화집』, 191~192, 219~220, 223~224쪽에 수록.

24) 「불순배를 철저히 제거, 반역사상방지법령 준비(1948.11.5)」, 『대통령 이승만박사 담화집』, 8쪽.

어 같은 해 11월 20일, 국회의 가결을 통해 성립되었다.[25]

  1946년부터 발단된 중국 대륙에서의 국공 내전이 점차 공산 측의 승리로 기울게 되자 이승만 대통령의 공산주의 위협 인식은 한층 강화된다. 1948년 12월 19일에 발표된 담화를 통해 그는 현재의 세계가 공산주의와 민주주의라는 상반된 이념으로 나뉘어 있다고 전제하면서, 중국 대륙이 공산 진영에 의해 굴복되고 있는 현상은 이해할 수 없는 일이라고 탄식한다. 그는 자유 진영의 지도자들이 왜 공산주의의 승리로부터 중국을 구출하는 데 주저하고 있는가라는 의문을 던진다.[26] 그는 다음 해 2월에 공표한 담화에서 공산주의의 주목적은 세계 민주주의를 파괴하는 것이라고 지적하면서 자신이 미국의 지도자라면, 공산주의 주변에 반공 국가를 수립하는 데 전 능력을 경주할 것이라고 주장한다.[27]

  그는 1949년 5월 21일, 제3회 임시국회 개회식 축사를 통해 지금 세계의 대세가 민주주의와 공산주의의 두 진영이 대립해 투쟁하고 있는 양상이라고 설명하면서, 공산주의자들은 국가와 가정을 공산화해서 소련의 속국과 노예가 되려고 하는 자들이기 때문에 민주주의를 수립하기로 한다면 공산주의와의 항쟁이 불가피하다고 역설했다.[28] 또한 대한민국에서도 공산주의자들이 소련의 주장에 호응해 남한의 총선거를 반대하거나 한반도 내 미소 양군의 동시 철퇴를 주장하는 것이 목전의 제일 큰 화근

---

25) 서중석, 『이승만과 제1공화국: 해방에서 4월혁명까지』, 51쪽.
26) 「민주와 공산은 상반된 이념, 중국 적화는 용납할 수 없다(1948.12.19)」, 『대통령 이승만박사 담화집』, 11쪽.
27) 「일본 재무장설에 대해(1949.2.16)」, 『대통령 이승만박사 담화집』, 143쪽.
28) ≪연합신문≫, 1949년 5월 22일 자. 『자료대한민국사 12: 1949년 5-6월』(국사편찬위원회, 1999), 260~261쪽 재인용. 이 외에도 이승만의 공산주의에 대한 경계와 대항 의식은 1949년 5월 2일 정기국회 폐회식 치사, 같은 해 6월 13일의 제3회 15차 국회 본회의 연설 등을 통해 일관되게 개진되었다.

이라고 주장했다.[29]

이승만의 이 같은 반공주의는 6·25 전쟁 발발 직전인 6월 20일, 제2회 총선거에서 당선된 의원들을 축하하는 연설에서 가장 선명하게 표현되고 있다. 현재 세계가 민주주의와 공산주의의 두 진영으로 나뉘어 투쟁하고 있는 가운데, 소련이 무력뿐만 아니라 사상 정복으로 세계를 통할하려는 것은 세계대전보다 무서운 것이라고 지적한다. 결국 세계의 국가들은 "공산주의에 빠져서 남의 속국으로 국가의 독립과 인민의 자유를 다 포기하고, 노예로 지내게 되든가, (아니면) 민주주의를 사수하고 민주제도하에 국가의 독립과 인민의 자유를 보호하든가, 이 두 가지로 결말이 날 것"이라고 전망한다.[30] 이 같은 공산주의에 대한 위협 인식과 반공주의에 대한 옹호 속에 그는 6·25 전쟁을 맞았고, 공산주의와의 전쟁을 지도했던 것이다.

그는 6·25 전쟁이 진행 중이던 1951년 8월 15일, 광복절 경축사를 통해서 공산주의가 봉건적 정치체제를 변혁하자는 혁명적 사상이고, 이론상으로 본다면 자신도 공산주의가 옳음을 인정한다고 밝혔다.[31] 그러나 실제 공산주의는 소련의 크렘린(Kremlin)에 의해 지도되고 있으며, 공산주의를 받아들인다면 소련의 위성국이 될 것이라고 재차 지적한다.

이승만의 이 같은 이분법적 세계 인식은 북한에 김일성 정부가 들어서고 중국 대륙도 공산화되던 아시아의 질서 변화에 비추어, 부분적 고립을 감수할 수밖에 없었던 성격을 갖고 있었다. 그러나 글로벌질서 측면에서 보면 당시 미국 트루먼 행정부가 1946년 이후 세계 전략으로 추진하고 있

---

29) "1948년 11월 10일, 이승만 대통령의 라디오 담화", 《동아일보》, 1948년 11월 12~13일 자. 『자료대한민국사9: 1948년 11-12월』, 122~123쪽 재인용.
30) 「정부 지지를 요망(1950.6.20)」, 『대통령 이승만박사 담화집』, 35쪽.
31) 『대통령 이승만박사 담화집』, 8쪽.

던 공산주의에 대한 봉쇄 전략과 잘 부합하는 것이었다. 게다가 북한에
의한 무력남침은 그의 세계 인식과 반공주의의 정당성을 역으로 옹호하
는 결과를 낳게 되었다.

3. 안보 전략: 사상·국방·외교·통일 정책 구상

1) '일민주의'의 정치사상

후술하듯이, 이승만 대통령은 공산주의에 대항하기 위해 국방을 충실
히 할 방안과 외교적 방안 등을 다각적으로 강구했다. 여기에서 흥미로운
것은 그가 공산주의에 대항하기 위한 나름의 사상체계로서 '일민주의(一
民主義)'라는 이념을 제시하고 있는 점이다. 1949년 4월 20일에 발표한 담
화에서 그는 민주주의로 공산주의에 대항하기에는 사상이 너무 평범하므
로, '일민주의'의 이념하에 4대 정강을 정해 공산주의를 배격하고 민주주
의를 옹호할 것을 제안했다.[32] 일민주의의 4대 정강이란 첫째, 반상(班常)
의 구별, 등급이나 계급의 구별 없이 모든 민족이 동등한 권리를 누리자
는 것이고, 둘째, 가난한 자나 부유한 자나 동등하게 모든 복리와 권리를
갖는다는 것이고, 셋째, 남녀가 동등하게 직업에 종사하는 것이고, 넷째,
지방 구별을 없애자는 것이었다.

그의 일민주의는 계급의 구분에 입각해 국가 사회를 건설하려는 공산
주의와 달리 빈부의 구별, 반상(班常)의 구별, 남녀의 구별, 지방의 구별

---

32) ≪경향신문≫, 1949년 4월 23일 자. 『자료대한민국사 11: 1949년 3-4월』(국사편찬
위원회, 1999), 546~548쪽 재인용.

없이 사회 구성원 모두가 동등하게 국가 건설 과정에 참여하자는 호소로 이해될 수 있다. 이승만의 지지 세력들은 일민주의가 민족자결주의, 경제 균등, 민주주의를 복합한 것이라고 의의를 부여하기도 했다.[33] 이승만을 지지하는 대한국민당과 같은 정당들이 각 정강에 일민주의 지지를 표명 했고, 1950년 3월에는 국무총리 이범석, 문교부 장관 안호상 등이 각각 회장과 부회장을 맡은 일민주의보급회가 제1차 전국 대의원대회를 개최 했다. 그리고 1949년에 학생 단체로 창설된 학도호국단도 일민주의를 지 도 원리로 삼는다고 명시하기도 했다.[34]

그러나 사회구성원 간에 엄연히 존재하는 차별에 대한 고려 없이 국가 건설에 일률적으로 참여하자는 이러한 주장은 현실적으로 적용되기 곤란 하거나 의도하지 않는 부작용을 낳았다고 보인다. 예컨대 이승만이 친일 파 처단 문제에 대해서 소극적인 반응을 보인 것도 이러한 일민주의의 입 장에서 설명될 수 있다. 제헌국회가 '반민족행위자 처벌특별법'을 제정하 고 반민특위를 구성해 친일파를 청산하고자 했을 때, 그는 국권 회복 이 후에 친일파를 처단하거나 혹은 과거사에 대한 범죄자 수효를 감축하는 것이 입법부나 사법부의 힘쓸 바라고 주장하는 등 극히 소극적인 태도를 보였다.[35] 이 같은 태도가 오히려 사회 구성원 내부의 갈등을 확대시키

33) 배은희, "나를 왜 일민주의자라 하나", ≪주간서울≫, 1949년 12월 5일 자. 『자료대 한민국사 15: 1949년 11-12월』, 433쪽 재인용.
34) "일민주의 보급회 제1차 전국대의원대회 개최", ≪조선일보≫, 1950년 3월 21일 자. 『자료대한민국사 16: 1950년 1-3월』 재인용; "학도호국단 1주년 기념식 거행", ≪자 유신문≫, 1950년 4월 23일 자. 『자료대한민국사 17: 1950년 4-6월』, 201쪽 재인용.
35) 친일파 처단에 대한 이승만의 소극적인 입장은 1948년 9월 14일 정부 관리들에게 행한 훈시, 혹은 1949년 1월 10일 담화에서 거듭 나타나고 있다. ≪서울신문≫, 1948년 9월 15일 자. 『자료대한민국사 8: 1948년 8-10월』, 361쪽 재인용; ≪서울신문≫, 1949년 1월 11일 자. 『자료대한민국사 10: 1949년 1-2월』, 101쪽 재인용.

는 결과를 낳기도 한 것이다. 이승만은 공산주의에 사상적으로 대항하려는 문제의식에서 일민주의를 제창했다. 그러나 그 요소들이 오히려 이승만이 그토록 비판했던 전체주의의 위험성을 갖고 있다는 비판은 적절해 보인다.[36]

2) 국방 정책 구상

유럽의 근대국가 형성 과정에서 나타나듯 군대의 건설은 국가 건설 과정에서 가장 핵심적인 과제의 하나이다. 신생 국가로서 주권을 보호하고, 이를 위협하는 외부의 요인을 배제하기 위한 자체적인 수단이 군대이기 때문이다. 제2차 세계대전 이후 독립한 신생 국가 가운데 군인 출신 지도자가 많았던 것은 근대국가 건설의 특성상 자연스러운 귀결일 수 있다. 그런데 이승만 대통령은 독립운동 과정에서 군사적 수단의 중요성을 과소평가한 것은 아니었지만, 군사적 경험을 가진 바가 없었다. 대통령 취임 이후에도 그는 공개 석상에서 몇 차례에 걸쳐 군사 분야에 관해서는 전문적 식견이 없음을 토로하기도 했다.[37] 그러나 공산주의로부터 위협

---

36) 서중석 교수는 일민주의가 공산주의나 김구, 김규식의 민족주의에 대항하기 위한 강박감에서 나온 임시 대응책으로서, 위험한 전체주의적 이데올로기의 성격을 갖고 있다고 비판했다. 서중석, 『이승만과 제1공화국: 해방에서 4월혁명까지』, 55쪽. 신기욱 교수도 일민주의가 공산주의에 대한 대응 이데올로기로서 출현했으나, 식민지 시기 출현했던 것과 유사한 종족 민족주의의 한 표현이라고 평가절하했다. 신기욱, 『한국 민족주의의 계보와 정치』, 이진준 옮김(창비, 2009), 166, 175쪽.

37) 예컨대 1948년 11월 19일의 기자회견에서 기자들로부터 징병제 실시 여부에 관한 질문이 제기되자, 그는 군사상 관계되는 것은 국방부에 문의하라고 답변했다. 《경향신문》, 1948년 11월 20일 자. 『자료대한민국사 9: 1948년 11-12월』, 236쪽 재인용. 1954년 7월 29일, 이승만 대통령은 미국 방문 시 외신 기자 클럽에서 행한 연설

을 받고 있던 신생 국가의 국가 지도자로서 그는 새로운 군대 건설에 관한 여러 판단과 결정을 내리지 않으면 안 되었다.

군사 문제의 문외한이라고 자처한 그가 내린 결정 가운데 특히 중요한 것은 국민개병제와 민병제의 필요성을 제기하고 이를 정책화한 점이다. 정부 수립 초기, 정부 내에서는 군대의 충원 방식을 둘러싸고 논란이 전개되었다. 예컨대 이범석 초대 국무총리 겸 국방 장관은 1948년 11월 11일, 사관학교 졸업식 후 가진 기자회견에서 징병제를 실시하기 위해서는 국가의 완전한 조직과 호구조사 등이 선결되어야 하나 현 상태는 아직 준비가 부족하므로 의용병제의 채택이 현실적이라는 견해를 밝힌 바 있다.[38] 그러나 이승만 대통령은 1949년 2월의 회견 등을 통해 지원병제보다는 국민개병제가 필요함을 강력히 역설했다.[39] 이승만 대통령의 병역제도 구상이 어떤 근거를 가졌던 것일까에 대한 자료가 충분하지는 않지만, 그는 국민 전체가 신생 국가의 국방에 의무적으로 참여하는 제도를

과 질의에서도 자신이 군인이 아니며, 전문적인 군사 지식이 없다고도 발언하고 있다. 한표욱, 『이승만과 한미외교』(중앙일보사, 1996), 242쪽.

38) 기자회견 내용은 《독립신문》, 1948년 11월 13일 자. 『자료대한민국사 9: 1948년 11-12월』, 136쪽 재인용. 그러나 실제적으로 건국 초기 군사제도 형성 과정에서 이승만 대통령을 보필해 새로운 군대의 골격을 잡는 데 역할을 한 인물은 이범석 국무총리 겸 국방 장관이었다. 청산리 전투의 실전 경험을 가진 군인 출신이기도 한 이범석 국무총리는 정부 수립 초기 병력 규모 결정, 문민통제 원칙에 따른 육해공군의 군정과 군령 통제 문제, 민주주의국가 간 연합 국방의 원칙 등에 관해 실제적인 방향성을 부여하는 역할을 했다. 이범석 국무총리의 군사관에 대한 견해는 다음을 참고할 것. 《국제신문》, 1948년 8월 18일 자. 『자료대한민국사 8: 1948년 8-10월』, 30쪽 재인용; 《독립신문》, 1948년 11월 13일 자, 『자료대한민국사 9: 1948년 11-12월』, 136쪽 재인용; 《자유신문》, 1949년 11월 18일 자, 『자료대한민국사 15: 1949년 11-12월』, 220쪽 재인용.

39) 배기옥, 「이승만의 위협인식과 국방정책 연구」(국방대학교 석사학위 논문, 2008), 34쪽.

선호했던 것으로 보인다. 결국 1949년 6월 제정된 병역법은 국민개병주의에 입각한 징병제를 신생 국가의 병역제도로 정하게 되었다.

이승만 대통령은 징병제를 보완하기 위한 제도의 하나로서 민병제 구상도 적극적으로 제기했다. 그는 1949년 1월 5일의 담화와 1월 28일의 기자회견을 통해 전국적으로 민병제를 수립해 국군 및 경찰을 보조해 국가와 민족을 보호해야 하며, 구체적으로 각 청년단이 통합된 대한청년단이 민병제의 역할을 수행하도록 해야 한다고 제안했다.[40] 이 같은 대통령의 민병제 구상에 따라 6·25 전쟁 발발 직전인 1950년 5월, 대한청년단을 중심으로 20만 명 규모의 청년방위대가 조직되었다. 청년방위대는 평상시에는 향토방위와 치안 확보에 일조하고, 유사시에는 국군의 예비 병력으로 활용되도록 했다.[41] 이승만 대통령은 국민개병제의 취지에 따라 남성과 여성이 공통적으로 군인 정신을 가져야 하며, 학생들도 일정한 군사훈련을 받고, 군인 정신을 고취할 필요성이 있다는 점도 강조했다.[42] 이에 따라 1949년에 학도호국단도 창설되었다.

이승만 대통령은 징병제에 의한 상비군과 민병제에 의한 예비 병력 규모를 6·25 전쟁 발발 이전 시기에 각각 10만 명과 20만 명 규모로 구성할 구상을 갖고 있었다. 다만 이들 병력의 목표는 북한 공산주의자들에 대한 북벌을 단행하자는 것이 아니라, 북한 동포들의 내부 봉기로 인해 공산정

---

40) 이승만 대통령의 1월 5일 담화는 ≪경향신문≫, 1949년 1월 6일 자. 『자료대한민국사 10: 1949년 1-2월』, 53쪽 재인용. 1월 28일 기자회견 내용은 ≪서울신문≫, 1949년 1월 29일 자. 『자료대한민국사 10: 1949년 1-2월』, 290쪽 재인용.

41) "육군 채병덕 총참모장, 청년방위대에 대한 담화 발표", ≪연합신문≫, 1950년 5월 6일 자, 『자료대한민국사 17: 1950년 4-6월』, 308쪽 재인용. 이승만 대통령은 6·25 전쟁 종전 이후인 1953년 9월에도 같은 취지의 민병대 창설에 대한 결정을 내리고 있다. 「민병대 창설에 대해(1953.9.2)」, 『대통령 이승만박사 담화집』, 181쪽.

42) 「국토방위에 분골쇄신하다(1949.2.24)」, 『대통령 이승만박사 담화집』, 63쪽

권이 무너질 경우 압록강과 두만강에 배치되어 중국 공산군의 침범에 대비하기 위한 것이라고 밝히고 있다.[43]

이 정도의 군대를 편성하기 위해서는 규모에 상응하는 무기체계도 필요하고, 재정 소요도 적지 않게 발생한다. 이승만 대통령은 1949년 12월 담화를 통해 군대 편성에 소요되는 거대한 재정을 충당하기 위해 200억 원을 목표로 전국적인 애국공채 발행을 제안한다.[44] 그는 군비 증강을 위해 정부의 재정 규모를 확대하거나 지폐를 남발하는 방안에 대해서는 인플레이션의 우려 등을 이유로 명확하게 반대했다. 6·25 전쟁이 전개되던 1951년 2월의 담화에서도 정부의 통상 예산은 수입의 총액 범위 내에서 지출 범위를 편성할 것을 지시하면서, 추가적인 전쟁 경비 지출에 대해서는 정부 공채 발행을 통해 충당할 것을 재차 지시하고 있다.[45]

신생 군대에는 무기체계 공급도 절실한 과제였다. 당시 한국 내 산업시설로는 소총이나 야포 등 기본 무기체계를 생산할 시설이 부족한 실정이었다. 이승만 대통령은 이 문제를 해결하기 위해 미국으로부터의 군사물자 도입에 매달렸다. 1949년 3월, 조병옥을 특사로 미국에 파견한 것은 신생 한국군의 무기와 장비를 지원받기 위한 목적에서였다.[46] 6·25 전쟁 이전까지 북한군에 비해 한국군의 무기체계 공급이 원활하게 이루어지지 않은 것이 사실이다. 6·25 전쟁을 치르면서 이승만은 첨단 무기, 특히

---

43) 이러한 구상은 1949년 4월 24일 부산 기자회견, 4월 25일 진해 기자회견, 4월 28일 광주 기자회견에서 연속적으로 표명되었다. 『자료대한민국사 11: 1949년 3-4월』, 614, 621, 661쪽 재인용.

44) 「애국공채 발행에 대해(1949.12.4)」, 『대통령 이승만박사 담화집』, 191쪽.

45) 「세금 완납으로 이기자(1951.2.16)」, 『대통령 이승만박사 담화집』, 201~202쪽.

46) ≪동아일보≫, 1949년 3월 15일 자. 소총과 야포, 초계정 도입 등이 조병옥 특사 일행의 주요 목적이었다.

해·공군의 중요성에 대해서도 인식을 확대해갔던 것 같다. 1951년 9월 1일, 해군 함정들의 명명식 연설에서 그는 유엔의 해군이 해상을 봉쇄하는 등 "싸움의 반 이상을 해군이 하고 있"다고 하면서, 매년 함정도 10만 톤씩 건조하고, 비행기도 만들어야 한다고 강조한다.[47]

그러나 전쟁 과정 중 나타난 이 같은 인식의 확대에도 불구하고 이승만 대통령이 군대 창설 직후부터 무기의 국산화 등 방위산업 분야에 대한 관심을 보이지 못했고, 6·25 전쟁 개전 초기 국군 통수권자로서 국군에 대한 지휘권을 온전히 행사하지 못한 것 등은, 같은 시기의 북한 지도자나 후술할 박정희 같은 후임자들에 비해 국군 통수권자로서 국방 분야에 대한 그의 식견이 한계를 지니고 있음을 보여준다.

3) 외교 정책 구상

건국 초기 대한민국은 대외 관계 면에서 복잡한 난제들을 안고 있었다. 유엔 관리하의 총선거에서 정부가 수립되었으나 소련과 일본 등 주변 국가와의 관계는 정상화될 기미가 보이지 않았다. 또한 중국 대륙이 공산화되는 것과 같이 아시아 전역에 걸쳐 공산주의의 파고가 몰아치는 현실 속에서 우방 국가들의 협력을 확보하면서 주권도 보호해야 했다. 흔히 외교 분야에 관해서는 달인(達人)이라는 평가를 받았던 이승만 대통령은 건국 초기 어떠한 외교 비전을 갖고 대외 상황에 대처해나갔던가? 이승만의 외교 구상에 깔려 있는 기본 전제 가운데 하나는 미국에 대한 강력한 신뢰와 기대감이었다. 미국 명문 대학에서 박사 학위를 받았고, 오랜 기간을 미국에 체재하면서 독립운동을 전개한 그는 미국 인민들이 민주주의를

---

47) 「해군 함정 명명식 석상에서(1951.9.1)」, 『대통령 이승만박사 담화집』, 171쪽.

기반으로 하면서 대외적으로 평화로운 관계 속에서 모든 나라와 통상을 발전시키려 한다는 기본적인 인식을 갖고 있었다. 1948년 12월, 유엔 정치위원회에서 미국의 주도하에 신생 한국 정부에 대한 승인 결의안이 가결된 직후, 그는 기자회견을 통해 미국이 하는 일은 세계를 새로운 길로 지도하는 것이며, 세계 평화에 큰 영향을 주고 있다고 평가했다.[48] 그에게는 몰려오는 공산주의와 맞서 대항하는 과정에서, 신생 대한민국에 실질적인 도움을 줄 수 있는 유일한 나라가 미국이기도 했다. 1946년부터 본격화된 국공내전에서 중국 공산당이 대륙을 석권하는 기세를 보이자 이승만 대통령은 미국의 군사적 지원을 거듭 요청하기 시작했다. 1948년 그는 해리 트루먼(Harry Truman) 대통령에게 서한을 보내 대륙을 석권하고 있는 중국 공산주의자들이 한반도에 영향력을 행사하게 될 가능성에 대비한 억제력으로 미국 육·해군 대표부를 한국에 설치해줄 것을 정식 요청했다.[49] 1949년 접어들어 국공내전의 양상이 좀 더 판연해지자 그의 대미 요청은 한층 다급해지기 시작했다. 1949년 5월 2일, 그는 중국 사태가 세계 자유국가들의 안전을 위협하는 것이라고 경계하면서, 해리 트루먼 대통령에게 상호방위군사협정 체결을 요청했음을 밝혔다.[50] 그의 대미 요청은 좀 더 체계성을 띠어갔다. 같은 해 5월 17일, 이승만 대통령은 담화를 발표해 공산주의의 침략에 대한 해결책으로 미국이 다음과 같은 세 가지 조치, 즉 ① 유럽에서의 대서양 조약과 같은 태평양 조약의 체결, ② 한미 간 침략국에 대한 상호방위협정 체결, ③ 공산주의 침략에 대해

---

48) 《서울신문》, 1948년 12월 11일 자. 『자료대한민국사 9: 1948년 11-12월』, 497쪽 재인용.

49) *FRUS*(1948), 1331~1332쪽. 『자료대한민국사 9: 1948년 11-12월』, 246쪽 재인용.

50) 《자유신문》, 1949년 5월 3일 자. 『자료대한민국사 12: 1949년 5-6월』, 9~10쪽 재인용.

해리 트루먼 대통령이 한국을 방위한다는 서약을 공개 선언할 것 가운데 하나라도 채택해줄 것을 요청했다.[51]

이승만 대통령은 한미 양자 간의 상호방위협정 구상과 병행해 아시아 태평양 지역 국가들의 반공 블록을 의미하는 태평양동맹 구상도 지속적으로 제기했다. 이승만 대통령은 1948년 11월 5일 기자회견에서 아시아 반공 블록의 형성을 제안하면서, 정부 사절이 곧 중국과 일본에 파견되어 이 문제에 관한 정식 교섭을 할 것이라고 밝혔다.[52] 그런데 다음 해 3월, 필리핀의 키리노(Elpidio Rivera Quirino) 대통령이 태평양동맹 결성 방안을 표명하면서 이승만의 반공 블록 구상은 좀 더 적극적으로 논의되기 시작했다. 이해 3월 23일, 이승만 대통령은 담화를 발표해 키리노 대통령이 제안한 태평양동맹 결성 구상을 전폭적으로 지지한다는 의사를 밝히고, 이 동맹이 유럽 지역에서 결성되고 있는 대서양동맹과 마찬가지로 아시아 지역의 영구평화를 위해 미국 주도하에 형성되어야 한다고 했다.[53] 1949년 8월 13일, 장제스(蔣介石) 총통이 방한해 열린 진해회담에서도 그는, 태평양의 어느 나라가 공산 국가로부터 침략을 당했을 때 다른 국가들이 합심해 공동방어하는 태평양동맹이 필요함을 재차 강조했다.[54] 이 외에도 이승만 대통령은 수차례에 걸친 기자회견이나 담화를 통해 태평양동맹의 목표와 구성 범위에 대해 의견을 밝히고 있다. 그에 의하면 태평양동맹은 유럽 지역에서 미국의 주도에 의해 결성된 대서양동맹과 마

51) ≪연합신문≫, 1949년 5월 18일 자. 『자료대한민국사 12: 1949년 5-6월』, 200쪽 재인용.
52) ≪국제신문≫, 1948년 11월 6일 자. 『자료대한민국사 9: 1948년 11-12월』, 58쪽 재인용.
53) 「대서양 동맹에 기대함(1949.3.23)」, 『대통령 이승만박사 담화집』, 143쪽.
54) 「태평양 동맹에 대해(1949.8.13)」, 『대통령 이승만박사 담화집』, 145쪽.

찬가지로 공산주의 팽창에 반대하는 모든 태평양 지역 국가들이 집단적 안전보장을 위해 결성하는 것이며, 구성국으로는 미국, 오스트레일리아, 캐나다, 중국, 남태평양 제도 국가들, 중남미 제국 등이 포함될 수 있다고 했다. 또한 이 동맹은 문화 및 경제동맹으로서의 성격을 지니지만, 기본적으로 공산당의 위협을 물리치는 군사동맹을 지향해야 한다고 했다.[55] 태평양동맹 구상은 이승만 정부의 외무부에서도 아시아 지역질서에 대한 외교 어젠다로서 지속적으로 제기했다. 1949년 5월 17일, 당시의 임병직 외무 장관은 아시아 지역의 정세가 안정될 때까지 태평양동맹 불가 입장을 표명한 인도의 자와할랄 네루(Jawaharlal Nehru) 총리에 대해 반박하면서, 이승만 대통령이 표방한 태평양동맹의 목표와 참가국에 대한 원칙을 옹호하기도 했다.[56]

1950년 6월 25일, 북한에 의한 남침이 개시되고 유엔 결의안에 따라 회원국들이 한국에 대한 군사적·비군사적 지원을 하게 되자 이승만 대통령은 군사 부문에 중점을 둔 태평양 지역 각국의 군사동맹 체결 필요성을 좀 더 강력하게 주장했다. 7월 10일, 그는 단독 기자회견을 갖고 공산 세력과 투쟁하는 아시아 모든 국가 간의 군사동맹이 체결되어야 한다고 주장했다.[57] 그다음 해 8월 15일의 광복절 기념사를 통해서는, 6·25 전쟁 개전 이후 인류 역사상 처음으로 53개국이 침략에 대한 대항을 결정하고

55) 이승만 대통령의 태평양동맹 구상은 ≪경향신문≫, 1949년 4월 9일 자.『자료대한민국사 11: 1949년 3-4월』, 399쪽 재인용; ≪자유신문≫, 1949년 12월 11일.『자료대한민국사 15: 1949년 11-12월』481쪽 재인용; ≪자유신문≫, 1950년 5월 20일 자.『자료대한민국사 17: 1950년 4-6월』, 436쪽 재인용.

56) ≪연합신문≫, 1949년 5월 18일 자.『자료대한민국사 12: 1949년 5-6월』, 201쪽 재인용.

57) ≪경제신문≫, 1950년 7월 14일 자.『자료대한민국사 18: 1950년 6-9월』(국사편찬위원회, 2004), 195쪽 재인용.

17개국이 군사를 파견했다고 지적하면서 자유세계 모든 나라들이 집단 안전보장을 진전시켜야 영구 평화가 보장될 수 있다고 강조했다.[58]

당시 외교 장관에서 물러나 유엔 대사로 파견되어 있던 임병직은 미국 외교 전문지 ≪포린어페어스(Foreign Affairs)≫에 기고한 글을 통해 좀 더 체계적인 안전보장을 위한 한국 정부의 외교 구상을 설명했다.[59] 그는 한국의 궁극적 목표는 통일되고 독립적인 민주주의국가를 건설하는 것이나, 대외적으로 태평양 지역의 안보와 평화가 확립되지 않을 경우 국내적 평화 상태가 불안정할 것이라고 예상했다. 미국이 당시 일본의 침략 위협에 대응하기 위한 차원에서 오스트레일리아 및 뉴질랜드와 태평양 조약을 논의하고 있으나 좀 더 궁극적으로는 미국, 캐나다 그리고 한국을 포함한 아시아 각국이 참가해 한층 광범위하고 개방적인 성격의 태평양 안보협정이 필요하다고 주장했다.

건국 직후 전쟁마저 치르게 된 신생 독립국가의 안보를 위해 한미상호방위조약과 태평양동맹 등 중층적 안보체제를 구상한 이승만 정부의 외교 구상은 결국 6·25 전쟁 직후인 1953년 8월, 한미공동방위조약을 체결함으로써 부분적으로 성과를 거두었다.[60] 그러나 6·25 전쟁이 끝난 이후에도 이승만 정부는 지속적으로 다수 국가들이 참가하는 아태 지역 집단안보체제의 구상을 제기했다. 1953년 11월 30일, 중화민국을 방문해 입

---

58) 「광복절 기념사(1951.8.15)」, 『대통령 이승만박사 담화집』, 60쪽.

59) Ben C. Limb, "The Pacific Pact: Looking Forward or Backward?" *Foreign Affairs*, Vol. 29, No. 4(July 1951).

60) 한미상호방위조약 체결 이후 후속적으로 군사 및 경제 원조에 관한 한미 간 합의의사록(1954.11.17), 미국 해군선박 대여에 관한 한미협정(1955.1.29), 조병창 설치에 관한 한미협정(1956.7.2) 등이 체결되었다. 외무부, 『외무행정의 10년』(외무부, 1959), 187쪽.

법원, 감찰원, 국민대표 합동회의 석상에서 행한 연설을 통해 이승만 대통령은 중화민국과 한국이 조인한 협정이 없음에도 불구하고 실질적인 동맹국이라고 강조하면서, 장차 동남아시아의 국가들이 참가하는 반공(反共)협정 체결을 제의했다.[61] 1958년 1월 24일에는 당시의 조정환 외무장관이 공산당을 불법화하고 공산국가들과의 외교 관계를 단절한 자유아시아 국가들 간의 동맹 구성 방안을 재차 제안한 바 있다.[62] 민간 지식인들도 이러한 구상을 지지하는 움직임을 보였다. 당시 연희대학교 총장 백락준은 1954년 ≪사상계≫에 기고한 글을 통해 미국과 공산권 국가들이 자웅을 겨루는 세계정세 속에서 아시아 지역 대륙계 반공 진영인 한국과 해양계 반공 진영인 뉴질랜드, 오스트레일리아, 필리핀, 타이완 등이 광범위한 반공의 연대를 완성해야 한다고 주장했다.[63] 이러한 정책 구상에서 비록 국가를 대표한 것은 아니지만, 1954년 6월 15일, 진해에서 한국을 비롯해 자유중국(타이완), 홍콩, 마카오, 필리핀, 베트남 등 다섯 개국, 세 개 지역의 민간 대표 31명이 참석해 아시아 민족 반공대회가 열리기도 했다.[64]

단, 아시아 지역에서의 반공동맹 구상을 포함한 신생 대한민국의 외교 구상을 추진하는 데 가장 큰 걸림돌 가운데 하나는 일본과의 관계를 어떻게 수립할 것인가의 문제였다. 건국 초기부터 대부분의 국민들이 강한 반일 감정을 드러내고 있던 가운데, 일부에서는 공업 발전의 필요성 혹은 공산주의에 대한 대항의 일환으로서 일본과의 관계 수복이 필요하다는

---

61) 「중화민국 입법원 감찰원 및 국민대표 합동회의석상에서 행한 연설(1953.11.30)」, 『대통령 이승만박사 담화집』, 140쪽.
62) 외무부, 『외무행정의 10년』, 197쪽 참조.
63) 백락준(白樂濬), 「아세아와 世界政局」, ≪사상계≫, 제2권 제3호(1954.3).
64) 임병직, 『林炳稷회고록: 근대 한국외교의 이면사(裏面史)』(女苑社, 1964), 345쪽.

점을 제기했다.[65] 이 점에 관해 이승만 대통령은 취임 초기에는 대일 강경론에 경도되어 있었던 것으로 보인다. 그는 정부 수립 직후인 1948년 8월 19일에 가진 기자회견에서 신생 정부가 일본에 대해 대마도 반환과 식민지 통치 기간 중 탈취당한 예술품과 역사 기록의 반환을 요구할 것이라는 입장을 밝혔다.[66] 이 같은 입장은 대일 강화 조약의 전제 조건으로 그가 식민지 기간의 피해 보상을 우선 압박하려는 외교 전략을 강구하고 있었음을 보여준다. 이승만 대통령은 아시아 지역의 반공동맹으로 구상했던 태평양동맹의 참가국에 대해서도 일본은 강화 조약이 체결되지 않는 한 국제협정의 가입 자격이 없다고 잘라 말했다.[67]

그러나 이승만 대통령의 대일관은 1949년 말과 1950년을 계기로 변화되고 있는 것으로 보인다. 그는 1950년 1월 14일, 주일본 연합국최고사령부 파견 외교사절단장 겸 주일특명전권대사 신흥우의 임명식을 거행하는 자리에서 일본과의 외교 문제는 대미 외교와 더불어 중요한 것이며, 동양의 치안(治安) 문제는 한일 외교의 진전 여하에 따라 좌우되는 것이니, 과거의 감정 문제를 떠나서 대일 외교를 개척해야 한다고 유시했다.[68] 나아가 이승만 대통령은 1950년 2월 16일부터 3일간 일본을 방문해 맥아더(Douglas MacArthur)는 물론 요시다(吉田茂) 총리 및 중참의원 의장 등 일본 정치인들과 회담을 가졌는데, 이 회담이 그의 대일관을 크게 변화시키

---

65) 아시아 경제 회복의 관점에서 일본의 경제 부흥과 관계 재개의 필요성을 제기하고 있는 글은 "사설: 태평양동맹과 아시아 경제", 《동아일보》, 1949년 7월 31일 자. 『자료대한민국사 13: 1949년 7-8월』, 336쪽 재인용.
66) 《조선일보》, 1948년 8월 20일 자. 『자료대한민국사 8:1948년 8-10월』, 51쪽 재인용.
67) 《경향신문》, 1949년 4월 9일 자. 『자료대한민국사 11: 1949년 3-4월』, 399쪽 재인용.
68) 《평화일보》, 1950년 1월 15일 자. 『자료대한민국사 16: 1950년 1-3월』, 113쪽 재인용.

는 계기가 된 것으로 보인다. 방일 성과를 총괄하는 기자회견에서 그는 일본이 군국주의와 식민주의를 재생시키지 않으려는 결의를 하고 있고, 새롭게 제정된 일본 헌법도 민주주의 이념에 기초하고 있음을 발견하게 되었다고 언급했다. 그리고 한일 양국은 공산주의라는 공통의 위험에 직면하고 있으며, 이러한 인식하에서 언젠가 한국과 일본이 "인방(隣邦)인 동시에 동무가 될 수 있는" 시기가 오게 될 것이라고 전망했다.[69] 즉, 이승만 대통령은 한국과 일본이 민주주의 지향과 공산주의 대항이라는 점에서 공통성을 갖고 있고, 이를 발판으로 협력 관계를 구축할 가능성이 있음을 예상했던 것이다. 이러한 대일관의 변화는 1949년 10월, 중국 대륙의 공산화처럼 아시아 지역에서 공산주의 위협이 현실화되고 있던 사정과도 밀접한 관련이 있다고 생각된다. 이러한 대일관의 변화 속에서 1951년 10월부터 한일 국교 정상화 교섭을 위한 한일회담이 개최되었다.[70] 제1차 한일회담에서 한국의 대일 요구 조건의 하나로 일본 측이 자유 진영의 일원으로 용공 정책을 취하지 말 것을 포함시키고 있는 점은, 한국정부가 한일 간 협력을 어떤 각도에서 바라보고 있었는지 보여준다.

그러나 한일 관계는 오히려 한일회담 개시 이후 구보타(久保田)의 망언에 의해 악화되는 경로를 밟기 시작했다. 더욱이 한국 해역에서의 일본 어선 활동 확대 및 그에 대응하기 위해 1952년 1월 18일, 이승만 대통령이 전격적으로 '인접해양주권에 대한 선언'을 공포하면서 한일 간 영토와 해역을 둘러싼 갈등이 격화되었다. 이 결과 이승만 정부는 태평양 지역 반공 기구의 범위에 일본을 포함하는 문제에 대해 극히 부정적인 입장으

69) ≪평화신문≫, 1950년 2월 19일 자. 『자료대한민국사 16: 1950년 1-3월』, 449~451쪽 재인용.

70) 외무부, 『외무행정의 10년』, 30~31쪽.

로 선회했다. 1954년 7월 27일, 이승만 대통령의 미국 방문 시 아이젠하워(Dwight Eisenhower) 정부의 덜레스(John Dulles) 국무 장관이 한일 간 국교 정상화와 일본을 포함한 아시아 태평양 지역의 집단 안보체제 결성을 제안했다. 이에 대해 이승만 대통령은 일본을 포함한 집단 안보체제는 지극히 위험하며 한일 간 국교 정상화에 대해서도 자신의 임기 중에는 불가하다는 반응을 보였다.[71]

이 같이 이승만이 부정적인 대일 인식으로 선회하면서, 한국과 일본을 포함한 태평양 지역 다자간 동맹 구상을 갖고 있던 미국의 지역 전략도 추진할 수 없게 되었다. 결국 1954년 9월, 마닐라 조약이 체결되면서 미국은 영국, 오스트레일리아, 뉴질랜드, 필리핀, 타이, 파키스탄 등을 포함한 동남아시아 조약기구(SEATO)를 구성했다. 한국과 일본이 이에 참가하지 않고 미국과 개별적인 동맹체제가 형성된 것은 이승만 정부의 대일 인식으로 인한 한일 관계 악화가 영향을 준 것으로 보인다.

비록 태평양동맹 체결이라는 목표가 달성되지는 않았으나, 국가안보를 위해 외교적으로 동맹에 더해 지역 내 안보 기구를 결성하겠다는 이승만 정부의 구상은 1950년대 후반까지 지속되었다. 1959년 외무부 책자에는 이승만 정부가 공산주의 침략 위협과 일본 군국주의 재기에 대한 방어를 목표로 국제연합과의 협력, 자유 진영 국가 간의 지역적 집단안전보장 체제 확립, 자위능력 증강을 지향하겠다고 밝히고 있기 때문이다.[72]

---

71) 한표욱, 『이승만과 한미외교』, 220, 235쪽.
72) 외무부, 『외무행정의 10년』, 188~189쪽.

4) 통일 정책 구상

신생 대한민국이 직면한 가장 큰 과제 가운데 하나는 남북통일 문제였다. 1948년 8월과 9월, 남한과 북한 지역에서 개별적으로 성립된, 이념이 상이한 정권들을 어떻게 통합시킬 것인가가 정치 엘리트들이 해결해야 할 중요한 과제였던 것이다. 당대의 식자들은 남북한 통일 방안으로 평화적 통일 방안과 무력적 정복 방안의 두 가지가 있을 수 있다고 본 듯하다. 예컨대 전자의 방식으로는 남북협상이나 유엔 주관하에서 통일이 가능하고, 후자의 방식으로는 무력정벌이나 세계대전의 발발을 계기로 남북 간 통일이 가능하다고 전망했다.[73]

이승만 대통령은 집권 초기부터 구체적 통일 방안을 제시하지는 않았다. 기자회견 때마다 기자들은 남북통일의 복안에 대해 질문했지만 그때마다 그는 남북한 동포들의 애국심과 공통 혈맥, 동일 언어가 멀지 않은 장래에 통일을 실현시킬 것이라고 막연하게 답변하고는 했다.[74] 1949년 접어들어 좀 더 구체화된 통일 시나리오가 피력되었다. 그는 이해 4월 25일과 28일, 각각 진해와 광주의 기자회견에서 통일을 위해 북한 지역 동포들의 애국심에 기대한다고 하면서, 북한 동포들이 봉기해 공산주의자들을 몰아낼 것이고, 그 경우 무혈 통일이 가능할 것이라고 전망했다.[75]

---

73) 이러한 통일 방안에 대한 논의로는 당시 국회의원 조헌영의 칼럼, "和戰 兩樣의 태세", ≪서울신문≫, 1949년 11월 21일 자. 『자료대한민국사 15: 1949년 11-12월』, 261쪽 재인용.

74) 1948년 11월 26일의 기자회견과 12월 17일의 기자회견이 그러했다. 전자는 ≪경향신문≫, 1948년 11월 27일 자. 『자료대한민국사 9: 1948년 11-12월』, 318쪽 재인용. 후자는 ≪민국일보≫, 1948년 12월 18일 자. 『자료대한민국사 9: 1948년 11-12월』, 597쪽 재인용.

75) 각각의 기자회견 내용은 『자료대한민국사 11: 1949년 3-4월』, 621, 661쪽 재인용.

여기에서 주목할 것은 이승만 대통령이 6·25 전쟁 발발의 시점까지 결코 무력통일의 방식을 옹호하지는 않았다는 점이다. 그는 1949년 2월 4일 기자회견에서 밝힌 것처럼, 남북통일은 동족과 인명을 살상하는 것을 피해 어디까지나 평화적인 방식으로 이루어져야 한다고 강조했다.[76] 같은 해 4월 28일에 공표한 담화에서도 국군이 북벌해서 남북충돌을 빚으며 통일되는 사태는 없을 것이라고 단언했다.[77]

평화적 방식에 의한 통일 실현 구상은 대통령의 정치 및 군사 참모들에게도 깊숙이 주지되었던 것으로 보인다. 국무총리 이범석은 1948년 8월 30일의 시정방침 연설에서 남북통일은 동족상잔이나 무력이 아닌 평화적 해결을 위주로 하겠다고 천명했고,[78] 1949년 7월 9일, 국군 제8사단장에 임명된 이형근은 취임 기자회견에서 국군은 불타는 공격심을 억제하지 못하고 있으나, 대통령이 월북 공격을 엄금하기 때문에 눈물을 머금고 명령만을 기다리고 있다고 소회를 밝히기도 했다.[79]

다만 1950년 6·25 전쟁이 발발하자 이승만 대통령의 통일 방식은 변화하게 된다.[80] 그는 전쟁 발발 이후인 7월 4일 특별 방송을 통해 민주주의

---

76) 그는 이 회견에서 국군에 대해, 북한에 일보도 공세를 취하지 말고 방어만 하도록 명령했다고 밝히고 있다. ≪서울신문≫, 1949년 2월 5일 자. 『자료대한민국사 10: 1949년 1-2월』, 370쪽 재인용.

77) 「북벌 아닌 통일 달성, 중국 사태에 우려 무용(1949.4.28)」, 『대통령 이승만박사 담화집』, 18쪽.

78) 연설요지는 ≪경향신문≫, 1948년 8월 29일 자.

79) ≪경향신문≫, 1949년 7월 14일 자. 『자료대한민국사 13: 1949년 7-8월』, 100쪽 재인용.

80) 서중석에 따르면 북진통일론은 신성모 국방 장관이 먼저 제기했으나 이승만 대통령도 1949년 9월 30일, 로버트 올리버(Robert Oliver) 정치 고문에게 보낸 서한을 필두로 북진통일의 필요성을 언급하게 되었다고 한다. 서중석, 『이승만과 제1공화국: 해방에서 4월혁명까지』, 85쪽.

와 공산주의 간 전쟁이 시작되었으며, 이 전쟁은 남북통일을 완수하는 시점이 될 것이라고 했다. 7월 14일 기자회견에서도 이 전쟁은 국제 공산주의와 국가주의 간 전쟁이며, 이 기회를 이용해 통일을 실현할 것이라고 밝혔다.[81] 북한에 의한 남침은 이승만 대통령의 평화적 통일 구상이 무력을 불사하는 강경 방식으로 경화하는 계기가 되었던 것이다.

무력을 사용한 북진통일론 구상은 한국이 1951년부터 시작된 휴전회담이나, 정전 이후 1954년 5월 제네바에서 개최된 관련 당사국 정치회의에서 소극적으로 임하게 된 요인이 되기도 한다. 즉, 북진통일론에 집착한 나머지 이승만 정부는 휴전회담이나 제네바 정치회의에서 회담의 당사국이 되지도 못했고, 한반도 평화와 통일을 위한 협상 어젠다를 주도적으로 제시하지도 못했다.[82] 그럼에도 무력에 의한 북진통일론은 1950년대 후반까지 이승만 정부의 대북 정책으로 표방되었다.[83] 이에 대해 일부의 지식인과 정치인들은 과연 이러한 대북 정책이 중공과 소련의 지상군지원을 받고 있는 북한의 현실에 비추어 현실적으로 가능한 것이며, 평화가 제창되는 국제질서하에서 공감을 얻을 수 있는 정책인가라는 문제

---

81) ≪민주신보≫, 1950년 7월 6일 자. 『자료대한민국사 18: 1950년 6-9월』, 150쪽 재인용; ≪경제신문≫, 1950년 7월 15일 자. 『자료대한민국사 18: 1950년 6-9월』, 234쪽 재인용.

82) 당시 미국 측 관찰자는 제네바회의에서 북한뿐 아니라 한국 측 협상 행태도 부정적으로 평가하고 있다. Shannon McCune, "The United States and Korea," in The American Assembly(ed.), *The United States and the Far East*(New York: Columbia University, 1956), p.89.

83) 한표욱은 제네바회의에서 한국 대표단이 국제연합 감시하에 북한에 대한 자유선거 시행 방안을 제시한 것이 정부의 통일 방안이었으며, 이때부터 북진통일론이 공식적으로 포기되었다고 설명한다. 한표욱, 『이승만과 한미외교』, 203~204쪽. 그러나 후술하듯이 1950년대 후반까지 이 통일 방안이 포기된 것으로 보이지는 않는다.

제기를 하기도 했다.[84] 이들은 그 대안으로 무력을 사용하지 않고 통일을 완수할 방법을 찾아야 한다고 제언했지만, 권력의 황혼기에 접어든 이승만 정부로서는 궤도 변경이 쉬운 일이 아니었다.

4. 맺는말

1948년 8월, 신생 대한민국의 초대 대통령으로 취임했을 때 이승만에게 주어진 국가 건설의 과제는 결코 녹록한 것이 아니었다. 국내 사회는 오랜 왕조 정치와 일본 식민지 통치하에 제도적으로나 이념적으로 혼란스러운 상황이었다. 국토는 삼팔선을 기준으로 양분되었고, 북한 정권은 민주기지론의 전략하에 대내적으로 한국 사회에 대한 위협을 가하고 있었다. 아시아 대륙에서 중국이 공산화되고, 소련은 동유럽과 동아시아의 두 날개 지역에 공산주의 세력의 팽창을 기도하고 있었다.

이러한 상황에서 이승만 대통령은 새로 건설되어야 할 국가가 '민족적 민주국가'를 지향해야 한다는 국가 건설의 방향을 제시했다. 그는 민주국가의 정치체제가 종전의 군주정체와 달리, 농민과 노동자 등 다수의 인민이 권리와 복리를 누리는 정치체제라고 설명했고, 그 때문에 의무교육제가 실시되어야 하고, 여성의 권리를 무시하는 축첩제는 폐지되어야 한다고 주장했다. 또한 농민의 경작권을 보장하는 토지개혁을 주장했고, 군대도 국민개병제의 방침에 따라 구성되어야 한다고 일관되게 주장했다. 이 같은 그의 국가 구상은 한말 계몽운동에 투신하면서, 그리고 미국 유학과 임시정부 초대 대통령을 역임하면서 그가 형성해온 자유주의적 정치사상

---

84) 주요한, 「對共 정책은 어떻게 세울 것인가」, ≪사상계≫, 제6권 제10호(1958.10).

의 영향을 반영하는 것이었다. 연원을 조금 더 거슬러 올라가면 인민의 자유와 권리를 보존하기 위해 국가가 최소악의 존재로 필요하다는 것을 역설한 존 로크와 스튜어트 밀 등의 자유민주주의 정치사상이 이승만을 경유해 신생 한국에 제도적으로 정착하게 된 것이라고 할 수 있다.

이승만은 이러한 민주주의 신생 국가가 한반도 북부와 대륙 공산주의의 위협에 처해 있다고 인식했다. 공산주의와 민주주의로 나뉘어 대결하는 국제 정세의 흐름 속에서 신생 한국이 대륙 공산주의의 위협에 홀로 맞서고 있다는 것이다. 이러한 안보 위기 상황을 타개하기 위해 그는 국내 정치·사회 측면에서는 일민주의 정치사상의 확립, 경제적으로는 공업 국가와 무역 국가의 건설, 국방 차원에서는 국민개병제와 민병제의 혼용, 외교 차원에서는 한미상호방위조약 및 태평양동맹의 결성으로 대응해야 한다는 전략 과제를 제시했다. 이 같은 정책 구상은 일민주의와 같은 일부 전체주의적 요소를 배제하면 당시 야당 정치 세력의 안보 정책 구상과도 공감대를 이룰 수 있는 것이었다. 1955년 9월, 결성된 민주당이 그 정강에 한미방위조약 강화, 동북아시아 동맹기구 창설, 반공 민주 진영과의 유대 강화 등을 안보 정책의 구상으로 포함하고 있었기 때문이다.[85] 달리 말해 이승만 대통령이 제시한 안보 전략의 정책 과제들은 당대 냉전체제하에서 신생국가의 정치 지도자가 제시할 수 있었던 최대공약수 같은 요소들을 포함하고 있었다고 할 것이다.

그러나 국가 구상과 안보 전략의 훌륭한 요소에도 불구하고, 실제 국정에서 이승만 정부는 난맥상을 보였다. 6·25 전쟁 종전 후 외국으로 떠났다가 3~4년 후 귀국한 서울대 영문과 이양하 교수는 ≪사상계≫에 기고

---

85) 다만 이승만 정부와 달리 민주당은 일본과의 조속한 국교 정상화도 포함하고 있었다. 조병옥, 『나의 회고록』, 313~316쪽.

한 글을 통해 당시의 미국 1인당 국민소득이 1100달러, 일본이 300~400 달러인데 한국은 75달러에 불과하다고 지적하면서, 이전보다 오히려 한국이 더 가난해지고, 살림이 어려워진 것은 정부와 지도자의 정책 혼선에 그 책임이 있는 것이 아닌가하는 견해를 제시한다.[86] 언론인 신상초는 정치인 및 학자들과 가진 좌담회에서 공산주의 국가들과는 그렇다고 해도, 한일 관계가 정상화되어 있지 않고, 동남아 국가들과의 외교 관계도 설정되어 있지 않으며, 한미 관계도 원활하지 않다고 지적하면서, 외교면에서 한국이 고립화되는 경향이 있다고 지적한다.[87] 미국의 한 관찰자는 1950년대 후반 남북한의 석탄과 전력 생산량이 각각 25% 대 75%의 격차를 보이고 있다는 점을 지적하면서, 한국이 북한에 비해 경제적 혼미에 머무르고 있는 것은 전쟁 파괴의 영향도 있지만, 정부 관료와 기업인들의 경험 부족에 기인한다고 분석한다.[88]

요컨대 이승만 정부는 서구 자유민주주의 사상의 영향 속에서 훌륭한 국가 건설의 비전과 구체적인 안보 전략의 방안들을 제시했지만, 실제 정책 추진에서는 미숙함을 드러냈던 것이다. 공업 및 무역 국가 건설 구상은 정책의 지원을 받지 못했고, 한미동맹 이외 태평양동맹의 구상은 표류하고 있었다. 경제 및 외교 정책 혼미 속에 지식인들의 정권에 대한 불만과 이반이 증폭되고 있었다. 이 같은 정책의 혼미는, 냉전 초기 공산주의의 파장이 거세지던 동아시아의 정세를 염두에 둘 때, 곧바로 국가의 안보 위기로 직결될 수 있는 것이었다.

---

86) 이양하(李敭河), 「나라를 구하는 길」, ≪사상계≫, 제5권 제9호(1957.9), 223쪽. 그러면서 이양하는 태릉 육군사관학교 생도들이 청렴과 명예를 중시하며 교육받고 있는 것에 국가의 미래를 기대한다고 밝히고 있다.
87) 「우리의 현실을 솔직히 말하는 좌담회」, ≪사상계≫, 1955년 12월, 202쪽.
88) Shannon McCune, "The United States and Korea," p.91.

제2장
- - - - - - - - - - - -

박정희 시대(1961~1971)의 국가안보 전략
조국 근대화와 공업 국가 건설

1. 머리말

박정희 장군은 1961년 5월 16일, 군사 쿠데타를 통해 국가의 실권을 장악했다. 1963년 선거를 통해 대통령에 선출된 이후 그는 조국 근대화의 전략하에 경제개발, 수출 진흥, 자주국방 등의 정책을 국가적으로 추진했고, 1967년 대통령에 재선되었다. 그러나 1969년 개헌을 통해 대통령 제3선의 길을 열었고, 이를 통해 대통령에 선출된 이후에는 1972년 유신개헌으로 장기 집권이 가능한 정치체제를 만들면서 1979년 측근에 의해 암살될 때까지 18년간 대통령으로서 재임했다. 그의 재임 기간 한국은 경제·국방·외교 측면에서 현저한 국제적 지위의 상승을 보였다. 그러나 두 차

---

* 이 장은 박영준, 「한국 국가전략의 기원: 이승만과 박정희 국가구상의 연속성과 변화」, ≪교수논총≫, 제20권 2호(국방대학교, 2012)의 일부를 보완한 것이다.

례의 개헌을 통해 장기 집권을 도모했다는 점에서 그에 대한 평가는 양분되어 있다. 경제 발전과 자주국방 등의 정책적 노력은 높이 평가되고 있으나, 다른 한편으로 그는 한국의 민주주의와 정치 발전을 역행시킨 장본인으로 비판받기도 한다.[1]

박정희 대통령의 정치와 정책에 대한 상반되는 평가를 염두에 두면서 이 장에서는 그가 남긴 저서들과 대국민 연설문 등을 통해 과연 그가 어떠한 국가 구상을 제시했고, 경제·국방·외교·통일 등의 측면에서 어떤 구체적인 정책을 추진하려 했던가를 재구성하고자 한다.[2] 다만 그의 국가 전략이 1972년 유신헌법으로의 개헌 이후 중점의 변화가 있다고 판단해 그의 집권기를 두 시기로 나누어 이 점들을 살펴보고자 한다.

---

1) 박정희 시대에 관한 긍정적인 연구로는 Kim Hyung-A, *Korea's Development under Park Chung Hee: Rapid Industrialization, 1961-79*(London: Loutledge, 2004). 비판적인 연구로는 이병천 엮음, 『개발독재와 박정희』(창비, 2003) 등을 참조. 최근의 포괄적 연구로는 Byung-Kook Kim and Ezra F. Vogel(eds.), *The Park Chung Hee Era: The Transformation of South Korea*(Cambridge, Massachusetts: Harvard University Press, 2011) 참조. 이 책에 실린 논문을 통해 하버드 대학교의 에즈라 보걸(Ezra F. Vogel) 교수는 20세기 국가 지도자 가운데 급속 성장을 통해 새로운 체제를 건설한 대표적 지도자로서 터키의 케말 아타튀르크(Kemal Atatürk), 싱가포르의 리콴유(李光耀), 중국의 덩샤오핑(鄧小平)과 더불어 박정희를 들고 있다. 다만 그는 박정희가 쿠데타로 정권을 장악해 상대적으로 정통성이 떨어지고, 유신헌법 개헌을 추진해 민주주의 흐름에 역행했다는 점도 아울러 지적한다. Ezra F. Vogel, "Nation Rebuilders: Mustafa Kemal Ataturk, Lee Kuan Yew, Deng Xiaping and Park Chung Hee," in Byung-Kook Kim and Ezra F. Vogel(eds.), *The Park Chung Hee Era: The Transformation of South Korea*, pp.513, 538~539.

2) 박정희 대통령은 대통령 재임 기간 중 『국가와 혁명과 나』(向文社, 1963), 『민족의 저력』(광명출판사, 1971), 『민족 중흥의 길』(광명출판사, 1978) 등의 저서를 간행했다. 또한 그가 국가 지도자로서 행한 대국민 연설들은 1963년도의 연설모음집인 『박정희대통령연설문집: 제1집(1963.12-1964.12)』(대통령공보비서관실, 1965)을 비롯해 대통령비서실에서 매년 편찬했다.

2. 국가 건설 구상

1) 민족 중흥과 조국 근대화 비전

군인 출신의 박정희 대통령은 5·16 군사혁명[3] 이전에 그의 국가 구상에 관한 비전을 본격적으로 국민들에게 제시하고 평가받은 바가 없었다. 1961년 5월 16일, 군사혁명 당일에 혁명 공약이 제시되긴 했으나, 그의 국가 구상이 본격적으로 제시된 것은 1963년 혁명 세력의 민정 참가를 선언하고 발간한 『국가와 혁명과 나』를 통해서였다고 할 수 있다.

이 책의 앞부분에서 박정희 대통령은 5·16 군사혁명의 역사적 의의를 밝히며 지난 5000년간 한민족의 역사를 매우 부정적으로 인식한다. 그에 따르면 고대 이후 한민족의 역사는 "분방 상잔(分邦 相殘)을 거듭하면서 오랜 세월 동안 두터운 봉건 속에서, 빈곤과 나락과 안일 무사주의의 악순환 속에서 분열 파쟁만을 일삼아왔"고, "순수한 동포 민족, 천혜의 금수강산, 무비의 고유문화를 지녔으면서 알맞는 국토, 알맞는 인구, 알맞는 자원을 가지고도 단 한 번 국가다운 국가를 세워보지 못"한 "인순(因循)과 혈루(血淚)에 점철된" 역사였다.[4] 1945년 8월 15일 해방으로 새로운 민족사를 창업할 수 있는 기회가 열렸으나, 자유당과 민주당 양당의 정권이 "독재와 부패와 무능과 나태주의로 국사를 엉망으로 만들어 놓"았을 뿐 아니라 "실로 반만년 만에 처음 만난 신 민족국가 창건을 위한 천재의 호기를 윗길로 오도하고 모처럼 뻗으려는 세찬 재기의 기운을 저지"했다고 비판

---

3) 5·16 군사혁명은 5·16 군사정변의 전 용어이다. 이 책에서는 박정희 대통령의 연설문과 신문 기사를 인용한 내용이 많으므로 당시의 표기를 그대로 따랐다.

4) 박정희, 『국가와 혁명과 나』, 22쪽. 이러한 역사관은 조선을 병합한 일본 군국주의자들의 역사관과 상통하는 측면이 있다고 생각된다.

한다.[5)]

그는 이 같은 민족사 및 현대 정치사의 관점에 입각해 5·16 군사혁명은 이 같은 부정적인 한민족 역사의 흐름을 되돌리려는 "민족 중흥 창업의 마지막 기회"라고 의의를 부여한다.

> 5·16 민족혁명, 이것은 …… 단순한 정권교대가 아니고 멀리는 분방(分邦)과 상잔의 고중(古中)세대, 가까이는 이조 5백년간의 침체와 왜제(倭帝) 36년간의 피맺힌 학정, 해방이후 이질적인 구조 위에 배태된 갖가지 고질을 총결산해 다시는 가난하지 아니하고, 약하지 아니하고, 못나지 아니한 예지와 용기와 자신을 가진 신생 민족의 우렁찬 신등정임을 뜻한다. …… 이 혁명은 한국 근대사 전환의 기점이며, 해방 전후 다음가는 제3의 출발이자, 민족 중흥 창업의 마지막 기회인 것이다.[6)]

즉, 박정희는 5·16 군사혁명이 단순히 정권교체의 시도가 아니라 민족사의 운명을 전환시켜 민족 중흥을 도모하는 마지막 기회라고 비장하게 선언했다. 그렇다면 그는 군사혁명을 통해 한국 사회를 어떠한 방향으로 바꾸어야 한다고 주장했던 것일까? 1963년의 저서에서 그는 "이 혁명은 정신적으로 주체 의식의 확립 혁명이며, 사회적으로 근대화 혁명이요, 경제적으로는 산업혁명인 동시에 민족의 중흥 창업 혁명이며, 국가의 재건혁명이자, 인간개조, 즉 국민 개혁 혁명인 것이다"라고 하며,[7)] 5·16 군사

---

5) 같은 책, 23쪽. 그는 자유당과 민주당 정권이 세계 4위의 강군을 육성했고, 상당한 수의 건물과 공장을 짓기는 했으나, 정신적 타락, 망국적 외래풍조, 부패, 허영, 사치로 인해 얻은 것보다는 잃은 것이 더 많았다고 비판한다.

6) 같은 책, 26~27쪽.

7) 같은 책, 27쪽.

혁명의 목표가 인간, 한국 사회, 한국 경제의 각 측면에서 인간 개조 및 주체 의식 확립, 사회적 근대화, 경제적 산업혁명을 일으켜 국가의 재건과 민족의 중흥을 가져오는 것이라고 했다. 즉, 박정희는 한 민족이 변혁을 이루고 중흥을 이룩하기 위해서는 정치, 경제, 문화의 측면에서 복합적인 변혁이 진행되어야 한다고 생각했다.[8] 따라서 이 혁명은 단기간에 이루어질 것이 아니라 상당한 기한이 소요될 수 있으며, "지향하는 목표가 구체적으로 결실을 볼 때까지 …… 대대로 계승되지 않으면 안 되는" "민족의 영구혁명"으로서의 성격을 지닌다고 보았다.[9]

그런데 1963년의 시점에서 5·16 군사혁명의 비전을 정신적 주체 의식 확립, 사회적 근대화, 경제적 산업혁명을 통해 국가를 재건하고 민족을 중흥하는 것이라고 했던 박정희 대통령은 이후 경제 정책의 성과가 나타나기 시작하면서 이를 좀 더 간결한 형태의 비전으로 다시 제시하게 된다. 1966년 1월 8일, 국회에 보내는 연두교서에서 그는 경제적 산업혁명에 좀 더 중점을 둔 '조국 근대화'의 비전을 제시했다. 그에 의하면 "조국의 근대화야말로 진정한 우리의 미래상"인데, 이 목표는 세 가지 단계를 거쳐 1970년대 후반의 시점에 달성될 수 있다고 했다.[10] 제1단계는 제1차 경제개발 5개년계획이 끝나는 1966년까지로서 이 기간 중에 공업 국가의 기초를 마련하고, 제2단계는 제2차 경제개발 5개년계획이 끝나는

---

8) 1966년 10월15일, 그는 서울대학교 개교 20주년 치사에서 민족 중흥을 이룩하기 위해서는 정치의 힘, 경제의 힘, 문화의 힘이 서로 조화를 이루어 발전해야 하고, 교육이 그 밑바탕이 될 수 있다고 했다. 『박정희대통령연설문집: 제3집(1966.1-1966. 12)』(대통령비서실, 1967.1), 379쪽.
9) 박정희, 『국가와 혁명과 나』, 27쪽.
10) 「1966년 1월 8일, 박정희 대통령 연두교서」, 『박정희대통령연설문집: 제3집(1966.1-1966.12)』, 36쪽.

1971년까지의 시기로서 이 기간에 공업화를 이룩하며, 제3단계는 제3차 경제개발 5개년계획이 끝나 대량생산과 대량소비가 이루어지는 1970년 대 후반기라고 설정했다. 그는 조국 근대화가 달성되면 1970년대는 수출 실적도 매년 10억 달러를 상회할 것이고, 양곡 생산도 늘려 미곡 수입에 서 수출 국가로 전환될 것이며, 1인당 국민소득도 현재의 배로 증대될 수 있다고 국민들에게 청사진을 밝혔다.

여기에서 흥미로운 것은 이승만 대통령이 국가의 비전으로 제시했던 '민족적 민주주의'나 '공업 국가'의 개념들이 '조국 근대화'의 비전 속에 용 해되어 있다는 점이다. 박정희는 한일회담에 대한 반대시위가 격렬하던 1964년 6월에 발표한 교서에서 우방들의 외부 원조에 의존하지 않고 자 립을 달성하는 것이 '민족적 민주주의'의 실현에 다름없다고 설명했다.[11] 1967년 1월 1일에 발표한 신년사에서는 1970년대에는 아시아에 빛나는 '공업 국가'를 건설하는 것이 제2차 5개년계획의 목표라고 설명했다.[12] '민족적 민주주의'나 '공업 국가'의 비전은 이승만 대통령이 건국 초기였 던 1948년 9월과 12월의 담화 등을 통해 국가의 비전으로 제시했던 개념 들이었다. 이 점을 박정희 대통령 자신이 인식했는지의 여부는 불분명하 나, 제1공화국에서 제시된 비전들이 제3공화국이 표방한 조국 근대화의 과제들로서 수용되고 있다는 점은 분명해 보인다.[13]

---

11) 「1964년 6월 26일, 시국수습 관련 교서」, 『박정희대통령연설문집: 제1집(1963.12-1964.12)』, 92쪽.

12) 「1967년 1월 1일, 신년사」, 『박정희대통령연설문집: 제4집(1967.1-1967.12)』(대통 령비서실, 1968.2), 19쪽.

13) 다만 이승만 대통령의 "민족적 민주주의"가 일민주의의 개념과 연계해 제시된 것임 에 반해, 박정희 대통령의 "민족적 민주주의"는 대외적 자립 실현에 중점을 두고 있 다는 점에서 내용상의 차이가 있다고 생각된다.

2) 경제개발과 수출 진흥

박정희 대통령이 표방한 조국 근대화의 비전은 정치·경제·문화 등 사회 전반적인 변혁을 요구했다. 그 가운데에서도 박 대통령은 경제 분야의 자립, 즉 자주경제의 확립이 가장 중요한 과제라고 명언했다. 그는 1963년도에 발간된 저서에서, "무릇 인간 생활에 있어 경제는 정치나 문화에 앞서는 것이다. …… 경제적으로 자립능력이 없는 한 인간은 끝내 남을 의지하지 않으면 안 되듯, 이의 자립 없이 한 민족이나 국가의 온전을 기대하기란 문자 그대로 연목구어 격이 아니겠는가"라고 하면서,[14] 자주경제의 확립이 5·16 군사혁명의 직접적인 주요 목표였다고 밝히고 있다. 1968년의 신년 기자회견에서도 그는 정치·경제·사회·문화·산업·과학화 운동을 포괄하는 조국 근대화 운동에서 가장 핵심은 경제 건설과 경제개발에 있다고 재차 강조했다. 경제 건설을 발판으로 봉건적 농업 국가체제가 근대적 산업 국가체제로 전환될 수 있다고 했다.[15]

이승만 정부도 토지개혁 구상에 이은 공업 국가, 통상 국가의 비전을 제시한 바 있었다. 그러나 박정희가 보기에 이승만의 자유당 및 그를 이은 민주당 정부의 경제 실적은 "자유민주주의의 주권국가라고 자부"할 수 없을 정도였다. 그는 이전 정권들의 경제 실적을 조목조목 따지고 있는데, 이에 따르면 1961년 민주당 정부의 추가 경정예산안 6088억 원 가운데 미국 보충 자금의 규모는 3169억 원으로서, 국가 예산의 절반 이상을 미국에 의존했다고 비판했다. 1945년부터 1959년간 26억 9000만 달러에 달하는 미국의 원조를 받아왔으나, 1959년도 무역액은 수입 총액이 수출

---

14) 박정희, 『국가와 혁명과 나』, 34쪽.
15) 『박정희대통령연설문집: 제5집(1968.1-1968.12)』(대통령비서실, 1969.2), 35쪽.

총액을 5936만 달러나 초과하는 등 매년 국제수지가 5000만 달러 내외의 수입 초과 상태를 보였다고 지적했다. 조선전업, 대한중공업, 남선전기, 대한조선공사, 대한해운공사, 대한석탄공사 등 주요 국영기업체들은 손실을 면하지 못하고 있고, 산업은행과 같은 관민은행도 기업들에 대한 부실 대출로 원리금 상환을 기대할 수 없다고 지적했다.[16] 그는 이 같은 기간산업의 부진, 수출의 부진, 국제수지의 역조는 이전 정권들의 부패와 정책 빈곤에 기인한다고 분석했다.

이 같은 경제 부진을 만회하고, 자립경제를 실현하기 위해 그가 1960년대에 취한 방식은 종합적인 경제개발 5개년계획을 수립해 연차별 경제성장률과 수출 목표, 국민총생산 목표액 등을 정하고, 이를 달성하기 위해 부문별 중점을 설정하며 이를 달성하기 위한 주요 방책을 제시하는 것이었다. 예컨대 박정희 정부는 1961년부터 개시된 제1차 경제개발 5개년계획의 경우, 이 기간 중 경제성장률 목표는 7.1%, 목표연도 국민총생산 목표는 3200억 원, 수출액 목표는 1억 3800만 달러로 설정했다. 이 같은 목표를 달성하기 위해 그는 이 기간 중 국내 조달 및 외자를 합해 총액 3200억 원의 투자를 집중해 전력, 석탄 등 에너지 공급원을 확보하고, 기간산업을 확장하며, 수출 증대를 추진하겠다는 추진 계획을 수립했다.[17]

이 같은 계획에 따라 이 기간 중 국내 조달을 포함해 AID(Agency for International Development) 차관 및 유솜(USOM) 차관 그리고 서독으로부터의 차관 도입이 추진되었고, 국내 자본 조달 및 외자(外資)를 바탕으로 전력과 광업 부문의 에너지원 개발이 진척되기 시작했다.[18] 이와 병행해

---

16) 같은 책, 35~69쪽.
17) 같은 책, 89~91쪽.
18) 외자 도입을 바탕으로 부산 화력발전소, 군산 화력발전소, 당인리 화력발전소 4·5
   호기, 울산 화력발전소 건설, 장성 탄광 개발 등이 추진되었다. 그는 한일 국교 정

조선산업, 울산 종합 제철소, 인천 디젤엔진 공장, 금성사 전기계기 공장, 새나라 자동차 공장, 나주 비료 공장, 정유 공장, 시멘트 공장 등이 착공되었다.[19] 신규 공장과 산업에서 생산되는 생산품의 대외 수출 진흥을 위해 제도적으로 대한무역진흥공사를 신설했고, 각국과 통상협정을 체결하고 상무관을 파견하는 조치를 취하면서 수출 여건을 조성했다.

이승만도 산업 진흥과 무역 진흥의 일반적인 필요성은 인식하고 있었다. 그러나 박정희 대통령은 좀 더 구체적이고 전략적인 측면에서 이 문제에 접근했다. 그는 "우리나라처럼 뒤떨어진 상태에서 모든 것을 하루아침에 잘 되게 하는 방법이란 신이 아닌 이상 도저히 불가능한 것"이라고 하면서, 후진국의 경제 건설을 위해서는 "가장 요긴한 부문, 전략적인 부문, 이런 데 정부가 중점적으로 힘을 기울여야 할 것"이라고 언급했다.[20] 그는 한국과 같은 후진국의 경제성장을 위해 "선택과 집중"의 전략이 필요하다는 인식을 철저하게 갖고 있었던 것이다.

그는 이전 정권들이 원조 경제하에 자국의 수입·수요를 자력으로 충족시켜야 한다는 각성이 부족했고, 수출시장을 개척하려는 의욕도 거의 없었다고 비판했다.[21] 그는 공업 원료의 의존도가 높은 나라에서 수출 증진은 "경제의 생명"이라고 하면서, 특히 수입·수요를 충족시키는 산업, 수출과 직결되는 산업의 육성에 전략적으로 집중해야 한다는 인식을 갖

상화를 통해 도입될 일본 자본에도 상당히 기대했다. 같은 책, 102~103쪽.

19) 박정희 대통령은 구정권이 소비재 산업에만 주력했다고 비판하면서, 수입 대체 및 수출산업 육성에 중점을 기울여야 한다고 강조했다. 그의 산업 정책 구상 및 추진 실적은 같은 책, 112~117쪽 참조.

20) 「1966년 4월 25일, 안양 한국케이블공장의 준공식 치사에서」, 『박정희대통령연설문집: 제3집(1966.1~1966.12)』, 163쪽.

21) 「1965년 1월 16일, 연두교서에서」, 『박정희대통령연설문집: 제2집(1965.1~1965.12)』(대통령비서실, 1966), 31쪽.

게 되었다. 이러한 인식을 바탕으로 1967년부터 착수된 제2차 경제개발 5개년계획 기간 중에도 제철, 종합기계, 석유화학, 조선공업 등을 전략적 역점산업으로 간주해 집중적으로 육성하고자 했다.[22]

그는 제철공업이 국가 기간산업 중에서도 가장 중요한 산업이라고 평가했다. 그에 의하면 철강공업의 뒷받침 없이 기계공업, 자동차공업, 조선공업 등의 여타 기간산업이 정상적으로 발전할 수 없기 때문이었다.[23] 이 같은 구상을 바탕으로 그는 서해안 지구의 인천 제철 공장과 동해안 지구의 종합 제철 공장 건설을 전략적으로 추진했다. 또한 그는 종합기계 공업, 조선공업, 석유화학공업 등의 필요성도 논리적으로 역설했다. 그에 의하면 공장에 필요한 부속품과 기계를 자체 생산하지 않고 수입에 의존해서는 외화도 고갈될 뿐 아니라 한국 공업의 발전도 기대할 수 없다는 것이었다. 삼면이 바다인 한국에서 수산자원을 개발하고, 나아가 수출입 화물을 국산 선박으로 수송할 수 있는 능력을 갖추기 위해서도 조선공업을 발전시킬 필요가 있었다. 이 같이 그는 당면한 수출 목표 달성을 위해서뿐만 아니라, 미래의 국가 건설을 견인하기 위한 장기적 관점에서 전략 산업의 요건을 전망하고, 그 선제적인 육성의 필요성을 제기했다.[24]

---

22) 「1966년 7월 6일, 부산조선공사 종합기공식 치사에서」, 『박정희대통령연설문집: 제3집(1966.1-1966.12)』, 258쪽.

23) 「1966년 4월 9일, 인천제철공장 기공식 치사에서」, 『박정희대통령연설문집: 제3집(1966.1-1966.12)』, 151쪽.

24) 심지어 그는 1966년의 시점에서 자동차공업의 육성 필요성도 제기했다. 그에 의하면 1966년 현재 국민소득이 35만 370달러 수준인 말레이시아가 자동차 150만 대를 보유하고 있고, 한국은 승용차를 제외하고 4만 대를 보유하고 있으나, 한국 경제성장 추세로 보아 불과 수년 후이면 말레이시아를 능가할 것이고, 자동차 수요가 늘어날 것이기 때문에, 그에 대비해 하루 빨리 자동차산업을 육성해야 한다고 주장했다. 「1966년 4월 25일, 안양 한국케이블공장 준공식 치사에서」, 『박정희대통령연

박정희는 신규 산업과 공장의 건설, 수출 진흥 정책과 연계해 국가의 수송망체계의 확립이 필요하다고 보았다. 기간도로와 철도망 그리고 항만 등의 건설 및 정비는 산업 발전 및 수출 진흥과 밀접하게 연계되어 있다는 것이다. 또한 이 같은 국가 수송망의 정비가 도시와 농촌 간의 격차를 좁히는 데에도 기여할 것으로 판단했다. 이런 관점에서 그는 1968년 이후 경부고속도로를 포함한 5대 고속도로, 주요 항만 건설, 4대강 유역 개발 등을 포함한 국토 건설 계획을 수립하고 일관성 있게 추진했다.[25]

이 같은 박정희의 경제 비전 추진 방식, 즉 미래의 수출 목표 달성과 국가 경제 발전을 견인하기 위한 선제적 전략산업 선정과 육성의 방식은 1970년대 경제 운용에도 이어지고 있다. 1960년대의 박정희는 이승만 대통령이 언급했던 공업 국가 및 통상 국가의 비전을 좀 더 구체적으로, 그리고 전략적으로 구현했고 이 같은 성과를 바탕으로 가시적인 수출 진흥과 경제성장을 이룩했던 것이다.[26]

3. 국가안보의 위협 요인

이승만 대통령은 재임 기간 내내 북한과 더불어 일본에 대한 경계 의식

설문집: 제3집(1966. 1-1966. 12)』, 162~163쪽.

25) 「1968년, 신년기자회견」, 『박정희대통령연설문집: 제5집(1968. 1-1968. 12)』, 33~34쪽; 「1968년 9월 11일, 경부고속도로 부산-대구간 기공식 치사」, 『박정희대통령연설문집: 제5집』, 259쪽 참조.

26) 정정길은 박정희 대통령이 행정부를 국가 통치의 도구로 간주했지만, 경제 지식이 요구되는 부처의 장·차관에 한해서는 전문가 및 전문 관료들을 임명하는 용인술을 보였다고 평가했다. 정정길, 『대통령의 경제리더쉽: 박정희, 전두환, 노태우 정부의 경제정책관리』(한국경제신문사, 1994), 89쪽.

을 강하게 가졌다. 이에 비해 박정희 정부는, 후술하듯이 일본을 오히려 경제 발전과 안보 태세 강화를 위해 국교를 정상화하고 협력해야 할 상대로 재인식했다. 그러나 조국 근대화의 비전, 수출 진흥과 경제개발 정책을 추진하는 데 있어 국가안보에 위협을 주는 요인으로 여전히 북한에 대한 위협 인식을 강하게 가졌고, 중국 공산주의 세력 등도 특히 경계했다.

북한에 대해서는 5·16 군사 쿠데타의 혁명 공약에 반공 이념을 강하게 표명한 바 있고, 1968년 1월, 외신과의 회견에서도 그는 '북괴'라는 표현을 쓰면서 북한을 "본질적으로 대한민국의 전복과 무력침략에 의해 한반도 전역을 공산주의화하려는 반국가단체"라고 규정했다.[27] 이 같은 입장은 1970년대까지 줄곧 유지되고 있다. 박정희 정부는 중국 공산당 정권에 대해서도 반공주의의 입장에서 경계심을 감추지 않았다. 6·25 전쟁에 참전한 군인 출신답게 그는 공산주의 세력의 팽창이 아시아의 평화와 안전에 크게 위협이 된다는 기본적인 인식을 갖고 있었다. 특히 1964년 10월, 중국 공산당 정권이 핵실험을 단행한 것에 대해 그는 위기감을 감추지 않았다. 1965년 3월 10일 열린 중국의 핵실험 규탄 궐기대회에서 그는 6·25 전쟁 시 "우리의 강토를 유린한" 중국이 핵무기를 갖고 언제 다시 "핵 침략을 가해 올지 알 수 없"다고 하면서, 중국의 핵 보유가 극동의 평화에 큰 위협이 될 것이라고 우려했다.[28] 이 같은 중국 위협론은 1970년대 초반 공산주의 국가에 대한 정책 전환이 모색되던 시기까지도 연장되고 있다. 박정희 대통령은 이 같은 위협 인식 속에서 후술하듯이 국방·외교·통일 등의 분야에서 국가안보 전략의 각론을 전개해나갔다.

27) 「1968년 1월 29일, 일본 공동통신과의 회견」, 『박정희대통령연설문집: 제5집(1968.1-1968.12)』, 62쪽.
28) 『박정희대통령연설문집: 제2집(1965.1-1965.12)』, 99~100쪽.

4. 안보 전략론

1) 국방 전략

이승만 대통령은 스스로 군사 분야에 관해서는 식견이 없다는 견해를 표명한 바 있었다. 그에 비해 박정희 대통령은 식민지 시대에 만주군관학교와 일본육군사관학교를 졸업하면서 일본식 군사 교육을 받았고, 광복 이후에는 신설된 한국 육군사관학교 2기로 졸업했다. 6·25 전쟁 당시에는 정보 분야에 종사했고, 이후 미국의 군사 교육도 받았으며, 사단장 및 군수기지 사령관을 역임했기 때문에 전통적 의미에서의 안보와 국방 분야에 관해서는 전임자들보다 풍부한 경험과 식견을 가졌다고 볼 수 있다.

그런 박정희 대통령은 대통령 취임 이후 매우 포괄적인 안보 정책 및 국방 정책의 윤곽을 제시하고 있다. 1964년 3월 7일, 그는 국가안전보장회의(NSC)에서 행한 훈시를 통해 종래의 국가안보 개념이 외교와 군사 면에서의 힘의 증대에 중점을 두었으나, 최근에는 정치·경제·문화·사회·심리·과학기술을 망라한 통합적 국가안보 개념이 중시되고 있다고 지적한 바 있다.[29] 1968년 7월, 국방대학원 및 합동참모대학 졸업식 유시에서는, 현대는 군사·정치·경제·과학·문화 등의 총체적인 국력이 승패를 좌우하는 총력전의 시대라고 규정하고, 따라서 국방체제는 군사전뿐만 아니라 경제전과 사상전, 심리전과 과학전이 하나로 융합된 새로운 형태의 전쟁에서 승리할 수 있는 포괄적 체제를 확립해야 한다고 강조했다.[30]

---

29) 1964년 3월 7일, 제3공화국 수립 이후 최초로 열린 국가안전보장회의에서 대통령이 행한 훈시는 『박정희대통령연설문집: 제1집(1963.12-1964.12)』, 54쪽 참조.

30) 「1968년 7월 23일, 국방대학원 제13기 및 합동참모대학 제10기 졸업식 유시」, 『박정희대통령연설문집: 제5집(1968.1-1968.12)』, 207쪽.

국가 재건 및 조국 근대화의 핵심 과제가 경제 건설에 있다고 본 그의 입장에서는 군사력에만 중점을 두는 것보다 경제 건설 및 여타 국가발전과 병행하는 안보체제 건설을 좀 더 바람직한 방향으로 인식했던 듯하다. 그가 취임 전후 대통령 직속으로 국가안보 관련 정보 수집 및 분석을 목적으로 하는 중앙정보부를 창설하고 NSC를 설치한 것은 이러한 국가안보관을 배경으로 하는 것이었다고 보인다.

그는 1964년과 1965년의 연두교서 등을 통해 다음과 같은 세 가지 국방 정책 방향, 즉 ① 군 장비의 현대화를 통해 방위력 향상에 최선을 다하고, ② 미국과의 군사적 연대를 공고히 해 집단방위체제를 강화하고, ③ 핵 및 비핵전에 대응하는 국방체제를 갖추어야 한다는 기본 방향을 거듭 밝히고 있다.[31] 이러한 방침은 실제적인 정책에서도 성과를 거두어 1965년 월남전 참전에 대한 보상으로 미국으로부터 한국군 보유 장비의 현대화 지원을 받아냈다.[32] 그리고 1968년부터 한미 간의 국방 장관회담이 정례화되었고, 1969년부터는 한미 간 연합 군사훈련이 실시되면서, 한미동맹체제가 좀 더 공고해졌다.[33] 1970년대 초반, 미국의 닉슨 행정부가

---

31) 「1964년 1월 10일, 연두교서」, 『박정희대통령연설문집: 제1집(1963.12-1964.12)』, 38쪽; 「1965년 1월 16일, 연두교서」, 『박정희대통령연설문집: 제2집(1965.1-1965.12)』, 29쪽 참조. 이 가운데 핵 및 비핵전에의 대응은 1965년 연두교서에서 강조되었다.

32) 1966년 3월 4일, 주한 미국 대사 윈스럽 브라운(Winthrop Brown)은 이동원 외무장관에게 한국군의 월남전 참전에 대한 보상으로 미국 측이 한국군 현대화에 지원하는 항목을 밝힌 각서를 보냈다. 소위 브라운 각서의 내용에 대해서는 이동원, 『대통령을 그리며』(고려원, 1992), 117쪽; ≪동아일보≫, 2005년 1월 18일 자 참조.

33) 1968년부터 정례화된 한미 양국 간의 국방 장관회담이 1971년 제4차 회담부터 한미연례안보협의회(SCM)로 발전되었다. 김일영, 「인계철선으로서의 주한미군: 규모, 편제, 운용방식의 변화를 중심으로」, 김일영·조성렬, 『주한미군: 역사, 쟁점, 전망』(한울아카데미, 2003), 83쪽. 1969년 3월, 미국은 한국군과 공동으로 포커스 레티나(Focus Retina) 훈련을 실시해 유사시 미군의 대한반도 신속 배치 태세를 점검

닉슨 독트린에 따라 주한 미군 2만 명 철군을 추진하자, 박정희 정부는 국군의 전력 증강과 현대화를 위한 추가 군사 원조 1억 5000만 달러 이상을 받아내는 성과를 거두기도 했다.[34]

그러나 점차 그는 이승만 정부 시기에 역점을 두었던 한미동맹 의존적 국방체제 강화의 방향과는 다른 관점의 자주국방론을 제기하기 시작한다. 예비군 창설이 추진되던 1968년 2월의 연설에서 그는 60만 정규군 외에 250만 규모의 재향군인 조직을 준비하고 있고, 이들을 무장시키기 위한 무기 공장을 금년 내에 완성할 것이라고 소개하면서, "과거의 국방에 대한 개념을 근본적으로 고쳐"서, "적이 오면 우리도 같이 무기를 들고 나와서 싸우겠다는 국방에 대한 개념"을 가져야 한다고 역설했다.[35] 그다음 달의 연설에서는 "우리가 당면한 가장 시급한 과제"가 "자주국방태세를 확립하는 것"이라고 재차 강조하면서, 지난날에는 우방과의 지역적 집단안전보장체제에 의존했지만, 이제는 향토예비군 창설 등을 통해 우리 국토를 일차적으로는 우리 힘으로 지킨다는 의식을 가져야 한다고 했다.[36] 박정희 대통령은 이 같은 자주국방론의 관점에 입각해 1968년, 250만 규모의 향토예비군을 창설해 정규군을 보완하고 북한에 의한 비정규전 도발에 대응하는 체제를 갖추었다. 그뿐만 아니라 이 시기부터 정부 기관과 군이 참가해 전쟁 도발 시 대응 태세를 점검하는 을지연습을 매년

하기 시작했다. 빅터 차, 『적대적 제휴: 한국, 미국, 일본의 삼각안보체제』(문학과 지성사, 2004), 424쪽.

34) 「1971년 2월 8일, 한국 안보에 관한 한미 간 협의의 종결 즈음한 특별담화문」, 『박정희대통령연설문집: 제8집(1971.1-1971.12)』(대통령비서실, 1972), 99~100쪽.

35) 「1968년 2월 7일, 경전선 개통식 치사」, 『박정희대통령연설문집: 제5집(1968.1-1968.12)』, 77~78쪽. 이 연설에서 '자주국방'이라는 표현이 처음 등장한 것으로 보인다.

36) 「1968년 3월 7일, 주민소득 증대 및 반공단합 전국 지방 장관, 시장, 군수, 구청장 대회 유시」, 『박정희대통령연설문집: 제5집(1968.1-1968.12)』, 124~125쪽.

실시하기 시작했고, 본인이 직접 참가해 연습에 대한 강평을 실시했다.[37]

2) 외교 전략

영미권에서 직접 유학했고 국제 관계에 경험이 많았던 전임자들에 비해 박정희 대통령은 외교 분야의 직접적인 경험을 갖고 있지 않았다. 그럼에도 그는 취임 이후 추진해야 할 외교 정책의 방향에 대해 비교적 체계적이고 일관된 구상을 제시했다. 그는 대통령 취임 이후 처음 발표한 1964년 1월의 연두교서에서 새로운 정부의 외교 중점이 ① 국제연합을 통한 자유민주주의 원칙에 따른 통일 달성, ② 우방 중의 우방인 미국과의 유대 강화와 우호 증진, ③ 한일회담의 조속 타결에 있다고 밝혔다.[38] 1966년의 연두교서에서는 이를 달리 표현해 정부의 외교 방향이 ① 통일을 추구하는 연대 외교, ② 안전보장을 추구하는 동맹 외교, ③ 번영을 추구하는 경제실리 외교에 있다고도 했다.[39] 이 같은 외교 방향은 이승만 정부가 표방했던 외교 비전과 별다른 차이가 없고, 오히려 이를 계승하는 성격이라고 볼 수 있을 것이다. 그러나 실제적인 외교 추진에서 박정희 대통령은 이승만 정부와 조금 다른 면모를 보이고 있다.

---

37) 1970년도 5월 26일에 실시된 을지연습의 종합 강평은 『박정희대통령연설문집: 제7집(1970.1-1970.12)』(대통령비서실, 1971), 184쪽 참조.

38) 「1964년 1월 10일, 연두교서」, 『박정희대통령연설문집: 제1집(1963.12-1964.12)』, 39쪽. 그는 이미 1963년에 발간한 책에서도 혁명 정부의 외교 목표가 ① 자유우방과의 연대 강화 및 국교 확대, ② 유엔 및 국제기구와의 협력 증진, ③ 대외 경제협력 강화, ④ 한일 간 현안 문제 해결 등을 통해 군사혁명에 대한 국제적 이해를 확보하고, 경제 발전의 여건을 조성하는 것이라고 밝힌 바 있다. 박정희, 『국가와 혁명과 나』, 123~124쪽.

39) 『박정희대통령연설문집: 제3집(1966.1-1966.12)』, 37쪽.

박정희 대통령도 한미동맹의 중요성에 대한 인식에서는 전임자들과 다른 바가 없었다. 그러나 그는 "서구식 민주주의가 우리에게 잘 맞지 않다"고 하면서, 한국 사회가 "일률적인 미국화"를 지향하기보다는 "고유의 주체성이 확립"된 연후에 자율적 사회를 건설해야 한다고 했다.[40] 다시 말해 그는 미국의 요구에 일방적으로 따라가는 외교보다는 우리의 국가이익을 고려한 자주적 입장에서 대미 외교를 추진해야 한다는 입장을 갖고 있었던 것으로 보인다. 이러한 자주적 대미 외교는 월남 파병의 외교교섭 과정에 적용되고 있다. 1964년 미국 존슨 행정부는 딘 러스크(Dean Rusk) 국무 장관과 맥조지 번디(Mcgeorge Bundy) 국무성 차관보를 연이어 한국으로 파견해 한국군의 월남전 파병을 집요하게 요청했다. 이에 대해 박정희 정부는 린던 존슨(Lyndon Johnson) 대통령으로부터 한국군 현대화 및 한국 물품 구매와 관련된 바이 코리아(Buy Korea) 정책에 대한 미국의 확고한 지원 의사를 확인한 후에 월남 파병을 결정했다.[41]

박정희 대통령은 취임 이전부터 한일 관계 정상화의 필요성을 일관되게 제기했다.[42] 그는 대일 국교 정상화가 안전보장 및 경제 번영의 두 가지 관점에서 한국의 국가이익에 크게 기여하리라고 판단했다. 우선 그는 "공산주의와 싸워 이기기 위해서는 …… 벗이 될 수 있다면 누구하고라도 손을 잡아야 한다"라고 하면서, 일본과의 국교 정상화가 아시아 지역에서

---

40) 박정희, 『국가와 혁명과 나』, 227쪽.

41) 이동원, 『대통령을 그리며』, 105~119쪽. 이 지서에서 그는 일본으로부터 얻어낼 배상액 자체에 대해서는 관심이 없다고까지 했다.

42) 식민지 시기에 만주군관학교를 졸업하고 도쿄의 육군사관학교에 입학해 일본 제국 육군 장교로 복무한 바 있는 박정희는, 이승만에 비해 일본에 대한 식견도 많았고, 개인적 연구도 열심히 했던 것으로 보인다. 비서실장을 지낸 이동원은 박정희 대통령이 일본 신문을 스크랩하고, 일본 경제사 관련 서적을 열심히 읽었다고 회고한다. 이동원, 『대통령을 그리며』, 64쪽.

의 반공 유대 강화에 기여하리라고 보았다.[43] 또한 그는 일본과의 관계 정상화가 외자 조달 및 시장 확보라는 측면에서 한국의 경제 발전 추진에 크게 활용될 수 있으리라고 전망했다.[44] 이러한 판단에서 그는 학생 및 지식인 사회의 거센 반발에도 불구하고 1965년 6월, 한일 국교 정상화를 실현시켰다. 한일 관계 정상화 이후 그는 1967년 1월 1일에 이례적으로 "일본 국민에게 보내는 신년 메시지"를 발표해 아시아의 평화와 안전에 위협이 되고 있는 공산주의 세력의 팽창에 대해 서로 힘을 합해 대응하고, 나아가 아시아 태평양 지역의 번영과 평화를 위해 상호 협력하자는 제언을 전하고 있다.[45] 그는 힘겹게 이룩된 한일 관계 정상화를 한국의 국가이익 달성에 기여하는 방향으로 활용하고자 했던 것이다.

중국의 핵실험으로 증폭된 공산주의에 의한 아시아 위협의 현실 인식 속에서 그는 이승만 대통령과 마찬가지로 아시아 태평양 지역 국가들을 망라하는 반공동맹의 필요성을 인식하기 시작했다. 이 같은 구상의 발단은 박정희 정부 출범 직후 외무 장관에 임명된 이동원 및 최규하 대사로부터 비롯된 것으로 보인다. 이들은 서구와 어깨를 나란히 할 수 있는 아시아 태평양 지역에서의 협력 기구체가 필요하고 한국이 주도적인 역할을 해야 한다고 주장했다.[46] 이 같은 구상에 대해 박정희 대통령은 초기에는 소극적이었으나, 이 기구가 같은 지역 내의 공산주의 위협에 대한

43) 「1964년 3월 26일, 한일회담에 관한 특별담화문 및 1965년 6월 23일」, 『박정희대통령연설문집: 제1집(1963.12-1964.12)』, 59쪽; 「한일회담 타결 특별담화를 참조」, 『박정희대통령연설문집: 제2집(1965.1-1965.12)』, 208쪽.
44) 대일 협상을 책임진 이동원 외무 장관에 대한 박정희 대통령의 지시 참조. 이동원, 『대통령을 그리며』, 187쪽.
45) 『박정희대통령연설문집: 제4집(1967.1-1967.12)』, 29쪽.
46) 이동원, 『대통령을 그리며』, 160~161쪽.

공동안전보장체제가 될 수 있다는 점에서 점차 강한 관심을 표명하기 시작했다. 1965년 1월 16일의 연두교서에서 그는 중공의 핵실험으로 위협을 받고 있는 동남아 지역에서의 평화 수호 및 각국 간 정치적·경제적 협력을 위해 동남아시아 및 서태평양 지역 외상들이 참가하는 공동안전보장체제의 결성을 추진하겠다고 밝혔다.[47] 이 같은 구상에 따라 1965년과 1966년에 걸쳐 타이, 말레이시아, 자유중국(타이완), 그리고 일본 등 주요 역내 국가에 대한 외교가 펼쳐졌다.[48] 이 결과 1966년 6월 14일, 한국, 일본, 필리핀, 말레이시아, 오스트레일리아, 뉴질랜드, 자유중국(타이완), 베트남, 라오스, 타이 등 10개국 외상급 각료들이 참가한 가운데 아시아 태평양 각료 이사회(아스팍, ASPAC) 창설 총회가 서울에서 개최되기에 이르렀다. 박정희 대통령은 아스팍 창설 총회의 치사를 통해 국제공산주의의 "가공할 폭력"에 직면한 아시아 태평양 지역 국가들이 정치·경제·사회·문화·기술 등 많은 분야에서 상호 협력과 결속의 공동노력을 통해 "아시아 태평양 공동사회"를 건설하자고 제언했다.[49] 전임자인 이승만 대통령이 아시아 태평양 지역의 반공 블록 형태로 추진했지만 결실을 보지 못했던 '태평양동맹'의 구상이 박정희 대통령에 의해 '아시아 태평양 공동사회'를 비전으로 가진 아시아 태평양 각료 이사회 형태로 구현된 것이다.

이후에도 박정희 대통령은 '아시아 태평양 공동사회'의 비전을 수시로

---

47) 『박정희대통령연설문집: 제2집(1965.1-1965.12)』, 28쪽.

48) 각국에 대한 교섭 과정에서 말레이시아는 월남전을 주도하고 있는 미국의 참여 배제와 일본의 참가를 강력히 요청했다. 일본은 초반에 참가에 부정적이었으나, 이후 사토 에이사쿠(佐藤榮作) 총리가 참가하기로 입장을 바꾸었다. 이동원, 『대통령을 그리며』, 165~170쪽.

49) 그는 이러한 이상의 실현이 "아시아의 이성이 갈구해오던 평화혁명"이라고 했다. 『박정희대통령연설문집: 제3집(1966.1-1966.12)』, 234~236쪽.

강조하고,[50] 그 제도적 구현으로서의 아시아 태평양 각료 이사회와 아시아 개발은행 등에 대해 관심과 지지를 보였다.[51] 또한 한국이 주도해 1968년에는 아시아 태평양 지역 사회문화센터를 서울에 설치하기도 했다. 박정희 대통령은 1968년 9월의 시정연설에서 자신이 추진하던 안전보장 외교, 경제 외교 그리고 중립국 외교 등을 소개하면서, 이러한 외교가 "국제사회의 객체적 존재에서 주체적 존재로 옮아가기 위한 우리들 노력의 일단"이라고 표현한 바 있다.[52] 이러한 점이 비전에 비해 결실이 부족했던 이승만 시대의 외교와 다른 1960년대 박정희 정부 외교 전략의 특징이자 성과였다고 할 수 있다.

3) 통일 전략

6·25 전쟁 이후 이승만 대통령이 무력 사용을 불사한 북진통일 방식에 기울었다는 점은 앞서 지적한 바 있다. 그런데 박정희 대통령은 이 같은 전임자의 통일 전략을 새로운 비전으로 대체하고 있다. 박정희 대통령의 새로운 통일 구상에 큰 영향을 준 것은 역설적이게도 그가 군사 쿠데타로 붕괴시킨 제2공화국의 통일 정책과 대통령 취임 이후 1964년 12월에 이

---

50) 1968년 1월 29일, 일본 공동통신사 관동 총지국장과의 회견에서도 아시아 태평양 공동의 복지사회 발전에 대한 희망을 피력했다. 『박정희대통령연설문집: 제5집(1968.1-1968.12)』, 60쪽.

51) 1970년 4월 9일, 아시아개발은행 제3차 연차 총회 치사와 1972년 6월 14일, 아시아 태평양 이사회 제7차 각료회의 치사 등이 그것이다. 『박정희대통령연설문집: 제7집(1970.1-1970.12)』, 137쪽; 『박정희대통령연설문집: 제9집(1972.1-1972.12)』(대통령비서실, 1973), 213~214쪽 등을 참조.

52) 「1968년 9월 3일, 1969년도 예산안 제출에 즈음한 시정연설」, 『박정희대통령연설문집: 제5집(1968.1-1968.12)』, 237쪽.

루어졌던 독일 공식 방문이었던 것으로 보인다. 4·19 혁명 이후 수립된 제2공화국은 1960년 8월 24일, 외무 장관의 성명으로 무력 북진통일의 기존 정책을 계승하지 않겠다고 밝혔고, 장면 총리는 '선 경제 건설 후 통일'의 정책 방침을 밝힌 바 있다. 이 같은 통일 정책의 기조가 박정희 대통령에게도 영향을 준 것으로 보인다.53) 1964년 12월, 서독을 방문한 박정희 대통령은 같은 분단국가의 경험을 가진 독일 정치인들로부터 통일 문제에 관한 여러 조언을 직접적으로 들을 기회를 가졌다.54) 루드비히 에르하르트(Ludwig Erhard) 총리는 "통일에는 지름길이 따로 없다. 경제 일으켜 민생 문제를 해결해주고 복지사회 만들어 국민이 민주체제에서 행복감을 느낄 때 비로소 반공도 가능하고 통일도 다가올" 것이라고 조언했다. 더욱이 그는 "힘에 의한 통일은 분명 한계가 있기 마련이고, 언젠가는 무너지게 될 것"이라고 해 무력통일 방식의 위험성을 지적했다. 빌리 브란트(Willy Brandt) 베를린 시장도 서독인들은 꼭 통일하려는 생각이 없고 서로 분단 현실을 인정하면서 문화나 경제 교류가 이루어진다면 더 바랄 게 없다는 생각을 밝혔다. 이 같은 서독 지도자들의 조언에 대해 박정희 대통령은 오히려 이러한 생각이 합리적일 수 있고, 경제적으로 빈곤한 상태에서 통일이 이루어져도 감당하기 힘들 것이며, 후일 잘살게 된 연후에 통일의 기회가 많아질 것이라는 의견을 지니게 되었다.

그의 이러한 감상은 이후의 여러 연설과 담화에서 구체적으로 표현되기 시작했다. 1964년 12월 9일, 독일 본에서 가진 교포 조찬회에서 그는 "통일은 꼭 해야 할 것이지만, 무력에 의한 통일은 있을 수 없고", "유일한

---

53) 이홍구, 「통일정책의 어제와 오늘(1988.4.28, 국방대학원 안보과정 특강)」, 이홍구 선생문집 간행위원회 엮음, 『이홍구문집 3: 민족공동체와 통일』(나남, 1996), 280쪽 재인용.
54) 이하의 서술은 이동원, 『대통령을 그리며』, 99~101쪽.

┃ 표 2-1 _ 박정희 대통령의 조국 근대화 비전

	경제적 비전	정치적 민주화	외교	통일
1단계(취임~1966)	공업 국가 기초			
2단계(1967~1971)	공업화 실현			
3단계(1970년대 후반)	대량생산, 대량소비	국민의 민주역량 배양	국제적 지위 강화	통일 중간 목표 달성
그 이후				국토통일

통일에의 길은 서독과 같이 오직 경제적 자립과 부흥으로 북한의 생활 수준을 넘어서는 실력의 배양"에 있다고 강조했다.[55] 그는 1966년 1월의 연두교서를 통해 조국 근대화의 비전과 단계를 제시하면서, 대량생산과 대량소비가 가능해지는 조국 근대화의 3단계가 1970년대 후반기에 달성될 수 있다고 밝힌 바 있었다. 1966년 7월 25일, 국방대학원 졸업식 훈시에서는 이러한 단계론과 연계해, 조국 통일의 수순을 제시한다. 그에 의하면 국력을 총동원해 자립경제 건설과 근대화를 서두르고, 국민의 민주역량을 배양하고 국제적 지위를 강화해 가는 것이 통일의 중간 목표이며 이러한 과제는 1970년대 후반기까지 달성될 수 있다고 보았다. 그리고 국토통일의 궁극적 목표는 그 연후에 실현될 수 있을 것이라고 전망했다. 즉, 박정희는 1966년도에 행한 일련의 연설을 통해 경제 분야에서 밝힌 조국 근대화의 단계론에 통일 및 외교안보의 비전을 연계하고 있는데, 이를 정리하면 〈표 2-1〉과 같다.

즉, 우선 공업 국가 건설과 같은 경제개발에 주력하고, 공업화 이후 대

---

55) 『박정희대통령연설문집 2: 제5대편』(대통령비서실, 1973), 238쪽; 임성진, 「박정희의 국가안보전략 연구(1961-1973)」(국방대학교 석사학위논문, 2009), 34쪽 재인용.

량생산과 대량소비가 실현되는 3단계의 과정에서 증진된 국력과 국제적 지위를 바탕으로 국토통일을 달성한다는 것이다. 1970년 1월의 신년 기자회견에서도 그는 통일로 가는 가장 가까운 지름길은, "지금 하고 있는 건설을 서둘러서 국력을 강화하고, 북괴보다 모든 면에서 우월할 수 있는 지위를 확보하는 길밖에는 아무 것도 없는 것"이라고 강조한다. 단 국력 우위의 상황에서 어떻게 통일을 달성할 것인가에 대해 1960년대의 박정희 대통령은 "토착 인구 비례에 의한 유엔 감시하의 총선거를 통해 통일, 독립, 민주국가를 수립하려는 유엔의 노력을 가장 이상적인 통일 방안으로 인정"한다고 해, 이승만 정부의 방식에서 크게 벗어나지는 못했다.[56]

다만 그는 무력통일이 아닌 실력 배양 이후의 점진적 통일론을 취하게 될 경우 통일의 비전은 중·장기적으로 접근해야 할 과제가 될 것이고, 이러한 관점에서 통일 문제에 대한 심층적 연구의 필요성에 주목하게 된다. 1967년 1월 17일의 연두교서에서 그는 통일문제연구위원회를 구성해 국민의 중지를 모으는 데 힘쓸 것이라고 했고,[57] 이에 따라 1968년 3월, 통일 정책에 대한 조사 연구의 목적을 띠고 국토통일원이 신설되었다.[58]

---

56) 「1968년 1월 29일, 일본 공동통신 관동 총지국장과의 회견」, 『박정희대통령연설문집: 제5집(1968.1-1968.12)』, 62쪽.

57) 『박정희대통령연설문집: 제4집(1967.1-1967.12)』, 48쪽.

58) 1968년 3월 1일, 국토통일원 개원식 유시에서 그는 통일의 근본은 국력 배양이라는 관점을 재강조하고, 이 부서가 향후 국토통일에 관한 기본적 정책을 조사·연구할 것이라고 설명했다. 『박정희대통령연설문집: 제5집(1968.1-1968.12)』, 74~76쪽.

5. 맺는말

이승만 대통령과 박정희 대통령은 서로 대조적인 지도자로 대비되어 왔다. 이승만 대통령은 전통 사회의 양반 가문에서 태어나 미국 유학까지 가서 박사 학위를 취득한 경력을 가지고 있었다. 이에 반해 박정희 대통령은 빈한한 농가에서 태어나 사범학교를 졸업하고 식민지 치하에서 만주군관학교와 일본육군사관학교 등에서 교육받은 정도이다. 군사 혁명으로 정권을 잡은 박정희 대통령이 전임자였던 이승만 대통령이 거둔 성과를 극히 비판적으로 평가하고, 자신의 정부와 차별성을 강조하려 했던 흔적도 있다. 실제 국가 건설의 비전이나 정책 측면에서 이승만 대통령과 박정희 대통령 간에는 이러한 차이점이 나타나기도 한다.

이승만 대통령은 '민족적 민주주의'국가 건설, 혹은 '동양의 모범적 민주국가 수립' 등의 개념에서 나타나듯, 서구식 민주주의를 염두에 둔 국가체제의 건설을 지향했다.[59] 이승만의 국가 건설에서 기본은 우선 기본적인 교육을 받고, 토지개혁을 통해 기본적인 재산을 갖게 된 인민의 형성이었다. 그러한 인민의 의사를 표출시키기 위해 정당제도가 필요하고 지방자치제도도 궁극적으로 형성되어야 한다고 이승만은 보았다. 그런 점에서 이승만의 국가 건설 개념은 인간의 소유권이나 권리를 근간으로 해야 한다는 존 로크나 스튜어트 밀의 국가사상과 연결된다.

반면 박정희 대통령의 연설이나 논설에는 국민주권 개념이나 '민주주의' 자체에 대한 강조가 상대적으로 약하게 나타난다. 박정희는 인민들의 재산이나 권리를 보호하기 위한 국가 권력이라는 관념이 상대적으로 희

---

59) 그러나 대통령 선거나 정당에 대한 정책에서 이승만 대통령이 민주주의적 운용에 성공했다고 보기는 힘들다.

박하고, 그러한 인간들이 자신을 표현하고 보호하기 위해 정당이나 국회를 형성하고 있다는 민주제도에 대한 개념도 상대적으로 빈약하다. 개인 대신 그는 국가 그 자체가 강력하고 효율적이지 않으면 안 된다는 강박적인 관념을 가지고 있었다. 국가가 강력해지려면 경제체제가 건설되어야 하고, 외국의 지원에 의존하지 않은 외교와 국방체제가 우선 수립되어야 한다. 자유로운 개인을 전제로 하는 정당이나 민주주의제도 관념은 그에게 부차적이었다. 개인보다 국가를 절대시한 그의 국가 관념은 그런 점에서 토머스 홉스나 게오르크 헤겔의 국가절대주의와 유사성을 가진다.[60]

이 같은 국가 관념의 차이와 더불어 양자 간에는 통일 정책 같은 실제 정책 내용에서도 몇 가지 차이가 드러난다. 이승만 대통령은 6·25 전쟁 이후에는 북진무력통일을 일관되게 주장했다. 반면 박정희 대통령은 1964년 독일 시찰 이후 선 경제 건설, 후 통일의 방침을 정하고, 그에 준해 통일 정책을 입안해나갔다. 이승만 시대의 주류적 담론이던 '북진무력 통일'의 비전은 박정희 시대에 와서 사실상 폐기되기에 이르렀다.

그러나 양자 간에는 추진했던 경제 정책이나 안보 전략상의 공통성도 적지 않게 발견된다. 경제적 측면에서 이승만 대통령은 건국 초기 '민족적 민주주의국가', 즉 우리 민족이 정치의 주체가 되어 양반과 상놈의 차별 등을 넘어서 만민이 평등한 민주주의국가를 건설하자는 기본 이념을 제시했고, 그 연장선상에서 공업 진흥이나 통상 확대와 같은 경제 비전을 밝힌 바 있다. 이에 대해 박정희 대통령은 '조국 근대화', 혹은 '민족 중흥'을 더 우선적인 국정 지표로 간주하면서도, 이러한 조국 근대화를 추진하

---

60) 박정희가 헤겔처럼 국가를 절대주의화했다는 또 다른 지적에 대해서는 Chung-In Moon and Byung-joon Jun, "Modernization Strategy: Ideas and Influences," in Byung-Kook Kim and Ezra F. Vogel(eds.), *The Park Chung Hee Era: The Transformation of South Korea*, p.125 참조.

는 과정에서 공업 육성, 수출 진흥, 교역 확대에 진력하는 모습을 보였다. 즉, 이승만 대통령에 의해 제창된 공업 국가 혹은 통상 진흥의 비전이 박정희 시대에 와서는 좀 더 구체적인 정책 과제로 구현되고 있는 것이다.

이승만 대통령은 외교안보 측면에서 한미동맹의 체결, 태평양동맹의 결성 등을 주요 정책 목표로 제시한 바 있다. 외교안보 분야에 관한 박정희 대통령의 전략적 비전도 대체로 이 같은 범주에서 형성되었다. 박정희 대통령은 1965년 베트남 전쟁 파병 이후 브라운 각서를 통해 한국군의 현대적 전력 증강을 도모했고, 1968년부터는 한미 국방 장관회담을 정례화시키면서 한미동맹을 제도적으로 보완하는 성과를 거두었다. 또한 박정희 대통령은 1966년 일본, 오스트레일리아, 뉴질랜드 등 동아시아 10개국을 망라한 아시아 태평양 각료 이사회를 창설하면서 이승만 대통령이 염두에 두었던 태평양동맹을 제도화하는 성과를 거두었다. 요컨대 외교안보 분야와 경제 분야에서 이승만 대통령이 제시했던 국가 비전은 대체적으로 박정희 대통령 시대에도 중요 과제로 계승되었고 많은 부분에서 큰 성과를 거둔 것이다.

이승만 대통령과 박정희 대통령은 성장 배경이나 그를 둘러싼 정치 세력 그리고 활약했던 시기 등의 측면에서 차이점이 생길 수밖에 없었다. 그러나 그들이 제시하고 정책으로 추진하려 했던 측면에서는, 특히 경제와 외교안보 분야에서는 적지 않은 공통 비전도 존재하고 있었다.[61] 즉, 두 사람 모두 한국이 대내적으로는 공업 건설과 산업 진흥을 통해 국부를 창출하고 대외 관계를 확장해 세계 각 지역과 개방된 환경에서 무역을 확

---

61) 한승조 교수는 이승만 대통령이나 박정희 대통령이 공통적으로 리더십 스타일 면에서는 변혁지향적인 리더십, 과업지향적인 리더십을 갖고 있었다고 평가한다. 한승조, 『한국정치의 지도자들』(대정진, 1992), 70~72쪽.

대해나가며, 안보적인 측면에서는 한미동맹을 강화하고 나아가 아시아 태평양 지역에서 다자간 안보협력과 신뢰 구축을 할 수 있는 프레임워크 (framework)의 건설이 유용한 수단이 될 것이라고 보았던 것이다. 이러한 공통 비전이 한국의 건국 초기 국가 전략의 원형이었다고 평할 수 있다.

제3장

박정희 시대(1972~1979)의 국가안보 전략

국가 위기 인식과 총력안보체제

1969년 1월 10일, 신년 기자회견을 가진 박정희 대통령은 1962년에 제
정된 현행 헌법이 자신과 혁명 주체들이 주동해서 만든 헌법이고, 그 이
전 어느 헌법보다도 잘 정비된 헌법이라고 평가했다. 그러면서 그는 "내
임기 중에는 이 헌법을 고치지 않았으면 하는 것이 나의 솔직한 심정"이
라고 토로했다.[1] 그러나 그는 불과 10개월 후인 1969년 10월, 대통령 3선
을 가능하게 하는 개헌안을 강행·채택했다. 그리고 이 개헌안에 따라 치
러진 대통령 선거에서 김대중 후보를 꺾고 1971년 7월, 제3기 연속으로
대통령에 취임했다. 그런데 다시 박정희가 3선 대통령으로 취임한 지 1년
여가 지난 1972년 10월 27일, 한반도를 둘러싼 열강의 세력 관계에 커다
란 변화가 발생했고 이러한 변화가 한국의 안전보장에 커다란 위협을 미
칠 수 있기 때문에, 그는 "새로운 체제로의 일대 유신적 개혁"이 필요하다

---

1) 「기자회견(1969.1.10)」, 『박정희대통령연설문집: 제6집』(대통령비서실, 1970.2), 31쪽.

고 주장하면서 새로운 헌법 개정안을 공고했다. 유신헌법안은 대통령 직선제를 규정했던 이전 헌법과 달리 통일주체국민회의라는 선거인단을 조직하고, 이를 통해 대통령을 간접적으로 선출하며, 대통령의 임기를 6년으로 하고 연임 제한을 철폐하는 것이었다. 이 같은 헌법 개정안은 같은 해 11월 21일의 국민투표에서 확정되었으며, 이에 따라 1972년 12월 23일, 새롭게 구성된 통일주체국민회의에서 박정희는 임기 6년의 대통령으로 다시 선출되었다.

1972년 유신헌법에 의해 만들어진 정치체제는 그 이전의 헌법에서 규정된 정치체제나 통상적인 서구 민주국가의 정치제도와 비교한다면, 국가 지도자에게 지나치게 강한 권한이 부여되어 국민주권을 원칙으로 하는 민주주의라고는 보기 힘든 이례적인 통치 구조였다. 대통령을 통일주체국민회의라는 선거인단에서 간접적으로 선출하게 된 것도 그러하고, 연임 제한을 철폐해 사실상 종신 대통령의 길을 열어 놓은 것도 이례적이다. 입법부를 구성하는 국회의원 1/3을 대통령이 직접 임명하는 점, 사법부를 구성하는 법관들도 대통령이 전원 임명하게 한 점 모두, 다른 국가에서 유례를 찾기 힘든 강력한 대통령제라고 할 수 있다.[2]

따라서 유신체제에 관한 기존 연구들이 민주주의 정치 이론의 관점에서 극히 비판적 시각으로 평가하고 있는 점은 당연한 결과라고 보인다.[3]

---

2) 조갑제는 유신헌법체제가 수하르토체제 때의 인도네시아 헌법을 많이 참조했다고 밝히고 있다. 인도네시아 헌법은 대통령이 국회의원 500명 가운데 100명의 현역 군인을 임명하도록 했고, 여당과는 별도로 국민협의회가 대통령을 선출하도록 했는데, 대의원의 절반은 국회의원이 겸임하지만, 나머지 절반은 대통령이 임명하도록 했다고 한다. 조갑제, 『박정희: 한 근대화 혁명가의 비장한 생애, 제13권』(조갑제 닷컴, 2007), 161쪽.

3) 브루스 커밍스는 유신헌법체제에 의해 한국의 민주주의가 1960년 초반 빈곤했던 시절보다 후퇴했다고 평가한다. Bruce Cumings, *The Two Koreas*(New York: Foreign

그렇다면 왜 박정희는 그 자신이 1962년 헌법이 잘 되어 있다고 평가했음에도 3선을 가능하게 하는 개헌을 강행했고, 제3기의 대통령에 취임해 잔여 임기 3년이 남아 있었음에도 재차 유신헌법 개정과 종신적 대통령제의 채택을 강행했을까? 기존 연구에서는 그의 강력한 권력의지, 미군 철수 및 북한의 군사적 도발 증대라는 안보 환경에 대한 대응체제 강구, 남북대화 국면에서의 강력한 정치 리더십 강화 필요 등이 복합적으로 작용했다고 지적한다.[4]

그런데 필자는 앞 장에서 존 로크나 스튜어트 밀의 국가론을 계승한 이승만과는 달리, 박정희가 토머스 홉스, 게오르크 헤겔과 같은 절대주의 국가론의 경향을 보였다고 지적했다. 개인보다 국가를 우선시했던 절대주의 국가론자로서 박정희는, 그가 건설하려 했던 국가 비전 구현의 강박관념과 사명감에 사로잡혀 그 비전의 성취에 가장 적합한 수단으로 강력한 권한이 부여된 종신적 대통령제로 국가를 개조하려 했던 것은 아니었을까? 군사, 경제, 외교 그리고 통일 분야에서 그가 설정한 정책 목표들을 반드시 구현하려는 강박관념에서 그는 서구식 민주주의의 정치 방식에 구애받기보다는, 그의 국가 전략 목표를 가장 잘 구현할 수 있는 방식으로서 유신체제를 강행해 나갔던 것이 아니었을까?

이 같은 관점에서 이 장에서는 1970년대 들어 그가 강조하기 시작한 국가 위기 의식 그리고 이 같은 국가 위기적 상황을 타개하기 위해 그가

Policy Association, 1984), pp.44~45. 보수적 성향의 행정학자도 유신체제는 국회를 배제한 채 행정부 중심의 국정운영을 했다고 비판적으로 평가한다. 정정길, 『대통령의 경제리더십: 박정희, 전두환, 노태우 정부의 경제정책관리』(한국경제신문사, 1994), 38~39쪽.

4) 이에 대해서는 마상윤, 「안보와 민주주의, 그리고 박정희의 길: 유신체제 수립원인 재고」, ≪국제정치논총≫, 제43집 4호(2003) 참조.

추진하고자 했던 국가 전략의 비전들을 검토하기로 한다.

1. 국가 위기 인식과 '총력안보체제'로서의 유신체제

1969년 10월, 3선 개헌안이 가결되던 시기를 전후로 한국의 안보 환경
에는 여러 가지 새로운 변화가 발생했다. 그 전해인 1968년 1월, 북한은
청와대 습격을 목표로 한 게릴라 부대를 파견한 데 이어 울진, 삼척 지구
에도 120여 명에 이르는 게릴라 부대를 파견하고 미군 정보수집함 푸에
블로(Pueblo)호를 납치해 한반도 내 군사적 긴장을 고조시켰다. 1969년
리처드 닉슨(Richard Nixon)대통령은 괌에서 발표한 독트린을 통해 아시
아의 안보에 대한 아시아 국가들의 책임을 강조했고, 그 일환으로 한반도
에서도 주한 미군 한 개 사단을 철수하려는 방침을 추진하기 시작했다.
문화대혁명의 혼란이 지속되던 중국은 1970년대 접어들어 타이완을 대
체해 국제연합의 상임이사국으로 가입을 추진하면서, 동아시아는 물론
국제적인 존재감이 증대되었다.

이러한 환경 속에서 박정희 대통령은 좀 더 강한 톤으로 국가안보 위기
론을 역설하기 시작했다. 1970년 7월 23일, 국방대학원 졸업식에서 그는
한국의 안전보장이 향후 4, 5년간 가장 중대한 시련기가 될 것이라고 지
적했다.[5] 1971년의 신년사에서는 중공의 영향력이 점점 국제적으로 확
대되고 있는 반면, 미국은 불개입 원칙의 정책 기조하에 아시아에서 점차
물러나려 하는 심상치 않은 변화를 보이고 있다고 지적했다. 게다가 북괴

---

5) 「1970년도 국방대학원 졸업식 및 제14기 합동참모대학 졸업식 유시(7.23)」, 『박정
   희대통령연설문집: 제7집(1970.1-1970.12)』, 222쪽.

가 무력적화통일의 기회만을 노리고 있어서, "앞으로 2, 3년간이 국가안보상 중대한 시기가 될 것"이라고 우려를 표명했다.[6]

그는 열흘 뒤에 가진 신년 기자회견에서 닉슨 독트린으로 미국이 아시아에서 손을 떼게 될 경우, 종전의 힘의 우위에 바탕을 둔 세력균형이 허물어지고 힘의 불균형 상태가 생기면서 새로운 불안이 조성될 가능성이 있다고 우려했다.[7] 박정희 대통령은 북한의 혈맹이었던 중국 공산당 정부가 타이완을 대체해 유엔 안전보장이사회(이하 안보리) 상임이사국으로 진출하면서 발생하고 있던 변화에 대해서도 경계했다. 1971년 12월 6일, 국가비상사태를 선언하면서 그는 중국 공산당 정부가 유엔에서 행한 연설 내용에 대한 경계를 표명했다. 즉, 중공 대표가 유엔 연설을 통해, 대한민국 정부가 한반도 유일 합법 정부라는 유엔 결의안과 6·25 남침을 자행한 북괴와 중공을 침략자로 규정한 결의안 등을 처음부터 무시했고 북한의 주장을 대변해 유엔군이나 국제연합 한국통일위원단을 해체하라는 연설을 했다고 지적하면서, 그는 "우리 안보상 중대한 시련"이 예상된다고 했다.[8]

이상에서 살핀 것처럼 1970년 초반부터 밝힌 안보 위기 의식이 결국 1972년 10월 17일, 유신헌법 개정안 공고를 알리는 대통령 특별선언에 다시 집약되고 있다. 이 선언에서 박정희는 "한반도를 둘러싼 열강들의 세력균형 관계에 커다란 변화"가 발생했고, 이 같은 변화는 아시아의 기본질서를 뒤바꾸면서 지금까지 평화를 유지해온 안보체제도 변질시킬 수

---

6) 「신년사(1971.1.1)」, 『박정희대통령연설문집: 제8집(1971.1-1971.12)』, 17~18쪽.

7) 「신년기자회견(1971.1.11)」, 『박정희대통령연설문집: 제8집(1971.1-1971.12)』, 49~50쪽.

8) 「국가비상사태 선언(1971.12.6)」 『박정희대통령연설문집: 제8집(1971.1 -1971.12)』, 498~500쪽.

있는 커다란 위협을 내포하고 있는 것이며, 한국의 안전보장에 직간접적으로 위험한 영향을 미치게 될 것이라고 지적하고 있는 것이다.[9]

이 같이 유신헌법으로의 개정 추진하는 과정에서, 박정희 대통령은 미국의 아시아 정책 변화와 중국 공산당 정부의 유엔 안보리 상임이사국 진출 등 국제 정세의 세력 관계 변화에 따른 안보 위기 도래에 대비할 필요성을 그 논거로서 강조했다. 5·16 군사 쿠데타 당시 박정희 장군이 이승만 정권 이래의 경제 정책 부진을 비판하면서 민족 중흥의 목표 의식에서 '군사혁명'을 정당화했다면, 1970년대 박정희는 세력균형의 재편에 따른 국제안보 환경의 변화에서 '유신개혁'의 정당성을 찾고 있는 것이다.[10]

그는 국제안보 환경의 변화에 대응하고 남북대화 국면의 전개에 따른 불확실성에 대비해나가기 위한 최선의 방책은 국력의 배양, 모든 국력의 조직화라고 단언했다. 1971년 1월 11일의 기자회견에서 그는 "정신적·물질적 모든 종합적인 힘을 배양하는 것"이 국가안보의 기본이라고 강조했다.[11] 1년 뒤의 연두 기자회견에서도 "모든 국력을 조직화해서 국가 보위

---

9) 「대통령 특별선언(1972.10.17)」, 『박정희대통령연설문집: 제9집(1972.1-1972.12)』, 321~324쪽.

10) 세력균형 관점에서 한반도와 동아시아질서 변화를 파악하는 박정희 대통령의 관점은 1970년 12월, 국제 문제 담당 대통령 특별 보좌관으로 임명된 함병춘의 영향이 있었던 것으로 추정된다. 함병춘은 1972년 1월, 미국 ≪포린어페어스≫에 실린 논문에서 한국이 중국, 소련, 일본 등 주변 강대국의 세력 관계 변화에 따라 슬픈 역사적 운명을 겪어왔다고 지적하면서, 한국의 평화는 물론 아시아에서의 세력균형 유지를 위해 미국의 관여와 군사적 주둔이 필요함을 강조하고 있다. Pyong-choon Hahm, "Korea and the Emerging Asian Power Balance," *Foreign Affairs*, Vol.50, No.1(January 1972), pp.348~350. 함병춘의 언술과 정책 활동 전반에 대해서는 이완범, 「법학자 함병춘의 대미관과 현실적용」, ≪법학연구≫, 제24권 제2호(연세대학교 법학연구원, 2014.6) 참조.

11) 「연초 기자회견(1971.1.11)」, 『박정희대통령연설문집: 제8집(1971.1-1971.12)』, 51쪽.

를 위한 총력안보체제를 무엇보다 우선적으로 다져나가"는 것이 가장 역점을 두어야 할 중요한 과제라고 역설했다.[12] 1972년 10월에 성립된 유신헌법하의 정치체제는, 바로 그가 구상한 '총력안보체제'의 구현에 다름없던 것이다.[13]

다만 박정희 대통령은 유신헌법 성립 이후의 시점에서는 그 정당성의 논거로서 다른 논리들을 추가하기 시작한다. 1972년 12월 23일, 통일주체국민회의의 개회사와 대통령 선출 직후의 당선 성명에서는 "남북대화를 적극 재개하고, 통일 과업을 효과적으로 수행하기 위해" 제도와 체제 정비가 필요하며, 결국 유신체제의 궁극적 목표는 "한반도에서 전쟁의 참화 재발 방지"이며, "민족의 염원인 조국평화통일을 하루라도 앞당기는 것"이라고 설명했다.[14] 또한 그는 유신체제가 남의 민주주의를 그대로 모방하는 것이 아니라, "우리의 역사와 문화적 전통, 그리고 우리의 현실에 가장 알맞은 국적 있는 민주주의적 정치제도를 창조적으로 발전"시킨 것이라고 평가하기도 했다.[15]

---

12) 「연두기자회견(1972.1.11)」, 『박정희대통령연설문집: 제9집(1972.1-1972.12)』, 24쪽.
13) 박정희 대통령이 말한 '총력안보체제' 개념은 제1차 세계대전 이후 나가타 테츠잔(永田鐵山), 이시와라 간지(石原莞爾) 등 일본 군부의 소장파 장교들에 의해 구상되던 '총력전' 개념, 혹은 '국방국가' 개념과 유사하다. 이들은 제1차 세계대전을 지켜보면서 장차 전쟁은 군사력뿐 아니라 국가의 경제력·외교력·사상력 등이 모두 동원되는 '총력전' 양상이 전개될 것이라고 보면서, 제국 일본도 그러한 체제와 능력을 갖춘 '국방국가'로 변혁되어야 한다고 역설한 바 있다. 黑沢文貴, 『大戦間期の日本陸軍』(みすず書房, 2000), 제2장; 石原莞爾, 「支那事變の解決」(1940); 玉井禮一郎 編, 『石原莞爾選集』(1986) 참조.
14) 「통일주체국민회의 개회식 개회사(1972.12.23)」, 『박정희대통령연설문집: 제9집(1972.1-1972.12)』, 364~365쪽; 「대통령 선출 성명(1972.12.23)」, 『박정희대통령연설문집: 제9집(1972.1-1972.12)』, 368쪽.
15) 「헌법 개정안 공고에 즈음한 특별담화문(1972.10.27)」, 『박정희대통령연설문집:

요컨대 박정희 대통령은 닉슨 독트린에 따른 미국의 아시아 정책 변화와 중국 공산당 정부의 유엔 안보리 상임이사국 가입에 따른 국제안보 환경의 변화, 1972년 7월 4일 남북공동성명 이후 전개된 남북대화 국면 등의 상황에 대응하기 위해 유신헌법으로의 개헌과 선거에 구애받지 않는 강력한 대통령제도 구축을 추진했고, 이를 '총력적 안보체제', 혹은 '국적 있는 민주주의적 정치제도'로 정당화하고자 했던 것이다. 다만 3기 연임이 가능했던 종전의 4년제 대통령제도로는 과연 박정희가 구상했던 바의 '총력안보체제' 구축이나, '국적 있는 민주주의 정치'가 불가능했던가? 과연 임기 제한이 없는 6년제 대통령 간접선거제도를 강행하면서까지 박정희 대통령이 '총력안보체제'를 위해 구축하려 했던 국가의 모습은 과연 무엇이었을까? 이 점을 이하의 경제·국방·외교·통일 정책 측면에서 살펴보기로 한다.

2. 자주국방과 핵무장 추진 전략

　박정희 대통령은 1970년대 초반에 행한 일련의 연설에서 국내외 안보위기 상황에 대응하기 위해 가장 근본적인 과제가 국력 배양, 즉 정신적·물질적인, 모든 종합적 힘을 기르는 것이라고 강조했다. 그 가운데에서도 국방력과 경제력의 건설이 핵심이라고 보았다. 이미 박정희 대통령은 1968년, 향토예비군을 창설하는 과정에서 '자주국방'의 용어를 사용하며 우리 자신을 우리의 능력으로 지킬 수 있는 태세를 강화해야 한다고 주장한 바 있었다. 1970년대 접어들어 박정희 대통령은 좀 더 명확하게 '자주

제9집(1972.1- 1972.12)』, 334쪽.

국방'의 개념을 설명하고, 그 구체적 과제들을 제기하기 시작했다. 1970년 1월의 신년사와 연초 기자회견을 통해 그는 자주국방의 개념이 "북괴가 단독으로 무력침공을 해왔을 때, 국군 단독의 힘으로 충분히 이것을 제지하고 분쇄할 수 있는 정도의 강한 힘을 갖추는 것"이라고 설명했다. 그리고 이를 위한 구체적 과제로서 "장비 현대화, 실전적 훈련 강화, 향토예비군 동원체제, 군수산업 육성" 등을 제시했다. 그리고 이러한 자주국방을 추진하기 위해 경제 건설이 뒷받침되어야 한다고 했다.[16] 1960년대의 박정희 대통령이 조국 근대화 전략하에서 경제 건설과 수출 진흥을 최우선으로 했다면, 1970년대의 그는 총력안보체제 구축의 전략하에서 자주국방력의 건설을 좀 더 중시하는 경향을 보이기 시작한 것이다.

이러한 정책 기조하에서 그는 1970년 7월, 250만 향토예비군을 무장시킬 무기를 자체적으로 생산할 수 있는 공장 건설을 지시했고, 8월에는 무기 생산 기술의 연구개발을 전담하는 기관으로서 국방과학연구소(ADD: Agency for Defense Development)를 창설했다.[17] 대통령의 지시를 받은 경제기획원은 방위산업의 핵심적 기반이 될 중기계 공장, 주물선 공장, 특수강 공장, 조선소 등을 외자 조달에 의해 건설하는 방안을 추진했으나 진척을 보지 못했다. 결국 오원철 상공부 차관보가 대안으로 제시한 방식

---

16) 「신년사(1970.1.1)」, 『박정희대통령연설문집: 제7집(1970.1-1970.12)』, 5쪽; 「연초 기자회견(1970.1.9)」, 『박정희대통령연설문집: 제7집(1970.1-1970.12)』, 28쪽. 한편 박정희가 강조한 '자주국방' 개념은 1950년대 초반부터 일본에서 사용되기 시작한 '자주방위론'의 영향을 받았을 가능성이 있다. 하토야마 이치로(鳩山一郞), 기시 노부스케(岸信介) 등의 당시 정치가들은 요시다 시게루(吉田茂) 총리가 주도한 미일 동맹 의존론에 대항해 일본의 안보는 스스로가 책임져야 한다는 '자주방위론'을 제기했고, 이러한 발상은 1970년 나카소네 야스히로(中曾根康弘) 방위청 장관에 의해 계승된 바 있다. 佐道明廣, 『戰後日本の防衛と政治』(吉川弘文館, 2003), 제1장 참조.
17) 국방과학연구소 홈페이지(www.add.re.kr) 참조.

을 따라 국내의 민수 공장에서 병기의 핵심 부품을 분담 생산하고, 이를 국방과학연구소가 정밀 검사 후 조립하는 방식으로 무기의 국산화가 추진되었다.[18] 박정희 대통령은 1971년 11월 10일, 신설된 경제 제2수석비서관에 오원철을 임명해 청와대가 직접 방위산업 및 중화학공업 분야 육성을 관할하게 했고, 1972년부터는 주요 경제 부처 및 과학기술, 국방 분야 장관들이 참석하는 방위산업육성회의를 운영해 방위산업 관련 부서 간 정책조정을 도모했다. 이 같은 정책 추진체계 속에서 1972년까지 소총, 수류탄, 기관총, 박격포, 대전차 로켓포, 대전차 지뢰 등의 기본화기 국산화가 이루어졌고 이어 155mm 곡사포, 대공 발칸포, 다목적 헬기, 경장갑차, 스마트탄, 해군 초계정, M48 탱크 등의 중화기 및 중장비들에 대한 국산화가 추진되어 1978년도까지 자체 생산체제가 갖추어졌다.[19]

그런데 "북괴의 단독 침공을 저지할 수 있는 수준의 국방력"을 목표로 하는 박정희 대통령의 자주국방 정책은 기본화기 및 중장비 개발 정도에 멈추지 않았다. 그는 1968년 성립되어 미국, 소련, 영국, 프랑스, 중국에게만 핵무장을 허용하는 NPT(핵비확산조약)체제의 제약을 뛰어넘어 독자적으로 핵무기 개발까지 강행하려 했다. 1971년 3월, 고리 1호 원자력발전소 기공식이 거행되었고, 같은 해 7월에 한국원자력연구소(KAERI)가 원자력개발 15년 계획을 수립한 시점이어서 박정희 대통령은 자체적인 핵무기 개발이 가능하다고 판단했던 것 같다. 그렇다면 아예 미국에 대한

---

18) 방위산업 육성 방식에 대해서는 김정렴, 『아, 박정희: 김정렴 정치회고록』(중앙 M&B, 1997), 286~288쪽; 오원철, 『박정희는 어떻게 경제강국 만들었나』(동서문화사, 2006), 117~120, 166쪽 참조.

19) 김정렴, 『아, 박정희: 김정렴 정치회고록』, 291~292쪽; 오원철, 『박정희는 어떻게 경제강국 만들었나』, 350~362쪽; 하영선 『한반도의 전쟁과 평화: 군사적 긴장의 구조』(청계연구소, 1989), 53~67쪽 참조.

군사 의존을 줄이고 자주국방을 확보하기 위해 대북 억제력으로서의 핵탄두와 그 운반 수단으로서 미사일 같은 전략무기체계가 필요하다고 보았던 듯하다.[20] 1971년 11월과 12월, 그가 신임 오원철 경제 제2수석에게 핵무기 개발 가능 여부를 문의하면서 동시에 유도탄 개발을 지시한 것은 이러한 그의 정책 의지가 작용했던 듯하다.[21]

이 같은 대통령의 의지에 따라 1971년 11월부터 대통령-오원철 라인을 축으로 핵탄두와 미사일 개발이 각각 추진되기 시작했다. 핵탄두 개발의 실무는 최형섭 과학기술처 장관과 한국원자력연구소 윤용구 소장 등이 담당했다. 이들은 핵공학, 화학공학 분야의 해외 전문가 인력을 원자력연구소에 특채하는 등 전문 인력을 확보하면서,[22] 동시에 프랑스와 영국, 벨기에 등과 교섭해 연간 플루토늄을 재처리할 수 있는 기술의 도입을 추진했다. 1973년 4월 이후에는 캐나다와 중수로 공급의 계약을 체결해, 플루토늄 생산에 필요한 폐연료를 확보할 수 있게 되었다.[23]

---

20) 홍성걸은 박정희 대통령이 핵무기 개발 결심을 한 시점을 1971년 3월에서 7월 사이로 추정하고 있다. Sung Gul Hong, "The Search for Deterrence: Park's Nuclear Option," in Byung-Kook Kim and Ezra F. Vogel(eds.), *The Park Chung Hee Era: The Transformation of South Korea*, p 488.

21) 오원철에 대한 미사일 개발 지시는 김정렴, 『아, 박정희: 김정렴 정치회고록』, 297쪽. 핵무기 개발 문의에 대해서는 Sung Gul Hong, "The Search for Deterrence: Park's Nuclear Option," p.483.

22) 하영선은 통상 핵무기 개발에 1300명의 엔지니어와 500명의 과학자가 필요한데, 1977년 현재 한국은 원자력 전문가 1000명(원자력연구소 600명 포함)과 원자력 관련 과학자 250명(이 가운데 박사 학위 소지자 56명)이 있고, 두 개의 주요 대학 원자력 공학과에 240명의 전공 학생이 있다고 소개하고 있다. Young-Sun Ha, "Nuclearization of Small States and World Order: The Case of Korea," *Asian Survey*, Vol.18, No.11(November 1978), p.1139.

23) Sung Gul Hong, "The Search for Deterrence: Park's Nuclear Option," pp.489~492.

운반 수단으로서의 미사일 개발은 국방과학연구소가 담당했다. ADD 는 해군 출신 구상회 등이 중심이 되어 1972년 5월, 유도탄개발계획단을 편성했다. 이 기구는 1976년 말까지 중거리 지대지미사일을, 그리고 1979년 말까지 장거리미사일을 개발한다는 계획을 대통령에게 보고하고, 미사일 디자인과 관련해서는 맥도널드 더글라스(McDonnell Douglas)로부터, 추진 기술과 관련해서는 프랑스 및 미국 록히드 마틴(Lockheed Martin) 등과 접촉해 관련 기술을 습득했다. 그리고 1976년 12월에는 대전 기계창을 준공해 미사일 국산화의 개발기지로 활용했다.[24] 이 같이 박정희 대통령의 1971년 11월 핵무장과 미사일 개발 검토 지시 이후, 1975년 말까지 한국 정부는 한편으로는 원자력연구소가 중심이 되어 캐나다 및 프랑스 등과의 협력하에 중수로 건설 및 플루토늄 재처리 기술 도입을 추진했고, 다른 한편에서는 국방과학연구소가 중심이 되어 사거리 200km의 지대지미사일 개발을 진척시켰다.[25] 이러한 진척 상황을 바탕으로 1973년 하반기, 국방과학연구소는 대통령에 대한 비밀 보고를 통해 15억 내지 20억 달러의 재원이 투입된다면 향후 6~10년 이내에 나가사키에 투하된 것과 같은 20kt 플루토늄 원폭의 개발이 가능하다는 전망을 제시했다.[26]

핵 개발 및 운반 수단으로서의 미사일 개발 계획은 사안의 민감성을 고려해 철저하게 비밀리에 추진되었다.[27] 그러나 NPT체제하에서 5대 핵보

24) 김정렴, 『아, 박정희: 김정렴 정치회고록』, 299쪽. Sung Gul Hong, "The Search for Deterrence: Park's Nuclear Option," pp.494~495.

25) Mark Fitzpatrick, Asia's Latent Nuclear Powers: Japan, South Korea and Taiwan (IISS, 2016), p.20; Sung Gul Hong, "The Search for Deterrence: Park's Nuclear Option," p.493.

26) Sung Gul Hong, "The Search for Deterrence: Park's Nuclear Option," p.491.

27) 1972년 1월 11일, 연두기자회견에서 박정희 대통령은 군 장비의 현대화, 동원체제 정비, 방위산업 육성, 민방위력 강화, 수도권 방위 강화 등 자주국방체제를 갖추기

유국 이외의 국가들에 대한 핵 확산 방지를 중점적인 대외 정책으로 추진하던 미국에게 동맹국이라 하더라도 한국의 핵 보유는 용인할 수 없는 사안이었다. 더욱이 1974년 5월, 인도가 캐나다로부터 공급한 원자력발전소에서 추출한 플루토늄을 기반으로 핵실험에 성공한 이후 미국은 여타 지역에서의 추가적 핵 확산을 방지하는 데 더한층 외교적 노력을 기울이기 시작했다.[28]

이러한 상황에서 1974년 10월 이후 서울 주재 미국 대사관은, 10년 이내에 한국의 핵 개발이 가능할 것이라는 정보를 본국에 타전하기 시작했다.[29] 헨리 키신저(Henry Kissinger) 국무 장관을 비롯한 포드 행정부는 이 사안을 심각하게 받아들였다. 미국 정부는 한국이 핵 개발에 성공할 경우, 한미동맹의 신뢰성이 약화될 뿐 아니라 소련과 중국이 북한 핵 개발을 지원해 핵 확산의 도미노가 연쇄적으로 나타나게 될 가능성을 우려했다.[30] 이러한 이유에서 미국은 리처드 스나이더(Richard Sneider) 주한 미 대사, 제임스 슐레진저(James Schlesinger) 미 국방 장관, 도널드 럼즈펠드(Donald Rumsfeld) 후임 국방 장관 등을 통해 연속적으로 한국 정부에 대해 핵 개발 프로그램의 철회를 압박했다. 미국은 한국 정부가 핵 개발 프

위한 여러 시책이 추진되고 있으나, 군사상 국민들에게 알릴 수 없는 분야도 있다고 언급했다. 「연두기자회견(1972.1.11)」, 『박정희대통령연설문집: 제9집(1972.1-1972.12)』, 52쪽. 아마 그 전년도 11월부터 오원철 등에게 지시한 핵 개발 및 미사일 개발을 염두에 두었던 것으로 여겨진다.

28) Mark Fitzpatrick, *Asia's Latent Nuclear Powers: Japan, South Korea and Taiwan*, p.20.

29) Don Oberdorfer, *The Two Koreas: A Contemporary History*(Basic Books, 1997, 2001), p.69; Sung Gul Hong, "The Search for Deterrence: Park's Nuclear Option," p.497.

30) Don Oberdorfer, *The Two Koreas: A Contemporary History*, p.70.

로그램을 철회하지 않을 경우 추가적인 원자력발전소 건설에 대한 자금 지원 중단은 물론 주한 미군의 추가적 철수까지 고려한다는 압력을 가해왔다. 나아가 미국은 프랑스 및 캐나다에게도 압력을 가해 한국 정부에 대한 중수로 건설지원 및 플루토늄 재처리 기술 이전을 중단하도록 했다.[31] 이에 대해 박정희 대통령은 1975년 6월 26일, ≪워싱턴 포스트≫와의 회견을 통해 미국이 핵우산 제공을 하지 않으면 핵 개발을 할 것이라고 버티기도 했으나,[32] 결국 1976년 접어들어 프랑스의 기술지원에 의한 플루토늄 재처리 도입 노력을 철회하지 않을 수 없게 되었다.

그러나 박정희 대통령의 자주국방 전략, 그 핵심 수단으로서의 핵무기 개발 의지는 이후에도 사그라지지 않았던 것으로 보인다. 프랑스와의 재처리 기술 도입 계약은 철회했지만, 박정희는 자체적인 기술 획득으로 핵무기 개발을 추진하려는 방향으로 선회했다. 특히 1976년 11월, 주한 미군 철수를 선거공약으로 제시한 지미 카터(Jimmy Carter)가 미국 대통령으로 당선되면서 박정희 대통령은 비밀리에 핵 개발을 재개했다. 오원철에게 핵 산업 발전의 재추진을 지시했고, 1976년 12월에는 대덕단지에 한국핵연료개발공단을 설치하고 연구자들을 프랑스와 벨기에에 파견해 플루토늄 재처리 기술을 습득하게 했다.[33] 이 결과 1978년 10월까지 핵 제

---

31) Don Oberdorfer, *The Two Koreas: A Contemporary History*, pp.71~72; Sung Gul Hong, "The Search for Deterrence: Park's Nuclear Option," pp.497~507; Kim Hyung-A, *Korea's Development under Park Chung Hee: Rapid Industrialization, 1961-79*(London: Routledge, 2004), p.194.

32) Young-Sun Ha, "Nuclearization of Small States and World Order: The Case of Korea," p.1142.

33) Sung Gul Hong, "The Search for Deterrence: Park's Nuclear Option," pp.508~509; Mark Fitzpatrick, *Asia's Latent Nuclear Powers: Japan, South Korea and Taiwan*, p.20.

작시설(nuclear fabrication facility)이 완성되었고, 1979년에는 연구용 원자로의 디자인 개발에 성공했다. 1976년 1월의 연두 기자회견에서 그는 정부의 시정 목표를 "국가안보 제일주의"에 두겠다고 언명하면서, 자주국방력을 "4, 5년 내에" 갖추겠다고 다짐했다. 그러면서 "우리 국방력은 지난 수년 사이에 현저히 증강"되었고, "일반에게 공개적으로 밝힐 수 없는 것"이지만, "방위산업육성계획도 그동안 순조롭게 진행되어 상당히 높은 수준에 와 있다는 것"을 국민들에게 보고한다고 했다.[34] 그는 그때 재개되고 있던 자체적 핵 개발과 미사일 개발 계획을 염두에 두고 이 같은 발언을 했던 것으로 추정된다.

그러나 박정희 임기 말에 재개된 자체 기술에 기반을 둔 핵 개발 정책이 어느 단계까지 진척되었던가에 대해서는 의문의 여지가 있다. 하영선은 핵무기 개발 단계를 15단계로 구분하고, 당시 한국 핵무기 기술 수준은 제3단계 수준으로 제2단계에 머물러 있던 북한보다 최소 6년은 앞서 있었으나, 재처리 기술까지 가진 제5단계의 일본에 비해 상당히 뒤처졌다고 분석한다.[35] 미국의 핵 전문가 마크 피츠패트릭(Mark Fitzpatrick)도 1970년대 후반 한국이 플루토늄을 생산할 수 있는 원자력발전소도 보유하지 않았고 재처리 시설이나 우라늄 농축 시설도 없었다고 지적한다.[36]

그럼에도 박정희 정부의 핵 개발 정책은 당시 지도적 위치에 있던 한국 지식인들의 옹호를 받았던 것으로 보인다. 고려대학교 이호재 교수는

---

34) 「연두기자회견(1976.1.15)」, 『박정희대통령연설문집: 제13집(1976.1-1976.12)』, 43~45쪽.

35) Young-Sun Ha, "Nuclearization of Small States and World Order: The Case of Korea," p.1141.

36) Mark Fitzpatrick, *Asia's Latent Nuclear Powers: Japan, South Korea and Taiwan*, p.21.

1977년에 발표한 논문을 통해 한국과 같은 약소국은 최후의 자위 방책으로 핵무기 개발을 추진할 필요가 있으며, 특히 미국에 의한 핵우산 철수 가능성에 대비해 핵 개발에 적극적 관심을 가져야 한다고 주장했다.[37] 미국 워싱턴 대학교에서 박사과정을 마치고 프린스턴 대학교 연구원으로 소속되어 있던 하영선도, 상대적 약소국의 입장에서는 핵 개발을 통해 강대국에 대한 자율성과 독립성을 증진할 수 있고 강대국 중심의 국제질서에 대한 영향력을 행사할 수 있다고 주장했다.[38]

그러나 1979년 10월 26일, 박정희 대통령이 암살당한 이후, 후임 정권이 미국과의 협의 속에서 ADD의 기능 및 인원을 대폭 축소하는 선택을 취함으로써 핵 개발의 옵션은 이후 한국의 안보 전략 스펙트럼에서 사라지고 만다. 비록 핵 개발은 실현되지 못했지만 유신체제하에서 박정희 정부가 추진했던 자주국방 정책은 1975년 신설된 방위세와 같은 재정적 지원하에서 1978년 9월, 세계 일곱 번째로 지대지미사일 발사 실험에 성공하는 성과를 거두면서 재래식 전력 분야에서 북한을 앞서 나가기 시작했다.[39] 그가 국가안보 위기를 극복하기 위한 우선적인 요건으로 강조해왔던 국력 배양의 한 요소로서 군사력 강화가 진전되고 있었던 것이다.

---

37) 이호재, 「자주국방과 자주외교문제」, 『핵의 세계와 한국 핵정책』(법문사, 1981), 193, 205쪽. 이 논문은 1977년도에 발표되었다.
38) Young-Sun Ha, "Nuclearization of Small States and World Order: The Case of Korea," pp.1148~1151.
39) 고경은, 「1970년대 한반도 군비경쟁과 남북한」, 하영선 엮음, 『한반도 군비경쟁의 재인식』(인간사랑, 1988).

3. '자립 경제' 목표와 중화학공업 건설 전략

1960년대의 박정희 대통령은 '조국 근대화'의 국가 전략 목표하에 공업 입국과 무역 진흥 등 경제력 건설에 중점을 둔 바 있다. 1970년대 접어들어 정신적·물질적 힘을 망라한 '총력안보체제'의 목표를 새롭게 제시하면서도, 그는 이를 위해 국방력과 더불어 경제력이 반드시 병행·발전되어야 한다는 신념을 갖고 있었다. 1970년 1월 9일의 연초 기자회견에서 그는 "경제력의 뒷받침 없는 국방과 전쟁이라는 것은 생각할 수 없다"고 말하면서, 국방과 건설은 동의어라고까지 했다.[40]

그는 1960년대의 경제 정책 추진 과정과 마찬가지로 경제개발 5개년계획 등을 통해 경제성장의 구체적인 목표를 제시하고 관련 부처와 관료들을 독려하는 방식으로 경제 정책을 진두지휘했다. 예컨대 1970년 1월 1일의 신년사에서는 1970년대에는 '자립 경제'를 성취해야 한다는 목표를 제시하면서 수출 500억 달러, 1인당 국민소득 500달러 달성을 구체적 과제로 제기했다. 이 같은 성과를 통해 한국의 국제적 위상을 "중진 국가군 가운데 가장 상위권"에 진입시켜야 한다고 했다.[41]

제3차 경제개발 5개년계획이 시작되던 1973년도에는 다시 100억 달러 수출과 1000달러 국민소득을 1980년대까지 달성하겠다는 목표를 제시했다. 그리고 철강, 석유화학, 조선, 전자, 자동차 및 기계공업 등 다섯 가지 중화학공업 분야를 새롭게 선정하고,[42] 1980년대까지 제철능력은 100만 톤에서 1000만 톤으로, 조선능력은 25만 톤에서 500만 톤으로, 석유화학

---

40) 「연초 기자회견(1970.1.9)」, 『박정희대통령연설문집: 제7집(1970.1-1970.12)』, 28쪽.
41) 「신년사(1970.1.1)」, 『박정희대통령연설문집: 제7집(1970.1-1970.12)』, 3~4쪽.
42) 오원철, 『박정희는 어떻게 경제강국 만들었나』, 135쪽.

분야의 에틸렌 생산능력은 10만 톤에서 80만 톤으로, 자동차는 3만 대에서 50만 대로 생산능력을 증대시켜 100억 달러 수출 목표를 달성하겠다는 중화학공업 육성 정책을 선언했다.[43] 그는 1972년 9월의 기자회견을 통해 중화학공업의 발전이 공업 구조의 고도화를 초래해 공업 입국의 여부를 가름한다고 설명했다.[44] 그런데 그가 명시적으로 밝히지는 않았지만, 중화학공업 육성 정책이 동시기에 추진되던 자주국방 정책과 깊은 연관성을 갖고 있음도 도외시할 수 없다. 예컨대 조선공업 육성은 해군 함선 및 잠수함 건설과 밀접히 연관되고, 자동차 및 기계공업은 육군의 전차 및 군용 차량 그리고 기본화기 양산과 연결된다. 제철 및 석유화학공업 등도 전후방 연관 효과를 통해 방위산업 발전을 지원할 수 있다.[45] 박정희 정부는 전후 일본이 방위산업 분야에서 추진하던 민군 겸용의 방식, 즉 민간 경제 부문의 발전이 동시에 군사력 건설에도 도움이 되는 방향의 정책을 추진하고 있었던 것으로 보인다.

한편 박정희는 중화학공업 육성과 같은 경제개발 추진 정책이 빈부격차 확대, 노동자 계층의 복지 수준 악화 등의 문제를 유발할 수 있음을 인식하고 있었다. 1972년 1월 11일의 연두 기자회견을 통해 그는 근로자들의 근로조건 개선과 지위 향상을 도모하기 위해 3차 경제개발 5개년계획 기간 중 산재보험과 의료보험 등 사회보장제도를 점차 확충할 것임을 밝

---

43) 이 시점에 이미 각 전략산업의 입지도 결정되어 석유화학공업은 여수지구에, 전자공업은 구미에, 기계는 창원지구에, 조선은 경상남도 해안지구에, 비철금속은 공해 피해를 방지하기 위해 한반도 동남쪽에 설치한다는 방침도 확정되었다. 같은 책, 154~155, 210쪽.
44) 「1973년도 예산안 제출에 즈음한 시정연설문(1972.9.2)」, 『박정희대통령연설문집: 제9집(1972.1-1972.12)』, 281쪽.
45) 하영선, 『한반도의 전쟁과 평화: 군사적 긴장의 구조』(청계연구소, 1989), 53~67쪽.

히기도 했다.46) 1977년 1월 12일의 연두 기자회견에서도 그는 경제성장
과 더불어 사회복지 정책이 반드시 병행되어야 할 과제라고 강조하면서,
그해 연초부터 저소득층에 대한 의료보험제도가 우선적으로 실시되고 있
고, 단계적으로 직장의료보험조합과 지역의료보험조합을 통해 일반 국민
들에 대한 의료보험제도도 단계적으로 추진될 것이라고 밝혔다.47) 이 같
은 사회복지 정책의 방침에 따라 1973년 '국민복지연금법'이 제정되었고,
1963년 제정되었던 '의료보험법'이 1976년에 개정되어 대기업 근로자를
대상으로 실시되었다.48)

그럼에도 국력 배양의 방편으로서 중화학공업 중심의 경제 발전 정책
을 추진했던 박정희 정부에 대해 인권 경시나 민주주의 부재를 지적하는
비판이 국내는 물론이고, 특히 1976년 대통령 선거에 당선된 미국 카터
행정부 등으로부터 끊이지 않은 것이 사실이다. 이러한 비판에 대해 함병
춘 주미 대사는 박정희 정부가 추진하는 경제 정책이 강력한 중산계급을
육성하기 위한 것이며, 이를 위해 정치적 안정과 강력한 리더십이 당분간
은 불가결하다는 대응 논리를 전개하고 있다.49)

강압적 정치체제와 정책 추진 방식에 대한 비판에도 박정희 대통령의
중화학공업 중심의 경제 발전 정책은 1977년 12월, 100억 달러 수출 목표
를 조기에 달성하는 성과를 거두었다.50) 이로써 그가 1970년대 초반에

---

46) 「연두기자회견(1972.1.11)」, 『박정희대통령연설문집: 제9집(1972.1-1972.12)』, 63쪽.

47) 「연두기자회견(1977.1.12)」, 『박정희대통령연설문집: 제14집(1977.1-1977.12)』, 30~
31쪽.

48) 그럼에도 사회학자들은 제6공화국과 비교해, 박정희 정부가 '복지빈곤국가'였다고 비
판적으로 평가하는 것 같다. 김태성·성경륭, 『복지국가론』(나남, 2000), 377쪽.

49) Hahm Pyong-choon, "Political Dilemmas in the Republic of Korea," *Asian Affairs*,
Vol.1, No.5(May-June 1974), pp.299~301.

50) 박정희 대통령은 서독과 일본이 각각 10억 달러에서 100억 달러 수출을 달성하기

제시했던 목표, 즉 세계 중진국 가운데 상위권 이상으로 한국의 국제적 위상을 높이는 데 크게 기여한 것은 부인할 수 없는 사실이다.

4. 외교 다변화와 대공산권 문호 개방 추진

1960년대의 박정희 대통령은 국내의 반발을 무릅쓰고 한일 국교 정상화를 단행했으며, 아시아 태평양 공동사회의 비전 속에서 아스팍도 창설한 바 있다. 이로써 이승만 시기에 비해 수교 국가가 늘어나고 한국의 외교 반경이 확대되었다.[51] 그는 1971년 1월 11일의 신년 기자회견에서도 1960년대 초반 시점에서 17개에 불과하던 해외 공관이 1970년 말 기준 65개로 늘어나는 것과 같이 외교망이 네 배로 확장되었다고 소개하면서 자신의 정부가 거둔 외교 성과를 강조한 바 있다.[52]

앞서도 서술했지만, 1970년대 초반 박정희 대통령은 미중 간의 국교 정상화 움직임, 중국 공산당 정부의 유엔 안보리 상임이사국 가입 추세 등 국제 세력균형의 변화가 한국의 국가안보에 직간접적으로 영향을 줄 수 있다고 우려했다. 이러한 상황에서 그는 국제사회에서 "되도록 많은 우호 세력을 만드는 것"이 국력 배양의 중요한 길이 될 수 있다고 인식했

까지 11년과 16년이 걸렸는 데 반해, 한국은 7년 만에 달성했다고 하면서, 자신이 추진했던 중화학공업 중심의 수출 진흥 정책의 성과에 대해 자랑스러워했다. 「100억불 수출의 날 치사(1977.12.22)」, 『박정희대통령연설문집: 제14집(1977.1-1977.12)』, 207~208쪽.

51) 1963년의 저서에서 그는 이승만 시기의 23개 국가에서 76개로 수교 국가가 늘어났다고 설명한 바 있다. 박정희, 『국가와 혁명과 나』, 124쪽.

52) 「연초 기자회견(1971.1.11)」, 『박정희대통령연설문집: 제8집(1971.1-1971.12)』, 40쪽.

다.53) 이러한 관점에서 그는 우방과의 동맹 외교, 중립국과의 유대 외교 뿐만 아니라 우리에게 적대 행위를 하지 않는 공산국가들에게도 문호를 개방해 우리의 좋은 친구, 우호 세력으로 만드는 공산권 외교를 전개할 필요가 있다는 방향을 제시했다. 이러한 방침은 이승만 정부 이래 견지되어오던 종전의 한국 외교, 즉 적대국 북한의 우방 국가와는 교류하지 않는다는 할슈타인(Hallstein)원칙을 포기한다는 점에서 획기적인 것이었다.

이러한 공산권 국가와의 문호 개방 방침은 1971년 이후 미중 간, 중일 간 정상회담 및 국교 정상화 움직임, 그리고 1972년 남북한에 7·4 공동성명이 발표된 이후 그 필요성이 좀 더 확대되었다. 그래서 1973년 6월 23일, 박정희 대통령은 '평화통일외교 정책에 관한 특별선언'을 발표하면서, "호혜, 평등의 원칙하에 모든 국가에게 문호를 개방할 것이며, 우리와 이념과 체제를 달리하는 국가들에게도 문호를 개방할 것"임을 천명했다.54) 이 같은 6·23 선언은 냉전체제에서 서방권에 한정된 한국 외교의 지평을 공산권까지 확대한 결정적 계기가 되었다. 박정희 대통령은 1974년 1월 18일 가진 연두 기자회견에서 6·23 선언 이후 반년간 중립국인 인도네시아, 핀란드, 인도, 방글라데시, 아프가니스탄 등 다섯 개국과 새롭게 수교하는 성과를 거두었다고 소개했다. 또한 앞으로도 이념과 체제를 달리하는 공산주의 국가들과 통상, 스포츠, 학술, 문화 등 다방면의 교류를 통해 관계를 개선하겠다는 정책 의지를 재표명했다.55) 그가 1979년 9월 21일,

---

53) 1971년 1월 1일의 신년사와 1월 11일의 신년 기자회견에서 이러한 관점이 표명되고 있다. 『박정희대통령연설문집: 제8집(1971.1-1971.12)』, 18, 51쪽.
54) 「평화통일외교정책에 관한 특별성명(1973.6.23)」, 『박정희대통령연설문집: 제10집(1973.1-1973.12)』, 165쪽.
55) 「연두기자회견(1974.1.18)」, 『박정희대통령연설문집: 제11집(1974.1-1974.12)』(대통령비서실, 1975), 42쪽.

대한체육회와 문교부 등의 심의를 거쳐 상정된 제24회 올림픽 유치 계획을 승인한 것은 공산권과의 교류를 확대해 한국의 국제적 위상을 공고히 하겠다는 6·23 선언의 연장선상에서 이루어진 결정이었다.[56]

사실 국력 배양 및 국가안보 정책의 일환으로 공산권 국가들과도 우호적인 관계를 유지해야 한다는 외교 전략론은 같은 시기 박정희 대통령의 국제정치 분야 보좌관이었던 함병춘이나 이호재 등의 전문가들에 의해 모색되고 있었다. 함병춘은 1972년 초반 ≪포린어페어스≫에 게재된 논문을 통해 중국, 소련, 일본 등 강대국들에 둘러싸여 있는 한국으로서 생존을 도모하고, 동아시아 평화를 유지하기 위해서는 지속적인 미국의 관여를 보장받는 방안 외에 이 국가들과 우호적이고 정상적인 관계를 유지할 필요가 있다고 주장한 바 있다.[57] 이호재 고려대학교 교수도 당시 발표한 글들을 통해 한국 외교가 이승만 시기의 친미 일변도 외교에서 벗어나, 소련과 중국 공산당 정부 등 주변 강대국과 두루 평화협력적인 관계를 유지하는 평화공존적인 북방외교를 실시해야 한다고 주장했다.[58] 6·23 선언에서 정점을 찍은 박정희의 대 공산권 외교 문호 개방 선언은 이러한 지식인들의 외교 담론에 대한 공감 속에서 등장한 것으로 보인다.

다른 한편 박정희 대통령에 의한 할슈타인 원칙 포기 및 6·23 선언은

---

56) 서울올림픽대회조직위원회, 『제24회 서울올림픽대회 공식보고서: 제1권 대회준비 및 운영』(서울올림픽대회 조직위원회, 1989), 33~34쪽; Don Oberdorfer, *The Two Koreas: A Contemporary History*, p.180.

57) Pyong-choon Hahm, "Korea and the Emerging Asian Power Balance," pp.346~347. 이 같은 함병춘의 입장은 주미 대사로 임명된 2년 뒤의 다른 글에서도 피력된다. Hahm Pyong-choon, "Political Dilemmas in the Republic of Korea," pp.297~301.

58) 이호재, 「자주국방과 자주외교문제」, ; 이호재, 「이승만 외교로부터의 탈피(1981.7. 21)」, 『냉전시대의 극복』(동아일보사, 1982)등을 참조.

동시기 적극적 양상을 보이고 있던 북한 외교에 대응하는 측면도 있다고 보인다. 1970년 12월 시점에서 세계 36개 국가와 수교 관계를 맺고 있던 북한은 그다음 2년간 적극적인 외교를 전개해 1974년 시점에는 70여 개로 수교 국가를 늘렸다.[59] 이러한 북한의 적극적 외교 공세에 대응하고 국력의 한 요소로서 '국제적 우호 세력'을 늘리기 위한 차원에서도 박정희 대통령은 종전에 금기시되어왔던 공산권 국가와의 문호 개방을 추진했던 것으로 보인다.

5. 남북대화 추진과 평화통일 전략

앞에서 살핀 바와 같이 박정희 대통령은 1970년대 접어들어 국방·경제·외교 등의 분야에서 기존 정책의 중점과는 다른 방향들을 제시하기 시작했다. 자주국방 개념과 핵 개발 추진, 자립경제 개념과 중화학공업 육성 정책, 그리고 공산권 국가들에 대한 문호 개방까지 포함하는 외교의 다변화 방향 등이 그것들이다. 이와 병행해 그는 대북 통일 정책 분야에서도 새로운 접근 방법을 제시하기 시작했다. 종전의 이승만 정부는 북진 무력통일 방침을 견지했고, 1960년대 박정희 정부는 반공을 표방하면서도 통일 문제는 공업 국가와 조국 근대화의 목표가 달성된 이후에 본격적으로 추진되어야 할 과제라고 하면서 구체적인 방안을 제시하지는 않았

---

59) 박태호, 『조선민주주의인민공화국 대외관계사 2』(사회과학출판사, 1987), 48, 109, 110쪽. 이 책에 의하면 1971~1973년 사이에 북한은 몰타, 카메룬, 르완다, 우간다, 세네갈, 파키스탄, 마다가스카르, 자이르, 토고, 베냉, 감비아, 모리셔스, 이란, 말레이시아, 방글라데시, 인도, 아프가니스탄 등 20여 개 나라들과 새롭게 외교 관계를 맺었다.

었다. 그런데 1970년대에 접어들면서 박정희 대통령은 통일 방안에 대한 좀 더 구체적인 방향을 제시하기 시작한다.

1970년 8월 15일, 광복절 경축사를 통해 그는 '평화통일'이라는 용어를 사용하면서, 남북한 간의 긴장 완화 없이는 평화적 방법에 의한 통일이 불가능하다고 지적한다. 그러면서 북괴가 전쟁 도발 행위를 중지하고, 무력에 의한 적화통일 포기를 명백히 선언한다면, 한국으로서도 남북 간 인위적 장벽을 단계적으로 제거하는 획기적이고도 현실적인 방안을 제시할 용의가 있다고 밝혔다.[60] 이 시점에서 박정희는 이승만 정부 이후 표방되어오던 북진무력통일 방안과 완전히 거리를 두기 시작한다. 이후 박정희는 평화통일을 구현하기 위해서 북한에 대한 국력 우위 확보, 북한의 무력도발 및 적화통일 정책 포기, 남북한 간의 긴장 완화 그리고 점진적인 추진 등 몇 가지 요소가 반드시 병행되어야 한다는 생각을 발전시키기 시작한다. 1972년 1월 11일 연두 기자회견에서 그는 "북괴로 하여금 전쟁을 포기하게 하는 유일한 길은 우리의 국력을 결집해서 전쟁을 억제할 수 있는 그러한 힘을 기르는 것"이고, "국력을 총결집해서 총력안보체제를 다져나가는 것"이 평화통일을 앞당기는 길이라고 설명한다.[61] 동시에 그는 신라가 진흥왕 대 이후 화랑제도의 발전, 외교 관계 확대 등 여러 준비와 계획을 120년 이상 추진한 연후에 비로소 삼국통일을 이룩했다는 나름의 역사관을 피력하면서, 통일은 "너무 성급하게 서둘러서는" 안 되며 점진적인 준비와 계획이 필요하다는 점을 역설한다. 특히 그는 통일준비 과정에서 북한의 무력도발과 적화통일 시도를 방지하는 것이 무엇보다

---

60) 「제25주년 광복절 경축사(1970.8.15)」, 『박정희대통령연설문집: 제7집(1970.1- 1970.12)』, 234쪽.

61) 「연두기자회견(1972.1.11)」, 『박정희대통령연설문집: 제9집(1972.1-1972.12)』, 44, 47쪽.

중요하다고 판단했으며, 이를 위해 그는 1971년 남북적십자회담 개최와 아울러 이후락 정보 부장을 경유한 남북대화를 추진했고, 그 성과의 일환으로 1972년 7월 4일, 남북공동성명을 발표했다. 남북공동성명 발표 직후에 행해진 같은 해 7월 22일 국방대학원 졸업식 유시에서 그는 남북대화 및 7·4 공동성명은 "한반도에서 다시 전쟁이 일어나지 않도록 전쟁을 미연에 방지하자는 데 그 목적"이 있으며, "남북이 서로 무력도발을 하지 않겠다고 약속한 것"이 그 의의라고 설명했다.[62] 즉, 박정희 대통령은 즉각 통일을 성취하겠다는 목적보다 긴장 완화와 무력충돌을 방지하기 위한 안보 전략의 수단으로서 남북대화를 추진한 것이다.

이 같은 그의 대북 정책 및 통일 구상은 1973년 6월 23일에 발표된 '평화통일외교정책에 관한 특별성명(6·23 선언)'과 1974년 8월 15일, 광복절 경축사에서 발표된 '평화통일 3대 기본원칙'에 의해서 좀 더 체계화되었다. 박정희 대통령은 6·23 선언에서 조국의 평화적 통일이 민족의 지상 과업이라고 하며 평화적 통일의 방향을 재천명했고, 이를 위해 남북대화를 성실하게 계속 추진하고, 긴장 완화를 위해 남북한이 함께 국제기구나 국제연합에 가입할 수 있으며, 이념과 체제를 달리하는 국가들에게도 문호를 개방한다는 정책 방향을 제시했다.[63]

평화적 방식, 북한 무력도발 배제, 긴장 완화 그리고 점진적 방식 등을 구성 요소로 하는 박정희 대통령의 대북 정책 및 통일 방안이 가장 체계적인 형태로 표현된 것은 1974년 8월 15일, 광복절 경축사에서 발표한 평

---

62) 「1972년도 국방대학원 졸업식 및 제18기 합동참모대학 졸업식 유시(1972.7.22)」, 『박정희대통령연설문집: 제9집(1972.1-1972.12)』, 254쪽.
63) 다만 그는 이 같은 정책 방향이 통일이 성취될 때까지의 잠정적 조치이고, 북한을 국가로 인정하는 것이 아니라는 점을 부언하고 있다. 「평화통일외교정책에 관한 특별성명(1973.6.23)」, 『박정희대통령연설문집: 제10집(1973.1-1973.12)』, 165쪽.

화통일 3대 기본원칙이었다. 이 연설에서 그는 북한 측에 대해 한반도 평화 정착을 위한 상호 불가침협정 체결, 상호 신뢰 회복을 위한 남북대화 및 다각적 교류와 협력 진행, 토착 인구 비례에 의한 남북 자유 총선거 실시 등을 제시했다.[64] 그에 의하면 특히 불가침협정을 체결하고 남북대화를 지속하는 것이 한반도에서 전쟁을 예방하고 평화를 유지하면서, 평화통일의 가능성을 여는 현실적인 방안이었다.

그가 군인 출신임에도 불구하고 종전에 표방되던 북진무력통일 방안에서 선회해 남북 불가침협정 체결과 대화 촉진 및 교류협력을 통한 점진적 방식의 통일 방안을 강구하게 된 이면에는 그 자신이 1964년 서독 방문을 통해 얻은 견식과 1969년 3월에 설치된 국토통일원의 정책 연구결과 그리고 1970년 국제정치 보좌관으로 발탁된 함병춘 같은 전문가들과의 정책 조율 등이 종합적으로 작용한 것으로 보인다.[65] 예컨대 함병춘은 1971년 말에 작성한 영문 논문에서 한반도에서의 전쟁 재발 방지가 한국의 중요한 국가 목표 중 하나이며, 이를 위해 북한과도 시간이 걸리더라도 상호 접촉을 통해 평화적인 방법으로 통일을 추진하려 하고 있다고 설명한 바 있다.[66]

박정희 대통령은 자신의 통일 정책론에 입각해 당시 야당 지도자들에게 제기되고 있던 4대국 보장에 의한 통일 방안이나, 북한이 주장하던 연

---

64) 「광복절 경축사(1974.8.15)」, 『박정희대통령연설문집: 제11집(1974.1-1974.12)』, 196쪽.
65) 김정렴 비서실장은 매주 수요일 청와대에서 지식층의 의견을 수렴하기 위한 회의를 개최했고, 이 자리에 손제석, 박관숙, 구범모, 송건호 등의 오피니언 리더들이 참석해 남북적십자회담의 제안이 건의된 바 있다고 회고한다. 김정렴, 『아, 박정희: 김정렴 정치회고록』, 157쪽.
66) Pyong-choon Hahm, "Korea and the Emerging Asian Power Balance," p.349.

방제 혹은 북미 직접 협상 방안을 강도 높게 비판했다. 1970년 9월, 신민당 대통령 후보로 선출된 김대중은 향토예비군 폐지와 더불어 통일 방안으로서 미국, 소련, 중국, 일본 등 4대국이 남북한에 대해 전쟁 방지를 요구해야 한다는 4대국 보장론을 주장한 바 있다.[67] 이에 대해 박정희 대통령은 북한으로 하여금 전쟁을 포기하게 하는 유일한 길은 우리 국력의 결집과 배양이라고 주장하면서, 4대국 보장론을 외국의 힘에 의존하려는 "상당히 비현실적이고 아주 위험한 생각"이라고 비판했다.[68] 또한 그는 1974년 3월 23일, 북한 외상 허담이 제안한 것처럼, 북한이 직접 미국과 북미 협상을 갖고 종전의 정전협정을 평화협정으로 대체하자는 방안에 대해서도 부정적이었다.[69] 그는 한반도에서 전쟁 재발을 방지하고 평화적 통일을 이룩하기 위해서는, 내부적으로 국력을 배양하고 대외적으로 한국 주도에 의해 남북한 쌍방이 대화하고 상호 협력해야 한다고 보았다. 한반도에서 긴장을 완화하고 평화공존 상태를 만들어나가는 것이 시간은 걸릴지 몰라도 가장 현실적이고 바람직한 방안이라고 생각했던 것이다.

---

67) 김정렴, 『아, 박정희: 김정렴 정치회고록』, 289쪽.
68) 「연두기자회견(1972.1.11)」, 『박정희대통령연설문집: 제9집(1972.1-1972.12)』, 44쪽. 함병춘도 같은 해 4월 14일, 미국 아시아소사이어티(Asia Society)에서 행한 강연에서 4대국 보장하의 통일은 진정한 통일이 아니며, 하나의 신탁통치에 불과하다고 주장했다. 이완범, 「법학자 함병춘의 대미관과 현실적용」, 68쪽 재인용.
69) 이 제안에 대해 함병춘 주미 대사는 한국이 배제된 어떠한 북미 협상도 있어서는 안 된다는 입장을 미국 측에 전달했다. 이완범, 「법학자 함병춘의 대미관과 현실적용」, 73쪽 참조. 아마 이는 박정희 대통령의 뜻을 반영했다고 보인다.

6. 맺는말

이상에서 검토한 바와 같이 1970년대 이후 박정희는 한국을 둘러싼 안보 환경을 국가적 위기 상황으로 보고, 이를 극복하기 위해 군사·경제·외교 등 총체적 국력 배양이 필요하다고 보았다. 〈표 3-1〉은 1970년대 초반 박정희 정부의 분야별 정책 목표와 정치 일정을 정리한 것이다. 국방 분야에서는 1960년대 말부터 언급하기 시작한 자주국방 개념을 좀 더 정교하게 다듬었고, 그 구체적 과제로 재래식 무기 개발은 물론 1971년 3월에서 7월에 걸쳐서는 핵 개발 추진까지 결심하고 있다. 경제 분야에서는 1972년 5월의 시점에서 100억 달러 수출 목표를 새롭게 제기하고, 이를 구현하기 위해 5대 중화학공업을 선정하고 육성하는 방침을 정하기 시작했다. 외교 및 통일 분야에서는 1970년 8월부터 남북 평화통일 방침을 명확히 표명하기 시작했고, 그 구체적 과제로서 1971년 9월, 남북적십자회담 예비 접촉이 시작되었으며, 다음 해 5월에는 이후락의 비밀 방북 등이 이어졌다. 그리고 1971년 1월 이후에는 공산권 국가들과의 문호 개방 방침도 적극 표명되었다. 이 같은 일련의 통일·외교·국방·경제 정책 방향은 총체적인 국력으로서의 군사력, 경제력, 외교력을 강화하는 차원에서 진행된 것이었다.

그런데 1971년 7월, 제3기의 대통령에 취임한 박정희의 입장에서 핵 개발을 포함한 자주국방, 남북대화를 통한 평화통일, 중화학공업 육성을 통한 100억 달러 수출 달성, 공산권 국가와의 문호 개방 등 코페르니쿠스(Copernicus)적인 정책 방향들을 과연 4년 내의 임기 안에 끝낼 수 있을 것인가의 의문을 가졌을 수 있다. 1970년의 시점에서 그는 향후 4, 5년이 가장 중대한 안보 위기라고 인식하고 있었다. 그런데 핵 개발은 6~10년이 소요되는 중장기 과제이다. 중화학공업 육성 및 100억 달러 수출의 목표

■ 표 3-1 _ 1970년대 초반 박정희 정부의 분야별 정책 목표와 정치 일정

연도	국방 분야	경제 분야	외교 분야	통일 분야	정치 분야
1970	1월: 자주국방 개념 재표명	1월: 50억 달러 수출 목표, 국민 소득 500달러 설정		8·15 남북 평화 통일 기반 조성	
1971	·3~7월: 핵 개발 결심 ·11월: 유도탄 및 핵 개발 추진 지시		1월: 공산권 국가와 문호 개방 방침 표명, 중국 공산당 정부 유엔 가입	9월: 적십자회담 예비접촉 개시	7월: 대통령 취임
1972	5월: 유도탄개발 계획단 편성	·5월: 100억 달러 수출 목표 검토 ·9월: 중화학공업 육성 방침	함병춘, 중국 및 소련과의 관계 개선 제언	·5월: 이후락 비밀방북, 박성철 방한 ·7·4 남북공동 성명	·10월: 유신헌법 공고 ·2월: 통일주체 국민회의 대통령 선거
1973	하반기: ADD의 20kt 핵탄두 개발과 향후 6~10년 소요 추정 보고	중화학공업	6·23 선언		
1974				8·15 평화통일 3대 기본원칙	

도 1970년대 후반에 설정되어 있었다. 1971년 9월, 적십자회담을 필두로 시작된 남북대화도 장기적인 평화통일의 과정을 예고하는 것이었다.

자신이 설정한 국가 전략 목표 구현에 최소 6~10년이 소요되는 상황을 고려하면서, 박정희는 비상의 수단을 취해서라도 임기를 추가적으로 연장해 자신이 설정한 국가 건설의 과제들을 달성해야겠다는 강박관념을 가졌을 가능성이 크다. 1972년 중반부터 유신헌법을 구상하고,[70] 전통적

---

70) 박정희의 일기와 청와대 비서실의 대통령 면담 일지 등을 검토한 조갑제는 박정희

민주주의제도와는 거리가 먼 방식으로 통일주체국민회의와 유정회 등을 설치했으며 6년 연임이 가능한 대통령제를 신설한 것은 이러한 그의 절대적 국가주의자로서의 강박관념이 낳은 결과로 보인다. 그가 설정한 국가 전략의 방향은 전체적으로 보아 1970년대 한국이 처해 있었던 입장에서 타당한 것이었다고 보인다. 다만 그가 구상한 국가 전략 비전을 함께 공유하면서 후속적으로 과제를 추진할 수 있는 후진 정치 세력 양성을 그는 극히 소홀히 했다. 더욱이 예측 가능한 정치제도의 틀도 크게 벗어나는 무리수를 두면서까지 목표를 달성하고자 했던 것이 결국 그의 개인적 비극을 초래하고 말았다.

가 1972년 중반부터 이후락과 같은 측근들과 유신체제를 검토했다고 주장한다. 조 갑제, 『박정희: 한 근대화 역명가의 비장한 생애, 제13권』, 58, 113쪽.

제2부

탈냉전기 국가안보 전략의 전개

국제정치학자들은 개별 국가가 취하는 안보 정책에는 두 가지 유형이 있다고 본다. 하나는 현실주의적 접근(realism), 혹은 전통적 안보 개념이다. 이에 의할 경우, 국가의 생존을 무엇보다 가장 우선적인 가치로 설정한다. 그리고 국가의 생존과 주권을 위협하는 주요인이 적대적인 타국의 군사력 증강이나 대외 정책에 있다고 간주하고 이에 맞서 국력 증강이나, 다른 국가와의 동맹 관계 구축 등을 안보 정책으로서 중시하는 방식이다. 냉전 시기, 미국과 소련이 상이한 이념하에 정치·외교·군사·경제 등의 분야에서 전면적 대결을 벌였던 시기에 여러 국가가 현실주의적 방식의 국가안보 정책을 추구한 바 있다.

다만 현실주의적 접근을 취해 자국의 군사력 증강을 취할 경우, 타국도 이에 대응해 군사력 증강과 같은 대응책을 취하게 되므로 오히려 자국의 안보가 취약해지는 안보 딜레마(security dilemma)의 상황이 발생할 수 있다. 현실주의적 접근 방식이 갖는 이러한 문제를 시정하기 위해 제안된 방식이 자유주의적 접근(liberalism), 혹은 비전통적 안보 개념이다. 이 방식은 적대적 위협을 가하는 국가와의 교류와 협력을 추구하는 것이 진정한 국가안보의 방책이 될 수 있다고 본다. 따라서 공동안보(common security), 혹은 협력안보(cooperative security)의 개념하에 잠재적 적대 국가들과 경제·사회·문화 교류 등을 통한 불신감 해소, 군사정보 등의 상호 공유를 통한 신뢰 구축을 도모하고, 나아가 적대 국가도 포함한 다자간 안보협력제도의 구축을 통해 공동의 평화 상태를 구현하고자 한다. 자유주의적 접근 방식은 냉전기 유럽 지역에서 자유 진영에 속한 서유럽과 공산 진영에 속한 동유럽에 정책적·제도적으로 적용되기 시작했고, 탈냉전기 이후에는 동아시아에서도 활발하게 도입되고 있다.

그런데 실제 미국이나 일본 등 개별 국가들의 안보 정책을 검토하면, 현실주의적 요소와 자유주의적 요소들이 병용되거나 절충되는 양상들을 볼 수 있다. 한국 사회에서는 대북 정책이나 한미동맹에 관해 정치적으로 보수와 진보의 도식에 의해 정치 세력의 입장을 구분하려는 경향이 강하다. 그러나 복합적인 국내외 안보 상황에 직면한 한국 사회는 국가안보에 만전을 기하기 위해 보수적 정치 세력이라 하더라도 자유주의적 정책을 도외시할 수 없고, 진보적 정치 세력이라 해서 현실주의적 안보 정책을 무시할 수 없다. 보수와 진보 세력이 번갈아 정권을 담당한 탈냉전기 한국 사회에서 역대 정부가 현실주의와 자유주의의 안보 정책들, 즉 국력 증강, 동맹 관계 구축, 적대 국가와의 대화 및 협력, 다자적 안보제도 구축 등을 어떻게 복합적으로 추진해갔는가를 제2부에서 살펴보고자 한다.

제4장

노태우 정부의 국가안보 전략

1. 문제의 제기

1988년 2월부터 1993년 2월까지 집권한 노태우 정부 집권 기간에 한국의 외교·통일 정책은 커다란 변화와 성취를 이룩하게 되었다. 냉전 기간 굳게 폐쇄되었던 소련 및 중국 등 공산주의 국가와의 수교가 이루어졌다. 북한이 완강히 반대하던 남북한 유엔 동시 가입도 실현되었다. 냉전 기간 내내 경색 관계를 보이던 남북 간 고위급회담이 여덟 차례 걸쳐 실시되면서 남북기본합의서와 비핵화 공동선언 같은 굵직한 합의들이 공표되었다. 재임 기간 내내 노태우 대통령 자신은 우유부단한 지도자라는 평가를 종종 받았지만, 최근 학계에서는 그가 추진했던 외교·통일 정책에 대한 재평가 시도가 두드러지게 나타나고 있다.[1]

---

1) 대표적인 것으로 강원택 엮음, 『노태우 시대의 재인식: 전환기의 한국 사회』(나남,

이근 교수는 노태우 정부가 추진한 북방 정책이 대한민국 외교에서 유례를 찾기 힘들 정도의 야심적·자주적·개혁적인 대전략이었다고 높이 평가한다. 그러면서 그 요인의 하나로 노태우 정부의 핵심 멤버들이 '엘리트 민족주의'의 사상적 기반을 갖고 있었으며, 기존의 친미 반북 성향의 전통적 보수와 달리 후일 김대중 및 노무현 정부에 계승되는 '자주적 보수'의 가능성을 제시했다고 평가한다.[2] 이정철도 남북 관계나 4강 외교 측면에서 노태우 시대가 "한국 역사상 전범이 될 만한 시기"였다고 평가한다. 그러면서 그는 당시의 국내 정치적 구도를 강조하면서, 노태우 대통령이 대북 대결론 혹은 북한 붕괴론을 주장하던 노재봉 총리, 박세직 안기부장, 민병돈 육사교장 등 극우 친미적 보수 성향의 인사들과 대북 포용론을 추진하던 박철언 정책 보좌관 등 사이에서 전향적인 대북 정책을 추진한 것으로 분석한다.[3] 전재성도 노태우 정부의 북방 정책을 높이 평가하면서, 이 정책이 박정희 정부 시기의 6·23 선언을 계승하는 성격을 갖고 있다고 분석한다.[4]

2012)과 하용출 외, 『북방정책: 기원, 전개, 영향』(서울대학교 출판부, 2013) 등을 참조. 이 같은 재평가 시도는 북방 정책을 주도하고 관여한 노태우, 박철언 등 핵심 인사들의 회고록 출간이 계기가 된 것으로 보인다. 박철언, 『바른 역사를 위한 증언』(랜덤하우스 중앙, 2005); 노태우, 『노태우 회고록(상·하권)』(조선뉴스프레스, 2011) 등을 참조.

2) 이근, 「노태우 정부의 북방외교: 엘리트 민족주의에 기반한 대전략」, 강원택 엮음, 『노태우 시대의 재인식: 전환기의 한국 사회』(나남, 2012), 172~178쪽.

3) 이정철, 「탈냉전기 노태우 정부의 대북정책: 정책연합의 불협화음과 전환기 리더십의 한계」, ≪정신문화연구≫, 제35권 제2호(2012), 137~138, 155쪽. 이정철은 김종휘 외교안보 수석도 대북 포용론자가 아니라 북한 고립화를 목표로 하던 대북 대결론자로 파악하고 있다.

4) 전재성, 「노태우 행정부의 북방정책 결정요인과 이후의 북방정책의 변화과정 분석」, 하용출 외, 『북방정책: 기원, 전개, 영향』(서울대학교 출판부, 2013), 40~41쪽.

전체적으로 노태우 정부 시대에 추진된 북방외교와 대북 정책에 대해서 연구자들이 높이 평가하고, 이들 정책의 결정 요인이나 후속 영향 등에 대해 각각 지적하고 있는 점은 동의할 만하다. 그럼에도 노태우 정부가 추진한 북방 정책을 안보 전략의 전체적 측면, 즉 외교·통일·국방 분야의 전체상 속에서 고찰하려는 노력은 충분하지 않다. 더욱이 각 정책의 추진 배경이 된 유래, 즉 공산권 수교 확대의 기반이 된 북방외교, 남북기본합의서 등의 바탕이 된 한민족 공동체 통일 방안 그리고 8·18 계획으로 대표되는 국방 정책의 기원 등에 대한 고찰도 부족한 것으로 보인다. 이러한 문제의식하에 이 장에서는 통칭 북방 정책으로 이해되는 노태우 시기의 안보 전략을 외교·통일·국방의 분야로 나누어 각각 그 배경이 되는 사상적 유래 등을 포괄적으로 고찰하겠다.

2. 국가 대전략으로서 북방 정책의 범위와 목표

노태우 대통령은 1987년 대통령 선거 과정에서 공약의 하나로 북방 정책을 본격적으로 표방했다. 예컨대 인천과 군산 등지에서 행해진 유세에서는 서해안 시대의 개막을 선언하면서 자신이 대통령이 되면 황해를 건너 중국에 갈 것이라고 연설했다.[5] 그리고 1988년 2월, 대통령 취임사에서도 북방외교의 추진을 재차 다짐했다. 그러나 노태우 대통령의 안보 정책을 보좌하는 관련 장관과 참모들 사이에서 북방 정책, 혹은 북방외교의 범위와 단계적 목표에 대해 견해가 일치되었던 것은 아닌 듯하다.

---

5) 노태우, 『노태우 회고록(하권)』, 241쪽; Don Oberdorfer, *The Two Koreas: A Contemporary History*, p.187.

노태우 대통령이 취임 직후부터 발탁해서 임기 종료까지 외교안보 수석으로 중용한 김종휘는 북방 정책이 미국, 일본, 유럽 등 서방 중심이었던 한국의 외교 영역을 사회주의권까지 확대하고 궁극적으로는 유엔에 가입하는 것이 목표라고 이해했다. 그는 소련 및 중국과 수교함으로 경제적으로 방대한 시장을 확보할 수 있고 안보적으로는 북한의 최대 지원 세력인 소련 및 중국과 관계를 개선함으로 한국의 안보 환경을 강화하며 북한을 국제사회로 유도하는 강압 효과가 있을 것이라고 판단했다.[6] 다만 김종휘는 북방 정책의 우선순위가 북한을 지지해온 소련과 중국의 대북 지원을 차단하는 데 있다고 보고, 대북 대결론의 입장에 서서 이홍구 통일 장관이 추진하던 한민족 공동체 통일 방안에 대해서는 부정적인 입장을 취했다.[7] 1990년 12월에 외무 장관으로 임명된 이상옥도 북방 정책의 가장 중요한 과제가 유엔 가입 및 대중 수교라고 판단했다.[8]

반면 전임 전두환 대통령 시기에 대북 접촉의 창구 역할을 담당했던 박철언은 노태우 대통령 취임 이후에도 정책 보좌관으로 기용되었다. 그는 북방 정책이 협의적으로는 미수교 상태였던 동구권 공산국가들과 외교 관계를 수립해 "전방위 자주세계의 외교"를 여는 것이지만, 광의적으로는 이를 바탕에 두고 기존의 적대적이고 대결적인 대북 정책에서 벗어나 화해·협력과 공존을 통해 북한을 개혁과 개방의 길로 유도하고 민족의 동질성을 회복하며 한민족 공동번영의 시대를 개막하는 것으로 규정했다.

---

6) 김종휘 회고 참조. "특집: 7.7 선언 20주년 좌담회", 《중앙일보》, 2008년 7월 7월 자.

7) 이정철, 「탈냉전기 노태우 정부의 대북정책: 정책연합의 불협화음과 전환기 리더십의 한계」, 《정신문화연구》, 제35권 제2호(2012), 134, 138쪽 재인용.

8) 이상옥, 『전환기의 한국외교: 이상옥 전 외무 장관 외교회고록』(삶과 꿈, 2002), 53쪽. 이정철도 이 같은 해석을 하고 있다. 이정철, 「탈냉전기 노태우 정부의 대북정책: 정책연합의 불협화음과 전환기 리더십의 한계」, 134쪽.

따라서 그에게 북방 정책이란 통일 정책과 연계되는 것이며 결코 북한의 고립화를 추구하는 것이 아니었다.[9] 이홍구 통일부 장관도 1988년 4월 28일, 국방대학원 특강을 통해 중국 및 소련과의 관계 개선을 추구하는 북방 정책은 통일 정책과 분리되는 것이 아니라 상호 유기적인 것이며, 북방 정책의 궁극적 목표는 남북 관계를 호전시켜서 통일을 향해 한 걸음 앞서 나가는 것이라고 이해했다.[10]

북방 정책과 통일 정책 간의 관계에 대해 참모 및 관련 장관들 사이의 미묘한 견해차가 존재한 상황에서 노태우 대통령 자신은 분명하게 양자가 밀접하게 연결되고 있다는 구상을 가지고 있었다. 1989년 7월 3일에 행한 라디오 주례 방송에서 그는 북방 정책을 적극적으로 추진하는 것은 국민의 활동 영역을 온 세계로 넓히고 자주외교를 신장해 국가이익과 민족자존을 키워나가기 위한 것이지만, 더 깊은 이유는 한반도에 또 다른 무력도발과 전쟁을 없애고 남북한 간에 관계를 개선해 통일의 여건을 만드는 데 있다고 설명했다.[11] 당장 북한의 태도를 바꾸기는 어렵기 때문에 전통적인 우방과의 접촉을 통해 북한이 도발하지 못하게 하고, 개방사회로 이끌어내는 것이 긴요하다고 했다. 그는 2011년 출간된 회고록에서도 같은 설명을 하고 있다. 북방 정책은 한국의 증강된 국력과 국제 정세의 변화를 적극적으로 이용해 동구권, 소련, 중국 등 사회주의국가들과

---

9) 박철언, 『바른 역사를 위한 증언 2』, 23~24, 85쪽.

10) 이홍구, 「통일정책의 어제와 오늘(1988.4.28, 국방대학원 안보과정 특강)」, 288~289쪽. 이홍구 장관은 1989년 6월 3일의 국방대학교 특강에서도 북방 정책과 통일 정책은 서로 보완 관계에 있으며, 하나가 잘 되면 다른 것을 도와서 서로 상승 작용하는 것이라고 설명하고 있다. 같은 글, 367쪽.

11) 「라디오 주례방송: 북방정책과 남북한 관계(1989.7.3)」, 『노태우대통령연설문집: 제2권(1989.2.25-1990.1.31)』(대통령비서실, 1990), 176쪽.

외교 관계를 맺고 이를 바탕으로 남북한이 유엔에 가입하고 북한과 직접 대화를 통해 남북기본합의서를 체결하는 정책이었다고 설명한다. 그에 의하면 북방 정책은 제1단계에서 소련, 중국, 동구권과의 수교, 제2단계에서 기본합의서 체결 등을 통한 남북통일, 그리고 제3단계에서 우리의 생활 문화권을 연변이나 연해주까지 확장하는 단계적인 목표로 추진되는 것이었다. 그러면서 이 같은 북방 정책이 과거 수동적인 대외 정책이나 대북 관계를 벗어나 자신의 정부가 주도권을 갖고 선제적으로 추진한 '국가 대전략'이었다고 자평하고 있는 것이다.[12]

이 같이 설령 참모들 간 북방 정책의 범위와 단계별 목표에 대한 견해 차이가 존재했다 하더라도, 노태우 대통령 자신은 북방 정책과 통일 정책과의 연계를 분명하게 인식하고 있었던 것으로 보인다. 즉, 소련과 중국 등 사회주의국가와의 관계 정상화를 바탕으로 북한과의 평화공존 및 통일 기반을 공고히 만들기 위한 분명한 목표 의식을 갖고, 국가 대전략 차원에서 북방 정책을 추진한 것이다.[13] 그리고 종합적인 전략의 지휘자로서 그는 각 장관과 참모들에게 자신의 대전략 구상에 따라 각각의 적절한 역할과 임무를 부여했던 것으로 보인다. 자신이 구상한 대전략하에 북방 외교의 큰 그림을 그리는 것은 주로 김종휘 안보 담당 보좌관(후일 외교안보 수석)이고, 대북 비밀 접촉 및 공산권 국가와의 교류협력은 박철언 정책 보좌관(후일 정무 장관)이 실무를 담당하게 하도록 조율했던 것이다.[14]

---

12) 노태우, 『노태우 회고록(하권)』, 141, 351, 384쪽.

13) 이하에서는 '북방 정책'이라는 용어는 북방외교, 통일 정책, 국방 정책의 분야를 망라하는 국가 대전략적인 차원에서, '북방외교'는 소련 및 중국과의 수교, 유엔 가입 외교로 한정해 사용하고자 한다.

14) 노태우, 『노태우 회고록(하권)』, 142~144쪽. 노태우 대통령은 자신의 북방 정책 추진에 있어 핵심적 보좌 역할을 한 참모로서 박철언과 김종휘 두 사람을 특히 강조

    노태우 대통령은, 북방 정책의 기본 구상은 1973년 박정희 대통령이
공표한 6·23 선언까지 거슬러 올라가는 것이라고 인정한다. 그리고 개인
적으로는 1980년 전두환 장군의 뒤를 이어 국군보안 사령관에 취임하면
서부터 남북한 문제에 관심을 갖고 북방 정책의 기본 구상을 가졌다고 회
고한다.[15] 그런데 유의할 것은 공산권 국가들과의 수교 확대 그리고 북
한과의 평화공존적인 관계 수립을 통한 통일 정책의 기반 조성 구상이 결
코 노태우 일개인에 의해 1980년 초반부터 배태된 것은 아니라는 점이다.
국가안보 전략의 일환으로 냉전체제의 구속을 벗어나 한국의 외교 반경
을 공산권 국가들까지 확대해야 하고, 동시에 대결적인 대북 정책에서 벗
어나 북한과 평화공존적인 체제를 구축해야 한다는 전략 담론들은 박정
희 대통령이 8·15 담화나 6·23 선언을 발표하던 1970년대 초반부터 여러
지식인에 의해 모색되어왔고, 노태우 대통령은 그러한 담론들의 기반 위
에서 북방 정책을 전개한 것이다. 그렇다면 북방 정책과 한민족 공동체
구상 등의 유래가 되는 담론들은 어떻게 배태되었으며, 노태우 정부에 의
해 어떻게 실제적인 정책으로 이어졌는가? 아래에서 북방외교, 남북 관계
그리고 국방 정책의 분야별로 이 같은 담론과 정책의 전개 양상들을 차례
로 살펴보도록 하겠다.

한다. 돈 오버도퍼(Don Oberdorfer)도 김종휘의 역할을 강조한다. 노태우 정부 재
임 기간 총리 5명, 외무 장관 3명, 국방 장관 5명, 통일부 장관 4명, 안기부장 5명이
교체되었지만, 김종휘는 외교안보 수석으로 내내 재임하며 외교·국방·통일 정책
전반을 관장했다고 평가한다. Don Oberdorfer, *The Two Koreas: A Contemporary
History*, p.188.
15) 노태우, 『노태우 회고록(하권)』, 134~136쪽.

3. 북방외교의 담론적 기원과 정책 전개

1) 담론적 기원

국내외 연구들은 외무 장관 이범석의 1983년 6월 국방대학원 특강에서 북방 정책이 유래되었다고 종종 설명한다. 이 강의에서 이범석 장관은 소련 및 중국과의 관계 정상화가 한국 외교의 공식적인 목표이고, 서독이 동독에 대해 실시하던 동방 정책(Ostpolitik)에 빗대어 이를 북방 정책(Nordpolitik)이라고 명명한 바 있다.[16]

그런데 공산권 국가들과의 관계 정상화가 한반도 정세의 긴장 완화에 도움을 주고, 대북 관계에도 유리하게 작용할 것이라는 정책적·학문적 논의는 실은 1970년대 초반부터 발단된 것이다. 미중 간의 접촉이 가시화 되던 1971년의 신년사에서 박정희 대통령은 우방과의 동맹 외교, 중립국 과의 유대 외교 외에 공산권 국가와도 실리 외교를 전개해 국제사회에서 많은 우호 세력을 만들 필요성을 강조했다.[17] 이러한 입장 선회를 바탕에 두고 그는 1973년 6월 23일에 공표한 특별성명에서 긴장 완화와 국제 협조를 위해 "이념과 체제를 달리하는 국가들"에 대해서도 "호혜 평등의 원칙하에 문호를 개방할 것"을 선언했던 것이다.[18]

이 같은 1970년대 초반 박정희 정부의 정책 변화에 수반해 학계 인사들도 종전에 철저한 반공 정책하에서 금기시되어 왔던 공산권 국가와의 교류와 협력이 한반도의 평화와 안전을 위해 필요한 정책 수단이라는 논

---

16) Don Oberdorfer, *The Two Koreas: A Contemporary History*, p.187.
17) 「신년사(1971.1.1)」, 『박정희대통령연설문집: 제8집(1971.1-1971.12)』, 18쪽.
18) 「평화통일외교정책에 관한 특별성명(1973.6.23)」, 『박정희대통령연설문집: 제10집 (1973.1-1973.12)』(대통령비서실, 1974), 165쪽.

의가 배태되기 시작했다. 후일 노태우 정부 북방외교의 총괄 역할을 담당하게 되는 김종휘는 1970년에 작성된 논문에서 미국이 어떤 배경하에 대중 정책 전환을 모색하고 있는가를 분석하고 있다.[19] 이 글에서 그는 냉전 체제하에서의 덜레스 국무 장관에 의해 추진되던 대중 강경 정책이 중국 정권의 붕괴를 가져오지도 않았고, 호전 노선을 억제하는 데에도 효과가 없었다는 판단하에서, 닉슨 정부가 오히려 공산국가에 대한 교류와 접촉을 통해 상호 협조를 증진하고 평화와 안전을 유지하려는 정책으로 전환하고 있다고 분석했다. 그에 의하면 강력한 위협 요인에 대응하기 위해 미국이 대중 대화와 협상을 정책 수단으로 선택했다는 것이다.

1970년대 중반에는 이호재 교수가 '북방외교'라는 용어를 사용하며 박정희 정부 외교 정책의 방향 전환을 옹호한다. 이호재는 이승만 정부 이후 한국 외교가 친미, 친일, 반소, 반중공 정책을 기조로 해왔다고 지적한다. 그러나 향후 한국 외교는 아시아 대륙의 공산 강대국인 중국 공산당 정부와 소련, 나아가 북한과의 관계를 개선해야 하는 '북방외교'의 과제를 안고 있으며 이는 한국 민족의 사활에 깊은 영향을 줄 수 있는 문제라고 강조한다.[20]

이 같이 박정희 대통령에 의해 정책적 방향이 제시되고, 이호재 등에 의해 학문적으로 옹호되던 '북방외교'의 개념은 1981년 9월 30일, 바덴바덴에서 개최된 국제올림픽평의회에서 서울이 제24회 올림픽 개최지로 결정되면서 실제적인 의미를 지니게 되었다. 한국이 처음으로 유치하는

---

19) 김종휘, 「미국의 대중공정책: 역사적인 변천과정을 중심으로」, ≪국방연구≫, 제29호 (1970), 22~25쪽.
20) 이호재, 「자주국방과 자주외교문제」, 202~204쪽. 이 글 외에도 이호재는 1970년대와 1980년대에 걸쳐 여러 칼럼과 논문을 통해 공산권 국가들과의 적극적 '북방외교' 전개를 주장했다. 이호재, 『북방외교의 길』(홍사단출판부, 1983) 참조.

최대 국제 행사인 올림픽을 성공적으로 개최하기 위해 무엇보다 소련과 중국 등 공산권 국가들의 참가를 유도해야 하는 과제가 제시된 것이다. 1983년 6월, 이범석 외무 장관이 '북방 정책'의 개념을 정책적 차원에서 표방한 시점을 전후해 사실 한국 정부는 북방 정책의 실행에 착수했다고 해도 과언이 아니다. 그리고 제5공화국 정부의 실세로서 1983년 7월, 서울올림픽 조직위원장에 취임한 노태우로서는 소련 및 중국과의 관계 개선이 국가적 차원뿐만 아니라 그의 정치적 명운을 건 과제이기도 했다.

1983년 9월 1일, 캄차카 반도 상공에서 대한항공 여객기가 소련 전투기에 의해 격추되는 사건이 발생했을 때에도 한국 정부는 강경 대응을 자제했다. 1985년 3월 22일, 서해상을 항행하던 중국 해군의 어뢰정에서 선상 난동이 발생해 한국 측에 예인되었을 때에도 한국 정부는 어뢰정과 선원 전원을 외교 관계가 없던 중국 측에 송환하는 결정을 내렸다.[21] 이러한 조치들은 소련 및 중국과의 관계를 개선하려 했던 한국 정부의 신중한 결정의 산물이기도 했다. 1985년 10월 21일, 노신영 국무총리는 유엔총회의 본회의 연설에서 남북한 유엔 동시 가입 및 미일중소 4강 간의 교차 승인을 촉구했다. 이 같은 조치와 제언은 당시는 성과를 보지 못했다. 그러나 1985년 이후 소련에서 미하일 고르바초프(Gorbachyov, Mikhail)가 등장해 "페레스트로이카(perestroika)"를 표방하기 시작했고, 점차로 동구권 공산주의 국가에서도 자유화의 물결이 일어났다. 이에 더해 1980년대 이후 중국 공산당 정부에 의한 개혁개방의 움직임이 가속화되었다. 1988년 2월, 노태우 대통령이 취임하던 시기는 북방 정책의 성공적 수행을 위한 내외의 여건이 무르익던 시기였다고 할 수 있다.

---

21) 박철언, 『바른 역사를 위한 증언 1』, 112~113, 139쪽.

2) 동구권 및 소련과의 수교

취임 이후 노태우 대통령은 1988년 7월 7일, 자신의 재임 기간 북한과 민족공동체의 관계를 구축하기 위해 여섯 가지의 방안을 추진하겠다는 야심찬 구상을 발표했다. 이 가운데 한반도 평화 정착의 여건을 조성하기 위해 북한이 미국 및 일본 등 우방 국가들과 관계를 개선하는 데 협조할 용의가 있을 뿐 아니라, 한국도 소련, 중국 등 사회주의국가들과 관계를 개선할 의지가 있음을 밝혔다.[22] 취임사 등을 통해 간간히 표명해오던 북방 정책을 국민과 전 세계를 대상으로 공식적으로 천명한 것이다.[23]

그런데 노태우 대통령은 이 선언 공표 이전에, 이미 북방 정책의 실행을 위한 실제적인 수순에 착수하고 있었다. 북방 정책 실행의 첫 단계로 동구권 국가들 가운데 정치적·문화적으로 접근이 용이했던 헝가리와 우선적으로 수교한다는 내부적 목표를 세우고, 박철언 정책 보좌관에게 수교 특명을 내렸던 것이다.[24] 박철언 보좌관은 7·7 선언 전날인 7월 6일부터 수행원들과 헝가리에 비밀 출장으로 파견되어 수교 교섭에 임하기 시작했다.[25] 이어 8월에는 헝가리 대표단이 한국을 방문하는 등 양측 간 수

---

22) 「민족자존과 통일번영을 위한 특별선언(1988.7.7)」, 『노태우대통령연설문집: 제1권 (1988.2.25-1989.2.24)』(대통령비서실, 1990), 178쪽.

22) 「민족자존과 통일번영을 위한 특별선언(1988.7.7)」, 『노태우대통령연설문집: 제1권 (1988.2.25-1989.2.24)』(대통령비서실, 1990), 178쪽.

23) 노태우, 『노태우 회고록(하권)』, 145~146쪽. 노태우는 이 선언의 작성 과정에 박철 언 보좌관, 이병용 안기부 특보, 김석규 외무부 차관보, 이병호 안기부 국장, 정시성 통일부 국장, 문동석 외무부 국장, 강근택 외무부 국장 등이 관여했다고 밝혔다.

24) 같은 책, 150~151쪽. 돈 오버도퍼는 기업인 김우중이 1984년부터 헝가리와 경제 교류를 해온 것이 수교에 도움이 되었고, 특히 1988년 5월 헝가리에 친서방 정부가 등장한 이래 한국과의 금융 거래를 희망하고 있다고 지적한다. Don Oberdorfer, *The Two Koreas: A Contemporary History*, pp.189, 191.

25) 박철언, 『바른 역사를 위한 증언 2』, 88쪽. 수행 대표단은 재무부 국제금융국장, 외

십 차례의 비밀 접촉이 진행되었고 결국 양국은 9월 13일, 대사급 외교 관계 수립을 공표하기에 이르렀다. 이 같은 최초의 성과를 바탕으로 한국은 다음 해 11월 1일에는 폴란드 그리고 12월 28일에는 유고슬라비아와 수교를 체결했고 1990년 3월에는 체코, 불가리아, 루마니아 등과 수교하면서 동구권 국가들과의 관계 정상화를 달성하게 되었다.[26]

노태우 대통령은 동구권 국가들과의 관계 정상화를 추진하는 동시에 소련과의 국교 수립도 추진했다. 1988년 8월 말, 박철언 정책 보좌관에게 자신의 친서를 휴대시켜 소련을 비밀 방문하게 했다.[27] 박철언은 모스크바에서 소련 외무성 블라디미르 루킨(Vladimir Lukin) 차관보를 포함해 게오르기 아르바토프(Georgi Arbatov) 미국캐나다연구소장, 미하일 카피차(Mikhail Kapitsa) 동양학연구소장, 예브게니 프리마코프(Evgeni Primakov) IMEMO(세계경제국제관계연구소) 소장 등 소련 내 싱크탱크의 주요 인사들을 면담했고 한소 수교를 제안하는 노태우 대통령의 서한을 간접적으로 미하일 고르바초프에게 전달했다.[28] 페레스트로이카 정책을 추진하던 미하일 고르바초프 서기장은 이에 대한 답서를 한국계 소련인 게오르기 김(Georgi Kim)을 통해 노태우 대통령에게 전했고,[29] 9월 16일 크라스

무부 구주국장, 경제기획원 대외경제협력관, 상공부 통상진흥국장 등으로 구성되었다.

26) 최호중, 『외교는 춤춘다』(한국문원, 2004), 126~128쪽.

27) 박철언은 이 시기를 8월 28일부터 9월 10일 사이로 기록한다. 박철언, 『바른 역사를 위한 증언 2』, 124쪽. 반면 노태우는 8월 22일로 기록한다. 노태우, 『노태우 회고록(하권)』, 190쪽.

28) 박철언은 동구권 및 소련과의 국교 수립을 위한 밀사 역할을 수행하는 동시에, 자신이 조직한 북방정책연구소를 통해 정종욱, 김덕, 한승주, 이기택, 정용석 등 국내 전문가들과 북방 정책에 관한 전략 연구를 병행했다. 박철언, 『바른 역사를 위한 증언 2』, 35쪽.

노야르스크에서 행한 연설을 통해 한국과 경제 분야에서 협력할 의향이 있음을 밝혔다. 나아가 미하일 고르바초프는 소련, 한국, 중국, 일본, 북한 간 군비 감축과 군사 활동 제한을 위한 다자간 협상을 제안했다.[30] 미하일 고르바초프의 연설문을 주의 깊게 받아들인 노태우 대통령은 올림픽이 폐막된 직후인 10월 18일, 유엔총회 연설을 통해 동북아에서의 지속적인 평화와 번영을 위해 미하일 고르바초프가 언급한 다섯 개 국가에 미국을 더해 '동북아 평화협의회'를 개최할 것을 다시 제안했다.[31]

국교가 아직 수립되지 않은 정상 간의 이 같은 간접적인 대화를 통해 한국과 소련 지도자 간에는 모종의 신뢰가 형성되었던 것으로 보인다. 1990년 5월, 미하일 고르바초프 서기장은 주미 대사를 지낸 소련의 베테랑 외교관 아나톨리 도브리닌(Anatoly Dobrynin)에게 자신의 5월 방미 시 노태우 대통령과의 회동을 갖기를 희망한다는 메시지를 전하게 했다. 5월 22일, 서울을 방문한 도브리닌은 직접 노태우 대통령과 김종휘 외교안보 수석을 면담해 메시지를 전하고 샌프란시스코에서 한소 정상회동을 가질 것에 합의했다.[32] 이 같은 외교 교섭의 경위를 거쳐 1990년 6월 4일, 샌프란시스코에서 미국 방문을 마치고 귀국길에 오른 미하일 고르바초프 서기장과 노태우 대통령 간 처음으로 한소 정상회담이 열렸다. 이 회담에서 양측 정상은 양국 간 경제 교역과 국교 정상화 문제를 논의했으며, 남북한 관계에 대해서도 기본적인 입장을 확인했다. 특히 노태우 대

29) Don Oberdorfer, *The Two Koreas: A Contemporary History*, p. 201.

30) 박철언, 『바른 역사를 위한 증언 2』, 137쪽; 노태우, 『노태우 회고록(하권)』, 191쪽.

31) 「유엔총회 연설(1988.10.18)」, 『노태우대통령연설문집: 제1권(1988.2.25-1989.2.24)』, 297쪽.

32) Don Oberdorfer, *The Two Koreas: A Contemporary History*, pp. 208~209; 노태우, 『노태우 회고록(하권)』, 208~209쪽.

통령은 한국의 대북 정책은 북한 고립화에 목표가 있는 것이 아니라 국제 사회에 대한 개방 유도에 있는 것이라는 점을 강조해, 한국과의 수교로 인해 소련이 갖게 될 대북 정책에 대한 부담을 덜어주려 했다.[33] 이 같은 정상 간의 기본적인 합의를 바탕으로 1990년 9월 30일, 한국 측 최호중 외무 장관과 소련 측 예두아르트 셰바르드나제(Eduard Shevardnadze) 외상은 양국 간 국교 수립을 공표했다.[34] 이로써 한국은 냉전 기간 이념의 장벽으로 인해 접근할 수 없었던 유엔 안보리 상임이사국의 하나를 수교 국가로 늘리게 되었고, 소련은 동아시아의 경제 강국과 외교 및 경제협력 관계를 강화할 수 있게 되었다.

3) 유엔 가입과 한중 수교

유엔의 창설 멤버 가운데 하나이자, 안보리 상임이사국인 소련과의 국교 수립은 한국의 유엔 가입 가능성을 높이는 계기가 되었다. 한국은 유엔의 결의안에 의해 탄생한 국가이면서, 그동안 안보리 상임이사국인 소련과 중국 공산당 정부의 거부권 행사 그리고 북한의 반대 등에 의해 가장 중요한 국제기구의 하나인 유엔에 가입하지 못하는 상태였다. 그런데 장애물 가운데 하나였던 소련과 국교가 성립된 상황에서 노태우 대통령은 유엔 가입의 수순을 본격화하고자 했다.

양국 국교 수립 이후 1991년 4월 19일, 미하일 고르바초프 소련 대통령이 제주도를 방문했을 때, 노태우 대통령은 한국의 유엔 가입 당위성을

---

33) Don Oberdorfer, *The Two Koreas: A Contemporary History*, pp. 210~212; 노태우, 『노태우 회고록(하권)』, 203~204쪽.
34) 공동커뮤니케에서 양국은 이 조치가 각각이 제3국과 맺고 있는 관계에 결코 영향을 미치지 않을 것이라는 점을 강조했다. 최호중, 『외교는 춤춘다』, 137쪽.

강조하면서 소련 측의 협조를 정식으로 요청했다. 이에 대해 미하일 고르바초프는 한국의 가입이 유엔 안보리에 회부될 때, 소련으로서 거부권을 행사하지 않겠다고 다짐했다.[35] 이 같은 소련의 의사를 확인함과 동시에 한국 정부는 남북한 동시 유엔 가입에 북한이 호응하지 않는다면 한국 단독으로 가입 신청서를 제출할 것이라는 비망록을 유엔 회원국에 배포했다.[36] 한국의 공세적 태도에 북한은 그동안 두 개의 조선 정책이라며 반대해온 남북한 동시 유엔 가입 방안을 더 이상 반대할 수 없었다. 5월 28일, 북한 외교부는 그동안 주장해온 남북 단일 의석 유엔 가입이라는 기존 입장을 철회하고 한국과 분리해서 단독으로 유엔에 가입하겠다고 공식 발표했다. 실질적으로 남북한 유엔 동시 가입을 수용하는 정책으로 전환한 것이다.[37] 이에 따라 8월 8일, 유엔 안보리는 사전 합의에 따라 남북한 유엔 가입을 총회에 권고하는 결의안을 표결 없이 채택했다. 그리고 9월 17일 개최된 제46차 유엔총회는 한국과 북한의 유엔 가입을 만장일치로 승인해 북한은 160번째, 한국은 161번째 유엔 회원국이 되었다.[38]

남북한의 동시 유엔 가입은 한반도 안보 환경에 구조적인 변화를 의미했다. 제2차 세계대전의 종료가 임박하던 1945년 6월 26일에 서명된 유엔헌장은 제1조에서 그 목적으로 국제 평화와 안전의 유지를 선언하면서, 국제적 분쟁을 평화적 수단과 국제법 원칙에 의해 해결해야 한다는 점을 규정하고 있다. 그리고 제2조에서는 모든 가맹국이 국제분쟁을 평화적 수단에 의해, 그리고 국제 평화와 안전을 위태롭게 하지 않으면서 해결하

---

35) 이상옥, 『전환기의 한국외교: 이상옥 전 외무 장관 외교회고록』, 68쪽.

36) 노태우, 『노태우 회고록(하권)』, 388쪽.

37) 같은 책, 388쪽; 이상옥, 『전환기의 한국외교: 이상옥 전 외무 장관 외교회고록』, 84쪽.

38) 이상옥 외무 장관은 유엔 가입이 북방외교의 가장 큰 성과라고 평가했다. 이상옥, 『전환기의 한국외교: 이상옥 전 외무 장관 외교회고록』, 97, 100쪽.

도록 의무를 지우고 있다. 이 같은 유엔헌장의 기초적 정신을 고려한다면, 그 회원국으로서 한국과 북한은 사실상 박정희 정부 이래 일관되게 북측에 요구해오던 불가침협정을 체결했다고 할 수 있다.[39] 또한 유엔 회원국들이 남북한의 유엔 가입을 만장일치로 승인했다는 점에서 아직까지 국교가 없었던 한국과 중국 간, 그리고 북미, 북일 간 간접적인 국가 승인의 의미까지 있었다고 할 수 있다. 이 같은 상황에서 노태우 정부는 중국과의 국교 체결을 본격적으로 추진하고 있었다.

사실 첸지천(錢其琛) 중국 외상이 한국 외무 장관 이상옥과 처음으로 회담을 가진 것이 1991년 9월, 한국의 유엔 가입이 실현되던 바로 유엔 무대에서였다.[40] 이 회담을 통해 한국과 대화의 길을 열기 시작한 첸치천 외상은 같은 해 11월 12일, 서울에서 개최된 아시아 태평양 경제협력체 (APEC: Asia Pacific Economic Cooperation) 각료회의에 참석하기 위해 리란칭(李嵐淸) 대외경제무역부장과 함께 중국 외상으로서는 처음으로 한국을 방문했다. 노태우 대통령은 첸지천 외상의 예방을 받는 자리에서 한국의 서해안 개발, 중국의 동해안 개발 등을 통해 양국이 경제 발전 경험을 서로 나눌 것을 제안하고 한국은 북한에 대해 독일 스타일과 같은 흡수통일은 추구하고 있지 않다고 설명했다. 이 때문에 중국은 북한과의 관계를 손상하지 않고서도 한국과 국교를 수립할 수 있음을 설득했다.[41]

이 같은 노태우 대통령의 양국 국교 정상화 논리는 북한과의 관계를 고려하지 않을 수 없는 중국 측의 부담을 덜어주는 효과를 만들기 시작했

39) 노태우 대통령이 회고록에서 이러한 의미를 잘 지적하고 있다. 노태우, 『노태우 회고록(하권)』, 389쪽.
40) Don Oberdorfer, *The Two Koreas: A Contemporary History*, p.244.
41) 노태우, 『노태우 회고록(하권)』, 245~246쪽; Don Oberdorfer, *The Two Koreas: A Contemporary History*, p.245.

다. 1992년 4월 13일, 첸지천 외상은 이상옥 외무 장관에게 양국 간 국교 정상화 교섭을 개시할 용의가 있음을 전했다. 이 같은 과정을 거쳐 양국 간 국교 정상화 협상이 실시된 결과 1992년 8월 24일, 이상옥 외무 장관과 첸지천 외상은 양국이 상호 내정불간섭, 평화공존의 원칙에 입각해 선린우호 관계를 발전시킨다는 공동커뮤니케를 발표하면서 국교 정상화에 합의했다. 이 커뮤니케에서 한국은 중국 측의 요청을 수용해 중국을 유일 합법 정부로 승인하고, 타이완은 중국의 일부분이라는 중국의 입장을 존중한다는 점을 부연했다.[42] 노태우 대통령은 한중 국교 정상화에 관한 특별담화를 발표해, 두 나라의 수교가 동북아시아 냉전체제의 종식을 예고하는 의미를 갖고 있다고 설명하면서도, 항일 독립운동 과정과 대한민국 정부 수립 시기에 많은 도움을 받았던 타이완과의 공식 관계가 단절되는 것에 대해서는 매우 유감스러운 일이라는 심정을 아울러 밝혔다. 그는 타이완과 공식 관계가 단절된 후에도 최상의 비공식, 민간 협력 관계를 유지하겠다는 기대를 덧붙이기도 했다.[43]

4. 남북 평화공존 관계의 담론적 기원과 정책 전개

1) '한민족 공동체 통일 방안'의 기원과 형성

노태우 대통령이 추진한 북방 정책의 제2단계 목표 가운데에는 남북한

---

42) 이상옥, 『전환기의 한국외교: 이상옥 전 외무 장관 외교회고록』, 254쪽.
43) 「한중 수교에 즈음한 특별담화(1992.8.24)」, 『노태우대통령연설문집: 제5권(1992. 2.1-1993.2.24)』(대통령비서실, 1992), 381쪽.

통일 기반 조성이 설정되어 있었다. 그리고 이 같은 목표에 따라 그의 재임 기간 중인 1991년 12월에 남북 간에는 남북기본합의서와 비핵화 공동선언 등 양측의 상호 관계와 정책을 규율하고 제도화하는 중요한 합의가 이룩되었다. 이 같은 합의는 냉전 초기 양측이 서로의 존재 자체를 인정하지 않던 상황과 비교하면 놀라운 결과라고 할 만한다. 그렇다면 남북 양측이 서로의 국가적 실체를 인정하고, 이를 바탕에 둔 상호 관계를 제도화하기 위한 정책적 기원은 언제부터 배태되었고, 노태우 정부는 이를 어떻게 구체적인 합의문으로 구현할 수 있었는가?

북한의 실체를 인정하고 이를 바탕에 둔 남북 관계를 재구축하기 위한 시도는 1970년대 박정희 정부로 거슬러 올라간다.[44] 박정희 대통령은 1973년 6월 23일 발표한 '평화통일외교정책에 관한 특별성명'에서 한반도의 평화는 반드시 유지되어야 하고, 그러기 위해 남북한이 서로 내정간섭을 하지 말고, 침략을 하지 말 것을 제안했다. 그리고 양측이 각기 국제연합 등 국제기구에 가입하는 것을 반대하지 않는다고 선언했다.[45] 물론 그는 성명의 말미에 "북한을 국가로 인정하는 것"이 아님을 부연했지만, 이 선언은 대북 정책 전개에서 사실상 북한의 국가적 실체를 인정하고, 이에 따라 남북 관계를 풀어가려는 의미를 담은 획기적인 것이었다. 이어 박정희 대통령은 1974년 8월 15일의 광복절 경축사를 통해 첫째, 한반도 평화 정착과 남북한 상호 불가침협정 체결, 둘째, 상호 문호 개방 및 신뢰 구축과 남북대화를 통한 교류와 협력 증진, 셋째, 토착 인구 비례에 의한 남북 자유 총선거 실시와 통일 구현 등으로 이루어진 평화통일의 세 가지

---

44) 더 길게 보면 이승만 정부 시기의 북진무력통일 방안을 공식적으로 포기한다고 선언한 1960년대 제2공화국 정부까지 소급할 수 있을 것이다.

45) 「평화통일외교정책에 관한 특별성명(1973.6.23)」, 『박정희대통령연설문집: 제10집 (1973.1-1973.12)』, 165쪽.

원칙을 제시했다.[46] 이 같은 평화통일 방안은 1954년 제네바회담 당시 한국 측이 제시한 자유 총선거 실시 방안을 최종 단계로 수용하면서도, 통일로 가는 중간 수순에 남북한 상호 불가침협정 체결 및 대화를 통한 교류와 협력 촉진 등 기능주의적 요소를 가미한 것이 특징이다.

이 같은 한국 측 통일 방안에 대해 북한 측은 1960년대에 제기한 바 있던 연방제 방안을 다시 들고 나왔다. 1980년 10월 10일에 개최된 조선노동당 제6차 당 대회에서 김일성 주석은 남측과 북측의 사상과 제도를 그대로 두고, 양측이 연합해 고려민주연방공화국을 수립하자는 방안을 다시 제안했다. 이는 기존의 남측과 북측 정부의 권한과 의무를 그대로 유지하면서 지역자치제를 실시하고, 그 위에 연방공화국을 수립하자는 것이었다.[47] 북한은 이후 대내적으로나 대외적으로 이러한 고려민주연방공화국 통일 방안을 자신의 통일 정책으로 적극 제시하고 나섰다.[48]

1980년부터 집권하기 시작한 전두환 정부는 북한의 연방제 통일 방안에 대해 나름 대응하지 않을 수 없었다. 그 결과로 1982년 1월 22일, 국정연설을 통해 전두환 대통령은 '민족화합 민주통일' 방안을 제시하기에 이르렀다. 통일 방식과 통일까지의 과도적 조치로 구성되는 이 방안은 통일 방식에 대해서는 남북 대표로 구성되는 민족통일협의회를 조직하고, 이 기구에서 통일 헌법을 기초하면, 이 헌법이 남북한 자유로운 국민투표에 의해 확정된 뒤, 총선거를 실시하고, 국회와 통일 정부를 완성한다는 내

---

46) 「광복절 경축사(1974.8.15)」, 『박정희대통령연설문집: 제11집(1974.1-1974.12)』, 195~196쪽.

47) 박태호, 『조선민주주의인민공화국 대외관계사 2』, 262~263쪽.

48) 1985년 10월, 박성철 부주석의 유엔총회 연설과 1988년 10월, 강석주 외교부 부부장의 유엔총회 연설 등에서 고려민주연방공화국 통일 방안이 거듭 주장되었다. 이상옥, 『전환기의 한국외교: 이상옥 전 외무 장관 외교회고록』, 46~47쪽.

용을 담았다. 통일까지의 과도적 조치에 대해 이 방안은 현존 휴전체제를 유지하면서 상주 연락 대표부 등을 설치해 교류와 협력을 추진한다는 내용을 제시했다.[49] 전두환 정부는 이 같은 통일 방안하에서 1981년 1월 12일, 대통령 국정 연설을 통해 남북한 최고 당국자의 상호 방문을 제의하기도 했고, 1984년 후반부터 1986년까지 장세동-허담, 박철언-한시해 간의 비밀 접촉 채널을 가동하면서, 13차례에 걸친 남북 간 공개회담을 개최하기도 했다.[50]

전두환 정부에 의한 통일 방안 제시와 남북 접촉은 통일 문제에 대한 당대 한국 지식인들의 성찰에 기반을 둔 측면이 크다. 이홍구 교수는 통일 문제에 접근할 때 지나친 반공 의식에 사로잡혀 북한의 실체와 그들이 이룩한 나름의 경제적 성취를 인정하지 않는 태도 등을 극복해야 한다고 했다. 또한 그는 통일 문제를 정부나 권력 기구의 관점이 아니라 남북한 민족 구성원들의 복지공동체 수립이라는 관점에서 접근할 필요가 있다고도 지적한 바 있다.[51] 이상우 교수는 좀 더 체계적으로 남북통일 방안을 분석·제시한다.[52] 그에 의하면 남북한 간에 존재할 수 있는 관계 유형으

---

49) 이상우, 「민족통일의 과제」, 이홍구 외, 『분단과 통일, 그리고 민족주의』(박영사, 1984), 197~198쪽. 이상우 교수는 이 방안이 북한의 연방제 방안에 비해 선 실질 관계 구축, 후 통일이라는 점진적 접근안으로 좀 더 현실적이라고 평가한다.

50) 돈 오버도퍼에 의하면 이 기간 남북한은 경제회담 5회, 적십자 본회담 및 실무회담 6회, 의회 간 예비회담 2회를 가졌다고 한다. Don Oberdorfer, *The Two Koreas: A Contemporary History*, pp.148~151; 박철언, 『바른 역사를 위한 증언 1』, 178, 191~192, 216쪽 참조.

51) 이홍구, 「민족화합·민주통일방안의 역사적·이념적 조명(1984)」, 이홍구 선생문집 간행위원회 엮음, 『이홍구문집 3: 민족공동체와 통일』, 211쪽; 이홍구, 「분단 40년, 새 통일관의 모색(1984)」, 이홍구 선생문집 간행위원회 엮음, 『이홍구문집 3: 민족공동체와 통일』, 219~220쪽.

52) 이상우, 「민족통일의 과제」, 이홍구 외, 『분단과 통일, 그리고 민족주의』, 170~171,

로서 한국 주도에 의한 통일, 북한 주도에 의한 통일 그리고 중립적 공존 등이 있을 수 있는데, 한국으로서는 북한 정권의 실체를 인정하면서, 중립적 공존 관계로 발전시키고, 이를 제도화해 통일 기반을 닦는 것이 필요하다고 했다. 그에 의하면 전두환 정부의 '민족화합 민주통일' 방안은 그러한 중립적 공존의 제도화에 다름없는 것이었다.

북한을 없어져야 할 괴뢰 집단이 아니라 국가적 실체로 인정하고, 중립적 공존을 이룩해야 할 협력 상대로 인식해야 한다는 대북 정책관은 노태우 정부 등장 이후 새로운 전기를 맞게 되었다. 1988년 2월, 이홍구 교수가 통일 장관으로 임명되면서 이러한 전향적 대북 인식을 정책으로 구현해야 하는 과제를 직접 담당하게 된 것이다. 이홍구 장관은 1988년 4월, 국방대학원과 전경련 특강 등을 통해 노태우 정부가 표방하는 북방 정책의 궁극적인 목표가 남북 관계의 결정적 개선에 있다고 전제하면서, 종전까지 분단되어온 남북의 두 체제를 민족공동체의 개념하에 새롭게 형성하는 통일 정책 방안을 설명했다. 즉, 남한과 북한이 이산가족 상봉과 자유 왕래를 실현하는 것을 통해 사회공동체를 형성하고, 양측이 다 같이 복지와 경제적 번영을 성취해 경제공동체를 이룩하고, 문화적 동질성을 회복하면서 문화공동체를 만들고, 정치적 분열과 군사적 대결을 극복하면서 정치공동체를 만드는 것이 통일 정책의 방향이 될 것이라고 했다.[53] 물론 이홍구 장관은 남북 분단 상황에서 통일 정책 추진 과정 속의 북한은 적이면서도 동시에 교류와 협력을 하지 않으면 안 되는 이중적 존재라는 점을 강조했다. 이 때문에 정부로서는 남북 교류협력을 위한 특별법과

197쪽.

53) 이홍구, 「통일정책의 어제와 오늘(1988. 4. 28, 국방대학원 안보과정 특강)」; 「한국의 통일정책과 북방외교(1988. 4. 29, 전경련 특강)」 참조. 이 모든 문헌은 『이홍구 문집 3: 민족공동체와 통일』, 289, 303~304쪽.

아울러 '국가보안법'을 유지해야 하는 일견 모순되어 보이는 '운명적 현실'에 직면하고 있다고도 토로했다.[54]

이러한 고려와 과정을 거쳐 형성되기 시작한 '민족공동체' 통일 방안은 노태우 대통령에 의해 적극 수용되었다. 1988년 7월 1일, ≪워싱턴 포스트(The Washington Post)≫의 돈 오버도퍼를 비롯한 기자들과 회견을 가진 노태우 대통령은 종전의 남북 관계가 서로를 고립시키려는 것이었으나, 자신은 북한을 정규 멤버로 국제사회에 끌어들이려는 노력을 할 것이라고 발언했다.[55] 이 같은 그의 대북 정책 입장은 이후 일련의 연설을 통해 구체적으로 표명되기 시작했다. 1988년 7월 7일, 노태우 대통령은 '민족자존과 통일번영을 위한 특별선언' 공표를 통해 남과 북이 함께 번영을 이룩하는 "민족공동체로서 관계를 발전시켜 나가는 것"이 통일 조국 실현의 지름길이라고 전제하면서, 양측은 대외적으로도 "하나의 공동체라는 인식을 바탕으로 대결의 관계를 지양"해야 한다고 제언했다. 그리고 이를 위한 구체적인 방안으로서 각계각층 인사들의 상호 교류 추진, 이산가족 상봉, 남북 간 교역 추진, 우방들의 대북 교역 허용, 국제무대에서의 남북 간 상호 협력 등을 제시했다.[56]

1년여 뒤인 1989년 9월 11일에는 좀 더 체계화된 한민족 공동체 통일 방안을 발표했다. 이 방안은 통일의 원칙으로 자주, 평화, 민주의 세 가지를 제시하고, 통일의 단계에 관해는 신뢰 구축 협력→남북연합→통일민주공화국 수립의 3단계를 제시했다. 신뢰 구축에서는 남북 정상회담 등

---

54) 이홍구, 「제6공화국의 통일정책 기조와 과제(1989.6.3., 국방대학원 안보과정 특강)」, 이홍구 선생문집 간행위원회 엮음, 『이홍구문집 3: 민족공동체와 통일』, 373쪽.
55) Don Oberdorfer, *The Two Koreas: A Contemporary History*, pp.186~187.
56) 「민족자존과 통일번영을 위한 특별선언(1988.7.7)」, 『노태우대통령연설문집: 제1권(1988.2.25-1989.2.24)』, 177~178쪽.

다각적 대화를 실시한다. 남북연합에서는 양측의 정상회의, 각료회의 및 의원 평의회 등을 설치하고 서울과 평양에 상주 연락 대표부 등을 설치해 민족공동체 헌장, 통일 헌법의 초안 등을 작성하게 된다. 그리고 통일 헌법에 의해 총선거를 실시하고 이에 따라 통일 국회와 정부를 수립해 통일 민주공화국을 완성하는 것이다.[57] 이 같은 한민족 공동체 통일 방안은 북한의 붕괴나 흡수가 아니라 점진적 변화를 전제로 한 것이며,[58] 정치적 통일 이전 단계에 남북연합 단계를 설정해 양측이 상당 기간 평화적 공존 관계를 구축하면서, 민족공동체를 회복할 수 있도록 설계된 점이 중요한 특징이었다.[59]

이렇게 1989년 9월에 공표된 '한민족 공동체 통일 방안'은 정책적으로는 종전 전두환 정부의 '민족화합 민주통일' 방안을 수정·보완한 것이면서, 대외적으로는 북한의 연방제 통일 방안에 대응하는 의미를 가진 것이었다. 그리고 그 연원을 따라가면 박정희 정부에 의해 표면화된 북한의 실체 인정과 그에 바탕을 두고 1970~1980년대 이후 이상우가 구상한 '중립적 공존의 제도화' 그리고 이홍구가 구상한 남북 민중 중심의 복지공동체, 나아가 사회·경제공동체 방안을 수용하고 구체화한 것이었다.

---

57) 노태우, 『노태우 회고록(하권)』, 286~287쪽; 박철언, 『바른 역사를 위한 증언 2』, 25쪽.

58) 임동원, 『피스 메이커: 남북관계와 북핵문제 20년』(중앙books, 2008), 173쪽. 임동원은 한민족 공동체 통일 방안 형성에 서동권 안기부장, 김종휘 외교안보 수석, 이홍구 장관의 역할이 컸다고 회고한다.

59) 박철언, 『바른 역사를 위한 증언 2』, 25쪽; 이홍구, "평화통일을 위한 분단체제의 제도화", 《중앙일보》, 2015년 9월 14일 자. 이홍구는 이 방안에 대해 미국, 일본, 중국, 소련 등에 의한 국제적 보장이 추진되지 못한 점을 아쉬워했다.

2) 남북기본합의서 및 비핵화 공동선언 채택의 경로

한민족 공동체 통일 방안의 형성과 병행해 노태우 대통령은 미국, 중국, 소련, 영국, 독일 등의 국가 지도자들과의 정상회담 혹은 공개적인 연설 등을 통해 일관되고 신중하게 대북 정책에 대한 메시지를 발신했다. 그는 한국 정부가 독일 통일과 같은 유형으로 북한을 흡수통일할 의사가 없으며, 어디까지나 북한을 국제사회의 멤버로서 개혁과 개방의 방향으로 유도하려고 한다는 절제된 메시지를 보냈다. 1988년 광복절 경축사와 같은 해 10월 4일의 국회 연설에서 그는 남북 정상회담의 조기 개최를 제안하며, 필요하면 자신이 평양을 방문할 용의가 있음을 밝혔다.[60] 이해 10월 18일의 유엔총회 연설에서도 북한에 대한 무력 사용 의사가 없음을 밝히고, 우방 국가들이 북한과 관계를 개선해 개혁과 개방으로 유도하는 것을 기대한다는 의향도 분명히 했다.[61] 노태우 대통령은 공개 석상에서 자신의 메시지를 발신하면서, 동시에 비공개 접촉을 통해 북한 측에 자신의 의사를 분명하게 전달하는 채널도 활용했다. 전임 전두환 정부 시기 남북 비밀 접촉의 창구 역할을 하던 박철언 정책 보좌관을 기용해 1988년 4월 21일부터 북한 측 한시해와의 대화 채널을 재개했던 것이 그것이다.[62] 1988년 12월 단행된 개각에서 총리로 기용된 강영훈 총리도 북한의 연형묵 총리에게 남북 고위급회담 개최를 제안하는 서한을 발송했다.

---

60) 박철언, 『바른 역사를 위한 증언 2』, 31쪽.

61) 「유엔총회 연설(1988.10.18)」, 『노태우대통령연설문집: 제1권(1988.2.25-1989.2.24)』, 294~295쪽.

62) 노태우, 『노태우 회고록(하권)』, 356쪽. 노태우 대통령은 김일성과 중요한 협상을 하겠다고 했을 때, 메신저 역할로 박철언 창구를 이용했다고 회고한다. 박철언, 『바른 역사를 위한 증언 2』, 27쪽도 참조.

이 같은 한국 측의 다채널을 통한 일관된 메시지에 북한도 화답하기 시작했다. 1989년 1월 16일, 북한이 고위급회담 개최에 긍정적인 반응을 보였고, 이해 2월 말부터 1990년 7월까지 1년 반에 걸쳐 여덟 차례 예비회담과 두 차례 실무 접촉이 이어졌다. 이 같은 성과를 바탕으로 1990년 9월 5일, 양측의 국무총리급 인사를 단장으로 하고 장차관급 인사들이 분야별 대표를 맡은 가운데, 제1차 남북 고위급회담이 서울에서 개최되었다.[63] 어렵게 성사된 남북 고위급회담에서 양측은 우선적인 의제 설정에 대한 견해 차이를 보였다. 한국 측은 한민족 공동체 통일 방안을 구현하기 위한 다각적 교류협력 실시 방안, 정치적·군사적 신뢰 구축 방안, 기본합의서 채택 등을 우선시한 반면, 북한 측은 유엔 가입, 한미 팀 스피리트(Team Spirit) 훈련 중지, 방북 구속자 석방 등의 문제에 대한 우선 해결을 주장했다.[64] 같은 해 10월 16일부터 평양에서 열린 제2차 고위급회담에서도 한국 측 인사들을 접견한 김일성 주석은 북한 측 통일 방안인 고려연방제를 주장했고, 한국 측 강영훈 총리는 한민족 공동체 통일 방안을 대안으로 설명하기도 했다. 게다가 1990년 12월 11일, 서울에서 개최된 제3차 고위급회담 이후 회담은 10개월 간 교착상태에 빠지기도 했다.

남북 접촉이 진전되지 않자 노태우 대통령은 좀 더 과감하고 선제적인 이슈를 선점해 북한을 대화의 테이블로 유도하려는 노력을 보이기도 했

---

63) 양측 대표단 구성은 수석대표 외에 정치, 군사, 교류협력, 남북 문제 분야 대표로 이루어졌다. 한국 측은 강영훈 총리 외에 홍성철 통일부 장관, 이병룡 안기부장 특보, 정호근 합참의장, 이진설 경제기획원 차관, 김종휘 외교안보 수석, 임동원 외교안보 연구원장으로 구성되었다. 노태우,『노태우 회고록(하권)』, 293~297쪽; 임동원,『피스 메이커: 남북관계와 북핵문제 20년』, 169, 180쪽.

64) 임동원,『피스 메이커: 남북관계와 북핵문제 20년』, 169, 180쪽; 이상옥,『전환기의 한국외교: 이상옥 전 외무 장관 외교회고록』, 51쪽.

다. 1990년 7월, 조지 부시(George H. W. Bush) 행정부가 전 세계에 배치된 전술핵무기를 철수시키고 폐기하려 한다는 정보를 접한 노태우 대통령과 김종휘 등 참모들은 한국 배치 주한 미군 전술핵 폐기 및 한반도 비핵화를 과감하게 추진해, 북한의 비핵화를 유도하고 남북대화의 불씨도 살리려는 계기를 부여하려고 한 것이다. 남북한 유엔 동시 가입 직후인 1991년 9월 24일, 노태우 대통령은 유엔총회 연설을 통해 한반도 평화 정착을 위해 북한을 상대로 남북한 간 휴전체제를 평화체제로 전환할 것과 군사적 신뢰 구축을 통한 군비 감축 등을 제안했다. 동시에 그는 북한이 핵무기 개발을 포기한다면 한반도 핵 문제에 관해 남북한 간 협의를 추진할 용의가 있음을 천명하면서,[65] 그동안 수세적 입장으로 임했던 한국 핵 문제에 대해 전향적 자세를 보이기 시작했다.

이후 미국이 9월 28일에 전 세계에 배치된 전술핵무기 철수 및 폐기를 선언하고 11월 7일, 주한 미군 로버트 리스카시(Robert RisCassi) 사령관이 한국 내 미군 핵무기 철수 계획을 통지해오자, 노태우 대통령은 김종휘 등과 더불어 준비했던 한반도 비핵화 선언을 다음 날인 11월 8일에 전격적으로 발표했다. 이 선언에서 그는 미국과 소련이 핵 및 화학무기 폐기와 감축을 추진하고 있는 흐름을 상기시키면서, 북한이 NPT 가입국으로서 핵무기 개발을 계속하고 있고, 화학무기도 다량 보유하고 있는 현실이 동북아 및 세계 평화에 위험을 안기고 있다고 지적한다. 그러면서 그는 한반도 핵 문제를 "선도적으로 해결"하기 위해 한국이 핵무기를 제조·보유·저장·배비·사용하지 않을 것이고, 핵연료 재처리 및 농축 시설을 보유하지도 않을 것임을 선언했다.[66] 그러면서 북한도 이 선언에 상응하는

---

65) 노태우, 『노태우 회고록(하권)』, 312, 391쪽.
66) 「한반도의 비핵화와 평화구축을 위한 선언(1991.11.8)」, 『노태우대통령연설문집:

조처를 취해줄 것을 강력히 촉구했다.[67]

　이 같은 노태우 대통령의 일방적인 비핵화 선언은 북한으로서도 무시할 수 없는 것이었다. 그 직전인 10월에 평양에서 재개된 제4차 고위급회담에서 북한 측 연형묵 총리와 최우진 대표가 한반도 비핵지대화에 관한 선언을 제안했기 때문이었다.[68] 이러한 배경하에서 같은 해 12월 10일, 서울에서 제5차 남북 고위급회담이 개최되었고, 12월 26일에는 핵 문제 협상을 위한 남북 실무회담이 판문점에서 개최되기에 이르렀다. 결국 고위급회담에서는 남북한 사이의 불가침과 협력을 다짐하는 남북기본합의서가 합의되었고, 실무회담에서는 한반도 비핵화에 관한 공동선언문이 합의되기에 이르렀다. 남북기본합의서는 양측이 국가와 국가 사이의 관계가 아닌 통일을 지향하는 과정에서 잠정적으로 형성되는 특수 관계에 있다는 전제하에 상대방 체제의 인정, 내정불간섭, 국제무대에서의 협력, 무력 불사용 및 상호 불가침, 군사적 신뢰 구축, 그 밖의 여러 분야에서의 협력과 교류가 규정되었다.[69] 한국이 11월 8일, 선제적으로 선언한 비핵화 선언에 따르면 양측은 핵무기 시험·제조·생산·접수·보유·저장·배비·사용이 금지되고, 핵에너지를 평화적인 목적에 국한해 이용하며, 핵 재처리 및 우라늄 농축 시설 보유가 금지된다. 또한 이 선언에는 쌍방이 핵통제공동위원회를 구성하고, 비핵화 검증을 위한 사찰 수용에 대한 내

　제4권(1991.2.1-1992.1.31)』(대통령비서실, 1992), 643~644쪽.

67)　노태우는 한국이 핵 보유 시도를 한다면 한미동맹 및 경제 관계가 모두 깨지고, 국제사회의 경제적·외교적 제재를 받게 될 것이라고 전망했다. 북한도 핵 개발을 추진해서 오히려 안보 상황이 악화되었다고 주장한다. 노태우, 『노태우 회고록(하권)』, 370~371쪽.

68)　임동원, 『피스 메이커: 남북관계와 북핵문제 20년』, 208~210쪽.

69)　노태우, 『노태우 회고록(하권)』, 287~289쪽; 임동원, 『피스 메이커: 남북관계와 북핵문제 20년』, 288쪽.

용이 포함되었다.[70] 이 두 가지 선언은 1992년 2월 9일, 평양에서 개최된 제6차 고위급회담에서 정식으로 발표되는 동시에 발효되었으며 양측의 국내 절차에 따라 비준되기에 이르렀다. 이로써 남북한은 1953년 휴전협정 체결 이후 상호 관계의 성격과 향후 방향에 대해서 최고 수준의 합의에 도달하게 되었다. 비핵화 공동선언에 따라 전술핵을 철수시킨 한국에 이어 북한도 핵 개발을 포기하고, 남북기본합의서에 따라 각 분야별 교류와 협력이 진전된다면, 한민족 공동체 통일 방안에서 상정되었던 바와 같이 남북연합의 단계가 공고화되고, 한반도 평화 및 통일의 기반이 조성되는 가능성이 열리게 된 것이다.

3) 남북 관계 제도화 수순의 파행

남북기본합의서 채택과 한반도 비핵화 공동선언 발표에 따라 1992년 초반 남북 관계는 전례 없는 상호 관계 제도화의 움직임이 가속화되었다. 기본합의서에 의해 남북 간에는 정치, 군사, 교류협력의 세 개 분과 위원회가 구성되었고, 비핵화 공동선언에 따라 핵통제공동위원회도 조직되었다.[71] 북한을 국제사회의 개혁개방 추세로 끌어들이기 위한 한미 공조도 추진되었다. 1992년 1월 7일, 노태우 대통령은 미국 조지 부시(George H. W. Bush) 대통령과 협의해 북한 측에 대한 신뢰 구축 정책의 일환으로 매년 실시되어오던 팀 스피리트 훈련을 그해 실시하지 않기로 공동발표했다. 1월 22일, 북한의 김용순 노동당 국제부장이 방미해 미국 국무성 아

---

70) 노태우, 『노태우 회고록(하권)』, 327쪽.
71) 남북 양측의 정치 분과 위원은 이동복, 백남준, 군사 분과는 박용옥, 김영철, 교류협력 분과는 임동원, 김정우였다. 핵통제공동위원회는 공로명, 최우진이 분과 대표였다. 임동원, 『피스 메이커: 남북관계와 북핵문제 20년』, 257쪽.

널드 캔터(Arnold Kantor) 정무 차관과 북미 고위급회담을 실시했다.[72)
1992년 1월 30일, 북한은 국제원자력기구(IAEA)의 핵 안전협정에 서명했
고, 5월 4일에는 핵 물질과 시설에 관한 보고서를 IAEA에 제출하면서, 그
간 90kg의 플루토늄을 추출했다고 실토했다.[73) 같은 해 7월에는 양측 경
제협력 방안을 논의하기 위해 북한의 김달현 부총리를 대표로 하는 대표
단이 서울을 방문해 한국의 최각규 부총리를 포함한 대표단과 경제 분야
고위급회담이 열렸다. 북한 측은 시베리아-북한을 잇는 가스관 건설사업,
원자력발전소 공동건설 및 전력 공동사용, 남포 경공업 공단 합작 건설과
한국 기업 참여 문제 등 실질적인 협력 방안을 제기했다.[74) 이 같은 협력
사업들은 한민족 공동체 통일 방안이나 그 연장선상에서의 남북기본합의
서 정신에 따른다면 한국 측이 자연스럽게 관련 조치를 취할 수 있는 사
안들이었다고 보인다.

그러나 1992년 중반 이후 한국 내 정치의 구도에 구조적 변화가 발생
했고, 이로 인해 기본합의서에 따른 남북 협력사업들의 진전에 차질이 생
기기 시작했다. 즉, 1992년 5월, 차기 대통령 선거의 여당 후보로 김영삼
이 선출되었고, 북한 핵 문제 해결 없이 남북 관계 개선을 진전시킬 수 없
다는 보수적 대북 정책론이 여당과 정부 일각에서 다시 대두하면서, 기존
에 진행되고 있던 남북 분과별 협력, 북미 간 협의 등에 연쇄적으로 제동
이 걸리기 시작한 것이다. 같은 해 9월에 평양에서 열린 남북 고위급회담
에서 이산가족 상봉 문제에 대한 대통령의 훈령이 전달되지 않아 양측 간
합의가 무산되었고, 10월에는 안기부에 의해 남한 내 조선노동당 사건이

---

72) 임동원은 이 회담이 휴전 이후 최초의 북미회담이라고 설명한다. 같은 책, 239쪽.
73) 같은 책, 241~242쪽.
74) 같은 책, 269~270쪽.

발표된 것이 그 같은 움직임을 보여주는 사건들이었다.[75] 물론 노태우 대통령은 임기 말까지 자신이 추진한 북방 정책의 최종 단계인 남북 간 평화공존이 잘 될 수 있다는 낙관론을 버리지 않은 것으로 보인다. 1992년 11월 24일, 개최된 북방 정책 보고회의에서 그는 남북 관계가 건전하게 진전된다면 금세기 안으로 남북연합이 실현될 것으로 확신한다고 발언했기 때문이다.[76] 그러나 그 이후의 상황을 보면 대통령의 임기와 더불어 한민족 공동체 통일 방안도 레임덕에 같이 걸려버린 상황을 반전시키기에는 역부족이었던 것으로 보인다.

5. 8·18 계획과 '민족자존'의 동맹 정책

노태우 정부 시기의 북방 정책에 대한 기존 연구들에서는 국방 관련 정책들은 거의 언급되고 있지 않다. 그러나 북방 정책이 노태우 대통령 자신이 언명했다시피 국가 대전략의 성격을 갖고 있다면, 북방외교나 남북 관계와 더불어 이 시기에 추진된 국방 정책도 같이 연계해 검토될 필요가 있다. 노태우 대통령 자신도 북방외교와 남북 관계 개선을 추진해가는 과정에서 한반도 내 전쟁이 반드시 억제되어야 하고, 평화 정착이 필수적이

---

75) 임동원은 김영삼 후보 선출 이후 안기부가 핵 문제 해결 없는 남북 관계 개선 불가의 입장을 주장하기 시작하는 등 남북 문제를 정략적 차원에서 접근했다고 설명한다. 같은 책, 259, 264쪽. 이정철도 1991년 12월, 박철언 장관의 퇴임 이후 정부 내에서 압박을 강조하는 보수적인 대북 정책론으로 회귀하는 경향이 강해졌다고 분석한다. 이정철, 「탈냉전기 노태우 정부의 대북정책: 정책연합의 불협화음과 전환기 리더십의 한계」, 《정신문화연구》, 제35권 제2호(2012), 137, 152쪽.

76) 「북방정책 보고회의 인사말(1992.11.24)」, 『노태우대통령연설문집: 제5권(1992.2.1-1993.2.24)』, 715쪽.

라고 인식하고 있었기 때문에 국방 정책은 이 시기 북방 정책의 한 부분을 구성하고 있었다고 할 것이다.[77]

4년제 정규 사관학교를 졸업하고, 위관 장교 시절에는 미국에서 특수전 군사 교육도 이수했으며, 야전부대 사단장과 국군보안 사령관 등을 역임한 노태우 대통령이 재임 기간 중 역점을 두어 추진한 국방 정책은 네 가지 사항으로 요약할 수 있다. 첫째, 군사력의 지속적 증강을 도모하면서, 특히 상부 군 구조를 개편해 합동군체제를 갖추는 것이었다. 1988년 8월 18일, 그는 군에 대해 군사 전략 수립, 군 구조 개선, 군사력 건설 방향 등을 골자로 한 장기 국방 태세 발전 방향 검토를 지시했다. 그 배경에는 1986년 미국에서 골드워터-니콜스(Goldwater-Nichols) 법안의 성립을 계기로 진행되고 있던 합동군 중심의 군 구조 변화를 수용하자는 문제의식이 깔려 있었다. 배리 골드워터(Barry Goldwater) 상원의원과 빌 니콜스 (Bill Nichols) 하원의원에 의해서 주도된 이 법안은 대통령의 군 통수권을 보좌하기 위한 지휘체계 상에서 합참의장의 권한을 강화시키고, 북부·중부·남부·태평양·유럽 사령부 등 세계 각 지역에 전개된 미국 지역 사령부를 육해공군을 통합한 합동군체제로 강화해 좀 더 효율적이며 강력한 군사작전이 실시될 수 있도록 하는 데 취지가 있었다. 그리고 이를 뒷받침하기 위해 각급 국방 교육기관에서 육해공군 합동의 군사 교육 및 군사 훈련을 강화하도록 하는 내용을 갖고 있었다.[78]

종전의 한국군 지휘체계에서 합참의장은 군 내 서열 1위이지만 의전적

---

77) 노태우, 『노태우 회고록(하권)』, 278쪽.

78) Allan R. Millet and Peter Maslowski, *For the Common Defense: A Military History of the United States of America*(New York: The Free Press, 1994), p.627; Niall Ferguson, *Colossus: The Rise and Fall of the American Empire*(Penguin Books, 2004), p.129.

인 역할이 강했고, 실질적인 작전지휘 권한은 오히려 육해공군 참모총장이 강했다. 특히 육군참모총장의 실질적인 권한이 상대적으로 강한 상황에서 육해공군 합동작전의 수행이나, 균형 있는 전력 증강, 예산의 효율적 배분 등이 곤란하다는 문제가 지속적으로 제기되어왔었다. 노태우 대통령의 지시는 이 같은 군 상부구조의 비합리성을 골드워터-니콜스 법안의 경향에 부응해 개선하라는 의미를 담은 것이었다. 이 지시에 의해 소위 8·18 계획, 즉 장기적인 군사 전략이나 군 구조의 방향을 검토하는 작업이 진행되었고 이 결과 1990년 8월, '국군조직법'이 개정되고, 통제형 합참의장제로의 전환이 이루어졌다. 군정과 군령에 관한 대통령의 군 통수권이 국방 장관에게 전달되고, 다시 국방 장관은 합참의장을 통해 실제적으로 작전군에 대한 지휘, 즉 군령권을 행사하고, 각 군 참모총장을 통해서는 인사나 예산 등 군정권을 행사하는 군 구조로 변화한 것이다.[79]

둘째, 노태우 대통령은 자신이 국정 지표로 강조한 '민족자존'의 방침에 따라 기존의 한미동맹 관계를 좀 더 대등한 구조로 전환하고자 했다. 그 일환으로 서울 한복판에 위치한 미군기지 이전을 추진했다. 1988년 10월, 그는 로널드 레이건(Ronald Reagan) 대통령과의 정상회담에서 용산기지 이전 문제를 제기했고, 이후 후속 협의를 통해 1990년 6월 25일, 양국 간에 용산기지 이전에 관한 양해각서가 체결되었다.[80] 또한 그는

---

79) 박휘락, 『정보화시대 국방개혁의 이론과 실제』(법문사, 2008), 173쪽; 홍준기, 「한국 자주국방정책의 역사적 변천과정에 관한 연구」(국방대학교 석사학위논문, 2004)도 참조.

80) 노태우, 『노태우 회고록(하권)』, 396~397쪽. 일본의 학자들이나 정책결정자들은 오키나와의 인구 밀집지대에 있던 주일 미군 후텐마기지의 교외 이전에 합의한 1996년 클린턴-하시모토 회담을 미국에 대한 일본 외교의 자율성 증대 사례로 해석하고 있다. 船橋洋一, 『同盟漂流』(岩波書店, 1997); 秋山昌廣, 『日米の戰略對話が始まつた』(亞紀書房, 2002) 등을 참조. 그 같은 점에 비교하면 서울 중심부에 위치한

1950년 7월, 6·25 전쟁 기간 중 미국에게 전환되었던 작전지휘권 가운데 평시작전통제권을 환수하고자 했다. 독립국가의 군대로서 작전지휘권 전체가 동맹국에게 이관된 상황이 부자연스럽다는 판단에 따른 것이었다. 이러한 문제의식에서 1990년 2월, 그는 리처드 체니(Richard Cheney) 국방 장관에게 한국군에 대한 평시작전통제권 환수 문제를 제기했고, 이후 후속 협의를 거쳐 1992년 10월 1일, 양국 간에 평시작전통제권 환수 합의가 이루어졌다.[81] 동시에 그는 휴전협정 체결 이후 미국군 장성이 담당해온 군사정전위원회 수석대표 직위를 한국군 장성이 맡아야 한다고 강력하게 문제제기했다. 이러한 요청도 수용되어 1991년 3월 25일, 한국 측 황원탁 소장이 처음으로 군사정전위 대표로 임명되었다.[82] 이전의 박정희나 전두환 대통령 등이 한미동맹 강화 차원의 정책 구상에 중점을 두었던 것과 비교하면, 노태우 시대에는 한미동맹 관련 정책에서 자주성 강화의 방침이 일관되게 견지된 것이 두드러진 특징으로 보인다.

셋째, 노태우 대통령은 자신이 추진하던 중국 및 소련과의 수교, 즉 북방외교가 자연스럽게 북한 군사력을 약화시키는 효과를 가져올 것이라고 전망하고 있었다. 즉, 한소 수교가 성립되면, 종전에 소련에서 북한에 대한 무기지원이 감소하게 되고, 한중 수교도 마찬가지의 효과를 초래할 것이라고 판단한 것이다. 이 같은 판단은 주효했다. 소련은 한국과의 수교 이후 대북 무기지원을 감소시켰을 뿐만 아니라, 1995년에는 북소 동맹 관계도 파기했기 때문이다.

또한 노태우 대통령은 대북 정책으로 추진한 한민족 공동체 통일 방안

용산기지의 이전 결정은 그 의미가 더욱 크다 할 것이다.
81) 노태우, 『노태우 회고록(하권)』, 402쪽.
82) 이 외에도 그는 주한 미군이 사용하던 AFKN 채널을 UHF 채널로 전환시킨 점들을 '민족자존'적 동맹 정책의 하나로 자평한다.

에 의한 남북 관계의 개선이나 한반도 비핵화 공동선언 자체가 남북한 간의 군비 축소와 비핵화를 결과해, 북한의 군사력 약화로 이어질 것으로도 기대했다. 물론 이러한 기대가 1992년 후반 이후 수포로 돌아가는 결과를 빚게 되는 것은 잘 알려진 사실이다. 그러나 노태우 대통령이 한국의 국방 정책 차원 그리고 북한의 군사적 위협 감소라는 차원에서도 북방 정책의 전략적 의미를 내다보고 있었다는 점은 유의할 만한 점이다.

6. 맺는말

이상에서 검토한 바와 같이 노태우 정부는 국가 전략 차원에서 북방 정책을 추진했고, 그 범주로는 소련 및 중국과의 수교를 포함하는 북방외교뿐 아니라 남북 관계의 제도화 그리고 8·18 계획 등으로 상징되는 국방 정책이 포함되어 있었다. 그가 1992년 11월 24일, 청와대에서 개최된 북방 정책 보고회의 인사말에서 임기 중 추진한 북방 정책의 성과로서 중국 및 러시아 등을 포함한 공산권 국가 40여 개국과의 외교 관계 수립, 남북 관계 새시대 개척 그리고 북한 도발 및 핵 개발 저지 등의 국가안보적 기여 등을 꼽은 것은 이 점을 잘 보여준다.[83]

이 장에서는 이 같은 북방 정책의 국가 전략이 노태우 자신의 이니셔티브(initiative)라기보다는 박정희 시대 이래 추진되거나 이호재, 김종휘, 이상우, 이홍구 등에 의해 논의되어온 정책 담론의 연장선상에 있음을 강조했다. 김종휘와 이호재 등은 1970년대부터 당시 박정희 정부가 공표했던

---

83) 「북방정책 보고회의 인사말(1992.11.24)」, 『노태우대통령연설문집: 제5권(1992.2. 1-1993.2.24)』, 714~715쪽.

6·23 선언을 옹호하며, 공산권 국가와의 대화 확대와 외교 관계 수립이 오히려 국가안보를 공고히 하고, 국제적 위상을 증진시키는 결과를 가져 올 것이라고 전망했다. 이상우와 이홍구 등도 박정희 정부 시기에 추진되 던 기능주의적 통일 방안을 계승하면서, 연방제 방안을 주장하던 북한의 통일 담론에 대응해, 남북 간 공존의 제도화 그리고 공동체 개념에 입각 한 단계적 통일 방안을 모색했다. 노태우 시대는 이 같은 정책 담론을 국 가 전략 차원으로 끌어올리고 실제 정책으로 추진해 국가안보 전략의 전 개라는 관점에서 보면 상당한 성공을 거둔 시기였다고 할 수 있다. 보수 적 성향을 가질 수밖에 없는 군인 출신의 국가 지도자가 공산권 국가와의 수교, 남북 관계의 제도화, '민족자존'에 입각한 한미동맹 관계의 구축 등 진보적 성향의 정책들을 추진하고 성공시킬 수 있었던 요인들은 무엇이 었을까?

우선 국내 차원에서 노태우 대통령이 국가 전략의 방향을 분명하게 설 정하고, 국내적으로 이를 수행할 수 있는 적임자들을 청와대 수석이나 관 련 부서에 포진시켰다는 점을 들 수 있다. 박철언, 김종휘 등의 청와대 참 모는 물론, 강영훈 총리, 이홍구 장관, 서동권 안기부장, 임동원 외교안보 연구원장 등을 발탁해 북방 정책의 전략과 실제 이행 방안에 대해 의견을 조율하면서 정책을 추진해갈 수 있었다.

국제적 차원에서 대통령은 한반도 정세에 영향을 줄 수 있는 강대국 지 도자들, 즉 미국 조지 부시(George H. W. Bush) 대통령, 소련 미하일 고르 바초프 서기장, 중국 양상쿤(楊尙昆) 주석, 일본 미야자와 기이치(宮澤 喜 一) 총리, 영국 마거릿 대처(Margaret Thatcher) 총리, 독일의 헬무트 콜 (Helmut Kohl) 총리 등과 정상회담이나 국제회의 석상에서 빈번히 만나 한국의 전략 방침을 설명하고, 필요한 협의를 적시에 수행했다. 물론 한 국의 국력과 국제적 지위가 상승했다는 점이 정상 외교의 수행에 도움이 된 측면이 있지만, 대통령 자신이 명확한 어젠다를 갖고 주요 강대국들 정상과 수평적 논의를 할 수 있었다는 점이 북방 정책 수행의 대외적 여건을 더욱 용이하게 만들어 주었다.

무엇보다 노태우 대통령 자신이 추진하려는 전략의 의의와 세부 방향에 대해서 명확한 감각을 갖고 있었다. 그는 엘리트 군인 출신으로 국가 안보의 현장 경험이 적지 않았던 데에다, 전두환 정부 시대의 실세로서 서울올림픽 조직위원장, 장관, 당 대표 등을 거치면서 국가 운영의 직접적 경험을 가졌고 국제적 감각도 갖출 수 있었다. 그는 회고록에서 "정책이란 선택의 문제"라고 단언했다.84) 나라의 최고 책임자가 정치, 경제, 사회 상황을 고려해 무엇을 어떻게 해야 할 것인가를 최종 결정하는 것이라고 했다. 그는 자신이 다른 동기생들에 비해 리더십도 부족하고, 우수하지도 않았다고 종종 토로했다. 그러나 추구해야 할 전략적 방향이 뚜렷하고, 우수한 참모들의 조언과 경륜에 귀를 기울이고, 국제사회의 지도자들과 허심탄회한 소통을 게을리 하지 않았던 그는 어려운 선택의 순간에 직면해 국가 전략의 방향에 부합하는 방향으로 정책을 선택했다. 그것이 진보적 성향의 북방 정책을 보수적 성향의 국가 지도자가 추진해 결과적으로 성공을 거둔 요인이라고 생각된다.

---

84) 노태우, 『노태우 회고록(하권)』, 47쪽.

제5장

김대중 정부의 국가안보 전략으로서 '햇볕 정책'

1. 머리말

노태우 정부의 뒤를 이어 1993년부터 집권한 김영삼 정부는 통상 외교 안보 정책 측면에서 성공을 거두지 못한 것으로 평가된다. 임기 말 외환 부족으로 인해 국제 금융위기를 초래한 점은 말할 것도 없고, 대북 정책 면에서도 난조를 보였다고 지적된다. 취임 초기에 보여주었던 전향적인 대북 정책 기조와 달리 임기 후반에는 점차 보수적인 성향으로 회귀하면 서 일관성 잃은 모습을 보여주었고, 미국과 북한 간에 제네바합의가 이룩 될 무렵 한반도 문제의 당사자로서 참가하지도 못했다. 그리고 이러한 대 북 정책 난조의 원인으로 김영삼 대통령 자신의 일관된 전략 부재와 그 정부의 보수화 경향이 지적되곤 한다.[1]

---

1) 김영삼 정부의 대북 정책 혼선에 대한 지적은 Don Oberdorfer, *The Two Koreas: A*

이에 반해 그 후임인 김대중 정부는 대북 정책 측면에서 뚜렷한 성과를 거둔 것으로 평가된다. 취임 초기부터 비교적 일관된 입장에서 대북 정책을 추진했고, 2000년 6월의 남북 정상회담과 대통령의 노벨평화상 수상에서 보여지 듯 그 성과도 국제적으로 높이 평가받았다.[2] 그러나 화려한 성과를 거두는 듯이 보였던 김대중 정부의 햇볕 정책도 2001년 이후로는 추진력을 상실하는 것으로 보인다. 그렇다면 김대중 정부 초기 대북 전략은 어떤 과정을 거쳐 책정되고 실행되었는가? 그리고 그의 임기 후반기 대북 정책은 어떤 요인에서 좌절을 맛보게 되었는가? 이러한 문제를 이번 장에서 살펴보기로 한다.

2. 대북 전략의 수립: 햇볕 정책의 수립과 국제 협조

1) 햇볕 정책의 기조 마련과 안보 전략 추진체제 정립

1998년 2월 25일, 취임식을 가진 김대중 대통령은 취임사를 통해 안보 정책에 관해서는 '집단적 자주안보'의 방침을 표명했다. 즉, 강군 건설을 통해 자주적 안보 태세를 강화하고, 동시에 한미 안보체제를 강화하겠다는 것이었다. 그리고 대북 정책에 관해서는 기존의 남북기본합의서 등에

Contemporary History, pp. 287~288 참조.

2) 진보적 성향을 지닌 일부 학자들은 김대중 정권이 한국 현대정치사상 최초의 합법 정부라는 점을 강조하면서, 대북 정책의 성과도 그 연장선상에서 해석하는 경향이 있다. 예컨대 尹健次, 『現代韓国の思想: 1980-1990年代』(岩波書店, 2000), 206쪽. 그러나 후술하듯이 김대중 정부의 대북 정책은 크게 보면 박정희, 노태우 정부의 기조를 이어받는 성격을 갖고 있다.

서 이미 남북 간 화해와 교류협력 그리고 불가침의 합의가 이루어졌음을 확인한 연후에, 새롭게 세 가지 원칙을 표명했다. 그가 표명한 대북 3원칙이란 첫째, 어떠한 무력도발도 용납하지 않을 것, 둘째, 북한을 해치거나 흡수할 생각이 없다는 것, 셋째, 남북 간 화해와 협력을 가능한 분야부터 적극적으로 추진할 것이며 이 과정에서 북한이 미국이나 일본 등 우방 국가와 교류협력 하는 것을 지원할 용의가 있다는 것이었다.3)

김대중 대통령은 이 같은 국가안보 정책을 효율적으로 실행하기 위해 정부 부서를 재편하고, 적임자를 기용하려고 했다. 기존 23개 정부 부처를 17개로 축소해 연립 정권 파트너인 김종필을 총리 서리에, 통일부 장관에 강인덕, 외교통상부 장관에 박정수, 국방부 장관에 천용택 그리고 국정원장에 이종찬 등을 임명했다. 기존에 11명의 수석비서관체제였던 청와대 비서실을 여섯 개의 수석비서관으로 축소했고, 노태우 정부 시기 남북기본합의서 탄생에 큰 역할을 했으며 1995년 이후 아태평화재단 사무총장으로 그를 보좌한 임동원을 외교안보 수석에 기용했다.4)

김대중 정부는 헌법기관의 성격을 갖고 있으나, 종전에는 비상기획위원회에 가려 기능이 유명무실했던 NSC의 기능과 운영을 정상화하고자 했다. 1988년 2월에 개정된 헌법은 제91조에 국가안보에 관련되는 대외 정책, 군사 정책, 국내 정책의 수립과 관련해 국무회의의 심의에 앞서 대통령의 자문에 응하기 위해 대통령이 주재하는 NSC를 설치한다고 규정한 바 있다. 그러나 이전 정부에서 NSC는 전시 대비 각종 동원 계획을 관리하는 비상기획위원회의 관할 아래에 있었고, 기능과 운영도 체계적이

---

3) 김대중, 「제5대 대통령 취임사: 국난극복과 재도약의 새 시대를 엽시다(1998.2.25)」, 『21세기와 한민족: 김대중 전 대통령 주요 연설 대담, 1998-2004』(돌베게, 2004), 24~25쪽.

4) 김대중, 『김대중 자서전 2』(삼인, 2010), 38~42쪽.

지 않았다. 이러한 제도상의 결함을 보완하기 위해 1998년 5월, '국가안 전보장회의법'을 개정해 대통령이 의장으로 되고, 국무총리, 통일·외교· 국방 장관과 안기부장 그리고 외교안보 수석이 참가하는 상임위원회를 설 치하며 이를 보좌하는 사무처 및 차관보급 실무조정회의를 두도록 했다. 그리고 매주 정기적으로 관련 부처 장관 및 외교안보 수석이 모여 통일· 외교·국방을 망라한 국가안보 관련 현안들을 협의하고, 대통령에게 논의 사항을 보고하는 국가안보 관련 최고 의사 결정 시스템을 만들었다.[5]

김대중 대통령은 정치·경제·사회 분야에 관해서는 최장집, 한상진, 황 태연 등 진보적인 지식인들을 정책기획위원회 위원장이나 정신문화연구 원장으로 기용해 의견을 적극 반영했다.[6] 그러나 국가안보 정책에 관련 해서는 김종필 총리를 포함해 통일부 장관 강인덕, 외교통상부 장관 박정 수, 국방부 장관 천용택, 안기부장 이종찬 그리고 외교안보 수석 임동원 등 기본적으로 보수 성향의 인사들을 대거 기용해 비교적 진보적인 대북 정책 등을 추진하게 했다. 특히 외교안보 수석에 기용된 임동원은 이후 김대중 정부 재임 내내 통일부 장관, 국가정보원장 등에 연이어 기용되면 서 대북 정책 수행의 일관성을 유지하는 데 큰 역할을 담당하게 된다.

임동원 외교안보 수석은 대통령의 취임사에 나타난 대북 정책 3원칙을 구현하기 위해 좀 더 구체적인 대북 정책 추진 기조를 정립하고, 이를 화 해·협력 정책 혹은 햇볕 정책이라고 명명했다. 그 목표는 화해·협력을 통 해 북한의 변화를 유도하고 남북 관계를 개선해 통일 상황을 조성하는 것 이었다. 김영삼 정부가 북한 붕괴 임박론에 입각해 대북 정책을 추진했다

---

5) 임동원, 『피스 메이커: 남북관계와 북핵문제 20년』, 345~354쪽; 김대중, 『김대중 자 서전 2』, 74~75쪽 참조.
6) 尹健次, 『現代韓国の思想: 1980-1990年代』(岩波書店, 2000), pp. 210~212.

면, 김대중 정부는 북한을 점진적으로 변화시키면서 한반도의 전쟁을 억제하고 평화를 정착시켜 나가는 것을 목표로 했다. 그리고 북한의 변화를 유도하기 위해 북한 최고 당국자와의 접촉 및 설득을 통해 위로부터의 변화를 유도하고, 북한 주민과의 인도적 접촉과 교류를 늘려가면서 아래로부터의 변화를 추구해간다는 전략 방침이 설정되었다.[7] 이 같은 화해·협력 정책, 햇볕 정책의 기조하에 임동원은 좀 더 구체적인 여섯 가지 대북 정책 추진 기조를 설정해 대통령에게 보고하고 국무회의를 거쳐 공식 채택하게 했다. 첫째, 안보와 협력의 병행 추진, 둘째, 평화공존과 교류협력의 우선 실현, 셋째, 더 많은 접촉, 더 많은 대화, 더 많은 협력을 통한 북한 변화 여건 조성, 넷째, 남북한 상호 이익 도모, 다섯째, 남북 당사자 원칙하에 국제적 지지 확보, 여섯째, 투명하면서도 서두르지 않는 대북 정책 추진 등이 그것이다.[8]

김대중 대통령은 이 같은 대북 화해·협력 정책을 원활히 추진하기 위해 미국, 일본, 중국 등 주변 강대국에 대한 정책 설명과 협력 확보가 긴요하다고 판단했다. 그는 각국에 대한 순방과 정상 외교를 자신이 추진하려는 대북 정책을 설명하고 이해를 얻으려는 기회로 활용했다. 1998년 6월 10일, 미국 방문 중에 실시한 의회의 상하 양원 합동회의 연설을 통해 그는 북한과의 화해·협력을 유도하기 위해 강력한 안보 태세를 공고히 하면서, 동시에 개방을 유도하는 햇볕 정책이 필요하다고 역설했고, 이에 대한 미국 조야의 지원을 요청했다.[9] 또한 빌 클린턴(Bill Clinton) 대통령과의 정상회담 석상에서도 그는 자신이 추진하려는 햇볕 정책이 실은 냉

---

7) 임동원, 『피스 메이커: 남북관계와 북핵문제 20년』, 333~341쪽.
8) 김대중, 『김대중 자서전 2』, 75쪽.
9) 김대중, 「미국 의회 상하양원 합동회의 연설: 한국의 경제위기 극복과 미국의 역할(1998.6.10)」, 『21세기와 한민족: 김대중 전 대통령 주요 연설 대담, 1998-2004』, 30쪽.

전 시기 미국이 소련과 중국 등 적대국에 대해 행했던 데탕트(détente) 정책, 화해 정책과 근본적으로 같은 성격이라고 밝혔다. 또한 북한과 같은 공산주의 국가에 대해서는 군사적인 도발을 억제하면서 다른 한편 개방을 유도하는 정책이 필요하다고 설명했다.10)

같은 해 10월 7일 이루어진 일본 방문 시에도 김대중 대통령은 전임자의 재임 기간 중 악화된 한일 관계를 회복하기 위해 일본 측 오부치 게이조(小渕恵三) 총리와 21세기 한일 파트너십(partnership) 공동선언을 발표하고 한일 어업협정을 체결하는 등 전향적인 한일 관계 구축의 노력을 기울였다. 그리고 10월 8일 이루어진 일본 국회 연설을 통해서는 북한이 인공위성 발사 실험과 중장거리미사일을 개발하고 있다고 지적하면서, 이에 대해 한일 양국이 미국과 협력해 튼튼한 대북 공조체제를 유지하면서도, 동시에 북한에 대한 인내와 포용의 자세를 견지할 필요성이 있다고 언급했다. 그리고 이러한 대북 정책은 고립된 북한이 가장 위험한 존재가 될 수 있기 때문에 필요하다고 설명했다.11)

김대중 대통령은 같은 해 11월에 실시된 중국 방문에서도 양국 관계를 포괄적 협력 동반자 관계로 격상하면서, 한국의 대북 정책 및 동아시아 정책에 대한 중국 측의 이해와 협력을 요청했다. 11월 12일 베이징 대학교 연설을 통해 그는 동북아시아 협력기구의 필요성을 강조하면서, 특히 4자회담을 통해 중국이 한반도에 평화체제를 정착시킬 수 있도록 협력해줄 것을 요망한 것이다.12)

---

10) 김대중, 『김대중 자서전 2』, 83~84쪽.
11) 김대중, 「일본 국회연설: 21세기 새로운 한일 동반자 관계 구축(1998.10.8)」, 『21세기와 한민족: 김대중 전 대통령 주요 연설 대담, 1998-2004』, 43쪽. 이 연설문 작성에는 최광수 전 외무 장관, 지명관 한림대 교수, 최상룡 고려대 교수 등이 자문했다. 임동원, 『피스 메이커: 남북관계와 북핵문제 20년』, 381쪽.

2) 한미일 대북 정책 공조체제의 정비

한편 김대중 대통령의 대북 햇볕 정책 기조는 1998년 11월, 미국 클린턴 정부가 국무성, 국방성, CIA 등에 분산된 대북 정책 기능을 통합하기 위해 전직 국방 장관이었던 윌리엄 페리(William Perry)를 대북 정책조정관(North Korea policy coordinator)으로 임명하면서 고비를 맞는다. 1994년 제1차 북핵 위기 시 미국 국방 장관에 재임했던 윌리엄 페리는 당시 북한 핵 문제를 해결하기 위해 전면전 준비 및 영변 핵 시설에 대한 공격을 주장하던 대북 강경파로 알려졌기 때문이다.[13] 김대중 정부는 기존에 표방하던 햇볕 정책의 기조를 클린턴 행정부가 새롭게 임명한 윌리엄 페리 대북 조정관에게 설득하고 한미 양국의 대북 정책 공조를 도모할 필요성에 직면했다. 임동원 외교안보 수석은 이 같은 판단하에 우리 측이 선제적으로 대북 전략의 기조를 재정립하고, 이를 윌리엄 페리 정책팀에 설득하려는 외교 정책 방향을 추진했다. 이 결과 마련된 '한반도 냉전 구조 해체를 위한 포괄적 접근 전략'은 북한이 핵 개발이나 중장거리미사일 개발을 지속하는 동기에 대해 한반도 냉전 구조가 여전히 유지되고 있기 때문이라고 전제하고, 한반도 냉전 구조를 해체하기 위한 다음의 여섯 가지 정책 대안을 제시했다.

1. 남과 북의 불신과 대결 해소를 위해 다방면의 교류협력 관계를 발전

---

12) 김대중, 「중국 베이징대학 연설: 동북아 지역의 평화와 안정을 위한 한중협력(1998. 11.12)」, 『21세기와 한민족: 김대중 전 대통령 주요 연설 대담, 1998-2004』, 54쪽; 김대중, 『김대중 자서전 2』, 128~130쪽.
13) Don Oberdorfer, *The Two Koreas: A Contemporary History*, p.370; 김대중, 『김대중 자서전 2』, 141쪽.

시키고, 평화공존을 통해 상호 신뢰를 구축한다. 경제적으로 남북 경제공동체를 발전시키고, 군사적으로 군비 통제를 실현한다.

2. 미국과 북한 간의 적대 관계를 해소하고, 관계 정상화를 이룩한다. 이를 위해 상호 위협 감소 조치를 취하고, 미국은 북한을 포용하고 관계 정상화를 도모한다.

3. 북한을 봉쇄하고 압박하는 것은 바람직하지 않고, 중국이나 베트남처럼 개방해 계획경제를 시장경제로 전환할 수 있도록 하고, 국제사회의 책임 있는 성원으로 참가시킨다.

4. 북한의 장거리미사일 및 핵 위협을 제거하기 위해, 미국은 북한이 느끼는 안보 위협을 제거해야 한다. 북미 관계 정상화 추진이 북한 대량살상무기의 해체로 이어지도록 한다.

5. 비무장지대의 평화적 활용 등을 통해 남북 간 군사적 신뢰 조성을 하고, 단계적으로 군사력 감축을 추진한다.

6. 정전체제를 평화체제로 전환해, 한반도 냉전 구조를 종식시킨다. 주한 외국군의 지위와 역할 문제를 해결하고, 남북연합의 제도화를 추진한다.

이러한 대북 정책을 추진하는 과정에서 남북 간에는 교류협력과 평화공존을 추구하고, 미국 및 일본은 북한과의 적대 관계 해소와 관계 정상화를 추진하는 것이 요망되었다. 이 같은 점진적 변화를 통해 북한의 비핵화도 실현될 수 있다는 것이 임동원을 주축으로 한 김대중 정부의 대북 전략 방향이었다.[14]

---

14) 임동원, 『피스 메이커: 남북관계와 북핵문제 20년』, 399~405쪽; 김대중, 『김대중 자서전 2』, 141~142쪽.

김대중 정부는 이 같은 대북 전략 방향을 1998년 12월 초 NSC 상임위원회를 통해 정부 전략으로 확정하고 12월 7일, 한국을 방문한 윌리엄 페리 정책팀에게 설명했다.[15] 임동원 외교안보 수석은 다음 해 1월에는 워싱턴을 방문해 윌리엄 페리 조정관을 포함해 NSC, 국무성, 국방성 그리고 학계와 싱크탱크 등 미국 조야에 김대중 정부의 대북 정책 방향을 설명했다.[16] 이어 2월 초, 임동원 수석은 일본을 방문해 고무라 마사히코(高村正彦) 외상, 노나카 히로무(野中広務) 관방 장관, 야나이 슌지(柳井俊二) 외무 차관, 오코노기 마사오(小此木政夫) 게이오 대학교 교수 등과 면담을 갖고 한국의 대북 정책 방향을 설명했다. 이어 임 수석은 중국도 방문해 다이빙궈(戴秉國) 공산당 대외연락 부장, 당 중앙외사판공실 류화치우(劉華秋) 주임, 탕자쉬안(唐家璇) 외교 부장 등에게 김대중 정부의 대북 정책 방향을 설명하고 협력을 구했다. 3월 말, 임동원은 러시아도 방문해 세르게이 프리호드코(Sergei Prikhodko) 대통령 외교 보좌관, 그리고리 카라신(Grigoriy Karasin) 외무 차관 등에게 같은 정책 설명을 행했다.[17] 이 같이 김대중 정부는 미국, 일본, 중국, 러시아 등 주변 강대국들에게 향후 추진할 대북 정책의 방향에 대해 충분한 설명을 행하고 각국의 이해와 협력을 구했다.

김대중 정부의 전략 개발과 미국과 같은 우방국에 대한 설명 노력은 월

---

15) 당시 윌리엄 페리 대북 정책조정관은 웬디 셔먼(Wendy Sherman) 대사, 국방부 차관보 출신 애슈턴 카터(Ashton Carter) 하버드 대학교 교수 등과 동행했다. 임동원, 『피스 메이커: 남북관계와 북핵문제 20년』, 407쪽.

16) 새뮤얼 버거(Samuel Berger) 국가안보 보좌관, 토머스 피커링(Thomas Pickering) 국무부 정무차관, 리처드 아미티지(Richard Armitage) 전 국방 차관보, 애슈턴 카터 하버드 대학교 교수, 돈 오버도퍼 교수 등이 이때 주요 설명 대상이었다. 임동원, 『피스 메이커: 남북관계와 북핵문제 20년』, 414~416쪽.

17) 임동원, 『피스 메이커: 남북관계와 북핵문제 20년』, 411~424쪽.

리엄 페리 조정관이 중심이 되어 추진하던 미국의 대북 정책 방향에 큰 영향을 미쳤다. 1999년 3월 9일, 클린턴 행정부의 대북 정책 전반을 재검토하던 윌리엄 페리 조정관 일행은 한국을 방문해 자신의 팀이 수립한 대북 정책 구상을 김대중 대통령을 포함한 한국 측에 설명했다. 윌리엄 페리 조정관은 1994년 미국과 북한 간 체결한 제네바합의가 위기에 처했다고 전제하면서, 미국이 취할 수 있는 대북 정책을 두 가지 대안으로 제시했다. 첫째, 북한이 미사일 및 핵 개발 프로그램을 포기하고 금창리에 건설 중인 것으로 추정된 지하 시설에 대한 접근을 허용하면, 단계적으로 포괄적 대화를 통해 미국과의 관계를 정상화하고 국무 장관의 평양 방문을 추진하며 이를 통해 북한 핵 및 미사일 위협을 감소시키는 방향으로 정책을 전개한다. 둘째, 그러나 미사일 실험을 계속하면 대북 봉쇄를 강화하고, 대립 정책을 강화시킨다. 윌리엄 페리 조정관은 아울러 북한의 교란 전술을 방지하기 위해 미국, 한국, 일본이 대북 정책에 대해 일관된 대응을 하는 것이 필요하다고 덧붙였다. 이 같은 윌리엄 페리 팀의 대북 정책 방향은 대북 강경 정책을 주장하던 그의 기존 방침에서 크게 변화된 것이었고 임동원이 제시한 전략 구상과 큰 차이가 없었다.[18]

클린턴 정부는 윌리엄 페리 팀의 정책 방향에 따라 이후 한미일 정책조정그룹회의를 조직해 3국 간 대북 정책의 일관된 대응을 도모하고, 동시에 북미 간 양자 접촉을 통해 북한 측의 반응을 타진하는 수순을 취했다. 1999년 4월 중순, 하와이에서 미국의 윌리엄 페리 조정관, 한국의 장재룡 외교 차관보, 일본의 가토 료조(加藤良三) 외무성 종합정책국장이 참가한

---

18) Don Oberdorfer, *The Two Koreas: A Contemporary History*, p.419; 임동원, 『피스 메이커: 남북관계와 북핵문제 20년』, 426~428쪽. 김대중 대통령도 윌리엄 페리의 보고서는 사실상 임동원 프로세스와 같은 것이라고 평가했다. 김대중, 『김대중 자서전 2』, 148쪽.

가운데 한미일 3국의 고위급회의가 처음 개최되어, 향후 대북 정책에 관한 정책조정을 행하기로 합의했다.[19] 5월 중순에는 북한의 금창리 지역에 대한 미국 방문단의 현장 조사가 실시되었고, 이 시설이 핵 시설과 관련이 없다는 것을 확인했다. 그리고 5월 26일에는 윌리엄 페리 조정관 일행이 직접 북한을 방문해 강석주 외교부 제1부부장과 회담을 갖고 윌리엄 페리팀의 대북 정책 방향을 통보했다. 즉, 미국과 북한은 상호의 군사적 우려를 충분히 고려할 필요가 있다고 전제하고 북한이 미사일 발사를 계속하면 미국은 한국 및 일본과 공동으로 강경한 군사적 대응을 지속하겠지만, 미사일 수출을 금지하는 등의 조치를 취하면 상응하는 대북 관계 정상화 조치를 단계적으로 취할 수 있음을 밝힌 것이다.[20]

이 같은 미국, 한국, 일본의 대북 정책 변화에 대해 북한도 호응하는 모습을 보이기 시작했다. 1999년 9월 12일, 베를린에서 북미회담을 개최한 북한은 미사일 모라토리엄(발사 유예)을 선언했고, 이에 대해 클린턴 정부도 대북 경제제재의 일부를 해제하는 조치를 취했다. 1999년 12월에는 일본의 무라야마 도미이치(村山富市) 전 총리를 단장으로 한 일본 의회 대표단이 북한을 방문했고, 직후 일본도 대북 제재의 일부를 해제했다.

이리하여 김대중 정부 등장 이후 2년여에 걸쳐 한국 정부는 임동원 외교안보 수석의 주도하에 한반도 냉전 구조 해체를 위한 대북 화해·협력 정책, 즉 햇볕 정책의 전략 방향을 수립했고 이를 미국, 일본, 중국, 러시아 등 주요 우방국에 설명하고 이해를 구하는 노력을 기울였다. 그리고 이에 호응해 미국의 클린턴 행정부도 윌리엄 페리 대북 정책조정관이 주

---

19) 임동원, 『피스 메이커: 남북관계와 북핵문제 20년』, 432쪽.

20) Don Oberdorfer, *The Two Koreas: A Contemporary History*, pp.414, 421. 윌리엄 페리 팀의 대북 정책은 관여 정책(engagement)의 특성을 가진다. Bruce Cumings, *Korea's Place in the Sun: A Modern History*(Norton, 1997/2005), p.502.

도해 한미일 정책 협의의 틀을 만들고 이를 바탕으로 햇볕 정책과 일치하는 방향으로 대북 정책의 변화를 추진했다. 이 같은 성과를 바탕으로 김대중 정부는 좀 더 일관성을 갖고 한층 적극적인 대북 정책 어젠다를 주도적으로 추구하기 시작했다.

3. 대북 전략의 이행

1) 햇볕 정책과 남북 정상회담

대북 화해·협력 정책의 기조를 정립한 김대중 정부는 취임 초기부터 이 방침에 따라 정부와 민간 레벨에서 각각 대북 접촉을 추진했다. 1998년 4월 말, 정부는 남북 경제협력 활성화 조치를 발표해 민간 기업의 대북 경제협력 및 생산 설비 반출을 허용했다. 이에 따라 민간 차원에서의 대북 접촉길이 열리게 되었다. 이해 6월 16일, 현대그룹의 정주영 명예회장이 소 500마리를 몰고 방북했고, 10월 말에는 다시 정주영 회장이 소 501마리를 몰고 방북해 김정일 위원장과 회담 뒤 금강산 관광사업에 합의하는 성과를 거두었다. 이 합의에 의해 11월 18일에는 속초에서 금강산 관광선이 처음 출항했다.[21] 이 같은 남북 민간 경제협력의 결과 2000년 초반까지 100여 개 이상의 중소기업이 북한에서 사업을 전개해 남북 간 교역이 3억 4000만 달러 수준까지 달했고, 18만 명의 한국인이 금강산 관광에 참가할 수 있었다.[22]

---

21) 김대중, 『김대중 자서전 2』, 75, 93, 137쪽; 임동원, 『피스 메이커: 남북관계와 북핵 문제 20년』, 369쪽 등 종합.

이 같이 대북 햇볕 정책이 가시화되는 가운데, 대북 접촉을 무산시킬 수 있는 북한의 국지적 도발이 몇 차례 감행되었다. 1998년 6월, 강릉 앞바다에서 북한의 잠수정 침투 사건이 발생했다. 8월 31일에는 북한이 대포동 미사일을 발사해 일본 열도 상공을 지나 태평양 해상에 낙하시켰다. 북한의 중거리미사일능력은 일본은 물론 미국에게도 경계 태세 강화를 환기시키는 사건이었다. 이에 대한 반응으로 북한 미사일 발사 직후 일본 정부는 그간 미국이 요청해온 미사일 방어체제의 공동연구 및 개발에 착수하기로 결정하기도 했다. 1999년 6월 15일에는 서해상에서 북한 측 함정의 도발에 의한 연평해전이 발생했다. 이 같은 북한의 국지적 군사도발은 햇볕 정책의 기조에 대해 국내적 반발을 불러일으킬 수 있는 사안들이었다. 그러나 김대중 정부는 잠수정 침투 사건 직후에도 햇볕 정책의 방침을 유지하겠다고 천명했다. 연평해전 발생 직후 김대중 대통령은 북한의 국지적 도발에 대해 강력한 응징의 방침을 견지하면서도, 확전을 방지하도록 해 대북 정책의 기조 자체를 변경하지 않았다.[23]

이 같은 인내의 시간을 보낸 이후 김대중 대통령은 김영삼 정부 시기 무산되었던 북한과의 정상회담을 일관되게 제안하기 시작했다. 2000년 1월 20일, 그는 북한과의 정상회담을 공식 제안하면서 양자 간에 상호 협력, 평화공존, 공동번영의 문제 등을 협의할 수 있다고 했다. 2월 9일, 도쿄방송과의 회견에서는 북한 김정일 위원장이 판단력과 식견을 갖추었다고 평가하면서 재차 남북 정상회담 개최 필요성을 역설했다. 그리고 3월 2일부터 유럽 방문에 나선 김대중 대통령은 3월 9일, 독일 베를린 자유대

---

22) 김대중, 「독일 베를린 자유대학 연설: 독일 통일의 교훈과 한반도 문제(2000.3.9)」, 『21세기와 한민족: 김대중 전 대통령 주요 연설 대담, 1998-2004』, 97~98쪽.
23) 김대중, 『김대중 자서전 2』, 96, 188쪽 등 참조. 이 점이 김영삼 정부의 대북 정책과 대조되는 부분이다.

학교에서의 연설을 통해 햇볕 정책의 기조를 설명하면서 북한에 대해 다음과 같은 네 가지 제안을 했다. 첫째, 대북 경제적 지원을 위한 투자보장협정과 이중과세방지협정 등의 필요, 둘째, 당면 목표는 통일보다 냉전 종식과 평화 정착, 셋째, 인도적 차원의 이산가족 문제 해결, 넷째, 남북 간 당국자 회담의 개최 필요 등이 그것이다.[24)]

이 같은 한국 정부의 일관된 제안에 대해 북한 측도 호응하기 시작했다. 2000년 2월, 북한은 정상회담에 응하겠다는 의사를 한국 정부에 비공식적으로 전해왔다. 이에 대해 김대중 대통령은 박지원 문화관광부 장관에게 특사 임무를 부여해 남북 물밑 대화를 담당하게 했다. 박지원 장관은 북한 측 송호경 아태평화위 부위원장과 싱가포르, 베이징 등지에서 두세 차례 협의를 가진 이후 4월 8일, 남북 정상회담이 6월 중순에 평양에서 개최된다는 합의 사항을 공동발표했다. 남북 정상회담 합의 발표 이후 김대중 대통령은 5월 27일과 6월 3일, 두 차례에 걸쳐 국가정보원장 임동원을 평양에 파견해 양측 간 회담 의제를 확정하도록 했다.[25)]

이러한 과정을 거쳐 6월 13일부터 6월 15일까지 김대중 대통령은 평양을 방문해 역사적인 남북 정상회담을 갖기에 이르렀다. 방북 기간 중 세 차례 김정일 국방위원장과 회담을 가진 김대중 대통령은 임기 초반부터 표명해온 햇볕 정책의 기조에 따라 남북 관계 개선과 통일 문제, 긴장 완화와 평화 문제, 공존공영을 위한 교류협력 문제 그리고 이산가족 문제

---

24) 김대중, 「독일 베를린 자유대학 연설: 독일 통일의 교훈과 한반도 문제(2000.3.9)」, 『21세기와 한민족: 김대중 전 대통령 주요 연설 대담, 1998-2004』, 93~99쪽. 이 연설은 사전에 미국 측에 통고되지 않아, 매들린 올브라이트 국무 장관의 항의를 받기도 했다. Don Oberdorfer, *The Two Koreas: A Contemporary History*, p.428.

25) 김대중, 『김대중 자서전 2』, 48~58쪽; 임동원, 『피스 메이커: 남북관계와 북핵문제 20년』, 428~429쪽.

등을 의제로 협의를 진행했다. 그 결과 남북 간에 7·4 공동선언에 따라 민족 문제를 자주적으로 해결하고, 남북한 간 통일 문제는 남측이 주장해 온 남북연합 개념과 북측이 주장해온 낮은 단계의 연방제 간에 공통성이 있기 때문에 향후 통일 방안을 연구·발전시키기로 했다. 또한 이산가족 상봉 및 비전향 장기수의 석방을 추진하고, 양측 간 경제·사회문화·체육·보건·환경 등의 분야에서 교류협력을 증대한다는 공동성명을 발표하기에 이르렀다.26) 공동성명에 포함되지는 않았지만, 김대중 대통령은 한국이 북침이나 흡수통일을 추구하지 않겠다는 점을 북측에 강조하면서, 불가침 문제를 다루기 위한 남북군사공동위원회 가동과 동북아 안보를 위한 미일중러 및 남북한으로 구성되는 여섯 개국 안보협력기구 창설을 제안했다. 김정일 위원장도 한국 내 미군 주둔의 필요성에 대한 양해를 보이고, 미국과 관계 정상화를 이루고 싶다는 희망을 토로했다. 이 같은 남북 정상회담의 합의문은 김대중 대통령이 취임 이후 일관되게 추진해 온 햇볕 정책의 대북 전략을 한반도 차원에서 명문화하고 제도화한 큰 성과였다. 또한 그가 서울 귀환 이후 행한 대국민 보고의 말미에서 밝혔듯이 6·15 남북공동성명은 남북한 간 화해·협력 추진을 통해 전쟁을 막으려는 안보 정책의 일환이기도 했다.27)

26) 김대중, 「평양 남북정상회담에서 돌아와 행한 대국민 보고: 새로운 희망과 확신 (2000.6.15)」, 『21세기와 한민족: 김대중 전 대통령 주요 연설 대담, 1998-2004』, 104~108쪽; 김대중, 『김대중 자서전 2』, 95~116쪽.
27) 김대중, 「평양 남북정상회담에서 돌아와 행한 대국민 보고: 새로운 희망과 확신 (2000. 6.15)」, 『21세기와 한민족: 김대중 전 대통령 주요 연설 대담, 1998-2004』, 108쪽.

2) 정상회담 이후의 남북 협력 및 북미 협력 전개

역사적인 남북 정상회담 이후 양측 간의 교류협력이 정부 간은 물론, 민간 차원에서도 봇물처럼 전개되기 시작했다. 우선 양측 정부의 경제·통일·문화·교육 분야 각료급 인사들이 참가하는 제1차 남북 장관급회담이 7월 말에 서울에서 열린 데 이어 제2차 회담이 8월 말 평양에서, 제3차 회담이 9월 말 제주도에서, 제4차 회담이 12월 중순에 다시 평양에서 개최되었다. 이 장관급회담을 통해서는 판문점 남북연락사무소의 업무 재개, 경의선 철도 연결, 이산가족 방문 실시, 남북 경제협력 확대를 위한 이중과세방지협정 체결, 임진강 수해 방지사업 실시 등이 논의·합의되었다.28) 9월 초에는 정상회담 합의에 따라 북한 귀환을 희망하는 비전향 장기수 63명 전원을 판문점을 통해 송환하는 조치가 취해졌고, 북한 식량난을 지원하기 위해 쌀과 옥수수 등 대북 식량지원도 전임 정부보다 확대된 규모로 재개되었다.29) 2000년 9월 24일부터 26일까지는 제주도에서 조성태 국방 장관과 북한 측 김일철 인민무력부장이 참가하는 가운데 남북 국방 장관회담이 개최되었다. 이 회담에서는 양측이 군사적 긴장 완화를 통해 전쟁 위험을 제거하고 평화를 이룩하며, 경의선 철도 연결 공사의 안전보장을 위한 실무회담 개최와 주변 비무장지대의 남북 관할 지역을 설정하는 합의가 이루어졌다.30)

---

28) 임동원, 『피스 메이커: 남북관계와 북핵문제 20년』, 470~471쪽; ≪조선일보≫, 2000년 9월 3일 자 참조.

29) 김영삼 정부 시기에 비료 15만 톤, 식량 7만 톤의 지원이 이루어졌는데, 김대중 정부는 2000년의 경우 쌀 30만 톤, 옥수수 20만 톤, 2001년의 경우 옥수수 10만 톤, 2002년의 경우 쌀 40만 톤, 옥수수 10만 톤의 식량지원을 했다. 임동원, 『피스 메이커: 남북관계와 북핵문제 20년』, 485쪽 참조.

민간 차원의 대북 교류협력도 활발히 전개되었다. 정주영 명예회장의 의지로 이미 금강산 관광사업에 착수한 현대그룹은 정상회담 직후인 6월 말, 원산에서 다시 정주영 회장이 김정일 국방위원장과 협의를 갖고 개성 지역에 산업 공단을 조성한다는 합의를 얻어냈다.[31] 이후 8월 22일, 현대 그룹은 북한 측 아태평화위원회와 개성공단에 2000만 평 규모, 강원도 통천 지역에 2만 평 규모의 공업 지구를 건설·운영하겠다는 합의서를 체결했다. 김정일 위원장은 8월 5일, 한국 측의 주요 언론사 사장단 56명을 평양에 초대해 북한의 실상에 대한 한국 언론의 이해를 높이고자 했다.

남북 정상회담은 북한 측이 국제사회에 좀 더 적극적으로 참가하는 계기도 부여했다. 정상회담 직후인 7월, 북한은 아시아 지역 내 다자간 안보 협의기구인 아세안지역포럼(ARF: Asian Regional Forum)에 가입했고, 이어 아시아개발은행(ADB: Asian Development Bank)에도 가입했다. 9월에는 북한 외교 부장이 유럽 국가들에게 서한을 보내 관계 정상화를 제안했고 이 결과 이탈리아, 오스트리아와 외교 관계를 수립했다. 또한 2001년까지 영국, 네덜란드, 벨기에, 캐나다, 스페인, 독일, 필리핀과 외교 관계를 맺기에 이르렀다.[32] 이 같은 북한의 전향적 외교 활동은 결국 북미 관계의 정상화를 목표로 하는 포석이었다. 2000년 9월, 북미 양국은 베를린에서 미사일 협상을 갖고 북한이 미사일 발사 유예를 하는 동시에 미국은 대북 경제제재를 해제한다고 발표했다. 이어 10월 9일, 김정일 위원장은

---

30) ≪중앙일보≫, 2000년 9월 27일 자 참조; 임동원, 『피스 메이커: 남북관계와 북핵문제 20년』, 480쪽.

31) 김정일 위원장은 원래 개성 지역이 6·25 전쟁 이전에는 남측 땅이었으니, 남한에 돌려주는 셈치고, 북한은 외화벌이를 하면 된다는 결단을 보였다고 한다. 임동원, 『피스 메이커: 남북관계와 북핵문제 20년』, 466쪽.

32) Don Oberdorfer, *The Two Koreas: A Contemporary History*, p.435.

국방위원회 제1부위원장인 조명록 인민군 차수를 특사로 미국에 파견했다. 조명록 특사는 캘리포니아에서 윌리엄 페리와 회담을 가진 데 이어, 워싱턴에서는 빌 클린턴 대통령 및 매들린 올브라이트(Madeleine Albright) 국무 장관과 각각 회담을 갖고, 10월 12일, 북미 공동성명을 발표했다. 또 하나의 역사적 문건에서 양국은 상호 적대적인 의사를 갖지 않고, 기존의 정전협정을 평화협정으로 전환하며, 미사일 문제를 해결하고, 미사일 협의 기간 중 북한이 장거리미사일을 발사하지 않겠다고 합의했다.[33] 재임 기간 중 김대중 정부의 햇볕 정책에 조응해 북미 관계를 개선해야 한다는 생각을 갖고 있던 클린턴 행정부는 조명록의 방미 직후인 10월 23일, 올브라이트 국무 장관 일행을 평양에 파견했다. 체코 출생으로 오랫동안 공산주의체제를 연구해온 전문가이기도 한 올브라이트 장관은 김정일과의 회담 결과로 그가 함께 대화할 만한 파트너라는 관찰을 밝힌 바 있다.[34] 올브라이트 장관의 방북에 이어 빌 클린턴 대통령은 자신이 직접 북한을 방문해 북미 관계의 정상화를 위한 획기적 전기를 마련하겠다는 구상을 갖고 있었으나, 미국 대선 국면이 복잡하게 전개됨에 따라 그 타이밍을 찾지는 못했다.

어쨌든 김대중 대통령의 햇볕 정책과 그 성과로서의 남북 정상회담은 한반도의 냉전적 구조를 허무는 큰 변화를 가져오게 되어, 그 자신은 물

---

33) Don Oberdorfer, *The Two Koreas: A Contemporary History*, pp.436-439; 임동원, 『피스 메이커: 남북관계와 북핵문제 20년』, 495쪽.
34) 당시 매들린 올브라이트 장관의 수행원은 웬디 셔먼 대북 정책조정관, 스탠리 로스(Stanley Roth) 국무성 동아태 담당 차관보, 로버트 아인혼(Robert Einhorn) 비확산 담당 차관보, 찰스 카트먼(Charles Kartman) 한반도 평화 담당 대사, 잭 프리처드(Jack Pritchard) 국가안보회의 아시아 담당 국장 등이었다. 임동원, 『피스 메이커: 남북관계와 북핵문제 20년』, 500쪽; Don Oberdorfer, *The Two Koreas: A Contemporary History*, p.437.

론 한국의 국제적 위상을 높이는 결과를 가져왔다. 9월 15일 오스트레일리아 시드니에서 개최된 올림픽에 남북 대표팀은 코리아를 국호로 한반도기를 앞세우고 공동입장했다. 10월 13일, 김대중 대통령은 노벨 평화상 수상자로 선정되는 영광을 안았다. 이 같은 성과를 바탕으로 10월 말 서울에서 개최된 ASEM(아시아 유럽 정상회의) 그리고 11월 말, 개최된 한중일 정상회담에서 햇볕 정책에 대한 높은 평가가 이어졌다. 2000년 12월 21일, 일본의 ≪아사히신문(朝日新聞)≫은 한국이 시민사회와 시장경제의 가치관을 공유한 일본의 대등한 파트너라고 평가했다. 같은 지면에서 게이오 대학교의 소에야 요시히데(添谷芳秀) 교수는 한국이 일본, 캐나다, 오스트레일리아, 독일 등과 같이 미들파워의 위상을 갖고 있으며 더불어 국제질서를 만들 수 있는 국가라고 평가하기도 했다.[35]

그러나 햇볕 정책의 전도에는 일말의 불안이 감돌고 있었다. 12월 10일, 김대중 대통령은 스웨덴에서 거행된 노벨 평화상 수상 연설에서 햇볕 정책에 의한 현재 남북 관계 개선만으로는 한반도의 평화와 협력을 완벽하게 성공시킬 수 없고, 북미 관계 개선 등 여타 서방 국가들과 북한의 관계 개선이 병행되어야 한다고 역설했다.[36] 이 발언은 같은 시기 우여곡절을 거쳐 당선된 미국 조지 부시(George W. Bush) 행정부의 대북 정책에 대한 우려와 기대를 동시에 표명한 것이기도 했다. 2001년 이후 전개된 한반도의 국제 정세는 이 발언에 내포된 우려의 방향으로 움직이기 시작했다.

---

35) ≪朝日新聞≫, 2000년 12월 21일 자 참조.
36) 김대중, 「노벨 평화상 수상 연설: 영광인 동시에 무한 책임의 시작(2000.12.10)」, 『21세기와 한민족: 김대중 전 대통령 주요 연설 대담, 1998-2004』, p. 120.

4. 대북 전략의 난관: 북한판 개혁개방 정책 전개와 미국 대북 적대시 정책의 대두

1) 북한판 개혁개방 정책의 전개

2001년 접어들어 햇볕 정책의 전도에는 국내외적으로 암운이 깃들기 시작했다. 국제적으로는 2001년 2월, 미국에서 조지 부시(George W. Bush) 행정부가 출범했다. 부시 행정부는 전임 민주당 클린턴 정부와 달리 국제 관계에서 미국의 힘의 우위를 바탕으로 한 일방주의 정책을 예고했다. 대북 정책에 대해서도 마찬가지였다. 2001년 3월 6일, 김대중 대통령의 미국 공식 방문 석상에서 조지 부시 대통령은 북한 김정일 위원장을 비하하는 발언을 서슴지 않았고, 리처드 체니(Richard Cheney) 부통령과 도널드 럼즈펠드 국방 장관도 북한의 핵 및 미사일 위협을 강조하며, 미국이 추진하던 미사일 방어체제 구축의 필요성을 역설했다.[37] 이러한 미국의 대외 정책은 2001년 9월 11일 발생한 대규모 테러사건으로 인해 더욱 일방주의적인 경향을 띠기 시작했다. 국내적으로도 조짐이 좋지 않았다. 3월 12일, 그동안 민간 차원에서 개성공단 건설과 금강산 관광사업을 정력적으로 추진하던 현대그룹 정주영 명예회장이 별세했다. 이러한 대내외 요인이 겹치면서 2001년 전반기 햇볕 정책은 원활히 추진되지 않았다.

이러한 상황에 돌파구를 마련한 것은 오히려 북한 측이었다. 2001년 8

---

37) Bruce Cumings, *Korea's Place in the Sun: A Modern History*, p.504. 조지 부시 대통령은 언론인 밥 우드워드(Bod Woodward)와의 면담에서 자신은 북한 정권의 붕괴를 바란다고 발언하기도 했다. 김대중 대통령은 그의 자서전에서 조지 부시 대통령이 대테러 전쟁의 와중에 나라마다 선택을 강요했다며, 그의 독선이 참으로 이해하기 어려웠다고 불만을 토로했다. 김대중, 『김대중 자서전 2』, 382, 418쪽.

월 4일, 김정일 국방위원장은 러시아를 방문해 푸틴 대통령과 정상회담을 갖고, 이미 미국 측과 합의한 바에 따라 북한이 지속적으로 미사일 발사 실험을 동결할 것을 재확인했다. 더불어 양국 간에 한반도 종단 철도와 시베리아 철도를 연결하는 경제협력을 추진하기로 합의했다.[38] 또한 김정일 위원장은 9월 3일부터 3일 간에 걸쳐 중국 장쩌민(江澤民) 국가주석을 평양에 초청해 정상회담을 가졌다. 이 회담에서도 북한 측은 미사일 발사 실험의 유예를 재확인했고, 중국 측은 북한의 개혁개방을 촉구하면서 10월 상하이에서 개최될 예정이었던 APEC 회담에 김정일이 참석하도록 요청했다.[39] 이 같은 정지 작업에 이어 2001년 9월 15일 남북한 제9차 각료급회담이 9개월 만에 개최되었다. 인천공항에 도착한 북한 대표단은 도착 성명을 통해 미국에서 발생한 테러사건에 대해 유감을 표명했고, 한국 측과의 회담에서도 금강산 육로 관광과 개성공단 건설을 위한 실무급 회담 개최에 합의했다.[40] 이러한 일련의 회담 이후 북한은 2002년에 접어들어 한국과는 햇볕 정책의 후속 조치를 점진적으로 추진하고, 유럽연합과 일본 등에 대해서도 일종의 개혁개방 정책을 추진하기 시작했다.

김대중 정부는 정부 차원뿐 아니라 민간 차원에서의 대북 경제협력이나 접촉사업을 적극 용인했다. 2001년 12월, 한양대학교가 북한의 김책공업대학과 학술 교류협정을 체결했다. 이에 따라 2002년 6월, 한양대학교의 컴퓨터 공학 전공 교수 두 명이 김책공업대학의 컴퓨터 센터에서 두 달에 걸쳐 정보통신 분야 강의를 실시했다.[41] 2002년 6월 12일에는 재미

---

38) 《朝日新聞》, 2001년 8월 4일 자 참조.

39) Doug Struck, "Beijing May Assist With Korea Talks," *The Washington Post*, September 6, 2001; 《朝日新聞》, 2001년 9월 6일 자 참조.

40) 김대중, 『김대중 자서전 2』, 448쪽.

41) 《조선일보》, 2001년 12월 14일 자; 《동아일보》, 2002년 6월 8일 자; 《동아일보》,

교포들이 중심이 되어 북한 당국과 협의해온 평양과학기술대학 착공식이 평양에서 거행되었다. 이 대학은 북한의 대학원생들을 대상으로 정보통신공학, 생명과학, 경영정보학 등을 영어로 가르치는 목적으로 설립되었다.[42] 같은 시기인 2002년 6월 4일, 한국 정보통신부가 주도한 민관 대표단이 평양을 방문해 북한 측과 협의를 갖고, 평양 및 남포 일대의 이동통신사업 및 국제전화회선 증설사업에 한국 기업이 참가해 남북 공동의 사업을 추진하기로 합의했다.[43] 김정일 국방위원장은 컴퓨터 공학이 현대 과학기술 시대에 중요하다는 인식을 갖고 있었고,[44] 한국 역시 북한의 개혁개방을 가속화하는 데 있어 컴퓨터와 인터넷 분야의 보급이 필요하다고 보아, 이 분야에서의 남북 경제협력이 적극적으로 실시된 것이다. 2002년 5월 11일부터는 야당 의원이었던 박근혜 한국미래연합 창당준비위원장이 김정일 위원장의 초청을 받아 나흘간에 걸쳐 평양을 방문했다. 김정일 위원장은 박근혜 의원과의 면담에서 7·4 남북공동성명 및 6·15 남북공동성명을 높이 평가하고, 향후에도 남북 양측이 생사불명의 국군과 민간인 생사 확인 문제, 이산가족 상설 면회소 설치, 남북한 및 시베리아 철도 연결 문제 등 햇볕 정책하에서 거론되던 이슈들을 추진하기로 논의했다.[45] 2002년 8월 28일에는 정부 차원에서 북한 측과 남북 경제협력

2002년 8월 26일 자 기사 종합.

42) ≪교수신문≫, 2002년 6월 17일 자 참조.

43) ≪동아일보≫, 2002년 6월 11일 자; ≪朝日新聞≫, 2002년 6월 11일 자 참조.

44) 김정일, 「콤퓨터 수재 양성사업을 강화할 데 대해: 조선로동당 중앙위원회 책임일군들과 한 담화(2001.1.28)」, 『김정일 선집 15(2000-2004)』(조선노동당출판사, 2005), 96~100쪽.

45) ≪동아일보≫, 2002년 5월 17일 자; 박근혜, 『절망은 나를 단련시키고 희망은 나를 움직인다』(위즈덤하우스, 2007), 199쪽.

추진위원회를 개최하고 경의선과 동해선 철도 연결 공사 착공, 개성공단 건설 문제 등을 밀도 있게 협의했다.[46]

한편 2002년 상반기 북한 측도 중국 및 러시아는 물론이고, 유럽연합 및 일본 그리고 국제기구들과 다각적인 접촉을 갖고 개혁개방 정책을 모색하는 움직임을 보여주었다. 2002년 3월 3일 이후, 북한의 경제 대표단은 영국을 포함한 유럽 네 개국을 순방하면서 개혁개방을 위한 지원을 요청했다. 이에 대해 유럽연합도 같은 시기 공표한 대북한정책보고서를 통해 북한의 개혁개방과 시장 개방이 추진되도록 재정 및 기술지원을 확대하겠다는 방침을 표명했다.[47] 2002년 5월 18일에는 세계관광기구(WTO) 대표단이 북한을 방문해 김영남 최고인민회의 상임위원장, 백남순 외무상 등과 회담을 갖고, 칠보산 관광 개발에 협조하기로 합의했다.[48] 2002년 6월, 북한은 블라디보스토크에서 유엔개발계획(UNDP)이 주최한 두만강개발계획 다섯 개국 위원회에 참가했다. 유엔개발계획은 이 회의를 통해 북한의 청진, 중국의 연길, 러시아의 나훗카를 잇는 두만강 유역 개발 사업에 한국, 일본, 몽골도 참가시키는 계획을 추진했는데, 북한 정부도 적극 관심을 갖고 참가한 것이었다.[49] 2002년 8월, 북한은 중앙은행 대표단을 중국에 파견해 3개월간 중국의 은행 및 금융 시스템을 연구하도록 했다. 이 같은 조치는 북한이 중국식 경제개혁과 금융개혁을 추진하려는 의도를 갖고 있는 것으로 해석되었다.[50]

이 같이 2002년 상반기, 한국과 북한에 의해 각각 추진되던 햇볕 정책

---

46) 《동아일보》, 2002년 8월 28일 자; 《동아일보》, 2002년 8월 30일 자 참조.

47) 《朝日新聞》, 2002년 3월 5일 자.

48) 《동아일보》, 2002년 5월 19일 자.

49) 《동아일보》, 2002년 5월 31일 자.

50) 《동아일보》, 2002년 8월 29일 자 참조.

과 개혁개방 정책은 같은 해 9월부터 가시적인 성과를 거두기 시작했다. 2002년 9월 12일, 북한 최고인민회의 상임위원회는 정령을 발포해 신의주를 경제특구로 지정한다고 밝혔다. 신의주 경제특구 초대 장관에는 중국 국적의 양빈(楊斌)이 임명되었고, 9월 26일에는 신의주 경제특구 내의 국방과 치안 유지는 북한이 담당하지만 관세 및 개인 재산 보호 등은 특구 당국이 담당한다는 것을 골자로 한 기본법이 발표되었다. 양빈 초대 행정 장관은 9월 27일 기자회견을 통해 한국과 일본의 자본을 유치해, 신의주 경제특구를 홍콩을 능가하는 개혁개방의 거점으로 만들겠다는 포부를 밝혔다.[51)]

2002년 11월 2일, 남북 양측은 개성공단 건설 실무협의회 전체회의를 열고, 2003년 말까지 개성공단 총 2000만 평 가운데 100만 평에 대한 개발을 완료하고, 2003년 말까지 한국 기업의 입주를 가능하도록 한다는 합의서를 채택했다. 이를 뒷받침하기 위해 11월 20일, 북한 최고인민회의 상임위원회는 '개성공업지구법'을 채택해 공단 내의 투자자에 대한 상속권과 사유재산권을 보장한다는 점을 밝혔다.[52)] 이어서 11월 23일, 북한 최고인민회의는 금강산 일대를 관광특구로 지정한다고 밝혔다.[53)] 북한으로서는 1991년에 지정한 나진·선봉지구와 2002년 지정한 신의주 경제특구에 이은 세 번째 특구였다.

2002년 11월 8일 개최된 남북경제협력추진위원회는 경의선과 동해선의 연결 지점을 지정하기 위한 공동측량사업 실시와 해운합의서 채택을 위한 실무협의를 실시하기로 합의했다. 측량사업은 개성공단과 금강산

---

51) 《중앙일보》, 2002년 9월 25일; 《중앙일보》, 2002년 9월 27일 자; 《동아일보》, 2002년 9월 28일 자 기사 종합.
52) 《동아일보》, 2002년 11월 27일 자 참조.
53) 《중앙일보》, 2002년 11월 26일 자.

관광사업을 촉진하기 위한 것이었다. 54) 이에 따라 2002년 12월 28일 평양에서 개최된 남북해운협력 실무접촉회의에서는 남북해운합의서를 채택해 남한의 인천, 군산, 여수, 부산, 울산, 포항, 속초 그리고 북한의 남포, 해주, 고성, 원산, 흥남, 청진, 나진항 등 남북 간 해운 항로를 민족 내부의 항로로 인정하고, 새 항로에 외국 선박이 취항할 수 없도록 했다.55) 9월 18일, 북한의 김용삼 철도상은 러시아 시베리아 철도를 남북한 철도와 연결시키기 위한 남북한 및 러시아 3국의 철도회담을 제의하기도 했다.56) 이 같은 남북 양측의 정책에 의해 남북 간 휴전선 서쪽에서는 개성공단 건설이, 동쪽에서는 금강산 관광특구 건설에 의한 군사적 긴장 완화의 계기가 마련되었다. 그리고 북중 간에는 신의주 경제특구, 북러 간에는 시베리아 철도 연결사업이 추진되어, 북한의 개혁개방 정책을 가속화할 수 있는 거점도 마련되었다. 2002년 9월 13일, 금강산에서 재개된 이산가족 재회사업에 이어, 9월 29일 부산에서 개최된 아시안게임에 북한 측 선수단은 물론 미녀 응원단이 대거 참여해 민간 차원의 남북 접촉 범위가 더욱 확대되기도 했다.

김대중 대통령은 북한의 개혁개방 정책을 촉진하기 위해 남북 간 경제협력사업에 더해 북미 간 및 북일 간 관계 정상화가 필요하다고 보았다. 이러한 기대에 부응하기라도 하듯, 2002년 9월 17일, 일본의 고이즈미 준이치로(小泉純一郎) 총리가 전격적으로 북한을 방문해 북한의 김정일 국방위원장과 북일 정상회담을 개최했다. 이 회담에서 일본 측은 식민지 지배를 사과했고, 북한 측은 종전에 자행되었던 납치 사건과 같이 일본인의

---

54) ≪동아일보≫, 2002년 11월 9일 자.
55) ≪중앙일보≫, 2002년 12월 30일 자.
56) ≪동아일보≫, 2002년 9월 19일 자.

생명과 재산을 더 이상 위협하지 않을 것임을 확인했다. 나아가 양측은 국교 정상화 교섭을 재개하고, 국교 정상화 이후 일본에 의한 대북 무상 자금 협력, 저리 장기차관 등을 통한 경제협력을 실시하기로 합의했다.[57)

2) 부시 정부의 대북 적대시 정책 전개

북일 간 관계정상화 추진에 이어 북미 간 관계 정상화까지 추진된다면, 김대중 대통령이 의도했던 햇볕 정책의 구도는 이제 대내외적으로 완성 되는 셈이었다. 그러나 2002년 10월 이후 미국 부시 행정부는 오히려 대 북 강경 정책의 궤도로 이탈하는 수순을 두기 시작했다. 2002년 10월 3 일, 조지 부시(George W. Bush) 대통령은 대북 특사로 제임스 켈리(James Kelly) 국무성 동아태 담당 차관보를 평양에 파견했다. 예정된 의제는 북 미 간 제네바합의 준수 사항 이행 문제 확인, 미사일 개발 및 수출 문제에 대한 종접 합의 사항, 인도적 지원 문제 및 양국 간 신뢰 구축 문제 등이었 다.[58) 그런데 제임스 켈리 특사가 협상 파트너였던 북한 외무성 강석주 제1부상에게 고농축 우라늄의 실제 여부를 문의하자, 북한 측은 이를 시 인했다.[59) 이후 미국 정부 내에는 북한의 핵 개발에 대한 의혹이 불거지 고 대북 강경 여론이 대두하게 되었다.

2002년 11월, 미국 CIA는 의회에 제출한 보고서를 통해, 북한이 현재 보유중인 것으로 추정되는 핵무기 한두 기 이외에 추가적으로 몇 기의 핵

---

57) ≪중앙일보≫, 2002년 9월 18일 자 참조.
58) ≪동아일보(인터넷판)≫, 2002년 9월 27일 자 참조. 제임스 켈리 특사의 수행원으 로는 잭 프리처드 국무부 대북 교섭 담당 대사, 데이비드 스트라우브(David Straub) 국무부 한국 과장 등이었다.
59) 김대중, 『김대중 자서전 2』, 499쪽.

무기를 제조하는 데 필요한 플루토늄을 충분히 저장하고 있고, 몇 년 안에 플루토늄 생산이 증대될 경우 매년 50기 이상의 핵탄두를 제조할 수 있다는 전망을 제시했다.[60] 같은 해 12월 10일, 백악관은 콘돌리자 라이스(Condoleezza Rice) 국가안보 보좌관과 톰 리지(Tom Ridge) 국토안보부 장관이 공동으로 작성한 대량살상무기(WMD) 관련 보고서에서, WMD를 보유할 수 있는 위험 국가로 이란, 시리아, 리비아, 북한을 공식 거론하면서 이들 국가들에 의해 WMD가 사용되는 경우 미국은 2002년 9월에 공표된 국가안보 전략서에 따라 선제공격이 가능하다고 밝혔다.[61] 이러한 북한의 WMD에 대한 위협 인식을 바탕으로 미국은 1994년 제네바합의에 따라 북한에 제공하기로 되어 있는 중유 공급을 12월에 중단하는 조치를 취했다.[62]

이 같은 조치에 대응해 북한도 원자로에 설치된 국제원자력기구의 감시 카메라를 폐기하는 강경 대응을 보였다.[63] 2002년 12월 3일, 북한의 ≪노동신문≫은 논설을 통해 미국이 오히려 핵군축을 외면하고 다량의 핵무기를 보유하면서, 북한과 이라크를 위협하고 있다고 주장했다. 더불어 북한으로서는 미국의 핵 위협에 대해 자주적 권리를 추구할 것이라고 밝혔다. 같은 해 12월 29일, 북한 외무성 대변인은 미국이 제네바합의를 파기했다고 주장하면서, 북한으로서는 NPT 탈퇴도 고려한다는 강경 성명을 발표했다. 이에 대해 미국의 콜린 파월(Colin Powell)국무 장관은 북

---

60) ≪동아일보≫, 2002년 11월 21일 자.

61) ≪동아일보≫, 2002년 12월 12일 자; ≪朝日新聞≫, 2002년 12월 12일 자 참조.

62) 브루스 커밍스는 조지 부시(George W. Bush) 정권이 1990년대 후반 이후 이룩된 대북 정책의 성과를 2년 만에 무위로 돌렸다고 평가한다. Bruce Cumings, *Korea's Place in the Sun: A Modern History*, p.504.

63) ≪중앙일보≫, 2002년 12월 24일 자; *Washington Post*, December 22, 2002.

한이 몇 년 전부터 핵무기를 보유하고 있으며, 이라크보다 우월한 군사력을 갖고 있다고 주장했다.[64]

북미 관계가 악화되는 양상을 보이자, 김대중 정부는 외교적으로 북미 관계를 중재하려는 외교적 노력을 다급하게 기울이기 시작했다. 김대중 대통령은 2003년 1월 초, 임성준 외교안보 수석을 미국에 파견해 콜린 파월 국무 장관, 리처드 아미티지(Richard Armitage) 부장관, 도널드 럼즈펠드 국방 장관, 폴 울포위츠(Paul Wolfowitz) 부장관, 콘돌리자 라이스 국가 안보 보좌관 등과 일련의 회담을 갖게 하고, 북한의 핵 개발 포기를 조건으로 미국의 중유 공급 재개 및 북한 안보의 보장 방안을 설득하려 했다. 그러나 미국 측은 북한 핵 위협 및 벼랑 끝 전술에 굴복할 수 없다는 이유로 김대중 정부의 중재안을 받아들이지 않았다.[65] 2003년 2월 19일, 국방 차관보를 역임한 애슈턴 카터 하버드 대학교 케네디 스쿨 교수는 일본 ≪아사히신문≫과의 인터뷰에서 북한이 영변 지역의 핵연료 재처리를 시작한다면, 영변 핵 시설에 대해 미국이 조준 폭격하는 방안을 강구해야 한다고 발언하기도 했다.[66] 김대중 대통령이 우려해온 바, 미국 조지 부시 정부는 북한에 대한 일방주의적인 정책을 거두지 않은 것이다.

한국의 중재 노력이 성과를 거두지 못하자, 북한은 더욱 강경한 대미 정책으로 전환했다. 2003년 1월 10일, 북한은 NPT 탈퇴를 선언했다. 주중 북한 대사인 최진수는 1월 11일, 회견을 통해 미국이 먼저 북미 간 합의를 무효화했기 때문에 종전에 북한이 선언한 미사일 발사 유예 조치도

---

64) ≪朝日新聞≫, 2002년 12월 29일 자; ≪朝日新聞≫, 2002년 12월 30일 자 참조.
65) "S. Korea readies plan to end standoff with North," *The Washington Post*, January 5, 2003; ≪동아일보≫, 2003년 1월 3일 자; ≪동아일보(인터넷판)≫, 2003년 1월 9일 자; ≪朝日新聞≫, 2003년 1월 8일 자 기사 종합.
66) ≪중앙일보≫, 2003년 2월 20일 자 재인용.

중단한다는 의사를 표명했다. 더 나아가 같은 해 2월 5일, 북한군 총참모장 김영춘은 평양에서 열린 군중집회에서 미국의 대북 압박 정책때문에 한반도 정세가 군사적 충돌 방향으로 급격히 치닫고 있다고 위협했다. 다음 날 ≪노동신문≫은 미국이 자신들의 평화적 핵 시설을 기습 공격하는 경우, 한반도 전면 전쟁의 불씨가 될 것이라고 위협했다.[67] 2002년 하반기부터 불거진 북미 간의 관계 악화를 임기 종료를 맞고 있던 김대중 정부는 수습할 방도가 없었다. 그가 재임 초기부터 일관되게 추진해온 햇볕 정책은 동맹국인 미국과의 대북 정책 공조가 어긋나면서 크나큰 난관에 부딪히게 된 것이다.

5. 맺는말

김대중 대통령이 임기 초반부터 일관되게 추진한 '한반도 냉전 구조 해체를 위한 포괄적 접근 전략', 즉 햇볕 정책은 포괄적인 의미에서 국가안보 전략이었다. 북한과의 교류와 접촉의 빈도를 늘려 개혁개방을 유도하고, 이를 통해 한반도 긴장 완화와 평화 구축을 실현하고, 평화통일의 기반을 조성한다는 의도를 담은 전략이었다. 그런 면에서 햇볕 정책은 1970년대 박정희 대통령에 의해 추진된 남북대화와 7·4 공동성명, 1980년대 후반 노태우 정부에 의해 추진된 북방 정책과 남북기본합의서 채택 등의 연장선상에 있는 국가 전략의 성격을 갖고 있다. 이 전략이 2002년 상반기까지 남북 정상회담 및 6·15 남북공동성명 그리고 금강산 관광 추진과

---

67) 김대중, 『김대중 자서전 2』, 511쪽; ≪동아일보≫, 2003년 1월 12일 자; ≪중앙일보≫, 2003년 2월 7일 자.

개성공단 완공과 같은 가시적 결과들을 낳을 수 있었던 것은 다음과 같은 몇 가지 요인에 기인한 것이다.

첫째, 남북 관계의 발전 방향에 대한 김대중 대통령의 축적된 신념과 일관된 정책 방향이 중요한 역할을 했다. 김대중 대통령은 야당 지도자 시절부터 남북 관계 및 통일 방안에 대한 연구를 거듭했으며, 이 같은 연구와 경륜의 축적이 대통령 취임 이후의 대북 정책에 일관성 있게 반영되었다. 특히 김대중 대통령은 잠수정 침투나 제1차·제2차 연평해전과 같은 북한의 국지적 군사도발에도 불구하고, 국가 전략으로서의 햇볕 정책을 포기하거나 방향 전환을 시도하지 않았다. 이 점이 전임 김영삼 정부와는 크게 다른 점이기도 했다. 전술적인 변화는 있을 수 있어도 국가 전략적인 차원에서의 햇볕 정책에 대한 일관성을 유지한 것이 초기 성공의 큰 요인이 되었다.

둘째, 진보 진영에 속하는 김대중 대통령은 햇볕 정책 추진에 임해 김종필 국무총리, 강인덕 통일부 장관, 천용택 국방 장관, 이종찬 국가정보원장, 그리고 특히 임동원 외교안보 수석과 같은 보수 성향의 인물들을 측근에 대거 기용해 이 정책에 대한 국내 보혁 갈등의 가능성을 최소화하는 데 성공했다. 이 정책이 비록 박정희와 노태우 등 기존 보수 정권의 대북 정책과 연속성을 갖는 것이라 할지라도 국내 보수 진영은 김대중 대통령의 성향에 비추어 햇볕 정책에 반발할 개연성이 농후했다. 그러한 점을 고려해 김대중 대통령은 보수 성향의 인사들을 측근에 포진시키고, 가능한 한 국내 보혁 진영을 망라한 태세로 대북 정책에 임했다. 이것이 국내적으로 찬반 양론에 휩싸일 수 있는 대북 정책의 국내적 지지 기반을 유지한 이유였다고 생각된다.

셋째, 김대중 대통령은 햇볕 정책에 대해 동맹국인 미국은 물론, 일본, 중국, 러시아 등 주변 강대국들에 대해 충분히 설명하고 이해와 협력을 얻는 외교 태세 구축을 병행했다. 다행히 임기 초반에 미국의 클린턴 행정부가 햇볕 정책에 전향적으로 협력하는 태세를 보여주었고, 일본의 고이즈미 정부도 2002년 9월의 전격적인 북일 정상회담에 나타나듯이, 햇볕 정책에 공조하는 자세를 보여주었다. 모름지기 강대국들에 둘러싸인 한국이 국가안보 전략을 추진함에 있어 동맹국 미국을 포함한 주변 강대국들의 이해와 협력 태세 구축이 불가결한 과제임을 김대중 정부는 실증하고 있다.

그러나 이 지점에서 우리는 2002년 후반기부터 햇볕 정책이 난관에 봉착하게 되었는가를 자문하지 않으면 안 된다. 무엇보다 중요한 요인은, 앞에서 서술했듯이, 2002년 2월부터 집권한 미국 조지 부시 행정부와 대북 정책의 방향에 대한 차이이며, 이 차이는 끝내 좁혀지지 않았다. 부시 행정부는 북한을 미국의 안보를 위협할 수 있는 "악의 축", 혹은 "불량 국가"로 간주했고, 김대중 정부의 설득 노력은 결국 실패로 돌아갔다. 그에 더해 북한 정권도 부시 행정부의 정책을 "대북 적대시 정책"으로 간주하고, 핵 개발 및 미사일 모라토리엄을 중지하는 강경 대응으로 전환하면서, 결국 햇볕 정책이 전개될 수 있는 공간이 사라지게 되었다. 이 같은 사실은 한국의 국가안보 전략이 소정의 성과를 달성하기 위해서는 국내적 요인에 더해, 동맹국 미국을 비롯한 주변 우방 국가와의 정책조정 및 협력이 무시할 수 없는 중요 요인의 하나라는 점을 실증한다고 하겠다.

제6장

노무현 정부의 국가안보 전략과 국방 정책

1. 국방 정책 연구의 의의와 범위

국방 정책이란 국방 태세의 강화를 통해 외부로부터의 군사 위협이나 침략 가능성을 배제하고, 국가의 주권 및 영토 보전을 기해 국가안보에 기여하는 정책이다. 국가의 이익을 확보하는 최상의 국가 정책 혹은 전략이 국가안보 정책 혹은 국가안보 전략이라고 한다면, 국방 정책(전략)은 외교 정책(전략), 경제 정책(전략)과 더불어 국가의 하드 파워(hard power)를 보강함으로써 국가안보에 이바지하는 국가 정책(전략) 일부로서의 위상을 갖고 있다고 볼 수 있다.[1]

---

* 이 장은 박영준, 「노무현 정부의 국가안보전략과 국방정책 평가」, ≪교수논총≫, 제 17권 2호(국방대학교, 2009)를 수정·보완한 것이다.

1) 국가안보 전략과 국방 전략, 그리고 그 하위의 군사 전략에 대한 구분과 개념화에 대해서는 전경만 외, 『중장기 안보비전과 한국형 국방전략』(한국국방연구원, 2004)을

따라서 국방 정책은 외부의 위협 판단, 위협을 배제하기 위한 군사제도의 구축 및 군사력 증강, 전평 시 군사력의 운용을 위한 군사훈련과 군사전략의 수립, 군사제도의 운영을 위한 국방 예산의 확보와 운용, 동맹 국가 및 우방 국가들과의 군사적 협력 그리고 현재적 혹은 잠재적 위협 국가와의 대결 태세 유지 혹은 신뢰 구축 노력 등을 그 구성 요소로 포함한다. 한국을 비롯한 주요 국가에서 발행하고 있는 국방백서의 목차가 대체로 국방 정책을 구성하는 요소들을 체계적으로 배열하고 있다.[2]

개별 국가가 여타 국가들과 어떠한 관계 속에서 국방 정책을 취하는가에 따라 국방 정책은 자주방위, 무장중립, 집단방위 그리고 협력방위의 유형으로 나뉠 수 있다.[3] 자주방위란 자국의 안보 위협과 방위 태세를 자율적으로 결정하고 그에 소요되는 군사력도 자체적으로 조달하는 국방 유형을 말한다. 미국, 소련, 중국이 이에 가까운 유형이다. 무장중립이란 외부의 위협을 상정하지 않고, 타국과 동맹도 맺지 않으며, 자국의 국방력에만 의존해서 국가안보를 도모하는 스위스나 스웨덴의 경우를 말한다. 집단방위란 외부의 특정 위협에 대응해 타국과 양자 혹은 다자간 동

참조. 이에 따르면 국가 전략은 국가의 생존과 번영을 위한 전략, 안보 전략은 군사·외교·통일에 관련된 종합 전략, 국방 전략은 평시 방위 태세와 전시 군사 태세를 포괄하는 전략, 군사 전략은 전시를 가정한 군사력 운용에 관련한 전략으로 구분된다.

2) 2003년 국방부에서 발간한『참여정부의 국방정책 2003』은 제1장 안보정세 평가, 제2장 참여정부의 평화번영 정책과 국방정책, 제3장 확고한 국방 태세 확립, 제4장 미래지향적 방위역량 구축, 제5장 지속적인 국방체제 개혁, 제6장 장병 복지 및 병영환경 개선, 제7장 국방예산, 제8장 국민과 함께 하는 국방구현 등으로 구성되어 있다. 국방부,『참여정부의 국방정책 2003』(국방부, 2003).

3) 방위정책 유형에 대해서는 황병무,「현대 국방의 개념과 의의」,『전쟁과 평화의 이해』(오름, 2001)를 참조. 황병무 교수는 자주방위와 협력방위를 구분하고, 자주방위 형태로서 순수 자주방위, 집단방위, 무장중립을 다시 구분하고 있다.

맹 관계를 맺고, 그 틀 속에서 방위 태세를 강구하는 유형을 말한다. 나토 (NATO, 북대서양 조약기구)에 속한 유럽 국가들 그리고 미국과 동맹을 맺고 있는 한국, 일본이 이와 같은 유형에 속한다. 협력방위란 공동안보 혹은 협력안보 개념에 입각해서 잠재적 위협의 대상인 국가들까지 포괄해 상호 간의 신뢰 구축을 도모하고, 군비 통제를 추구하면서 군사적 위협을 감소시키는 국방 정책의 형태이다. 유럽에서 추진되고 있는 CSCE(유럽안 보협력회의)나 OSCE(유럽안보협력기구)가 이에 해당된다. 이 같은 국방 정책의 위상 그리고 그 내용과 유형을 볼 때 국방 정책에 대한 연구는 국가 안보 및 국제 관계 연구에서도 중요성이 적지 않다고 하겠다.

이 장은 2003년부터 2007년에 걸친 5년간 노무현 정부 시기에 추진된 국방 정책을 정리하고 평가하기 위한 것이다. 이 시기는 국제적으로는 이라크 및 아프가니스탄에서 미국의 대테러 전쟁이 지속적으로 수행된 시기이며, 동아시아에서는 북한의 핵 개발 및 핵실험으로 인해 안보와 국방 정책 분야에서 새로운 도전이 제기된 시기였다. 과연 노무현 정부는 이러한 대외적 환경 변화에 대응해서 한국의 국방 태세를 어떻게 변화시키고 발전시켰는가? 노무현 정부의 안보 정책과 국방 정책에 대해서는 비판의 의견도 적지 않으나, 이 장에서는 가급적 실증적인 자료를 바탕으로 노무현 정부의 국방 정책을 정리하고, 좀 더 객관적인 지표를 갖고 평가하고자 한다.[4] 그리고 이를 바탕으로 향후 한국 정부가 추진해야 할 국방 정

---

4) 단 노무현 정부의 국방 정책에 관련된 자료의 상당수는 비밀 해제가 되지 않아 이 글에서는 부득불 언론에 공개된 자료들을 대상으로 함을 밝혀둔다. 노무현 정부의 국방 정책에 대한 평가로서는 백승주, 「차기 정부의 국방정책 과제와 정책방향」, 『차기 정부의 외교안보, 국방, 통일정책의 과제』(평화재단, 2007)을 참조. 노무현 정부의 외교 이념 및 정책에 대해서는 김기정, 「21세기 한국 외교의 좌표와 과제: 동북아 균형자론의 국제정치학적 의미를 중심으로」, ≪국가전략≫, 제11권 4호; 박영준,

책의 과제를 도출하기 위한 목적을 갖는다.

2. 노무현 정부의 국가안보 전략 기조와 국방 정책 방향

국방 정책은 좀 더 상위의 개념인 국가안보 정책, 혹은 국가안보 전략에 따라 그 임무와 역할이 주어진다. 국가안보 정책 혹은 국가안보 전략은 국가별로 대체적으로 연속성을 가지나, 역대 정권에 따라 강조점이 달라지기도 한다.[5] 한국의 경우에도 정권에 따라 국가안보 전략을 최상위의 문서에 표명해왔다.[6] 노무현 정권의 경우에도 발족 초기부터 나름의 국가안보 전략을 체계화하려는 노력을 보여주었다. 〈표 6-1〉은 노무현 정부 시기 외교안보 정책결정 과정에 주로 관여한 멤버들을 나타낸 것인데, 이 가운데 노무현 정부 초기부터 NSC 사무차장을 맡았던 이종석에 의해 새로운 국가안보 전략의 체계화가 시도된 것으로 보인다.

2003년 1월 7일, 대통령직 인수위원회는 10대 국정 과제를 확정했는데 그 가운데 국가안보 정책과 관련된 과제로서는 '한반도 평화체제 구축'이 포함되었다. 그리고 그 세부 과제로는 북핵 문제 해결, 군사적 신뢰 구축,

---

「동북아균형자론과 21세기 한국외교」, ≪한국정치외교사논총≫, 제28집 1호 참조.

5) 예컨대 미국의 경우 새로운 정권이 등장할 때마다 국가안보 전략문서(NSS: National Security Strategy)가 새롭게 책정되어왔다. 조지 부시 정권의 경우 2001년과 2006년에 각각 NSS를 발표했다. 일본의 경우에도 국가안보 전략을 담아내는 방위계획대강이 1976년, 1995년, 그리고 2004년에 각각 새롭게 제정된 바 있다.

6) 홍준기에 따르면 박정희 정부 시기의 국가안보회의 사무국이 1970년에 『국가안전보장 기본정책서』를 작성했는데, 이것이 최초의 국가안보 전략서라고 한다. 홍준기, 「한국 자주국방 정책의 역사적 변천과정에 관한 연구」(국방대학교 석사학위논문, 2004).

■ 표 6-1 _ 노무현 정부의 외교안보 정책결정 과정 주요 멤버

	청와대	통일부	외교통상부	국방부	국정원
2003 초기 내각	· 국가안보 보좌관 나종일 · 외교 보좌관 반기문 · 국방 보좌관 김희상 · NSC 사무차장 이종석	정세현	윤영관	조영길	고영구
2004	(1월 30일) · 국가안보 보좌관 권진호 · 국방 보좌관 윤광웅	정동영	(4월 1일) 반기문	(7월 28일) 윤광웅	
2005	(3월 14일) 국방발전자문위원회 위원장 황병무				
2006	· 안보 실장 송민순 · 안보 수석 서주석 (11월 30일) · 안보 실장 백종천 · 안보 수석 윤병세	이종석		김장수	김승규
2007	안보 실장 백종천	이재정	송민순		김만복

군 복무 단축, 군 정예화가 제시되었다.[7] 이어서 대통령 취임 직전의 2003년 2월에는 윤영관, 이종석, 서동만, 서주석을 멤버로 하는 대통령직 인수위원회 한반도 평화체제 구축 태스크포스(Task Force)팀이 「한반도 평화체제 구축」이라는 팸플릿을 작성했는데, 이 문서가 노무현 정부 최초의 국가안보 전략 구상을 담은 것으로 보인다.[8]

이 문서에서 태스크포스팀은 한반도 평화체제가 불안정한 정전 상태 종식으로 한반도 평화를 실현하는 상태라고 규정하면서 이를 통해 동북

---

7) ≪동아일보≫, 2003년 1월 8일 자.
8) 이하의 내용은 대통령직 인수위원회 한반도 평화체제 구축 태스크포스팀, 『한반도 평화체제 구축』(2003.2)을 참조.

아 중심 국가의 토대를 마련할 수 있다고 의의를 부여하고 있다. 그러나 한반도 평화체제 구현의 도정에는 북한의 대남도발 가능성과 WMD 개발 등이 한국의 안보를 위협하는 요인으로 여전히 남아 있다고 분석하면서, 이러한 위협을 배제하기 위해 한미동맹과 자주국방을 양대 축으로 안보 태세를 확립할 것을 강조하고 있다. 태스크포스팀은 자주국방이 필요한 배경으로 ① 한미연합방위체제 위주의 국방 태세로 인해 군사력의 자주적 균형 발전이 미흡했던 점, ② 전략 정보 및 첨단 장거리 타격 전력 등 핵심 전력을 미국에 의존했던 점, ③ 해외 구매 위주의 군사력 건설로 핵심 기술 개발능력이 미흡했고 방위산업 기반이 취약한 점, ④ 독자적 전쟁수행능력 및 군사 전략과 교리 발전이 미흡한 점, ⑤ 국방비 하향 배분으로 전력 증강 및 운영 유지에 제한이 가해지는 점 등을 지적했다. 이에 따라 자주국방을 위한 과제로서 3군 균형 발전의 군 구조 개선, 정보 및 정밀타격 분야 전력의 중점적 확보, GNP 대비 3% 이상 국방비 확보 등을 들고 있다.

태스크포스팀은 한미동맹의 목표가 평화 증진에 맞추어 대북 억제에서 지역 안정으로 점진적으로 전환되어야 한다고 지적한다. 즉, 한반도 방위는 한국이 주도하고 미국이 지원하는 형태로 한미동맹의 역할과 성격이 변화되어야 하며 한반도 평화체제 구축과 병행해 유엔사, 작전통제권, 주한 미군 역할 문제 등의 현안이 미래한미동맹정책구상(FOTA)등을 통해 공동협의되어야 한다는 것이다. 나아가 태스크포스팀은 남북 군사 회담 정례화를 통한 군사적 신뢰 구축 모색과 동북아 평화안보 문제의 포괄적 협의를 위해 남북한 및 미일중러가 참가하는 동북아 평화협력체 창설 과제를 제시하고 있다.

즉, 태스크포스팀은 국가안보 정책 목표로서 '한반도 평화체제 구축'을 제시했고, 이를 위협하는 요소로서는 북한의 WMD 개발과 대남도발 가능성을 지적했다. 그리고 국가안보 정책의 목표를 달성하기 위한 구체적인 과제로 자주국방 실현, 한미동맹의 미래 지향적 발전, 남북 간 군사적 신뢰 구축, 동북아 다자안보협의체 구성 등 네 가지를 제시하고 있다.

태스크포스팀의 문제의식은 2004년 3월, NSC가 발표한 국가안보기본전략서『평화번영과 국가안보: 참여정부의 안보 정책 구상』에서 좀 더 보완된다.9) 여기서 노무현 정부는 국가안보의 목표로 ① 한반도의 평화와 안정, ② 남북한과 동북아의 공동번영, ③ 국민 생활의 안전 확보를 제시한다. 또한 이를 구현하기 위한 국가안보 전략 기조로 ① 평화번영 정책 추진, ② 균형적 실용 외교 추진, ③ 협력적 자주국방 추진, ④ 포괄 안보 지향을 제시했다. 국가안보 정책을 달성하기 위한 경제·외교·국방 분야의 지침이 요약된 것이다. 그리고 국가안보 전략 기조를 달성하기 위한 좀 더 구체적인 과제로서 ① 북한 핵 문제의 평화적 해결과 한반도 평화체제 구축, ② 한미동맹과 자주국방의 병행 발전, ③ 남북한 공동번영과 동북아 협력 주도, ④ 전방위 국제협력 추구, ⑤ 대내적 안보 기반 확충 등이 제시되었다. 즉, 한반도의 평화와 안정, 한반도 평화체제 구축, 동북아의 평화번영이라는 국가안보 정책의 목적을 달성하기 위해 국가안보기본전략서는 국방 분야의 정책 과제로서 한미동맹과 자주국방의 병행 발전, 대내적 안보 기반 확충, 북한 핵 문제의 평화적 해결 추진, 동북아 협력 및 전방위 국제협력 추구 등을 제시했다. 표현은 다소 달라졌지만, 인수위 태스크포스팀에서 제시된 국방 정책 과제들이 국가안보기본전략서에서도 유지되고 있다고 보인다.

노무현 정부의 국가안보 전략 기조와 국방 정책에의 과제 부여는 국방부의 정책 문서들에서도 반영되고 있다. 국방부가 2003년 발간한『참여

---

9) 국가안전보장회의,『평화번영과 국가안보: 참여정부의 안보정책 구상』(2004.3).

정부의 국방정책 2003』은 한반도 평화증진과 공동번영 추구를 목표로 하는 평화번영 정책이 통일·외교·안보를 포괄하는 종합적인 국가발전 전략이며, 이를 뒷받침하기 위해 국방 분야에서는 '자주적 선진국방'을 정책 목표로 둔다고 명시한다. 이에 따라 ① 자위적 방위 역량과 국방 태세를 갖추고, ② 상호 보완적인 한미동맹 관계와 대외 군사협력 관계를 유지하며, ③ 합리성과 효율성을 지닌 선진적 국방 운영체제를 구비하고, ④ 남북 군사적 신뢰 구축 추진 등을 정책 과제로 제기하고 있다.10)

이 같이 국가안보회의와 국방부에서 도출된 국방 정책 과제는 크게 보아 ① 자주국방의 실현, ② 평화증진에 따른 한미동맹의 재조정, ③ 남북 간 군사적 신뢰 구축, ④ 동북아 평화를 위한 국방의 역할 확대 등으로 요약될 수 있을 것이다. 이러한 과제들은 대통령 자신이나 국가안보 정책결정 과정에 참가하는 주요 인사들에 의해 부분적으로 강조되거나 새로운 내용들이 추가되는 양상을 보였다.

군 통수권자로서 대통령이 이러한 국방 정책 과제에 관해 어떠한 비전과 구상을 갖고 있는가는 매우 중요하다. 대통령 중심제의 한국에서 대통령의 국방 정책 구상은 국방 정책의 수행과 변화에 직접 영향을 미칠 수

---

10) 국방부, 『참여정부의 국방정책 2003』, 제2장 제2절 참조. 단 '남북 간 군사적 신뢰 구축 추진'은 제2장 제2절 '국방정책 목표와 방향'이 아니라 같은 책의 제2장 제1절 '참여정부의 평화번영정책'에서 자주국방 개념에 입각한 국방의 핵심 과제로서 제기되고 있는 것이다. 같은 문서에서도 '남북 군사적 신뢰구축 추진'이 국방의 과제로서 포함되기도 하고, 빠지기도 하는 것은 상위 국가안보 전략문서에서 표명된 국방 정책 방침을 구체적인 과제로 도출하는 과정에서 국방부 내에서도 긴밀한 정책적 논의나 논리적 일관성이 유지되지 못한 사례로 볼 수 있다. 대통령 안보 전략을 지침으로 중장기 국방 정책 목표와 기본 방향을 설정하는 국방 정책 분야 최상위 기획문서는 『국방기본정책서』로서, 2006년 4월에 공간된 바 있다. ≪국방일보≫, 2006년 4월 19일 자.

있기 때문이다. 노무현 대통령은 취임 초기부터 자주국방의 목표, 특히 주한 미군에 대한 의존도를 경감하는 자주국방의 중요성을 강조했다. 2003년 8월 15일의 광복절 경축사에서 노무현 대통령은 국군의 정보와 작전기획능력을 보강하고 군비와 국방체계도 재편해 10년 안에 자주국방의 역량을 갖출 수 있는 토대를 마련하겠다고 선언했다.11) 대통령은 2004년 10월 1일, 국군의 날 기념식 연설에서 국방조직의 전문화와 문민화와 같은 혁신을 통해 국방 운영의 효율성을 높일 필요성도 제기했다. 노무현 대통령이 생각하는 자주국방의 범위에는 한국군 주도의 작전수행 능력 강화뿐 아니라 국방 운영의 전문화도 포함되고 있는 것이다. 2004년 12월, 대통령은 국무회의에서 윤광웅 국방 장관에게 1996년도에 '군사개혁법'을 작성해 군 개혁을 추진한 프랑스식 국방개혁 방안을 강구할 것을 지시했다.12) 대통령이 생각하는 자주국방으로의 군 개혁을 위해서는 군 구조, 작전기획능력, 군 운영체계에 대한 제도적·법률적 접근이 필요하기 때문이다.

노무현 대통령은 자주국방을 실현하기 위해 한미동맹이 구조적으로 변화될 필요성이 있다고 본 듯하다. 일찍부터 미군에 대한 안보 의존 탈피를 주장한 대통령은 한미연합사에게 위임된 전시작전통제권의 환수를 한미동맹 재조정의 중요한 과제라고 판단하게 되었다. 2006년 8월 9일, 연합뉴스와의 기자회견에서 대통령은 "작전통제권이야말로 자주국방의 핵심이다. 실리적으로 큰 문제가 없다면 어느 정도 비용을 지불하고서라

---

11) 그는 이 연설에서 안보를 언제까지나 주한 미군에 의존하려는 생각은 옳지 않다고 주장했다. 이 연설에 대해서는 많은 비판이 제기되었다. 박용옥, "노 자주국방론의 위험성", 《동아일보》, 2003년 8월 19일 자; 김승환, "한미동맹 없는 자주국방?", 《중앙일보》, 2003년 8월 21일 자.
12) 《조선일보》, 2005년 1월 20일 자.

도 이것은 꼭 갖춰야 할 국가의 기본 요건이다", "우리나라는 자기 군대에 대한 작전통제권을 갖지 않은 유일한 나라이다. 경제 11위 대국이고 병력 수는 세계 6위 군사강국인데 스스로 작통권을 못 갖고 있다"라고 하면서 전시작전통제권 환수에 강한 의욕을 보이고 있다.[13] 그는 전시작전통제권 환수 시 한국 안보에 미칠 영향을 우려하는 반대 여론을 의식하면서, 전시작전통제권이 환수되어도 미국의 정보 자산은 한국과 변함없이 협력될 것이며, 주한 미군도 지속적으로 주둔하게 될 것이라고 설명했다.[14]

노무현 정부의 외교안보 브레인들은 북한의 군사적 위협과 핵 개발 위협을 도외시한 것은 아니지만, 상대적으로 북한과의 신뢰 구축 필요성을 좀 더 강조했다. 노무현 정부 인사들은 북한과의 신뢰 구축과 협의 유지를 위해 기존 국방 정책에서 주적으로 간주되어왔던 북한에 대한 인식 변화가 필요하다고 주장했다. 국방부가 2003년 7월에 간행한 『참여정부의 국방정책』은 2002년도의 국방백서 『1998~2002 국방정책』에 이어 북한에 대한 '주적' 표현을 사용하지 않았다.[15] 2005년 1월에 간행된 『국방백서 2004』도 주적 표현을 배제했다. 이에 대해 2004년 10월 22일, 권진호 국가안보 보좌관은 주적은 북한 지도층과 이를 추종하는 군부이기 때문에, 북한을 '주적'보다는 '주위협'으로 표현하는 것이 바람직하다는 견해를 피력했고, 같은 해 11월 17일, 정동영 통일부 장관은 남북 정상회담 개

---

13) 《조선일보》, 2006년 8월 10일 자.
14) 이 점과 관련해 노 대통령이 한미동맹 폐기까지를 고려했다고는 보이지 않는다. 다만 대통령은 미국의 요구에 대해 수동적으로 따라가는 모습보다는 적극적으로 의견을 교환하고 입장 표시를 하는 대미 관계에 입각해 한미동맹을 재조정해야 한다는 생각을 피력했다. 그의 핵심 측근인 이종석 NSC 사무차장도 한미동맹과 자주국방은 한국 외교에서 새의 양 날개와 같은 것이라고 설명했다. 《중앙일보》, 2004년 2월 5일 자.
15) 2000년까지 국방백서는 북한을 '주적'으로 표현해왔다.

최와 같은 달라진 남북 관계를 고려해서 주적 개념은 다른 용어로 표현되는 것이 좋다는 견해를 피력했다.16) 논란은 있었지만 주적 표현의 기피는 북한과의 군사적 신뢰 관계 구축을 우선시하는 노무현 정부의 대북 정책을 상징하고 있다. 2007년 10월, 남북 정상회담에서 군사적 적대 관계 종식과 불가침 의무 준수, 서해상 우발 충돌 방지를 위한 공동어로구역 설정과 평화수역화 등이 공동문서상 합의 사항으로 포함된 것은 그 결정판이라 할 수 있다.

노무현 정부는 한국의 국방 정책이 동북아의 평화를 위한 역할을 해야 한다는 점을 소위 '동북아 균형자' 개념을 통해 피력했다. 2005년 3월 1일, 대통령은 3·1절 기념사를 통해 한국이 민주주의와 경제 발전을 토대로 "동북아의 균형자 역할을 할 수 있는 국방력을 키워가고 있"다고 주장했다.17) 같은 해 3월 8일, 공군사관학교 제53기 졸업식 치사에서는 "우리 군은 한반도뿐만 아니라 동북아시아의 평화와 번영을 지키는 것을 목표로 하고 있습니다. 동북아시아의 세력균형자로서 이 지역의 평화를 굳건히 지켜낼 것입니다. 이를 위해 동북아시아의 안보협력 구조를 만드는 데 앞장서고, 한미동맹의 토대 위에서 주변국들과 더욱 긴밀히 협력을 강화해나갈 것"이라고 천명하고 있다.18) 즉, 대통령은 한국의 국방 정책과 군사력이 단지 한반도에서의 전쟁 억제와 평화체제 구축이라는 역할에만

---

16) ≪동아일보≫, 2004년 11월 18일 자. 이에 대해 한나라당을 중심으로 반론이 강하게 제기되었다. 2004년 4월, 박진 의원은 방어적 의미에서 주적 개념을 분명히 해야 한다고 주장했다. ≪중앙일보≫, 2004년 4월 7일 자. 2004년 11월 18일, 국회 국방위원회 비공개회의에서 한나라당 김덕룡 원내대표는 북핵 사태가 악화된 현재 시점에서 주적 개념을 삭제하는 것은 부당하다는 반론을 전개했다. ≪동아일보≫, 2004년 11월 19일 자.
17) 2005년 노무현 대통령 3·1절 기념사(http://16cwd.pa.go.kr/cwd/kr/index.php).
18) 같은 글.

한정되지 말고, 동북아시아의 평화와 번영을 위해서도 '동북아 균형자'로 서의 역할을 해야 할 것임을 제기하고 있는 것이다.

이상에서와 같이 노무현 정부는 새로운 국가안보 전략의 체계를 정립 했고, 그 속에서 국방 정책의 과제로서 '국방개혁법'을 통한 자주국방의 구현, 전시작전통제권 환수를 통한 한미동맹의 재조정, 주적 개념의 배제 를 통한 북한과의 군사적 신뢰 구축 추진, 동북아 균형자 개념의 제시를 통한 군사력의 역할 확대 등을 의욕적으로 제기했다. 그렇다면 이상과 같 은 국방 정책의 과제는 어떻게 추진되었고, 그 성과는 어떠한가? 이하에 서는 각 분야별 세부적인 국방 정책의 추진 양상을 살펴보도록 하겠다.

3. 자주국방체제의 추진

1) 군 구조 개편

자주국방 계획에 따라 독자적으로 정보를 수집할 수 있는 첨단능력과 장거리 타격 전력을 갖추기 위해서는 기존의 방대한 병력 및 군 지휘체계 를 축소해 국방 예산을 전력 증강 분야에 집중적으로 배분할 수 있는 구 조를 갖추어야 한다. 또한 장차전의 양상을 예측해 육해공군이 결합하는 작전을 효율적으로 수행할 수 있도록 균형 편성을 통한 합동성 강화가 모 색되지 않으면 안 된다.

김대중 정부 시절에도 이러한 문제의식하에서 국방개혁위원회를 두고 전방에 배치된 육군의 제1군, 제3군을 통합해 지상작전 사령부를 설치하 고, 병력 감축을 단행해 2020년경에는 45~55만 명 수준으로 줄이자는 구 상 등이 제기된 바 있었으나 군 내외로부터 반발을 받아 취소되었다. 노무현 정부 등장 이후 새롭게 국방개혁의 필요성이 제기되면서 국방부는 김대중 정부 시절에 추진했던 국방개혁안을 토대로 한 군 구조 개편안을 강구하기 시작했다. 예컨대 2004년 3월 23일에는 국방부가 「국방개혁 2003년 실적 및 2004년 추진계획」을 발표해 장기적인 감군 계획에 따라 2003년에는 600여 개 부대의 병력 감축 및 조직 통합을 진행하고, 2004년부터는 2단계로 부대 및 병력 정비를 추진한다는 계획을 공표했다. 또한 69만 명 수준의 군 병력을 남북한 간 군축 추세에 따라 55만 명 수준으로 감축하는 방안도 계획되었다.[19] 같은 해 9월에는 국방부가 육군에 지시해 수도권 이남 육군 제2군 사령부 예하의 군단을 폐지하고, 예하 일곱 개 사단을 군 사령부 직할부대로 재편하는 방안에 대해 검토하도록 했다.[20]

산발적으로 진행되던 국방개혁안 강구는 2004년 12월, 대통령이 직접 국방부 장관에게 프랑스식 국방개혁안을 강구하라는 지시를 내린 이후 본격화되기 시작했다. 대통령 지시 이후 국방부는 다음 해 4월 28일, 국방개혁의 법제화, 3군의 균형 발전, 2단계 군 감축안, 군 진급제도 개선 등을 골자로 한 국방혁신과제의 추진을 대통령에게 보고했다.[21] 이후 국방부와 합참을 중심으로 국방개혁안이 강구된 끝에 2005년 9월 13일, 국방개혁법안 초안 및 국방개혁안이 발표되었다.[22] 국방개혁안의 주요 내용은 ① 2020년까지 육군 55만 명을 35만 명 수준으로 감축하는 것을 포함해 총 68만 명 수준의 병력을 50만 명으로 감축하고, ② 육군 10개 군단

19) ≪동아일보≫, 2004년 3월 23일 자; ≪동아일보≫, 2004년 3월 24일 자.

20) ≪동아일보≫, 2004년 9월 3일 자.

21) ≪조선일보≫, 2005년 4월 29일 자.

22) 국방개혁안은 국방부 발표 이전인 ≪조선일보≫, 2005년 9월 6일 자 기사와 ≪동아일보(인터넷판)≫, 2005년 9월 6일 자 기사에 특종 보도되었고, 공표 직후에는 일본의 ≪朝日新聞≫, 2005년 9월 14일 자 기사에 보도되었다.

의 구조를 여섯 개로, 47개 사단을 20여 개로 감축하며, ③ 예비군도 현 304만 명 규모를 150만으로 감축하는 등 육군을 중심으로 병력 규모의 대폭적인 감축을 단행하도록 했다. 병력 감축에 따른 전력 공백을 지휘통제 체제의 일원화와 정밀타격 무기의 강화로 보완하도록 했다. ④ 전방에 배치된 육군 제1군과 제3군을 통합해 지상작전 사령부를 창설하며, ⑤ 북한군 장사정포에 대응하기 위해 육군의 전술지대지미사일과 다연장 로켓포, 자주포를 통합 지휘하는 유도탄 사령부를 창설해 유사시 좀 더 일원적인 지휘와 대응이 가능하도록 했다. ⑥ 아울러 유급지원병제를 도입해 의무 복무를 마친 병사들 가운데 희망자를 대상으로 일정 급여를 주고 추가 복무하도록 해, 징병제를 보완하도록 했다. 국방개혁안은 군의 고질적인 문제였던 육군 중시 문화의 개선에도 역점을 두었다. ⑦ 육해공군 균형 편성을 위해 합참에 근무하는 육해공군 현역 군인의 비율을 2:1:1로 조정하고, 국방부, 기무사, 정보사 등 국직부대에 근무하는 육해공군 현역 군인 비율을 3:1:1로 하도록 법안에 명시하게 했다. 또한 국방개혁안은 ⑧ 합참의장 및 각 군 총장을 국회 인사청문회를 거쳐 임명되도록 하고, 현역의 경우에는 전역 이후 3년이 지나야 국방부 장차관으로 임명할 수 있도록 했다. 아울러 국방부 주요 직위자는 문민으로 충원하도록 했다. ⑨ 국방개혁안은 첨단 전력 확보를 위한 재원으로 2020년까지 289조 원의 전력 투자비가 필요할 것으로 판단하고, 이러한 재원을 확보하기 위해 2015년까지는 매년 11%, 그 이후에는 7% 전후의 국방비 증가를 요청했다. 이 같은 국방개혁안과 국방 문민화, 군 구조 개편, 전력체계 발전, 3군 균형 발전의 원칙을 담은 국방개혁법안이 국무회의를 거쳐, 2006년 12월 1일에 국회 본회의에서 가결되어 국방개혁은 입법화되기에 이르렀다.[23]

---

23) 단 국방개혁안이 발표된 이후에 발생한 북한 핵실험과 핵 위협의 현실을 감안해

국방개혁법안 가결 이후 국방부와 예하 부서는 국방개혁안의 추진을 위한 후속 대책에 착수했다. 2007년 1월 강광석 병무청장이 중심이 된 병역자원연구기획단은 국방부 장관에게 병역제도 개선안을 보고하면서, 현재 24개월의 군 복무 기간을 2008~2013년 사이에 18개월로 줄이고 현행의 전환 및 대체 복무제를 단계적으로 폐지하며 국방개혁안에 나타난 것처럼 유급지원병제를 실시할 계획을 밝혔다.[24] 같은 해 2월 15일, 김장수 국방 장관은 대통령에 대한 2007년도 업무계획 통해 국방개혁에 관한 법률안의 시행령을 제정하고, 장관 직속으로 국방개혁실을 제도화해 국방개혁 추진 상황을 점검·독려할 것임을 보고했다. 그리고 군 구조 개편 계획은 예정대로 추진해 후방의 두 개 군단을 해체해 후방작전 사령부를 창설하고, 전방 군단들을 통할하는 지상작전 사령부를 2010년까지 창설할 것임을 확인했다.[25] 같은 해 7월 18일, 국방부는 2008~2012년 국방중기계획을 대통령에게 보고하는 자리에서, 2012년까지 해군은 이지스급 구축함과 214급 잠수함 등을 주축으로 한 기동전단을 창설해 동·서해 전방 해역작전과 원양작전을 지원할 것이고, 2015년까지 잠수함 사령부를 창설할 계획임을 밝혔다. 그리고 공군도 한강 이북 지역에서의 신속한 제공권 장악을 위해 2010년까지 F15K 전투기, 공중조기경보통제기, 대공유도무기 등을 주축으로 한 북부 전투 사령부를 창설할 예정임도 천명했다.[26] 이러한 계획 가운데 2007년 11월 1일, 처음으로 육군 제2작전 사령부가 창설되어 기존 제2군 사령부의 임무 및 관할 구역을 인수했고, 기존의 두

2006년 12월 국방개혁법안이 국회 가결 시에는 법안 성립 이후에도 3년마다 국방개혁의 추진 계획을 재검토하도록 했다.

24) ≪중앙일보≫, 2007년 1월 9일 자.
25) ≪국방일보≫, 2007년 2월 16일 자.
26) ≪중앙일보≫, 2007년 7월 19일 자.

개 군단은 해체되었다.[27] 그리고 향후 군 구조에 관한 계획들이 모두 실현될 경우 유사시 전방 지역에는 육군의 지상작전 사령부, 공군의 북부 전투 사령부, 해군의 기동전단과 잠수함 사령부가 합참의 지휘하에 유기적으로 작전을 수행할 수 있게 되어 현행 군 구조에 비해 지휘계선이 간소화되고 좀 더 합동성을 발휘할 수 있게 될 것이다.

2) 전력 증강

노무현 정부의 국방 정책 브레인들은 태스크포스팀의 보고서에서도 명시되었듯이 자주국방을 위한 과제로 주한 미군에 의존해온 첨단 전력, 예컨대 정보 수집 자산이나 장거리 타격능력의 확보가 긴요한 과제라고 인식하고 있었다. 국방부도 매년 대통령에게 보고하는 국방중기계획상의 전력 증강 목표에서 이러한 전력 자산들을 집중적으로 제기하고 있다.

2003년 9월 26일, 국방부가 보고한 「국방중기계획 2004~2008」은 자주적 선진 국방 구현을 위한 기반 구축을 목표로 제시하면서 특히 대북 정보 전력 및 공중 방공 전력 확보에 중점을 두었다.[28] 대북 정보 전력으로서는 공중조기경보통제기와 중고도 무인정찰기를 각각 2004년 및 2006년부터 기초 개발 및 연구에 착수하기로 했고, 공중 방공 전력으로서는 공대함 하푼 미사일과 저고도 레이더 그리고 단거리 공대공 유도탄을 각각 2005년도와 2008년도부터 개발하기로 했다. 그 밖에 기간 전력으로서는 전투 장갑차 및 차기호위함 그리고 공중급유기사업을 각각 2004년도와 2007년도 이후 개시하기로 했다.

---

27) ≪국방일보≫, 2007년 10월 17일 자.
28) ≪동아일보≫, 2003년 9월 27일 자.

2004년 11월, 국방부는 협력적 자주국방 계획을 발표하면서 이를 구현하기 위한 필요 전력으로서 독자적 감시 정찰능력, 실시간 지휘통제체제, 종심 타격능력을 제시했다. 이 가운데 독자적 감시 정찰능력 강화에 필요한 무기체계로서는 조기경보통제기, 무인정찰기 외에 정찰위성 운용을 들고 있다. 실시간 지휘통제체제로서는 북한 장사정포에 대응할 수 있는 지휘통제체계 구축을, 적의 후속 부대에 대한 종심 타격능력으로서는 기갑여단, 이지스 구축함, 대형 잠수함, 해병대 전력 강화 등을 제시했다.

2005년 5월 26일 국방부는 「국방중기계획 2006~2010」을 발표했다. 이 문서에서도 독자적 대북 정보 수집능력으로서 공중조기경보통제기와 무인정찰기의 필요를 재확인하고, 그 외 7000톤급 이지스 구축함(KDX-III)과 1800톤급 잠수함, 최신형 공격 헬기, 북한의 장사정포를 무력화하기 위한 탐지레이더 및 대구경 다련장탄 추가 확보 방침을 밝히고 있다.[29]

2006년 7월 10일, 국방부는 「국방중기계획 2007~2011」을 대통령에게 보고했다.[30] 이 계획에는 한반도 주변 감시와 조기 경보능력을 강화하기 위해 공중조기경보통제기, 무인정찰기, 다목적 실용위성 확보 계획을 제시했다. 그리고 전투력 통합 운용을 위한 전장 관리체계로서 지휘통제통신체계의 구축과 군 위성통신체계 전력화 필요성을 제시했고, 장거리 타격능력과 대화력전 수행능력의 강화도 요청했다. 아울러 주요 해상 교통로 보호를 위한 해상작전능력의 확충 필요성을 제기하면서 이지스급 구축함 및 214급 잠수함 보유를 요구했고, 한반도 전역 항공작전과 방공작전능력 구비를 위해 F-15K와 SAM-X 도입을 포함시켰다.[31]

---

29) ≪조선일보≫, 2005년 5월 27일 자.
30) ≪국방일보≫, 2006년 7월 12일 자. 「국방중기계획 2007~2011」은 대통령에게 보고되기 이전인 5월 17일, 윤광웅 국방 장관이 주재한 제3회 방위사업추진위원회에서 심의·의결되었다. ≪조선일보≫, 2006년 5월 18일 자.

2007년 7월 18일, 국방부는 「국방중기계획 2008~2012」를 대통령에게 보고했다. 이 계획에는 동·서해 전방 해역작전과 원양작전을 지원할 수 있도록 이지스급 구축함과 214급 잠수함을 주축으로 한 기동전단 창설, F-15K 및 공중조기경보통제기 획득을 통해 한강 이북 지역의 신속한 제공권 장악을 위한 북부 전투 사령부 창설 계획이 포함되었다.32)

이상으로 2003년 이후 국방부에서 작성되어 대통령에게 보고된 '국방 중기계획'을 전체적으로 보면, 자주국방을 표방한 노무현 정부 시기의 전력 증강은 정찰 및 감시능력, 합동형 지휘통신체계, 방공작전능력, 전술 및 전략적 타격능력의 강화 등에 중점을 둔 것으로 보인다. 그렇다면 각 분야별 전력의 증강은 실제적으로 어떻게 진행되었는가?

정찰 및 감시 전력은 우리 군이 보유하고 있는 무기체계능력 가운데 특히 선진국에 비해 많이 뒤떨어진 분야로 지적되어왔다.33) 이러한 격차를 메우고 독자적인 정보 수집능력을 강화하기 위해서 노무현 정부는 조기경보통제기, 무인정찰기, 실용위성, P3C 초계기 등의 확보에 주력했다. 국방부는 2006년 E-747 공중조기경보통제기를 최종 기종으로 선정했고, 2011년까지 4대를 도입해 실전 배치할 계획이다. 아울러 국방부는 고고도 무인정찰기 글로벌 호크 도입을 추진하고 있고, 이러한 전력들이 갖추어지면 정찰 비행단을 창설할 계획으로 있다.34) 한국 해군은 현재 10대

---

31) 「국방중기계획 2007~2011」에는 2008년까지 40여 대 도입이 결정된 F-15K 외에 2009년부터 추가 20대 도입 계획이 포함되었다. ≪조선일보≫, 2006년 5월 18일 자.

32) ≪중앙일보≫, 2007년 7월 19일 자.

33) 2007년 발간된 『국방과학기술진흥정책서』는 군사 기술의 각 분야별로 선진국과 대비한 한국의 무기체계 수준을 소개하고 있는데, 지상 전력 92%, 정보전자 전력 83%, 정밀타격 전력 82%, 해상 전력 79%, 지휘통제시설 70%인데 반해, 감시정찰 전력은 40% 수준으로 파악하고 있다. ≪국방일보≫, 2007년 11월 12일 재인용.

34) 공중조기경보통제기 선정 과정에 대해서는 ≪중앙일보≫, 2004년 2월 5일 자; ≪동

미만의 해상초계기를 보유하고 있으나, 미 해군이 운용하고 있는 P3를 추가 도입해 총 16대의 해상초계기를 운용하게 될 전망이다.[35] 한편 정보수집 자산의 일환으로 우리 군은 점차 인공위성의 잠재력에 주목하고 있다. 2006년 12월 19일 개최된 국가우주위원회 제1차 회의에서는 2012년까지 적외선 인공위성 아리랑 3A 위성을 발사해, 야간에도 적 공군 비행기를 식별·감시하는능력을 향상시키기로 했다.[36]

합동형 지휘통신체계의 강화를 위해서는 군 위성통신체계 구축 등이 과제로 제기되고 있다. 그 일환으로 2006년 8월 22일, 한국 최초의 민군 공동통신위성인 무궁화 5호가 하와이 근처 공해상에서 발사되었다. 무궁화 5호는 국방과학연구소와 KT가 공동제작한 군용 통신위성으로 36기의 중계기 가운데 12개가 군사 전용으로 사용되고 있다. 이 위성은 2007년 말부터 통합지휘체계 운용을 위한 전략 전술 통신망으로 사용되면서 한반도 반경 6000km에 걸쳐 전개되고 있는 아군의 군함과 전투기에 실시간으로 전장정보와 명령을 전달했다.[37]

방공작전능력 강화를 위해서 공대공미사일 및 SAM-X미사일 도입 등이 과제로 제기됐다. 이와 관련해 국방부는 2005년 5월에 보고한 「국방중기계획 2006~2010」에 차기 대공미사일 SAM-X사업의 일환으로 1조

아일보≫, 2005년 2월 14일 자 참조. 정찰비행단 창설 계획에 대해서는 ≪중앙일보≫, 2007년 11월 19일 자 참조.

35) ≪국방일보≫, 2006년 3월 23일 자.

36) ≪중앙일보≫, 2006년 12월 20일 자. 2007년 6월 20일 개최된 국가우주위원회 제2차 회의에서는 '제1차 우주개발진흥계획 2007~2016'을 심의 의결하면서, 향후 10년 안에 3조 6000억 원을 투입해 독자적 인공위성 및 발사체 개발 기술을 확보할 것을 결정했다. ≪국방일보≫, 2007년 6월 21일 자.

37) ≪조선일보≫, 2006년 8월 23일 자. 무궁화 5호는 2007년 4월부터 관제업무가 KT에서 자운대에 위치한 국군 위성 운용국으로 이양되었다. ≪국방일보≫, 2007년 6월 1일 자.

1000억 원의 예산을 반영했다. 최초에는 미사일 요격능력이 뛰어난 PAC-3 미사일의 도입을 추진했으나 세 배 이상의 예산이 소요되는 것으로 알려지자, 결국 2007년 9월, 독일의 PAC-2 패트리어트미사일 48기 도입을 결정하게 되었다.[38] 그러나 PAC-2는 1991년 걸프 전쟁 시 사용되었던 것과 비슷한 성능으로 항공기 격추능력은 우수하지만 미사일 요격능력은 떨어지는 것으로 알려졌다. 더욱이 북한의 핵 개발 및 핵실험으로 대공 방어능력의 강화가 요청되면서 국방부와 합참은 추가적인 방공능력 강화를 고려하지 않으면 안 되었다. 이러한 이유에서 2007년 10월 18일, 김관진 합참의장은 국회 국방위의 답변을 통해 북한 탄도미사일 위협에 대한 대응책의 일환으로 차기 유도무기 SAM-X체계와 이지스 구축함에 장착될 SM-2 함대공미사일의 확보 필요성을 역설했다.[39] 이에 더 나아가 해군은 북한의 스커드 탄도미사일을 요격하는 능력 확보를 위해 이지스급 구축함 세종대왕함에 미국이 2010년을 목표로 개발중인 SM-6미사일을 장착하는 방안을 추진하고 있다.[40] 미국이나 일본은 탄도미사일 요격능력을 강화하기 위한 MD체제 구축을 1990년대 말부터 적극적으로 추진해왔으나 한국은 상대적으로 이에 대한 경각심이나 대비가 지체되어왔다. 늦은 감은 있으나 향후 한국의 전력 증강 방향의 하나로 현실적인 위협으로 부상하고 있는 북한의 탄도미사일에 대한 대응능력 강화가 좀 더 강조될 필요가 있을 것이다.

전술 및 전략적 타격능력 강화를 위해서 다목적 헬기, 7000톤급 이지스함, 1800톤급 214 잠수함, 공중급유기, F-15K 등의 도입이 추진되고 있

---

38) ≪조선일보≫, 2005년 5월 16일 자; ≪국방일보≫, 2007년 10월 19일 자 참조

39) ≪국방일보≫, 2007년 10월 19일 자.

40) 해군은 2007년 말, 미 태평양 함대 사령관에게 SM-6의 구매와 관련된 협조를 요청해 긍정적인 반응을 얻은 것으로 알려졌다. ≪중앙일보≫, 2007년 11월 19일 자.

다. 다목적헬기사업(KMH)은 육해공군에서 운용중인 AH-1S 등 500여대의 노후 헬기를 대체할 한국형 첨단헬기 확보를 목적으로 2003년부터 국책사업으로 개시되었다. 최초에는 10조 원 이상을 투입해 국내개발을 통해 기동헬기는 2010년까지, 공격 헬기는 2012년까지 개발을 완료한다는 일정하에 추진되었으나, 2004년 감사원 감사 결과 국내 개발 비용이 해외도입 비용보다 경제성이 떨어진다는 결론이 나오면서 이 사업은 2005년 2월부터 기동형 헬기만 개발하는 한국형 헬기사업(KHP: Korea Helicopter Program)으로 축소되어 추진되기에 이르렀다. 2009년에 시제기를 생산하고, 2011년부터 육해공군에서 운용할 245대의 기동용 헬기를 개발할 계획이었다.[41]

노무현 정부 시기에는 전략적 타격이 가능한 해군 전력들이 속속 획득되거나 개발 결정되었다. 2006년 3월에는 배수량 4200~4500톤급인 한국형 구축함 KDX II의 5번함 강감찬함이, 같은 해 10월에는 KDX II의 6번함 최영함이 진수식을 가졌다. 2007년 5월에는 7600톤급의 이지스 구축함인 KDX III 1번함 세종대왕함의 진수식이 거행되었다.[42] 2005년 7월에는 배수량 1만 4000톤에 달하는 대형 상륙함 독도함이 진수식을 가졌고, 동급의 상륙함 두 척이 추가로 건조될 예정이다. 나아가 해군은 2007년 11월 9일 개최된 제22회 방위사업추진위원회에서 현재 운용중인 고준봉급 상륙함 네 척과 운봉급 상륙함 네 척을 대체하기 위해 2017년까지

---

41) KMH 및 KHP의 진행 경과에 대해서는 ≪동아일보≫, 2003년 9월 20일 자; ≪동아일보≫, 2004년 6월 18일 자; ≪동아일보≫, 2004년 7월 27일 자; ≪동아일보≫, 2004년 9월 11일 자; ≪동아일보≫, 2005년 2월 19일 자; ≪국방일보≫, 2005년 7월 11일 자; ≪국방일보≫, 2005년 8월 26일 자; ≪조선일보≫, 2005년 12월 14일 자 참조.

42) KDX II와 KDX III에 대해서는 ≪국방일보≫, 2006년 3월 15일 자; ≪국방일보≫, 2006년 10월 20일 자 참조.

4500톤급 상륙함 네 척을 추가로 건조한다는 계획을 확정했다.[43] 2006년에는 배수량 1800톤급의 214급 잠수함 1번함인 손원일함이 진수식을 가진 데 이어, 2007년 6월에는 그 2번함 정지함이 진수식을 가졌다. 214급 잠수함은 애초 세 척을 건조한다는 계획이었으나, 2006년 9월 29일 개최된 제8회 방위사업추진위원회의 결정에 따라 2017년까지 여섯 척을 추가 건조해 총 아홉 척을 운용하게 되었다.[44] 이 같은 전력이 갖추어지면 해군은 이지스급 구축함과 214급 잠수함을 주축으로 기동전단을 구성하고, 잠수함 사령부를 신설해 동해와 서해뿐만이 아니라, 원양작전을 수행할 수 있는 태세를 갖추게 된다.

공군은 2002년 차기전투기사업을 통해 F-15K를 2007년까지 40대 도입하는 계획을 결정한 바 있다. 이에 더해 2006년 5월 17일, 제3회 방위사업추진위원회는 2009년부터 F-15K급 차기전투기 20대를 추가 도입을 결정했다.[45] 나아가 공군은 같은 해 10월, 국회 국방위에서의 업무 보고를 통해 2014~2019년 사이에 스텔스 기능을 갖춘 첨단전투기 60여 대를 도입해 실전 배치하겠다는 계획을 밝혔다.[46]

현대전에서 장거리 전략타격 수단으로 미사일의 중요성은 날로 부각되고 있다. 중국과 북한이 탄도미사일 개발에 막대한 노력을 기울이고 있는 것은 그 중요성을 반증하고 있다. 그러나 한국은 2001년 미국과 합의

---

43) 상륙함에 대해서는 ≪조선일보≫, 2005년 7월 5일 자; ≪국방일보≫, 2007년 11월 12일 자 참조.

44) ≪조선일보≫, 2006년 10월 2일 자. 이 외에 해군은 주변국으로부터의 안전보장상의 위협에 대처하기 위해 4000톤급 원자력잠수함 개발에 착수한 것으로 보도되고 있다. ≪조선일보≫, 2003년 1월 26일 자.

45) ≪조선일보≫, 2006년 5월 18일 자.

46) 후보 기종으로서는 F-22 혹은 F-35 가운데 선정될 가능성이 크다. ≪중앙일보≫, 2007년 1월 18일 자.

한 미사일지침(MTCR)에 따라 사정거리 300km, 탄두 중량 500kg 이상의 탄도미사일 개발에 근본적인 제한을 받고 있다. 이러한 제약을 극복하기 위해 국방과학연구소가 역점을 두고 있는 것은 탄두 중량 500kg이 넘지 않는 중거리 크루즈미사일의 개발이다. 이미 사정거리 500km의 크루즈미사일 천룡의 개발은 완료되었으나, 이에 더해 군과 국방과학연구소는 사정거리 1000km와 1500km에 달하는 크루즈미사일 개발에 착수해 시험 발사까지 마친 것으로 보도되었다.[47] 이로 인해 북한 전역과 중국 베이징까지가 사정거리에 포함되어 주변국에 대한 비대칭 전략 수단으로 운용할 수 있게 되었다.

4. 한미동맹의 변화

동맹은 외부의 특정 위협을 상대로 두 개 이상의 국가가 유사시 상호 지원을 하겠다는 약속에 기반을 두고 양국 간 군사협력체제를 강구하고, 나아가 공동의 작전계획을 마련하며, 연합군사훈련을 정례적으로 실시함으로써 공동의 위협 요인에 대한 억지력을 발휘해나가는 안전보장의 유력한 수단 가운데 하나이다. 한미동맹은 북한이라는 공동의 위협 요인을 전제로 한미상호방위조약 체결을 통해 한국군을 지원하기 위한 미군의 한국 주둔을 규정하고, 작전지휘권을 유엔사에 이관하고, 공동의 작전계획과 한미연합 사령부를 설치함으로써 유럽 지역의 나토에 버금가는 가장 강력한 동맹을 구현하고 있는 것으로 평가되어왔다. 그런데 노무현 정부는 협력적 자주국방의 개념하에 한반도 방위를 한국이 주도하고, 미군

---

47) ≪중앙일보≫, 2006년 10월 25일 자.

은 이에 지원하는 관계로 변화되어야 하며, 주한 미군의 역할이 한반도 내 전쟁 억제에서 지역 안정으로 변화되어야 한다는 정책 구상을 갖고 출범했다. 미국도 대테러 전쟁수행 과정에서 전 세계를 범위로 한 미군기지 재편을 추진했다. 한미 양국에서 동시적으로 나타난 동맹 변혁의 요구에 따라 한미동맹의 구조는 변화하지 않을 수 없었다. 이하에서는 노무현 정부 시기 한미동맹의 변화를 주한 미군기지 재배치와 감축, 전시작전통제권 환수, 한미연합작전계획 재검토 논란 등 세 가지 양상에 초점을 맞추어 살펴보기로 하겠다.

1) 주한 미군기지 재배치와 감축

주한 미군기지 재배치에 대한 요구는 김대중 정부 시기인 2002년 말기부터 미국 측 인사들에 의해 제기되기 시작했다. 2002년 1월, 더글러스 페이스(Douglas Feith) 국방 차관이 이준 국방 장관에게 주한 미군 재배치 및 감축 검토를 제의했고, 2003년 2월 19일에는 도널드 럼즈펠드 국방 장관이 서울에 배치된 주한 미군의 배치 재조정을 요청하기에 이르렀다. 2003년 3월 24일, 리처드 롤리스(Richard Lawless) 국방부 부차관보는 미 제2사단을 한강 이남에 재배치하고, 용산에 주둔 중인 미군기지도 2004년부터 재배치할 것을 요청했다. 이에 대해 한국 측 관계자들은 부정적인 반응을 드러냈다. 이준 국방 장관은 2003년 2월 19일, 국회 국방위에서의 답변을 통해 주한 미군의 한강 이남 재배치는 시기적으로 적절하지 않다고 답변했다.[48] 차영구 국방부 정책실장도 리처드 롤리스 부차관보에게 미군기지 재배치는 북핵 문제가 해결된 이후 추진하는 것이 바람직하다

---

48) ≪중앙일보≫, 2003년 2월 20일 자.

는 의견을 표명했다.[49]

결국 양측은 2002년 12월, 주한 미군 재배치 및 감축을 논의할 협상 채널로서 미래한미동맹정책구상(FOTA)을 만들기로 합의하고, FOTA를 통해 이 문제를 협의해나갔다. 이후 FOTA는 2003년 4월 9일, 첫 회의를 가진 이래 2004년 10월 폐지될 때까지 주한 미군 재배치 및 감축 문제에 관한 양국 간 협의 채널로 기능했다.

주한 미군 재배치에 관한 양국 간의 기본 입장은 2003년 5월 15일 열린 한미 정상회담에서 일찍이 결정되었다. 양국 정상은 용산기지의 조속한 이전에 합의한 것이다. 양측 정상의 합의에 따라 이후 FOTA는 미군기지 재배치에 관한 일정이나 단계 등 실무적인 협의에 집중할 수 있게 되었다. 2003년 6월 4일 개최된 제2차 FOTA에서 양국은 1단계로 미 2사단을 한강 이남으로 재배치하고, 용산기지를 한국에 반환하며, 여러 시설은 평택 및 오산 지역으로 이전하는 것에 합의했다. 2단계에서는 의정부, 동두천, 용산기지 등에 배치된 미군을 한강 이남으로 재배치하고 주한 미군 병력도 1만 2000명을 감축한다는 대체적인 계획을 세웠다.[50] 이후 같은 해 7월 23일에 열린 제3차 FOTA, 같은 해 9월 3일에 열린 제4차 FOTA에서는 미군기지의 한강 이남 재배치 결정에 따라 공동경비구역(JSA) 경비 근무와 주한 미군이 담당해왔던 유사시 북한 포병 무력화 임무의 한국군 이양 문제 등의 후속 조치들이 논의되었다.[51] 이 단계에서 연합사와 유엔사는 서울에 잔류하기로 합의되었으나, 같은 해 11월 17일 개최된 한미 연례안보협의회(SCM)에서 미국 측이 유엔사와 연합사의 후방 이전 계획

---

49) ≪중앙일보≫, 2003년 4월 5일 자.
50) ≪동아일보≫, 2003년 6월 6일 자.
51) ≪동아일보≫, 2003년 9월 5일 자.

을 통보함에 따라, 2004년 1월 15일 개최된 제5차 FOTA에서는 연합사와 유엔사의 평택 및 오산 지역 이전이 합의되기에 이르렀다.[52] 이후 양국은 2004년 10월 26일, 2008년까지 용산기지를 평택으로 이전하고 부산과 춘천 등 주요 미군기지도 한국 측에 반환한다는 내용을 담은 용산 미군기지 이전을 위한 포괄 합의서에 공동서명했다. 이에 따라 국방부는 2005년 4월부터 평택 지역에서 미군기지용 부지 매입에 착수했고, 같은 해 12월 26일까지 평택 지역 349만평에 대한 부지 매수를 완료했다.[53] 그리고 2007년 11월 13일에는 김장수 국방 장관, 알렉산더 버시바우(Alexander Vershbow) 주한 미 대사 등이 참가한 가운데 평택 미군기지 기공식이 거행되기에 이르렀다. 애초에 용산 미군기지는 2008년까지 평택으로의 이전이 완료될 계획이었으나, 부지 확보 지연 및 재원 분담을 둘러싼 한미 간 이견이 착종되어 2017년에 이후에 용산기지 및 미 제2사단 부대의 이전이 완료될 것으로 전망된다.[54]

한편 2003년 6월의 FOTA에서 주한 미군 1만 2000명의 감축 구상을 밝힌 바 있던 미국은 2004년 6월 7일 개최된 제9차 FOTA에서 2005년 말까지 1만 2500명의 병력을 감축하겠다는 계획을 정식으로 전달해왔다.[55]

---

52) ≪동아일보≫, 2004년 1월 19일 자. 이에 대해 한나라당 의원들이 주축이 된 147명의 국회의원은 2003년 12월 5일, 연합사 및 유엔사 후방 이전 반대 결의안을 제출하기도 했다.

53) ≪국방일보≫, 2005년 12월 27일 자.

54) ≪중앙일보≫, 2006년 12월 14일 자; ≪중앙일보≫, 2007년 6월 12일 자. 미군기지 이전 비용은 총 11조 원이 소요되고, 이 가운데 한국 측 부담은 5조 6000억 원이 될 것으로 보인다. 만일 용산기지 이전의 필요성을 한국 측이 제기하지 않았다면 이 비용은 지출되지 않아도 되었을 것이다. 용산기지 이전으로 발생할 효과가 이전 비용을 상쇄할 정도인 것인지 평가할 필요가 있다.

55) ≪朝日新聞≫, 2004년 6월 8일 자. 주한 미군 감축안은 세계적 규모의 미군기지 재

단 미군은 미 제2사단의 주력 한 개 여단을 스트라이커 여단으로 재편해 한국에 잔류시키며 화력지원 역할에 차질이 없도록 했다.56) 한미 양국은 주한 미군 규모를 단계적으로 감축해 2008년 말까지 2만 5000명 규모로 까지 줄이기로 합의했으나, 2008년 1월 23일, 버웰 벨(Burwell Bell) 주한 미군 사령관의 요청에 따라 한미 양국 정부는 2만 8500명 수준에서 추가 감축을 하지 않기로 결정했다.57)

이상에서 살펴본 것처럼 평택으로의 주한 미군기지 재배치는 애초에 미국 측에서 제안한 것이었고 국방 당국은 소극적인 태도를 보였다. 그러나 대통령은 한미 정상회담에서 용산기지 이전에 적극적이었고, 이후 국방 당국은 대통령의 입장에 준해 미국과의 협의에 나서게 되었다.

2) 전시작전통제권 환수 문제

2004년 10월 22일, 제36차 한미연례안보협의회에서 윤광웅 국방 장관과 도널드 럼즈펠드 미 국방 장관은 탈냉전 및 대테러 전쟁의 전개라는 새로운 안보 환경에 맞추어 한미동맹의 미래를 구상하기 위해 양국이 공동참여하는 한미안보정책구상(SPI)을 발족시키기로 했다.58) 이로써 기존에 주한 미군 감축과 용산기지 이전 등 한미 간에 현안을 논의해오던 FOTA회의는 폐지되고, SPI를 통해 한미동맹의 현안 문제를 해결하는 체제가 출범했다. 이후 2005년 전반기에 3차까지 개최된 SPI에서는 포괄적

편 구상의 일환으로 이해되었다. 미국은 한반도 이외에도 독일 주둔 미군을 대폭 삭감했고, 사우디아라비아로부터도 철수를 단행했다.

56) ≪동아일보≫, 2005년 5월 29일 자; ≪동아일보≫, 2005년 6월 11일 자.
57) ≪중앙일보≫, 2008년 2월 4일 자.
58) ≪동아일보≫, 2004년 10월 25일 자.

안보 상황을 재평가하고, 남북통일이 될 때까지 한미동맹의 청사진을 강구하며, 용산기지 이전과 주한 미군의 후방 배치에 따른 후속 조치들을 강구하는 상호 협의를 진행해나갔다.[59]

그러나 노무현 정부는 SPI를 통해 대통령 자신이 자주국방의 핵심이라고 간주했던 전시작전통제권 환수 문제를 미국 측에 제기하고자 했다. 2005년 9월 28일, 워싱턴에서 개최된 SPI 4차 회의에서 한국 측 대표였던 국방부 안광찬 정책실장은 전시작전통제권 환수 문제를 미국 측에 제안했다.[60] 이후 전시작전통제권 환수 문제는 SPI의 주요 의제로 급부상하게 되었다. 2006년 3월 21일, 서울에서 개최된 제7차 SPI에서는 한미실무연구단을 구성해 전시작전통제권의 한국군 단독 행사와 관련된 현안들을 점검하기로 합의했고,[61] 같은 해 6월 3일, 싱가포르에서 개최된 한미 국방 장관회담에서는 SPI를 통해 전시작전통제권 한국 단독 행사에 따른 로드맵을 작성해 SCM에서 보고하도록 합의했다.[62]

이후 양국은 실무 협의를 통해 전시작전통제권 환수에 관한 기본 방침

---

59) 예컨대 2005년 4월 5일, 하와이에서 개최된 제2차 SPI에서는 한미동맹의 비전과 한미 군사 분야 발전 사항 등을 논의했다. 《국방일보》, 2005년 4월 7일 자. 이 회의 이후 안광찬 국방부 정책 실장은 한미 양국이 통일 이전까지를 3~4단계로 나누어 각 단계별로 요구되는 한미동맹의 미래상에 대해 검토할 것을 제안했다고 밝혔다. 《조선일보》, 2005년 4월 12일 자.

60) 《국방일보》, 2005년 10월 13일 자. 6·25 전쟁 중 유엔군에 이관된 작전통제권은 1978년 한미연합사가 창설되면서 한미연합 사령관에게 이전되었고, 1994년 12월 1일에는 그 가운데 평시작전통제권이 한국군에 이전된 바 있다. 한국 측이 SPI를 통해 이 문제를 제안하게 된 배경은 베이징 6자회담에서 한반도 평화체제에 관한 협상이 전개됨에 따라 북한 측이 작전통제권 문제를 이유로 한국을 대화 상대로 여기지 않을 것을 우려한 측면도 있다고 생각된다.

61) 《국방일보》, 2006년 3월 22일 자.

62) 《동아일보》, 2006년 6월 4일 자.

제6장 노무현 정부의 국가안보 전략과 국방 정책 207

은 결정했으나 시기가 문제였다. 노무현 대통령은 2006년 8월 9일 기자 회견에서 어느 정도의 비용이 소요되더라도 국가의 기본 요건으로 작전통제권을 환수하겠다는 의사를 피력하면서, 2012년으로 환수 시점을 표명했다. 그러자 도널드 럼즈펠드 미 국방 장관은 같은 해 8월 17일에 윤광웅 국방 장관에게 서한을 보내 북한은 한국이 당면한 위협이 아니며 한국군이 대단히 높은 수준의 능력을 보유하고 있기 때문에, 전시작전통제권을 2009년에 한국군에게 이전하겠다고 밝혔다.[63] 도널드 럼즈펠드 장관의 이 서한은 전시작전통제권 환수 시기에 관해 한국 측을 압박해 이후 협상에서 주도권을 잡기 위한 의도를 갖고 있었던 것으로 보인다.

2006년 10월 19일과 20일, 워싱턴에서 개최된 제28차 한미군사위원회(MCM)와 제38차 한미연례안보협의회는 작전통제권 환수 문제에 관한 기본 합의를 이룩한 기점이 되었다. MCM에서는 양국이 SPI를 통해 공동연구해온 한미 지휘 관계 연구결과 보고서에 양국 합참의장이 서명했는데, 이는 전시작전통제권 이양에 따라 폐지될 한미연합사를 대체할 지휘 기구로 군사협조본부(MCC)를 창설하고 양국 간 연합방위체제를 공동방위체제로 전환하는 내용을 포함했다. 윤광웅 국방 장관과 도널드 럼즈펠드 미 국방 장관이 참석한 SCM에서는 양국 간에 쟁점이 되었던 전시작전통제권 환수 시기에 관해 절충이 이루어져 2009년 10월 15일부터 2012년 3월 15일 사이에 한국으로 넘기기로 합의했다.[64]

이후 양국에 새로운 국방 장관이 취임하면서 한미 간에는 전시작전통제권 전환에 관한 좀 더 구체적이고 실질적인 합의가 이루어졌다. 2007년 2월 24일, 김장수 국방 장관은 로버트 게이츠(Robert Gates) 신임 미 국방

---

63) ≪조선일보≫, 2006년 8월 28일 자; ≪朝日新聞≫, 2006년 9월 7일 자.
64) ≪국방일보≫, 2006년 10월 20일 자; ≪중앙일보≫, 2006년 10월 23일 자.

장관과 회담을 열어 한미연합 사령관이 갖고 있던 전시작전통제권을 2012년 4월 17일을 기해 한국의 합참의장에게 이전하며 이와 동시에 한미연합사는 해체하기로 합의했다. 그리고 한국군과 미군은 2010년까지 군사협조본부를 창설하고, 그 예하에 10여 개의 상설 및 비상설 기구를 설치해 작전계획서 작성, 정보 공유, 위기관리, 군사훈련, 해외 군사협력, 지휘통제자 동화 등의 현안들에 대해 협력을 추진하기로 합의했다.[65] 2007년 11월 17일, 제39차 SCM에서는 2012년 4월, 전시작전통제권 환수를 기해 주한 유엔군 사령부가 담당해오던 정전 유지 임무를 한국군이 인계받는다는 점에 합의하고, 2012년까지 단계별로 정전 기능을 이관하기로 했다.[66]

이 같이 전시작전통제권은 한미 양국의 군사 관계자들에 의해 유보적인 의견이 표명되기는 했지만,[67] 노무현 정부의 이니셔티브에 의해 미국 측에 제안되었고, SPI를 통해 미국과 실무적인 협의가 진행되면서 환수 시기와 그 이후 후속 과제에 대해 대체적인 윤곽이 잡혔다.

3) 한미연합작전계획 재검토와 연합군사훈련

양국 간 혹은 다국 간 군사동맹이 실효성 있게 유지되기 위해서는 유사 시 공동의 작전계획이 강구되어야 하고, 이 작전계획에 입각한 연합군사

---

65) ≪중앙일보≫, 2007년 2월 26일 자.
66) ≪중앙일보≫, 2007년 11월 8일 자.
67) 버웰 벨 한미연합사령관은 2006년 6월 5일, 국방안보포럼 초청 강연에서 독자적인 작전권을 행사하려면 한국군 스스로가 전쟁 발발 시 어떤 작전계획을 가질 것이며, 어떻게 위기를 관리할 것인가에 대한 충분한 검토가 있어야 한다고 주문했다. ≪조선일보≫, 2006년 6월 6일 자.

훈련이 충실하게 실시되어야 한다. 한미 간에는 여러 상황을 가정한 공동의 작전계획이 다수 수립되어 있다. 예컨대 '작전계획 5027'은 북한에 의한 대규모 남침을 대비해 미국이 69만 명의 대규모 증원군을 투입해 방어하는 계획이고, '작전계획 5028'은 각종 돌발 상황에 대비한 우발 계획이다. '작전계획 5026'은 미국의 한반도 대규모 증원군 투입이 어려울 경우 소수 증원군만으로 북한 남침을 저지하기 위해 2004년 수립된 계획이고, '개념계획 5029'는 북한 급변에 대비한 양국의 대응 방안을 강구한 것이다.[68] 그런데 노무현 정부의 전략적 판단에 의해 이 가운데 일부 작전계획이 변경되는 사례가 나타났다. '개념계획 5029'가 대표적인 사례이다.

'개념계획 5029'는 1990년대 중반 이후 북한 정권 붕괴와 같은 급변 사태에 대비해야 한다는 필요성에 따라 1999년에 완성된 것이다. 이 계획은 ① 쿠데타, 주민 또는 군부대의 무장폭동, 김정일 국방위원장의 갑작스러운 사망이나 변고 등에 의해 북한 내전 상황이 발발할 경우, ② 북한 내 반군이 핵, 생화학 무기 등 대량살상무기를 탈취해 유사시 사용하겠다고 위협하거나 해외 밀반출을 시도하는 경우, ③ 북한 붕괴 시 최대 200만 명가량의 주민들이 동서 해상과 비무장지대 등을 통해 북한을 탈출하는 경우, ④ 북한이 정치적·경제적 이유로 북한 지역 내 한국인들을 인질로 잡을 경우, ⑤ 북한 지역 내에서 대규모 자연재해가 발생해 인도주의적 지원 작전이 필요한 경우 등 다섯 가지 시나리오를 상정하고 있다. 단 '개념계획 5029'는 병력 동원이나 부대 배치 계획이 포함되지 않은, '전쟁 이외의 군사작전(MOOTW)' 성격을 지닌 계획이었다.[69] 그러한 '개념계획 5029'

---

68) 이 외에 미 태평양 사령부 등은 전쟁 임박 시 저강도작전을 통해 북한군의 자원소진을 유도한다는 작전계획 5030을 입안하고 있는 것으로 알려지고 있다. 한미 간의 공동작전계획에 대해서는 ≪조선일보≫, 2006년 3월 7일 자; ≪동아일보≫, 2003년 7월 15일 자 참조.

를 한미 양국은 2003년 말의 한미군사위원회와 한미연례안보협의회의 논의를 거쳐 작전계획으로 격상시킬 것을 결정했다. 그러나 2005년 1월, NSC가 5029의 작전계획화가 북한에 대한 무력 개입의 가능성을 내포함에 따라 중국 같은 주변국의 반발을 초래할 수 있고 주권 침해 소지가 있다는 문제제기를 하면서 이는 중단되었다. 결국 같은 해 6월 4일, 한미 양국의 국방 장관은 5029의 작전계획화를 포기하고 개념계획의 보완에만 그칠 것을 합의했다.[70] 이후 2006년 2월의 SPI와 4월의 한미 국방 장관회담을 통해 '개념계획 5029'를 작전계획 직전 단계까지의 내용으로 구체화하되 정치적으로 민감한 부분은 삭제하거나 완화하도록 했다.[71] 이상과 같은 '개념계획 5029'의 작전계획화 철회 과정은 노무현 정부가 고도의 전략과 기밀성이 요구되는 한미 간 작전계획 책정 과정에서 대북 정책 및 중국 등 주변국 정책을 우선적으로 고려했음을 보여주는 사례이다.

한미 간의 연합군사훈련은 한미동맹의 실효성과 억지력을 높여주는 중요한 기제 가운데 하나이다. 종전에 수행되었던 팀 스피리트 훈련 같은 한미연합훈련은 공동의 작전계획을 테스트하는 시금석이 될 뿐 아니라, 유사시 한미동맹의 효율적인 작동을 위해 불가결한 동맹 장치의 하나인 것이다. 노무현 정부는 전시작전통제권 환수나 '개념계획 5029'의 작전계획화에서 미국과 적지 않은 불협화음을 보였으나 예정된 한미연합훈련들은 큰 차질 없이 계획대로 실시되었다. 한미연합전시증원연습(RSOI)은 유사시 미군의 한반도 긴급 전개를 테스트하는 중요한 훈련인데, 예를 들어 2006년 3월 25일부터 실시된 RSOI는 미군 2만 명 및 항모전단이 참가

---

69) 개념계획 5029의 작성 경위와 내용에 대해서는 ≪조선일보≫, 2005년 4월 16일 자; ≪조선일보≫, 2006년 3월 7일 자 등을 참조.

70) ≪조선일보≫, 2005년 6월 6일 자.

71) ≪조선일보≫, 2006년 3월 7일 자.

해 성공적으로 수행되었다.[72] 을지-포커스렌즈(Ulchi-Focus Lens) 훈련은 한반도 우발 상황에 대비해 한미연합군의 협조 절차를 숙지하도록 하는 지휘소훈련이다. 2005년 8월 22일부터 실시된 이 훈련에 한국군은 주한 미군 및 해외 주둔 미군과의 연합작전을 성공적으로 잘 수행했다.[73]

한편 2006년 10월, 한미연합사의 전시작전통제권이 2012년을 기해 한국군에 이관되는 계획이 발표되면서, 한미 양국 간의 연합군사훈련도 그 체계와 절차를 한국군의 작전지휘권 보유를 전제로 시행되기 시작했다. 2007년 11월 14일, 대형 수송함 독도함과 미국 측의 강습 상륙함 에섹스 등의 참가해 포항 해상에서 실시된 한미 해병상륙작전훈련은 전시작전통제권 전환을 대비하는 의미에서 한국군이 최초로 연합상륙작전을 주도했다.[74] 이 같이 한미연합훈련도 한미 간의 관계 변화를 반영하면서 변화되기 시작한 것이다.

5. 남북 간 군사적 신뢰 구축

노무현 정부는 인수위부터 '한반도 평화체제의 구축'을 10대 국정 과제의 하나로 제시하며 북한과의 군사적 신뢰 구축을 도모했다. 국가안보기본전략서와 국방백서 등에서 북한에 대한 '주적' 표현을 기피한 것도 신뢰 구축을 위한 노력의 일환이었다. 그렇다면 노무현 정부 임기 중 남북한 간 군사적 접촉은 어떻게 이루어졌고, 그 주요 의제와 성과는 어떠했는가?

---

72) ≪국방일보≫, 2006년 3월 13일 자.
73) ≪국방일보≫, 2006년 8월 23일 자.
74) ≪중앙일보≫, 2007년 11월 17일 자.

┃ 표 6-2 _ 노무현 정부 시기 남북한 군사회담 개최 현황

	군사실무회담	장성급 군사회담	국방 장관회담
2003	9월 17일		
2004		·5월 26일 ·6월 3일~4일	
2005	7월 20일		
2006	2월 3일	·2월 말 ·5월 16일~18일	
2007	·6월 8일 ·7월 16일	·5월 8일~11일 ·7월 24일	·10월, 남북 정상회담 동행 ·11월 27일~29일

노무현 정부 시기에 남북 간에는 대령급이 참가하는 군사실무회담과 장성급 군사회담 그리고 국방 장관회담 채널이 비교적 활발하게 가동되었다. 〈표 6-2〉는 노무현 정부 시기 남북한 간에 개최된 각 레벨의 군사회담 개최 현황을 보여준다.

군사실무회담은 주로 남한 측에서는 국방부 북한정책팀장이었던 문성묵 대령이 대표로 지속적으로 참가했고, 북한 측에서는 유영철 대좌, 박기용 상좌, 박림수 대좌 등이 차례로 등장했다. 군사실무회담에서는 경의선과 동해선 도로 임시 사용 및 동해선 통신선 설치(2003.9.17), MDL(군사분계선)상의 선전 수단 철거, 서해상 우발 충돌 방지 대책(2005.7.20), 경의선 및 동해선 철도와 도로 통행의 군사적 보장, 서해 북방한계선과 같은 우발 충돌 방지, 서해상 공동어로구역 설정 등 군사적 긴장 완화(2006.2.3) 등의 방안들을 상호 협의하면서 장성급회담에서 논의될 의제들을 사전 조정하는 역할을 수행했다.[75]

---

75) 군사실무회담의 내용은 ≪동아일보≫, 2003년 9월 18일 자; ≪국방일보≫, 2005년

장성급 군사회담은 노무현 정부 임기에 여섯 차례 이상 개최되었다. 김대중 정부 동안 단 한 차례 개최된 것에 비해 수적으로 개최 횟수가 대폭 늘어난 것이다. 남한 측에서는 박정화 합참 작전차장, 한민구 정책기획관, 정승조 정책기획관 등이 대표로 순차적으로 참가했고, 북한 측에서는 안익산 인민무력부 정책국장, 김영철 중장 등이 참가했다. 장성급회담에서 논의된 의제들은 서해상 우발적 무력충돌 방지 방안, 상대방 자극 선전 수단의 제거(이상 2004.5.26에 논의함), 군 당국 간 핫라인 설치, 철도 도로 통행을 위한 군사보장합의서 체결 문제, NLL(북방한계선) 문제(이상 2006.5.16에 논의함), 서해상 충돌 방지, 공동어로 실현, 철도 및 도로 군사 보장, 경제협력사업의 군사 보장 문제, NLL 문제(이상 2007.7.24에 논의함) 등이었다. 많은 의제들이 서로 팽팽한 의견 대립을 노정한 채 합의에 이르지 못한 경우가 많았지만, 남북 양측이 상대방의 제안을 수용하거나 합의서를 채택한 경우도 있었다. 예컨대 2004년 6월 3일에 개최된 장성급 회담에서는 이전에 쌍방이 제안했던 의제들을 수용해 북한은 남한 측이 제안했던 서해상 우발적 충돌 방지 방안을 수용했고, 남한은 북한 측이 제안했던 군사분계선 지역 선전 활동 중단 방안을 수용하는 성과도 거두었다. 또한 2007년 5월 11일 개최된 장성급회담에서는 경의선과 동해선 열차 시험 운행에 따른 군사 보장 잠정합의서가 쌍방 합의하에 채택되기도 했다.[76]

2007년 10월 4일, 남북 정상이 발표한 '남북관계 발전과 평화번영을 위한 선언'의 제3항에는 군사 문제에 관한 중요한 언급이 포함되어 있다.

7월 21일 자; 《조선일보》, 2006년 2월 4일 자 등을 참조.

76) 이상 장성급 군사회담의 의제와 합의 사항들에 대해서는 《동아일보》, 2004년 5월 27일 자; 《동아일보》, 2004년 6월 5일 자; 《국방일보》, 2006년 5월 16일 자; 《국방일보》, 2007년 5월 9일 자; 《국방일보》, 2007년 5월 14일 자 참조.

즉, "군사적 적대관계를 종식시키고 한반도에서 긴장 완화와 평화를 보장하기 위해 긴밀히 협력하기"로 했고, "서로 적대시하지 않고 군사적 긴장을 완화하며 분쟁 문제들을 대화와 협상을 통해 해결해나가기로" 했으며, "어떤 전쟁도 반대하며 불가침 의무를 확고히 준수하기로" 했다. 또한 "서해에서 우발적 충돌 방지를 위해 공동어로수역을 지정하고 이 수역을 평화수역으로 만들기 위한 방안과 각종 협력사업에 대한 군사적 보장 조치문제 등 군사적 신뢰 구축 조치를 협의하기 위해 국방부 장관과 인민무력부장 회담을 11월 중에 평양에서 개최하기로" 했다는 내용도 언급된다. 이러한 정상 간 합의에 따라 2007년 11월 27일부터 29일까지 평양에서남북 국방 장관회담이 개최되었는데, 이 회담에서는 ① 1991년의 남북기본합의서에 따라 군사공동위원회를 가동해 군사적 신뢰 보장 조치를 논의하고, ② 6·25 전사자 유해를 공동발굴하며, ③ 서해 직항로 및 인천-해주 항로 설정에 대한 군사적 보장을 추진하며, ④ 한강 하구 공동이용과공동골재 채취의 구역을 정하고, ⑤ 서울-백두산 직항로 개설에 따른 군사적 보장 조치를 강구하며, ⑥ 문산-봉동 간 철도 화물 운송과 개성공단 3통 문제에 대한 군사적 보장합의서를 체결할 것 등이 합의되었다.[77] 이같이 2007년에 개최된 남북 정상회담과 국방 장관회담에서 '군사적 적대관계의 종식'과 '상호 불가침'과 같은 기본적인 원칙들이 재확인되고, 군사적 신뢰 구축을 도모하며 이미 추진되고 있는 남북 경제협력을 뒷받침하는 군사 보장 조치들이 합의된 결과는 긍정적으로 평가할 만하다.[78] 군사실무회담과 장성급 군사회담이 비교적 활발하게 추진되면서 기반을

---

77) ≪국방일보≫, 2007년 11월 30일 자.

78) 2000년 9월 26일의 제1차 남북 국방 장관회담의 공동보도문과 비교하면 2007년 제 2차 국방 장관회담의 결과는 상대적으로 실질적이고 다양한 분야를 포괄함을 알 수 있다.

닦아낸 성과가 국방 장관회담 및 정상회담에서의 합의 사항 도출에 이어졌다고 보인다.

6. '동북아 균형자론'과 군사 외교

노무현 정부는 당시의 동북아 정세가 각국 간의 군비 경쟁과 내셔널리즘 강화로 19세기 말의 동북아와 유사한 상태를 보이고 있다고 진단하면서, 한국이 동북아의 평화와 번영을 위해 균형자적 역할을 할 사명이 있음을 역설한 바 있다. 그리고 한국의 국방력이 동북아 균형자 역할을 수행하는 데 버팀목이 되어야 한다고 요구했다.[79] 그렇다면 과연 노무현 정부 시기의 국방부와 군은 미국을 제외한 동북아 국가들에 대한 양자 간, 혹은 다자간 군사 외교에서 상호 간 신뢰를 촉진하고 공동의 평화를 보장하기 위한 적극적인 역할을 수행했는가?

〈표 6-3〉은 노무현 정부 시기 국방부 장관이 참가한 동북아 주요 국가 간의 양자간, 혹은 다자간 군사 외교 현황을 도시한 것이다.[80] 우선 한국과 일본 간에는 2005년 1월에 국방 장관회담이 개최된 이후 2년여에 걸쳐 장관 레벨의 접촉이 없었다. 이것은 2005년 3월, 양국 간에 독도 문제가 쟁점화되고 대통령 자신이 일본과의 외교 전쟁을 선언하면서 각료 레벨

---

79) 윤광웅 국방부 장관도 2005년 4월 7일, 합참의장과 육군참모총장 이·취임식에서 한 국군이 동북아 균형자 역할을 하는 데 버팀목이 되어야 한다고 했다. ≪조선일보≫, 2005년 4월 8일 자.

80) 이 표의 작성을 위해 ≪국방일보≫, 2005년 4월 1일 자; ≪국방일보≫, 2005년 4월 12일 자; ≪조선일보≫, 2006년 4월 18일 자; ≪국방일보≫, 2007년 2월 27일 자; ≪국방일보≫, 2007년 4월 25일 자; ≪朝日新聞≫, 2006년 6월 8일 자 등을 참조.

▎표 6-3 _ 노무현 정부 시기 국방 장관에 의한 동북아 주요 국가들과의 군사 외교 현황

	한일	한중	한러	다자간 협의체
2003			러시아 국방 장관 방한	5월 30일: 아시아 안전 보장회의
2004				6월: 아시아 안전보장 회의
2005	1월: 국방 장관회담	3월: 윤광웅, 차오 강촨	4월: 러시아, 카자 흐스탄 방문	
2006		4월 17일: 윤광웅, 차오강촨		아시아 안전보장회의
2007	2월 25일: 김장수, 규마 후미오	4월 24일: 김장수, 차오강촨		

의 양자 접촉이 위축된 데에서 비롯된 것으로 보인다. 김장수 장관 취임 이후 일본의 규마 후미오(久間章生) 방위상과 회담을 갖고 합참과 통합막 료감부 간 긴급연락체계 활성화에 합의하지만, 노무현 정부 시기의 한일 간 군사협력 관계는 이전 시기에 비해 축소되는 경향을 보이고 있다.[81]

한일 관계에 비해 한중 간 군사 외교는 상대적으로 활발하게 전개되는 양상을 보여주었다. 2005년 3월 30일, 윤광웅 국방 장관이 차오강촨(曹剛川) 국방부장과 회담을 가진 이래 국방 장관 레벨의 양자회담은 매년 개최 되었다.[82] 한중 국방 장관회담에서 한국 측은 중국에 대해 서해상에서의 수색과 구조훈련 공동실시, 국방 정책 실무회담의 정례화, 중국 어선의

---

81) 그럼에도 불구하고 한일 해군과 해상자위대 간 공동수색 및 구조훈련은 지속적으 로 개최되었다. 독도 문제로 양국 간 관계가 경색된 이후인 2005년 8월 22일과 27 일 간에도 이 훈련이 실시되었고, 2007년 6월 17일부터 23일 간에도 실시되었다. ≪국방일보≫, 2005년 8월 17일 자; ≪국방일보≫, 2007년 6월 7일 자.
82) 한중 국방 장관회담은 2001년 개최된 이래 4년 만인 2005년에 개최되었다.

서해 북방한계선수역 불법 조업 단속에 대한 중국 측의 협조 요청(이상 2005.3.30에 논의함), 서해 함대 사령부와 공군 방공 부대 간의 핫라인 설치, 국방 장관회담의 매년 정례화(이상 2006.4.17에 논의함) 등을 제안했다. 중국 측도 이에 화답해 2007년 4월 24일의 회담에서는 양국 해·공군의 작전사급 부대 간의 핫라인 설치에 합의했고, 국방 정책 실무회의도 정례적으로 개최되기 시작했다.[83] 그리고 합참의장과 육군참모총장 등 주요 부대 지휘관들에 의한 상호 방문도 정례화되기 시작했다.

한국과 러시아 간 국방 장관회담은 2003년과 2005년에 각각 개최된 바 있다. 양국 간에는 국방 정책 실무자회의도 개최되었는데, 2007년 12월 12일에 열린 제15차 한러 국방 정책 실무자회의에서는 양국 간의 군사적 신뢰 구축 증진을 위해 2008년도 중에 공군 간 핫라인 개설에 대한 합의에 도달했다.[84]

다자간 협의체에는 매년 싱가포르에서 개최되는 아시아안전보장회의(샹그릴라 대화)에 국방 장관이 참가하고 있다. 이 회의는 주최국인 싱가포르에 더해 한국, 미국, 일본, 인도, 오스트레일리아 등 아시아 태평양 지역 24개국의 국방 담당 각료 및 연구자들이 모여 지역 내 현안에 대해 논의하는 다자간 안보협의체로서의 성격을 갖고 있다.

이 같이 노무현 정부 시기 국방부 장관들은 한일, 한중, 한러 등 양자 간 회담과 다자간 안보협의체에 정기적으로 참가했지만, '동북아 균형자'로서 지역 내 안정과 평화를 위한 어젠다를 적극적으로 발신하거나 역내의 잠재적 갈등을 조정하는 역할은 충분히 수행하지를 못했다고 보인다.

---

83) 2007년 12월에 해군 제2함대와 칭다오 북해 함대 간에, 대구의 제2방공통제소와 산동성 지난 군구 방공센터 간에 핫라인이 개설되었다. ≪중앙일보≫, 2007년 12월 13일 자.
84) 같은 글.

오히려 한일 및 한러 관계에 비해 한중 관계에 지나치게 공을 들이는 '불균형적' 군사 외교 양상이 나타났다. 역내 잠재적 갈등을 중재하고 동북아의 평화와 안정을 위해 무언가 역할을 해야 한다고 판단된다면 착실한 양자 및 다자 군사 외교 관계를 발전시켜 나가면서 역내 각국이 부담 없이 수용할 수 있는 공동의 안보 어젠다들을 개발하는 데 좀 더 많은 노력을 기울여야 했을 것이다.85) 이를 위해서는 국방부가 외교통상부와 같은 여타 정부 부처에 뒤지지 않는 국제 정책 수립능력을 개발해야 한다.

7. 맺는말

국방 정책은 외부의 위협을 식별하고 자주국방이나 집단 방위, 혹은 협력 방위의 수단을 병용하면서 국가의 안보와 평화를 보장하는 국가안보 정책의 하나이다. 노무현 정부는 한반도 평화체제 구현 및 동북아의 평화와 번영 실현을 목표로 '협력적 자주국방'을 기조로 내세우며, 국방 정책을 추진했다.

국내적으로는 자주국방 태세를 위해 국방개혁안을 법제화하면서 군구조 개편과 전력 증강을 추진했다. 한미동맹에 관해서는 용산과 한강 이

---

85) 이러한 점에서 이명박 정부의 외교안보 브레인들이 인도, 아세안(ASEAN), 오스트레일리아와 같은 역내 국가들과의 관계 증진과 동아시아 협력안보공동체 구축을 모색하고, 소프트 파워(soft power)의 이미지를 강화하고, 해상수송로 보호를 위한 해상합동군사훈련 참가 추진과 5000명 규모의 평화유지군 창설 구상을 제시한 것은 긍정적으로 생각된다. 2008년 1월 10일 ≪중앙일보≫와 현대경제연구원이 공동 주최한 21세기 동북아 미래포럼에서 발표된 유종하, "이명박 정부의 실용주의 외교안보정책", ≪중앙일보≫, 2008년 1월 11일 자 재인용.

북의 미군기지들을 평택 지역에 재배치하고, 전시작전통제권을 환수하는 변화를 추진했다. 남북 관계에 대해서는 다양한 레벨의 군사회담 채널을 유지하면서 신뢰 구축을 도모했다. 대외적으로는 한중 군사 관계를 기존의 한일 군사 관계에 버금가는 수준으로 발전시키고자 했다.

노무현 정부의 외교안보 정책은 아마추어리즘으로 비판받는 경향이 강하다. 그러나 국방 정책 분야에서는 숙원사업이던 군 구조 개편과 첨단 전력 증강을 국방개혁의 법제화를 통해 지속적으로 추진할 수 있는 기반을 마련했고, 역대 정권에서 하향 수준에 있던 국방비를 증액 추세로 돌렸으며, 다양한 대화 채널을 통해 남북 간 군사적 신뢰 구축을 도모하는 성과를 거두기도 했다. 그럼에도 노무현 정부의 국방 정책에는 몇 가지 한계가 남는다.

국방개혁과 전력 증강을 지속적으로 추진했지만, 안보 정책 전반이 국정의 우선순위에서 부차적으로 고려되고 있다는 안보 경시의 이미지를 국민들에게 각인시켰다. 수도권 개발 및 국토 균형 발전이라는 명목하에 특전사나 도하 부대, 성남 비행장 같은 군사기지들을 군사적 고려 없이 지방으로 이전하려 했던 것이 그 대표적인 사례들이다.

한미동맹과 관련해서 협력적 자주국방을 표방해 한미동맹의 미래 지향적 재조정을 주창했지만, 북한의 핵 개발과 핵실험이 진행되는 가운데 한강 이북 미군기지의 평택지구 이전과 전시작전통제권 환수를 추진함으로써, 주한 미군의 대북 억지력을 손상할 수 있는 우려를 심어주었다. 전시작전통제권 환수에 따른 국방 태세 보완의 과제들, 예컨대 독자적인 전략수립능력과 전시작전통제권 환수 이후의 한미동맹의 구조들에 관해서도 충분한 연구와 검토가 이루어지지 않았다.

남북 군사 관계와 관련해서 다양한 대화 채널을 유지하면서 신뢰 구축의 노력을 기울인 것은 높이 평가되지만, 한국의 안위와 직결되는 북핵

문제와 같은 안보 현안을 의제로 올리지는 못했다. 북한의 탄도미사일 개발 및 핵 개발과 같은 비대칭적 군사력 개발에 대응해 국가안보를 보장할 수 있는 실질적인 방책의 개발에도 미흡했다.

노무현 정부는 '동북아 균형자론'을 제창하면서 동북아 평화번영 질서 구축을 위한 국방 분야의 주도적인 역할 수행을 강조했다. 그러나 동북아 지역을 대상으로 한 양자 및 다자협의체에서 군사 외교는 적극성을 보이지 못했다. 동맹 및 우방 관계로서 좀 더 중시되어야 할 한미 및 한일 관계에 비해 한중 관계가 '불균형적'으로 발전되는 양상을 노정하기도 했다. 양자 및 다자간 안보협의체에서의 상호 안보협력 및 역내 안보 관련 어젠다의 제시는 미흡했다.

그러나 노무현 정부가 남긴 국방 정책 분야의 성과와 미흡함은 그대로 한국 국방체제의 유산으로 남겨질 것이다.

제7장

- - - - - - - - - -

이명박 정부의 국가안보 전략 구상과 전개

1. 머리말

이명박 정부는 2008년 2월에 출범해 2013년까지 5년의 임기를 담당했다. 1987년 이후 5년 단임제의 대통령제를 채택한 대한민국에서는 구조적으로 선출된 모든 대통령들이 5년 내에 자신이 제기한 정책 구상을 구현하지 않으면 안 되는 상황에 놓이게 되었다. 건국 초기 이승만 대통령과 박정희 대통령이 헌법 개정을 통해 각각 12년과 18년의 임기를 향유했고, 미국과 중국의 지도자들도 최대 8년과 10년 정도의 재임 기간을 가질 수 있다는 점을 고려하면, 5년이라는 기간은 상대적으로 짧다고밖에 볼

---

* 이 장은 2012년 10월, 경제인문사회연구회의 지원을 받은 한국정치학회 연구 보고서의 일부로 제출된 박영준, 「이명박 정부의 외교안보정책 기조와 수행체제」를 수정·보완한 것이다.

수 없다. 그러나 구조적으로 대한민국의 대통령은 이 상대적으로 제한된 기간 내에 "불가능을 가능으로 바꾸는" 정치의 게임을 벌이지 않으면 안 된다. 이 장은 이 기간 이명박 대통령과 그의 행정부가, 특히 국가안보의 측면에서 어떤 정책을 구상했고 그러한 구상을 실현하기 위해 어떠한 체제를 구축했는가를 검토하기 위한 목적을 가진다. 이러한 연구는 한국 정치외교사의 자료 구축을 위해도 의미가 있을 것이고, 앞으로 선출될 지도자들의 정책 구상을 위해서도 기여하는 바가 있으리라고 자평한다.[1]

2008년부터 2012년까지는 국제정치의 측면에서 구조적으로 몇 가지 큰 변화가 나타났던 시기이다. 첫째, 이 시기는 탈냉전기 이후 형성된 단극체제하에서 패권적 지위를 누리던 미국이 2001년 9·11 테러 이후 불가피하게 수행해온 '테러와의 전쟁'이 종료되던 기간이었다. '테러와의 전쟁'을 통해 미국은 9·11 테러의 주모자였던 오사마 빈라덴(Osama bin Laden)을 사살하고, 이라크와 아프간에서의 종전을 선언하는 성과를 올렸다. 반면 대규모 전비 지출로 말미암아 종합적 국력 쇠퇴의 조짐이 나타났고, 중동 국가를 포함한 전 세계 지역에서 미국 리더십에 대한 불신이 확대되기도 했다. 둘째, 미국의 국제적 위상 저하와 맞물려 상대적으로 이 기간 중국의 국력과 국제적 위상이 급속도로 부상했다. 2010년 중국은 GDP 규모에서 일본을 추월해 세계 제2위의 경제 대국으로 부상했으며, 동아시아질서는 물론 글로벌질서에서도 그 영향력이 강화되는 양상이 나타났다. 셋째, 정치적 구조의 불안정성과 아울러 이 시기의 국제질서에는 경제적 불안정성도 노정되었다. 미국 내 부동산 시장의 침체가 금융위기로 이어졌고, 이에 따라 전 세계 경제가 동시적으로 침체되는 양

---

1) 이러한 생각에서 필자는 이미 노무현 정부의 외교안보 정책에 대한 논고를 발표한 바 있다. 박영준, 「노무현 정부의 국가안보전략과 국방정책 평가」, 참조.

상이 나타났다. 경제 침체에 따라 각국이 공격적 재정 정책을 운용하면서, 유럽 국가들 가운데 재정 파탄에 직면하는 상황이 나타났다. 이 과정에서 국제경제질서에서 소외되었던 신흥국 및 개발도상국들의 참가가 증대되었다. 넷째, '테러와의 전쟁' 결과 테러리즘의 위협은 약화되었지만 실패 국가 및 일부 단체들에 의해 해양, 사이버 공간 등에서의 도발 가능성이 증가했다. 그리고 이에 대응하기 위한 국제적 연대의 필요성이 제기되었다. 소말리아 해상에서의 해적 활동에 대해 각국이 공동으로 해상작전을 전개하거나, 사이버 테러에 대응해 사이버 테러 대응 전략을 공표하고, 관련 부서를 설치하는 양상들이 전개되었다.

그렇다면 이명박 대통령과 그의 행정부는 이 같은 변화가 진행되던 시기에 과연 어떤 구상을 갖고 국가안보 정책을 추진하려 했던가? 이 장에서는 국가안보 정책의 구상, 국가안보 정책의 체제 그리고 분야별 정책의 중점 순으로 살펴보기로 한다.

2. 국가안보 정책 기조와 체제

이명박 대통령은 해외사업이 많았던 대기업의 CEO와 서울시장을 역임했다. 영어로 해외 인사들과 의사소통도 가능하다. 변호사 출신이며, 주 활동 무대가 국내에 국한되었던 전임자에 비해 국제사회에 대한 감각이 상대적으로 풍부했던 것으로 보인다. 이러한 경력이 대통령의 국가안보 정책 구상이나 정책에 반영되어 있는 것으로 볼 수 있다. 시기를 대통령 당선 이후로 국한하면 이명박 대통령의 국가안보 정책 구상을 볼 수 있는 자료로서는, 주로 인수위에서 작성한 것으로 보이는 『이명박 정부 100대 국정과제』(대한민국 정부, 2008), 그리고 취임 1년이 경과한 시점에서 청와대 외교안보 수석실 주도로 작성한 것으로 보이는 『성숙한 세계 국가: 이명박 정부 외교안보의 비전과 전략』(청와대, 2009.3) 그리고 대통령이 여러 기회에 행한 연설 등이 있다.[2] 이러한 자료를 통해 이명박 대통령이 국제질서를 전반적으로 어떻게 인식했고 통일, 한미동맹, 동아시아 정책 그리고 글로벌 외교 분야와 관련해 어떤 구상을 가졌는가를 재구성해보도록 하겠다.

1) 국제안보질서와 대한민국 위상에 대한 인식

청와대에서 2009년 공표한 자료에서는 국제안보질서를 다음과 같이 분석하고 있다.[3]

- 초국가적 범죄, 대량파괴무기 확산, 환경과 경제를 둘러싼 갈등과 분쟁 등 다양한 형태의 위협이 발생할 가능성 증대
- 기후변화 문제, 국제사회의 중대한 경제안보적 위협으로 대두
- 테러리즘, 국제 난민, 기후변화, 질병 등 복합·중층적인 포괄 안보 위협에 대한 국제사회 대응 요망
- 국가 외에도 다양한 비국가 행위자들로부터 비롯되는 위협의 증가
- 위협에 대한 예방과 대처는 국가 지도자들 간의 책임 있는 협력에 의해 가능.

---

2) 이명박 대통령의 연설은 17대 대통령 청와대 홈페이지(http://17cwd.pa.go.kr)를 통해 확인할 수 있다.
3) 청와대, 『성숙한 세계국가: 이명박 정부 외교안보의 비전과 전략』(청와대, 2009.3), 6쪽.

즉, 이명박 정부의 외교안보팀은 국제질서와 외교안보 분야의 위협 요인에 대한 인식에서 전통적 국가 간의 무력충돌 이외에 초국가적 범죄, 대량파괴무기 확산, 테러리즘, 기후변화 등의 요인을 중시하는 경향을 보인다. 이 같은 경향은 이명박 대통령이 2010년 6월 4일, 샹그릴라 안보대화에서 행한 연설에서도 나타나고 있다. 이 연설의 요지는 다음과 같다.[4]

- 21세기는 전통적 안보 위협과 21세기 새로운 포괄 안보 위협을 동시에 직면
- 냉전 종식 이후에도 신흥 민족주의, 과거사 갈등, WMD 확산 위협 등 20세기 갈등 요인이 여전히 미해결
- 여기에 더해 기후변화와 에너지 안보, 식량 안보, 금융위기관리, 테러리즘, 사이버 공격, 마약 및 불법 거래 등 다양하고 포괄적인 안보 위협이 새로운 도전 요인
- 현대의 복합분쟁(hybrid conflicts)에 대해 …… 어느 한 국가가 대처할 수 없으며 각 지역 및 글로벌 차원에서 긴밀한 공조 필요

이 연설에서도 이명박 대통령은 전통적인 군사적 위협 이외에 기후변화, 에너지 안보, 식량 안보, 금융위기, 사이버 공격 등 포괄적 안보 위협 요인을 오히려 강조하는 경향을 보이고 있다. 북한의 군사적 위협에 대한 명시적 표현이 나오지 않은 점도 후술하듯이 초기 이명박 정부의 대북 정책과 연관해 주목할 가치가 있다. 또한 이러한 복합적·포괄적인 안보 위협 요인에 대응하기 위해서는 개별 국가에 의한 대응보다도, 국가 간의 지역적 또는 글로벌 협력의 필요성을 강조하고 있다. 이 같은 인식은 이

---

4) 2010년 6월 4일 샹그릴라 국제안보포럼에서 행한 연설. 17대 대통령 청와대 홈페이지.

명박 정부가 전통적 군사안보보다는 포괄안보(comprehensive security), 그리고 공동안보, 또는 협력안보의 관점을 채택하고 있음을 엿보게 한다. 이 같은 입장은 노무현 정부가 초기에 표명한 입장과도 유사하다.[5]

한편 이명박 대통령은 이러한 국제질서에서 대한민국이 새로운 질서를 창출하고 좀 더 적극적인 역할을 담당하는 국가가 되어야 한다는 자의식을 강하게 갖고 있었다. 2009년 1월 2일에 행한 신년 국정연설에서는 "대한민국은 이제 19세기 말 국제 정세에 휘둘리던 변방 국가도, 외환위기 당시 바람 앞의 촛불과도 같은 처지가 아니다. 21세기 국제질서를 만들어 나가는 세계 중심부의 일원으로 당당히 커나가고 있다"라는 요지의 발언을 했다.[6]

2009년 9월 30일, G20의 피츠버그 정상회의에서 2010년 11월의 G20 정상회의 한국 개최가 결정된 직후에 행한 특별 기자회견에서도 한국이 "세계 10위권 경제 대국이 되었지만, 국제사회에서 이에 걸맞은 목소리가 없었다"고 지적하면서, "이제 대한민국은 세계 선도 국가들이 인정하는 국제사회의 주역이 된 것"이며, "남이 짜놓은 국제질서의 틀 속에서 수동적 역할에 만족했던 우리가 새로운 틀과 판을 짜는 나라가 된 것"이라고 자평하고 있다.[7]

전임인 노무현 대통령도 한국이 국제사회에서 주도적 역할을 해야 한다는 자의식을 갖고 있었다. 그러나 노무현 대통령은 21세기 국제질서가 마치 19세기와 같아서, 한국이 강대국에 둘러싸여 있고 그 속에서 주도적

---

5) 노무현 정부의 외교안보 정책 기본 방향에 대해서는 국가안전보장회의, 『평화번영과 국가안보: 참여정부의 안보정책 구상』 참조.
6) 2009년 1월 2일 신년 국정연설. 17대 대통령 청와대 홈페이지.
7) 2009년 9월 30일, G20 정상회의 유치 보고 특별기자회견. 17대 대통령 청와대 홈페이지.

역할을 해야 한다는 '동북아 균형자'론의 시각을 갖고 있었다고 한다면,[8] 이명박 대통령은 좀 더 넓은 글로벌적 시야에서 한국의 주도적 역할 강화를 강조하고 있는 차별성을 보였다.

2) 국가안보 정책 기본 방향

이명박 대통령과 그 행정부는 국제안보질서와 대한민국의 정체성에 대한 인식을 바탕으로 대한민국이 "보다 능동적인 자세로 국제사회와 교류하고, 이를 통해 세계의 평화와 발전에 적극적으로 기여하는 세계국가", "범 세계 차원에서 지구촌 공통 관심사에 대해 적극 협력하고 처방을 내리는" "성숙한 세계국가", 즉 "글로벌 코리아(Global Korea)"를 지향해야 한다는 비전을 제시했다.[9] 이전의 노무현 정부가 '동북아 균형자'를 제기하며 동북아 역내에서 주도적 역할을 하는 국가로서의 과제를 제기했다면, 이명박 정부는 좀 더 넓은 글로벌 차원에서의 역할 강화를 '성숙한 세계국가', 즉 '글로벌 코리아'의 개념에 담았다고 보인다.

'성숙한 세계국가'의 방향하에서 이명박 정부가 추구해야 할 국가안보 정책의 과제에 대해서는 2008년 인수위가 작성한 『이명박 정부 100대 국정과제』와, 2009년 외교안보 수석실이 공표한 『성숙한 세계국가: 이명박 정부 외교안보의 비전과 전략』의 두 가지 문서에 체계적으로 제시되어 있다. 『이명박 정부 100대 국정과제』는 이명박 정부가 임기 중에 추진해야 할 정책 과제를 '섬기는 정부', '활기찬 시장경제', '능동적 복지', '인재

---

8) 노무현 대통령의 '동북아 균형자론'과 그에 대한 평가로는 박영준, 「동북아균형자론과 21세기 한국외교」, ≪한국정치외교사논총≫, 제28집 1호(2006.8) 참조.

9) 청와대, 『성숙한 세계국가: 이명박 정부 외교안보의 비전과 전략』, 12쪽.

대국', '성숙한 세계국가' 등 다섯 가지 분야로 나누고 있다. 이 가운데 '성숙한 세계국가'의 카테고리에 포함된 20여 개 항목이 국가안보 정책의 과제에 해당된다. 이 항목들은 다시 남북 관계 분야, 한미동맹 분야, 신아시아 협력 외교, 글로벌 외교, 국방개혁 관련 분야로 구분될 수 있다.[10]

남북 관계에 대해 이 문서는 북핵 폐기의 지속적 추진, 비핵개방 3000 구상 추진, 남북자와 국군 포로 및 탈북자에 대한 인도적 문제 해결을 과제로 제기한다. 다른 분야에서 언급되고 있지만 북한 산림녹화 및 광산 등의 자원 공동개발, 북한 철도 현대화 및 러시아-한국 철도와의 연결사업 추진, 남북한 간 군사적 신뢰 구축 및 군비 통제 추진 그리고 비무장지대의 평화적 이용 등도 남북 관계와 관련된 정책 구상으로 볼 수 있다.

한미동맹과 관련해서 이 문서는 한미동맹의 미래비전 수립을 추진하겠다고 밝혔다. 신아시아 협력 외교와 관련해서는 한일 성숙한 동반자 관계에 기반을 둔 협력체제 구축, 한미일 간의 신협력체제 구축, 고위급 협의체 개최 및 사이버 사무국 설치를 통한 한중일 신협력체제 구축, 나아가 동아시아 협력안보체제 구축 등을 정책 과제로서 제기했다.

지구촌 문제 해결의 적극 관여와 관련해서는 GNI 대비 해외개발원조(ODA) 규모 확대, KOICA 해외 봉사단 5000명 신규 파견, 국제평화유지활동(PKO) 강화 등이 정책 과제로 제기되었다. 국방개혁과 관련해서는 상비병력 규모 및 부대 구조 개편안의 조정, ARF 및 CSCAP(Council for Security Cooperation in the Asia Pacific)와 같은 다자협의체의 적극 참여, 전시작전통제권 전환의 적정성 평가와 보완, 신경제성장 동력으로 방위

---

10) 조윤영도 이명박 정부 초기에 쓴 글에서 이명박 정부의 외교안보 전략을 동맹 외교, 비핵개방 3000과 대북 정책, 동아시아 다자협력구상, 기여 외교와 평화유지 활동으로 구분한 바 있다. 조윤영, 「동아시아 외교안보전략: 이명박 정부의 정책방향과 과제중심으로」, 전재성 외, 『한국의 동아시아 미래전략』(삼영사, 2008) 참조.

산업 육성, 국방부의 획득 관련 정책 통제기능 보강, 군사시설 보호구역 조정을 통한 국민부담 경감 등이 과제로 제기되었다.

『이명박 정부 100대 국정과제』가 국정 전반에 걸친 과제들을 망라하면서 그 속에서 국가안보 정책 관련 과제들을 포함시켰다면, 집권 1년 차인 2009년 외교안보 수석실이 중심이 되어 공표한 『성숙한 세계국가: 이명박 정부 외교안보의 비전과 전략』에서는 국가안보 정책 자체의 목표와 구체적 정책 방침이 좀 더 체계적으로 표명되어 있다. 이 문서는 앞서 언급한 바와 같이 '성숙한 세계 국가 글로벌 코리아'를 국가안보 정책이 추구할 비전으로 제시하면서, '상생과 공영의 남북 관계', '협력 네트워크 외교의 확대', '포괄적 실리 외교 지향', '미래지향적 선진 안보체제 구축' 등을 분야별 정책 과제로 제시하고 있다.

'상생과 공영의 남북 관계'는 대북 정책의 비전으로 제시된 키워드인데, 구체적으로는 한반도 비핵 구조의 공고화, 남북 경제공동체의 기반 조성, 남북군사공동위원회 등 당국 간 대화와 협의 채널 상설화, 개성공단 등 남북 협력사업 지속, 비무장지대의 평화적 개발, 북한 내 경제특구 신설, 북한에 대한 인력 및 교육지원, 북한 내 지하자원 공동개발 추진 등이 정책 과제로 담겨있다. 2008년 인수위 보고서에 비해 좀 더 집약적인 비전과 구체적 정책 과제가 포함된 것이 특징이다.

협력 네트워크 외교 확대와 관련해서는 주로 4강 외교의 정책 과제들을 제시하고 있는데, 구체적으로는 미국과의 한미전략동맹 추진, 일본과의 성숙한 동반자 관계 구축, 중국과의 전략적 협력 동반자 관계 및 러시아와의 전략적 협력 동반자 관계 구축 등이 포함되었다. 나아가 APEC, 아세안+3, ARF, 동아시아 정상회의 등을 통한 동북아 협력체제 구축, 동남아, 중앙아시아, 인도, 오스트레일리아, 뉴질랜드 등의 글로벌 파트너십 확대도 정책 과제로 제기되었다.

포괄적 실리 외교와 관련해서는 에너지 협력 외교, 자유무역협정(FTA) 체결 다변화, 기여 외교 확대 등이 포함되었다. 미래지향적 선진안보체제 구축과 관련해서는 선진 군사능력 확충, 국방 경영 효율화, 대외 군사협력 확대, 다자간 안보 대화 및 국제협력체제에의 적극 참여, 포괄 안보 역량 구비 등이 포함되었다.

3) 국가안보 정책 수행체제

김대중, 노무현 정부 시기의 국가안보 정책 수행 과정에서는 NSC의 역할이 적지 않았다. 대북 화해·협력 정책을 추진했던 김대중 정부 초기에는 외교안보 수석비서관으로서 NSC 사무처를 신설해 이를 이끌었던 임동원 씨의 역할이 컸으며,[11] 노무현 정부 시기에도 NSC의 사무처장을 맡았던 이종석 씨의 역할이 절대적이었다.

그런데 이명박 정부는 집권 초기인 2008년 3월 7일, '국가안전보장회의법'을 개정해 NSC는 존속시키되, NSC 상임위원회와 사무처를 폐지하는 조치를 단행했다. 그리고 장관급 협의체인 외교안보 정책조정회의를 설치해 NSC 상임위원회의 기능을 수행하게 했으며, 사무처 기능은 외교안보 수석비서관실로 이관했다. 외교안보 정책조정회의의 의장은 외교통상부 장관이 맡게 되었으며, 이 조정회의를 뒷받침하는 회의체로서 외교안보 수석이 실무조정회의를 매주 1회 개최하도록 했다.[12] 이 외에 긴급 시 대통령은 외교안보장관회의를 소집해 중요 사항을 협의하는 체제를 병행했다.[13] 이 같은 조치는 노무현 정부 시기 NSC 상임위원회를 주

11) 임동원, 『피스 메이커: 남북관계와 북핵문제 20년』.
12) ≪중앙일보≫, 2008년 3월 8일 자 참조.

도했던 이종석 씨의 영향력 강화에 대한 비판으로 비롯되었다고 생각되나, 이 같은 조치의 결과 이명박 정부에서는 외교안보정책조정회의의 의장을 맡게 된 외교통상부 장관(유명환, 김성환)을 필두로 국방부(이상희, 김태영, 김관진), 통일부(현인택, 유우익) 등 개별 부처 장관들의 정책적 영향력이 상대적으로 커지게 되었다.

그러나 NSC 사무처가 폐지되면서, 종전에 이 조직에서 활동하던 위기관리센터나 국정 상황실과 같은 부서들이 축소되거나 역할이 약화되었다. 특히 노무현 정부 시기 270여 권에 달하는 위기관리 매뉴얼을 제작하면서 활발하게 운용되었던 위기관리센터는 대폭 축소되어 대통령 실장 직속의 위기정보상황팀으로 재편되었다. 그러다가 응급을 요하는 안보 위기 상황이 거듭 터지면서 위기정보상황팀은 계속 조직이 강화되었다. 2008년 7월, 금강산 관광객 피격사건이 터지자, 위기정보상황팀은 국가위기상황센터로 개편되고, 외교안보 수석이 센터장을 겸임하게 되었다. 천안함 피격 사건 이후인 2010년 5월 4일 이후에는 다시 국가위기관리센터로 확대·개편되었고, 2010년 12월 21일에는 다시 국가위기관리실로 격상되면서, 실장에는 수석비서관급이 보임되었다.[14] 결국 이명박 정부 초기 NSC 사무처를 폐지하고, 위기관리센터 등의 기능을 축소시킨 결정이 그다지 타당성이 없었다는 비판이 제기되기도 했다.[15]

---

13) 윤태영, 「북한 위협과 한국 위기관리체제의 발전방향」, 한국정치외교사학회·국민대 정치대학원 공동학술회의 발표문(2012.10.27).

14) ≪조선일보≫, 2010년 12월 22일 자 참조.

15) 윤태영 교수는 NSC 산하에 제도화된 상임위원회와 사무처가 재설치되어야 한다고 주장한다. 윤태영, 「북한 위협과 한국 위기관리체제의 발전방향」 참조.

3. 분야별 국가안보 정책 구상과 전개

대통령 취임 초기인 2008년과 2009년대 각각 『이명박 정부 100대 국정과제』와 『성숙한 세계국가: 이명박 정부 외교안보의 비전과 전략』 등에서 표명된 이명박 정부의 국가안보 정책 기본 방향은 이후에도 대통령의 연설이나 관련 장관 등의 정책 구상 표명을 통해 좀 더 구체적으로 발전되었다. 이하에서는 남북 관계, 협력 네트워크 외교, 글로벌 외교, 국방개혁 등의 세부 분야로 나누어 대통령의 연설 등을 자료로 좀 더 구체적인 국가안보 정책 구상을 재구성하겠다.

1) '상생과 공영의 남북 관계' 구상과 전개

이명박 대통령은 『이명박 정부 100대 국정과제』와 『성숙한 세계국가: 이명박 정부 외교안보의 비전과 전략』 등 취임 초기에 표명한 여러 정책 구상에서 남북 관계를 '상생과 공영'의 정신 위에서 추진하되 비핵개방 3000의 구상, 즉 북한이 비핵화를 결단하면 북한의 국민소득이 3000달러에 도달할 수 있도록 경제지원을 아끼지 않겠다는 방침을 표명했다. 이명박 대통령은 연설을 통해서도 대북 정책의 기본이 대결적 자세보다는 대화와 협력에 있다는 점을 거듭 천명했다. 2008년 8월 15일, 광복절 기념 경축사를 통해 대통령은 6자회담과 국제협력 진전에 따라 실질적인 대북 경제협력을 본격 추진해 한반도 경제공동체를 실현해나갈 것이라고 밝히기도 했다.[16] 2008년 5월 12일, 외교안보정책조정회의 의장을 겸임하던

---

16) 2008년 8월 15일 제63주년 광복절 및 대한민국 건국 60년 경축사. 17대 대통령 청와대 홈페이지.

유명환 외교통상부 장관은 이명박 정부의 대북 정책이 인게이지먼트 (engagement), 즉 적극적 대화 정책이라고 부연 설명하기도 했다.[17]

그러나 이명박 대통령은 기존 정부가 북한 정상들과 합의했던 여러 문서 가운데 1991년 체결된 남북기본합의서를 상대적으로 중시하고, 반면 노무현 대통령이 김정일 국방위원장과 합의한 2007년 10·4 공동선언 및 김대중 대통령이 합의한 2000년 6·15 남북공동성명은 소극적으로 평가하는 태도를 보였다. 예컨대 2008년 3월 26일, 이명박 대통령은 통일부에 대한 업무 보고에서 남북한 간에 가장 중요한 것은 1991년 체결된 남북기본합의서 정신을 지키는 것이라고 훈시했다.[18] 그러자 북한이 이에 대해 반발하고 나서면서, 2008년 3월, 남북 당국 간의 대화 중단을 선언했다. 북한으로서는 김정일 국방위원장이 김대중 및 노무현 대통령을 상대로 회담을 갖고 직접 서명한 문서들에 대한 이명박 정부의 평가절하를 묵인하기 곤란했을 것으로 보인다.

남북대화가 중단되고 이명박 정부는 북한과의 대화 재개를 다방면으로 촉구하는 자세를 보였다. 남북대화와 접촉이 재개되어야 '상생과 공영'의 대북 정책 속에 담겨진 대북 정책의 패키지 구현이 가능해지기 때문이다. 2008년 7월 11일, 대통령은 국회 개원연설을 통해 남북 당국 간 전면 대화의 재개를 촉구하면서 과거 남북 간에 합의한 7·4 공동성명, 남북기

---

17) ≪중앙일보≫, 2008년 5월 12일 자. 배종윤도 이명박 정부의 대북 정책인 상생공영 정책은 북한과의 공존·화해·협력을 강조하는 것으로서, 결국 1973년 박정희 정부 이래 역대 정부가 취해온 관여 정책의 연장선상에 있다고 분석했다. Jong-Yun Bae, "South Korean Strategic Thinking toward North Korea: The Evolution of the Engagement Policy and Its Impact upon U.S.-ROK Relations," *Asian Survey*, Vol.59, No.2(2010), p.341.

18) ≪중앙일보≫, 2008년 3월 27일 자.

본합의서, 비핵화 공동선언뿐만 아니라 6·15 남북공동성명, 10·4 정상선 언을 어떻게 이행할 것인가 북측과 진지하게 협의할 용의가 있다고 밝혔 다.[19] 2009년 3월 1일, 대통령은 3·1절 기념사를 통해 남북대화 재개를 촉구하면서 지난 남북 간 합의 사항을 준수할 것이고, 비핵화 과정에서 북한을 도울 준비가 되어 있음을 밝혔다.[20] 2008년 12월 31일, 통일부도 업무 보고를 통해 남북 당국 간 대화를 추진하고, 남북 관계가 정상화될 경우 북한의 철도 및 도로 현대화사업, 한강 하구 공동이용 등의 남북 협 력사업을 추진하겠다는 정책 방향을 밝히기도 했다. 2009년 9월에는 북 핵 문제에 대한 일괄 타결 구상, 즉 그랜드바겐(Grand Bargain) 구상을 제 시하기도 했다.[21]

그러나 남북 간의 관계는 2008년 7월 11일, 금강산에서의 한국 관광객 에 대한 북한군 총격 사건 발발과 2009년 5월 25일, 북한의 제2차 핵실험 단행 등으로 더욱 경색되어갔다. 2010년 3월 26일 천안함 격침과 같은 해 5월 29일, 국제합동조사단의 결과 발표로 남북 관계는 더 이상 대화를 재 개할 분위기가 조성되지 않았다. 이러한 과정에서 이명박 정부의 대북 정 책 구상은 미묘한 변화를 보이기 시작했다.

2009년 2월, 통일부 장관에 취임한 현인택은 취임사를 통해 민족통일 을 위한 여섯 가지 원칙을 밝혔다. 그는 북한의 책임 있는 당국자와 언제, 어디서나 만나 어떤 의제든 대화를 나눌 용의가 있고, 대화와 협력을 통

---

19) ≪중앙일보≫, 2008년 7월 12일 자.

20) ≪중앙일보≫, 2009년 3월 2일 자.

21) 그랜드바겐 구상은 종전의 6자회담에서 미국과 북한이 합의한 사항을 다른 참가국 들이 따라가는 양상이었던 것에 대한 대안으로, 5자합의를 선행한 이후에 북한에 공동제안하자는 구상이었다. 2009년 11월 5일, 김성환 외교안보 수석의 국방대학 교 안보과정 특강 참조.

해서 신뢰를 구축하겠다고 밝혔다. 또한 북한의 비핵화가 전면적인 남북 관계 개선과 북한의 국제화를 위해 꼭 필요하다고 하면서, 북핵 문제 해결을 위해 기존의 6자회담이 잘 되도록 적극 협력하겠다고 했다. 그러나 동시에 그는 공존공영의 남북 관계를 토대로 미래의 평화통일을 달성하겠다고 했다. 이 지점에서 이명박 정부는, 기존의 김대중 정부나 노무현 정부와는 구별되는 통일관을 대북 정책에 담기 시작한 것으로 보인다. 즉, 상생공영의 대북 정책을 통해 북한을 흡수통일할 수 있다는 정책적 의지가 표명되기 시작한 것이다. 이러한 통일 정책의 전환은 2010년 8월 15일 광복 65주년 경축사를 통해 좀 더 분명히 표명되었다.

지금 남북 관계는 새로운 패러다임을 요구하고 있습니다. 대결이 아닌 공존, 정체가 아닌 발전을 지향해야 합니다. 주어진 분단 상황의 관리를 넘어서 평화통일을 목표로 삼아야 합니다.

우선 한반도의 안전과 평화를 보장하는 평화공동체를 구축해야 합니다. 그러려면 무엇보다 한반도의 비핵화가 이뤄져야 합니다. 나아가 남북한의 포괄적인 교류, 협력을 통해 북한 경제를 획기적으로 발전시키고 남북한 경제의 통합을 준비하는 경제공동체를 이루어야 합니다. 이를 토대로 궁극적으로는 제도의 장벽을 허물고 한민족 모두의 존엄과 자유, 삶의 기본권을 보장하는 민족공동체를 향해 나아가야 합니다.

이러한 과정을 통해서 우리는 한민족의 평화통일을 이룰 수 있습니다. 통일은 반드시 옵니다. 그날을 대비해 이제 통일세 등 현실적인 방안도 준비할 때가 되었다고 생각합니다.[22]

---

22) 2010년 8월 15일 광복 65주년 경축사. 17대 대통령 청와대 홈페이지.

즉, 이명박 대통령은 우선 한반도에 평화공동체, 경제공동체, 민족공동체를 형성하고 이를 바탕으로 한민족의 평화통일을 이룩해야 한다는 단계론을 제시한 것이다. 그리고 이러한 통일을 준비하기 위해 통일세 신설 같은 구체적인 방안도 제기했다. 그러나 이 같은 통일세 구상은 북한 전문가들로부터 북한 정권 붕괴에 대비하기 위한 계획으로 간주될 수 있다는 우려를 낳기도 했다.[23] 실제로 북한은 이명박 정부의 통일세 구상 등에 대해 반발했고, 이후 2011년 2월에 개최된 남북 군사실무회담도 결렬되기에 이르렀다.

결국 이명박 정부의 남북 관계 구상은 초기 문서들에 나타났던 관여 정책의 성향에도 불구하고, 북한과 최소한의 정부 간 접촉도 갖지 못하는 결과를 빚어냈다. 이 같은 결과를 낳게 된 요인은 2008년 7월 금강산 피격 사건이나 2009년 5월의 북한 제2차 핵실험 그리고 2010년 3월의 천안함 피격과 같은 북한의 도발에서 기인한 바가 없다고는 볼 수 없으나, 이명박 정부가 북한의 내재적 인식과 정책 성향을 깊숙이 읽지 못한 책임도 간과할 수 없다. 즉, 이명박 정부는 2008년 3월의 시점에서 전임 노무현 정부나 김대중 정부가 북한 최고 지도자와 맺은 합의들을 경시하는 경향을 보여 북한 측의 반발을 불러일으켰고, 현인택 통일 장관의 정책이나 2010년 8월의 광복절 경축사 등에서는 흡수통일의 뉘앙스를 갖는 '통일세'의 구상을 제기하면서 더욱 북한 측의 반발을 불러일으켰던 것이다.

---

23) ≪뉴욕타임스(The New York Times)≫와 인터뷰한 동국대학교 김용현 교수의 발언 참조. Choe Sang-Hun, "South Korea Proposes Tax To Finance Reunification," *The New York Times*, August 16, 2010.

2) 협력 네트워크 외교

협력 네트워크 외교란 미국, 일본, 중국, 러시아 등 한반도 문제와 밀접한 관련이 있는 주변 4대국과의 동맹 및 전략적 협력 관계를 구축하려는 외교를 말한다. 이 같은 주변 4대국에 대한 외교는 한국 역대 정부의 외교정책에서 가장 중요성이 높은 외교로 인식되어온 것이 사실이다.

이명박 정부도 앞서 언급한 인수위 보고서나 외교안보 수석실의 2009년 간행물에서 한미 간 전략동맹 관계, 일본과의 성숙한 동반자 관계, 중국 및 러시아와의 전략적 협력 동반자 관계 구축을 협력 네트워크 외교의 목표로 제시한 바 있었다. 이 같은 구상은 이후 이명박 대통령의 여러 연설에서 거듭 강조되고 있다. 2008년 4월 15일, 취임 이후 최초로 미국을 방문한 이명박 대통령은 코리아 소사이어티의 만찬 연설에서 "21세기 새로운 국제 환경에 직면해 한국과 미국은 한반도와 아시아의 평화, 그리고 번영에 기여할 수 있는 새로운 전략적 마스터 플랜을 짜야" 한다고 강조하면서, 그것이 바로 가치동맹, 신뢰동맹, 평화 구축동맹의 3대 지향점을 갖는 21세기 한미전략동맹이라고 밝혔다.[24] 사실 이명박 대통령은 같은 해 4월 19일과 8월 6일, 조지 부시(George W. Bush) 대통령과 가진 정상회담을 통해 한미동맹을 21세기형 전략동맹 관계로 격상하는 데 합의했고, 이에 따라 미국의 한국에 대한 대외군사판매(Foreign Military Sale) 수준을 나토, 일본, 오스트레일리아, 뉴질랜드와 같은 수준으로 격상하는 것에도 합의했다. 나아가 이명박 정부 시기 한미 양국은 미 의회의 일부 반대를 무릅쓰고 자유무역협정을 체결하는 데 성공했으며, 비자면제 프로그램과 한국 대학생의 미국 연수프로그램인 WEST의 추진에도 합의했

---

24) 2008년 4월 15일 코리아 소사이어티 만찬 연설. 17대 대통령 청와대 홈페이지.

다.[25] 2010년 6월 27일, 버락 오바마(Barack Obama) 대통령과 가진 정상 회담에서는 2012년 4월로 예정되었던 전시작전통제권 전환 시기를 2015년 12월로 연기한다는 데 합의하기도 했다.

취임 초기 이명박 대통령은 일본과의 관계 구축에서도 적지 않은 성과를 거두었다. 2008년 4월 21일 가진 한일 정상회담에서 양국은 상호 관계를 '성숙한 파트너십 관계'로 격상한다는 데 합의했다. 구체적으로는 경제 제휴협정(EPA) 교섭 재개를 위한 실무협의를 추진하고, 양국이 대기오염, 환경, 에너지 분야에서도 국제협력을 강화하기로 의견의 일치를 보았다. 또한 향후 3년간 1500명의 범위에서 양국 대학생 교류사업을 추진하기로 했고, 양국의 소장 학자들로 한일신시대공동연구위원회를 구성해 양국의 미래지향적인 협력사업들을 연구하도록 했다.[26] 2009년 1월 12일, 아소 다로(麻生太郎) 총리와 가진 정상회담에서 양국 정상은 양국 간 원자력협정 체결 교섭의 개시, 중소기업 CEO 포럼의 개최 추진, 한일 과학기술협력위원회 활성화, 이공계 학부 유학생 파견제도 등의 실질적인 협력 방안을 논의한 바 있다.

이명박 대통령은 취임 초기 중국과의 관계 강화에도 역점을 두었다. 2008년 5월 27일, 후진타오(胡錦濤) 국가주석과 정상회담을 가진 대통령은 양국 간의 관계를 '전략적 협력 동반자 관계'로 격상한다는 데 합의했고, 외교 당국 간 차관급 전략 대화를 신설하기로 합의했다. 또한 한중 간의 FTA 체결도 적극 검토하기로 했다.[27]

한중 간 대통령뿐 아니라 국방 장관 상호 간의 양자 회담도 활발하게

---

25) ≪중앙일보≫, 2008년 4월 22일 자; ≪중앙일보≫, 2008년 8월 7일 자.
26) ≪朝日新聞≫, 2008년 4월 22일 자; ≪중앙일보≫, 2008년 4월 22일 자.
27) ≪중앙일보≫, 2008년 5월 28일 자.

열어 협력 방안을 논의했다.[28] 2011년 7월, 김관진 국방 장관은 중국 측 량광례(梁光烈) 국방부장과 회담을 갖고, 양국 해·공군 간의 핫라인을 설치하기로 합의했으며, 양국 육해공군 대학에서 소령급 장교들이 1년간 공부하는 상호 연수 프로그램을 실시하기로 합의했다. 이러한 합의를 바탕으로 같은 해 11월 25일에는 한중 양국의 해군 간 연합수색구조훈련이 상하이 해상에서 실시되었으며, 한국 3함대 사령관과 중국 측 동해 함대 사령원과의 군사교류협력회의도 개최되었다.[29]

이명박 대통령은 또한 2008년 9월 29일, 러시아의 드미트리 메드베데프(Dmitri Medvedev) 대통령과 정상회담을 갖고, 양국 관계를 '전략적 협력 동반자 관계'로 격상하기로 합의했다. 구체적으로 양국 정상은 향후 외교 당국 간 차관급 회담을 신설하고, 군 인사 및 군사기술 등 국방 분야에서도 양국 간 교류와 협력을 확대하기로 했다. 이 외에 천연가스, 어업, 투자, 우주 개발 등의 분야에도 양국 간의 경제적·문화적 교류와 협력을 강화하기로 했다.[30]

이명박 정부는 양자 간 관계뿐 아니라 한미일, 혹은 한중일의 소다자주의적 협의체 창설에도 관심과 노력을 기울였다. 특히 한국, 일본, 중국 3국의 정상회의 정례화를 주창했고, 이 결과 2008년 12월 13일, 일본 측 아

---

28) 데이비드 강은 국가의 대외 정책에는 적에 대항하는 밸런싱(balancing)과 적과 결탁하는 밴드웨건(bandwagon)의 두 가지 형태가 기본적으로 있고, 그 중간영역에 관여(engagement), 조정(accommodation), 회피(hiding), 헤징(hedging) 등이 존재한다고 전제하며, 이명박 정부의 중국 정책은 밸런싱이 아니라 조정의 특징을 보이고 있다고 분석한다. David C. Kang, "Between Balancing and Bandwagoning: South Korea's Response to China," *Journal of East Asian Studies*, Vol.9, No.1 (Jan.-Apr.2009), pp.6~7, 16.

29) ≪국방일보≫, 2011년 11월 28일 자.

30) ≪중앙일보≫, 2008년 9월 30일 자.

소 다로 총리, 중국 측 원자바오(溫家寶) 총리가 참가한 가운데 최초의 한중일 정상회담이 일본 후쿠오카에서 개최되었다. 이 회담에서 3국은 북한 핵 문제에 대한 의견을 교환했고, 세계 금융위기에 대응해 3국이 공동 협력하고 대응해야 하는 방안에 대해서도 논의했다. 이후 한중일 3국 정상회담은 정례화되었고, 이와 병행해 3국의 외교 장관, 경제무역 담당 장관, 환경 담당 장관, 문화·관광 담당 장관회담 등이 연쇄적으로 개최되면서 한국, 일본, 중국의 외교·경제·환경·문화 등의 분야에 걸쳐 공동협력 방안이 밀도 있게 논의되었다. 3국의 정부 간 협의체가 증대되고, 논의해야 할 이슈도 다양해지자, 이러한 업무들을 조정하고 지원해야 할 상설 기구의 필요성도 제기되었다. 특히 이명박 대통령이 이러한 상설협의체 창설에 적극적인 입장을 취해, 2011년 9월에 한중일 협력사무국이 서울에서 설치되기에 이르렀다. 한중일 협력사무국의 초대 사무총장에는 한국 외교관인 신봉길 대사가 임명되었으며, 이 상설기구는 한국, 일본, 중국 간에 개최되는 50여 개 이상의 국장급 이상 협의체 활동을 지원하고, 협력 프로젝트의 개발 및 지원 임무를 담당하는 임무를 맡게 되었다.[31]

한국의 협력 네트워크 외교는 미일중러에만 국한되지 않았다. 이명박 정부는 베트남, 오스트레일리아, 중앙아시아, 유럽, 심지어 남태평양 도서 국가들과도 협력 네크워크를 확대하고자 했다. 2009년 3월 5일, 이명박 대통령은 케빈 러드(Kevin Rudd) 오스트레일리아 총리와 정상회담을 갖고, 양국 간 자유무역협정의 개시를 선언했고, 범세계에 걸쳐 안보협력을 강화한다는 공동성명에도 서명했다. 양국 간 비밀 군사 정보 교류를 위한 협정, 즉 GSOMIA(한일 군사정보포괄보호협정)도 체결했다.[32]

---

31) 2011년 6월 17일, 신봉길 초대 사무총장과의 간담회.
32) ≪중앙일보≫, 2009년 3월 6일 자.

이명박 정부는 2009년 10월 21일에는 베트남과 전략적 협력 동반자 관계 구축에도 합의했다. 한국으로서는 동맹 관계에 버금가는 위상을 지닌 '전략적 협력 동반자 관계'의 카테고리에 중국, 러시아에 이어 베트남을 포함시킨 것이다. 2011년 5월 31일에는 사모아, 피지, 통가 등 태평양 지역 14개 도서 국가의 수장들과 제1회 한국-태평양 도서국가회의를 개최했다.[33] 이미 일본과 중국 등은 태평양 지역 도서 국가들과 빈번한 정상회의를 개최하면서, 이 지역에 대한 영향력 확대를 도모하고 있었는데, 한국도 협력 네트워크 확대의 차원에서 뒤늦게나마, 이 지역 국가들과의 관계 정립에 착수한 것이다.

이 같이 이명박 정부는 협력 네트워크 외교의 관점에서 미국, 일본, 중국, 러시아 등 주변 4대국은 물론이고, 오스트레일리아, 베트남, 인도, 중앙아시아, 아프리카, 그리고 태평양 상의 도서 국가들에 대한 관계 강화에 적극적인 모습을 보였다. 이 같은 협력 네트워크 외교가 적지 않은 성과를 거둔 것도 사실이다. 이명박 정부가 역대 정부 가운데 가장 양호한 한미동맹 관계를 구축했다는 평가에는 이견이 존재하지 않을 정도이다. 그러나 다른 한편 2011년 말에 불거지기 시작한 일본과의 종군 위안부 문제를 둘러싼 갈등, 그리고 2012년 한일 간에 확대된 독도를 둘러싼 갈등 등을 도외시할 수 없다. 이명박 정부의 노력에도 불구하고, 한중 간 불신도 여전히 남아 있는 것으로도 보인다. 이 같은 상황을 고려하면 이명박 정부의 '협력 네크워크 외교'의 비전에도 불구하고, 일부 국가들과의 협력 네트워크는 아직 구축되지 않은 것으로 보인다.

---

33) *Korea JoongAng Daily*, June 1, 2011.

3) 글로벌 외교

이명박 정부는 집권 초기 한국의 국제적 위상 및 국력 증대에 부응해, 글로벌한 차원에서 국제사회의 경제성장과 평화 활동에 기여하고 공헌하는 외교를 확대하겠다고 밝혔다. 즉, ODA 지원액을 늘리고, 평화유지 활동에 적극적으로 참가하고, 그 외 기후변화에 관련된 과제들에도 적극 관여하겠다는 입장을 밝힌 것이다. 이러한 정책 방침은 이후 여러 차례 연설에서도 거듭 표명되었다.

이명박 정부는 글로벌 외교를 수행하기 위한 일환으로 국제사회의 오피니언 리더들이 참석해 한국의 정책 방향을 논의하는 글로벌 코리아 국제회의도 개최했다. 그 첫 회의인 2009년 2월 23일, 글로벌 코리아 2009 국제회의의 개회식 연설에서 대통령은 기후변화와 빈곤과 같은 인류 공동의 과제에 대해 관심을 기울일 필요성을 역설하면서, 한국이 2000년대 이후 개도국 원조(ODA)를 3배 확대해왔지만, 향후에도 원조 예산을 증액할 것임을 밝히고 있다.[34] 2010년 2월 24일 개최된 글로벌 코리아 2010의 기조연설에서도 대통령은 한국이 경제개발 경험을 개발도상국과 공유하는 경제 교육과 지식공유 프로그램사업을 전개해 개발도상국의 경제성장과 빈곤 퇴치를 지원하겠다는 정책 방침을 밝히고 있다.[35]

2009년 9월 23일, 제64차 유엔총회에서의 기조연설은 이러한 글로벌 외교의 전반적인 방향을 잘 요약하고 있다. 대통령은 대한민국이 그간의 성취를 바탕으로 국제사회에 적극 기여할 것이라는 글로벌 코리아의 비전을 소개하면서, 개발도상국들이 기아와 빈곤으로부터 벗어날 수 있도

---

34) 2009년 2월 23일 글로벌 코리아 2009 기조연설. 17대 대통령 청와대 홈페이지.
35) 2010년 2월 24일 글로벌 코리아 2010 기조연설. 17대 대통령 청와대 홈페이지.

록 발전 경험을 공유하는 사업을 확대하겠다고 소개했다. 또한 개발도상국에 대한 개발협력과 인도적 지원을 확대하는 ODA 지원액도 증액하겠다고 했다. 유엔 평화유지 활동과 관련해 대한민국이 이미 소말리아 해역을 포함한 세계 13개 지역에서 활동하고 있다고 소개하면서, 앞으로도 적극 참가할 것임을 표명했다. 또한 기후변화와 저탄소 녹색성장(Green Growth) 전략에도 대한민국이 적극 대응할 것임을 밝히고 있다.[36]

특히 이명박 대통령은 저탄소 녹색성장의 비전을 제시하고, 이를 국제사회와 공유하려는 집중적인 노력을 경주했다. 2008년 8월 15일, 광복절 경축사에서 대통령은 글로벌질서가 농업혁명, 산업혁명, 정보혁명의 시대를 거쳐 이제 환경혁명의 시대에 접어들고 있다고 하면서, 온실가스와 환경오염을 줄이는 노력과 병행해 녹색기술과 청정 에너지로 신성장 동력과 일자리를 창출하는 신국가발전 패러다임으로서 저탄소 녹색성장을 새로운 비전으로 제시했다.[37]

저탄소 녹색성장의 좀 더 구체적인 정책 과제로서 대통령은 대통령 직속 기구로서 녹생성장위원회를 설치하고, '저탄소 녹색성장 기본법'을 제정해 매년 GDP의 2%를 녹색기술과 산업, 인프라 구축에 투입하겠다고 밝혔다. 또한 에너지 효율을 높이고 탄소 배출을 줄일 수 있는 지능형 전력망(스마트 그리드)도 구축해 신재생 에너지 비율을 현재의 2% 수준에서 2030년에는 11% 이상, 2050년에는 20% 이상으로 늘릴 것이라고 밝혔다.

대통령은 '저탄소 녹색성장' 비전을 국제사회에 적극 발신하고, 관련되는 협의체 창설을 주도하려 했다. 2008년에는 동아시아 기후 포럼을 창설해 아세안 국가들과 녹색성장을 위한 구체적 협력 방안을 논의하는 체제

---

36) 2009년 9월 23일 제64차 유엔총회 기조연설. 17대 대통령 청와대 홈페이지.
37) 2008년 8월 15일 광복절 경축사. 17대 대통령 청와대 홈페이지.

를 갖추었고,[38] 2010년 6월에는 글로벌 녹색성장연구소(GGGI)도 발족시켰다. 이명박 대통령은 2010년 6월에 행한 연설을 통해 이 연구소 설립을 계기로 매년 글로벌 녹색성장 컨퍼런스를 개최하고, 2012년까지 글로벌 네트워크를 만들며, 국가 간 조약에 의한 국제기구로 발전시키겠다는 정책 방침도 밝혔다.[39] 이 같은 대통령의 정책 구상은 2012년 대형 국제기구 글로벌기후기금(GCF)의 인천 송도 유치 결정으로 큰 결실을 맺었다고 볼 수 있다. 이명박 정부에서 청와대 대외전략비서관을 역임한 김태효 교수는 이명박 정부가 국제 정세 변화에 선제적으로 대응한 분야의 하나로 기후변화 및 녹색성장 전략을 꼽기도 했다.[40]

저탄소 녹색성장 외의 다른 분야 정책 구상도 이후 각 부서에서 구체적인 정책으로 추진되었다. 2009년 12월 31일, 외교통상부는 대통령에 대한 업무 보고에서 유엔평화유지군 규모를 현행 401명에서 1000명 이상 증원하겠다고 보고했고, 2009년 GNI 대비 0.1% 수준이던 ODA 규모를 2010년에 0.13%, 2015년까지 0.25% 수준으로 증액하겠다고 보고했다.[41]

2009년 OECD의 개발원조위원회에 가입한 한국은 2009년 이후 행정안전부 주관으로 개발도상국에서 파견된 정부 관리들에 대한 새마을운동 연수사업을 실시해 2009년의 경우에는 21개국에서 참가한 205인에 대해, 2010년에는 29개국에서 참가한 207인에 대해 연수를 실시했다. 이러한 업적을 바탕으로 2011년 6월, 한국 정부는 유엔식량계획(WFP)과 공동으로 새마을운동의 노하우를 개발도상국에 전수하는 사업을 추진하기로 했

---

38) 2009년 5월 26일 "아세안 10개국 신문 특별기고"에서 재인용. 17대 대통령 청와대 홈페이지.
39) 2010년 6월 16일 동아시아 기후포럼 2010 기조연설. 17대 대통령 청와대 홈페이지.
40) 2012년 10월 23일 서울클럽에서 가진 간담회.
41) 《동아일보》, 2009년 1월 1일 자.

다. 2009년과 2011년은 르완다와 네팔을 주요 대상 국가로 해 각각 100만 달러 규모의 사업을 전개하기로 했다.[42]

이 같이 이명박 정부는 개발도상국 원조 증액, 국제평화유지 활동 적극 참가, 녹색성장이라는 이념 강조 등을 통해 대한민국이 국제사회가 공동으로 추구해야 할 가치를 방관하지 않고, 주도적으로 참가하고 있다는 이미지를 알리려고 노력했다. 이것은 대한민국의 소프트 파워를 증진시키려는 정책으로도 볼 수 있다. 2009년 1월, 대통령 직속으로 국가브랜드위원회를 설치해, 대한민국의 국제적 소프트 파워를 증진하기 위한 노력을 경주하려 한 것도 이런 정책의 연장선상에서 볼 수 있다.[43]

4) 국방개혁

취임 초기 이명박 정부는 국방개혁 2020을 보완하겠다는 방침을 밝히고 구체적으로는 상비병력 및 부대 구조 개편안 조정, 전시작전통제권 전환의 적정성 평가 및 보완, 방위산업을 신성장 동력으로 육성, 국방부의 획득 관련 정책통제 기능보강 등을 제기한 바 있다.

국방부도 업무 보고를 통해 이 같은 대통령의 통치 방침을 구현하기 위한 나름의 정책 구상을 밝혔다. 2008년 12월 31일, 국방부는 대통령에 대한 업무 보고를 통해, 방위산업 수출을 12억 달러까지 증대한다는 목표를 제시했고, 국제평화유지 활동 상비부대를 2000~3000명 수준까지 늘리는 방안을 정책 과제로 제기했다. 또한 저탄소 녹색성장 추세에 부응하는 국

---

42) ≪朝日新聞≫, 2011년 6월 6일 자.

43) Sook-Jong Lee, "South Korea's Sof Diplomacy," *EAI Issue Briefing* 2009-01, June 1, 2009.

방 그린타운을 건설하겠다는 방침도 보고했다.[44] 2009년 12월 31일에 행한 국방부 업무 보고에서도 전체 무기 도입사업의 35% 수준인 정부 간 직구매 방식을 크게 확대해 무기 조달 및 획득체계를 개선하겠다는 방침을 보고했고, 방위사업청을 국방부로 흡수하거나 국방중기계획과 같은 핵심 정책 기능을 국방부로 이관하겠다는 정책 방침을 표명했다.[45]

2010년 3월의 천안함 피격 그리고 같은 해 11월의 연평도 포격 사건 이후 이명박 정부의 국방 정책은 좀 더 적극적인 경향을 띠기 시작했다. 2011년 3월 7일, 김관진 국방 장관은 대통령에 대한 국방개혁안 보고에서 향후 적극적 억제의 전략 방침하에 합참의장의 군령권을 강화하는 상부 지휘 구조 개편을 추진하겠다는 새로운 국방개혁 307 방안(이후 국방개혁 11-30으로 개칭)을 보고했다. 새롭게 제시된 '적극적 억제'의 전략 방침에 대해 당시 김태효 대외전략 비서관은 압도적 전력을 갖추어 북한의 비대칭 전력을 무력화하는 것이라고 부연 설명했다.[46] 이상우 국방선진화추진위원장은 새로운 국방개혁안의 골자를 '능동적 억제'라고 표현하면서, '능동적 억제' 개념을 구현하기 위해서는 지휘체제 개선, 공격 거점의 선제 무력화 그리고 압도적 군사 우위가 필요하다고 강조했다.[47]

'적극적 억제' 전략 개념의 제시와 병행해 국방부는 한미동맹의 강화, 주변국과의 다자간 군사협력체제 강화도 아울러 추진했다. 2009년 개최된 한미 국방 당국 간의 한미연례안보협의회에서는 확장억제정책위원회

---

44) 《중앙일보》, 2009년 1월 1일 자.

45) 《동아일보》, 2010년 1월 1일 자.

46) 2011년 3월 22일, 한국국방안보포럼과 국회동북아평화안보포럼이 주최한 세미나의 기조발표에서. 《국방일보》, 2011년 3월 23일 자 재인용.

47) 2011년 4월 7일, 안보경영연구원에서 개최된 CEPO 포럼의 주제발표에서. 《국방일보》, 2011년 4월 8일 자 재인용.

설치가 합의되어, 확장억지 수단으로 핵과 재래식 전력을 포함하기로 했다.[48] 2011년 10월 28일에 개최된 한미 국방 장관 간의 제43차 연례안보협의회에서는 북한의 국지도발에 대응하기 위한 공동국지도발계획을 수립하기로 합의했고, 특히 북한의 WMD 위협에 대응해 맞춤형 억제 전략을 개발하기로 했다.

한국은 또한 아시아 지역의 다자간 안보협력에도 적극적으로 참가했다. 2010년 타이에서 실시된 코브라 골드(Cobra Gold) 연합상륙훈련에 처음으로 해병대 병력이 참가한 데 이어, 2011년 2월 10일에 실시된 코브라 골드 2011 연합상륙훈련에도 해병대와 해군 병력이 참가했다.[49] 한국은 또한 미국과 일본 간의 연합군사훈련에도 참가하기 시작했다.

그러나 이 같은 국방개혁의 대내외적인 과제 이행에도 불구하고, 이명박 정부가 추진한 국방개혁 11-30의 과제, 특히 군 상부구조 개편 추진을 둘러싸고는 많은 논란과 비판이 제기되기도 했다. 현행의 지휘 구조는 합참의장이 군령권을 가지면서, 육해공군의 작전사령부를 직접 지휘하는 구조로 되어 있고, 육해공군의 참모총장은 인사와 군수 등에 대한 군정권을 갖게 되어 있다. 그런데 국방개혁 11-30은 육해공군의 참모총장까지도 합참의장의 군령권하에 포함되도록 구상했고, 이러한 구상이 특히 해·공군 예비역 장성들의 반발을 불러일으켰던 것이다. 이러한 반발로 말미암아 국방개혁 관련 법률안들은 국회 심의에서 가결되지 못하는 상황이 연출되었다.

---

48) 2011년 5월 23일, 외교통상부 한미안보협력과의 김태진 과장 및 주은혜 서기관과 가진 간담회 참조.
49) ≪국방일보≫, 2011년 2월 14일 자.

4. 맺는말

이명박 정부는 10여 년 만에 등장한 보수 계열 정권이었다. 따라서 이명박 정부는 김대중, 노무현 정부가 취해온 외교안보 정책 가운데 보수파들의 반발을 샀던 정책에 대해서는 비판적인 자세를 취했다. 그러면서 보수 세력이 잘 할 수 있는 정책들은 이전 정권과 차별성을 두며 추진했다.

전자의 측면에서는 NSC 상임위원회 및 사무처를 폐지하고, 위기관리센터를 축소시키는 결과를 초래했다. 후자의 측면에서는 전임의 노무현 정부가 '동북아 균형자'를 주창했다면, 이명박 정부는 '글로벌 코리아'를 표방하면서, 한국의 외교 반경을 확대하려는 노력으로 나타났다. 이 같은 집중과 선택의 결과 이명박 정부의 외교안보 정책은 전임 정권과 비교해 현저한 성과를 나타내기도 했지만, 경우에 따라서는 답보 상태나 후퇴를 보인 정책도 적지 않다.

이명박 정부가 현저한 성과를 나타냈다고 보이는 외교안보 분야 정책은 '저탄소 녹색성장'을 새로운 비전으로 제시하면서 아시아 및 글로벌 외교에서 이슈를 선점한 점을 들 수 있다. 사실 미국이나 유럽 그리고 일본 등에서도 기후변화에 대응해 대체에너지 활용 및 에너지 절약형 기술 등의 개발이 추진되지 않은 바는 아니다. 그러나 국가 지도자가 '저탄소 녹색성장'을 국가의 새로운 비전으로 설정하고, 일관되게 내외에 이 이념을 설명하며, 관련 연구소 및 국제기구를 적극 설립하거나 유치하면서 이 분야에 대한 국가의 대외적 발언권을 높인 사례는 많지 않다. 이명박 정부는 '저탄소 녹색성장'의 국가 비전을 비교적 일관되게 견지했고, 구체적으로는 관련 법률의 책정, 관련 예산의 확보 그리고 이를 추진하기 위한 정책 과제 개발을 위한 연구소의 설립 및 국제기구 창설 등에 주도적인 역할을 했다. 새로운 국가 비전을 과감하게 제시하고, 그 구체화를 위한 실제적인 조치들을 취했다는 점은 높이 평가될 만하다.

이명박 정부가 적극적으로 추진한 정책의 하나로 한미동맹의 보완 및 강화를 들 수 있다. 이명박 정부는 취임 이전부터 21세기 전략동맹으로 한미동맹을 격상시키겠다는 방침을 분명히 했고, 취임 직후 미국 정상과 가진 일련의 회담에서 21세기형 전략동맹으로의 위상 격상, 한미 FTA의 미국 의회 비준, 미국 내 대외무기판매(FMS) 조건의 격상, WEST 프로그램의 추진, 확장억제위원회의 설치 등을 추진해나갔다. 이전 정부에서 2012년 4월로 결정되었던 전시작전통제권 전환 시기도 한미 양국 간 협의하에 재조정해 2015년 12월로 연기하는 결정을 내렸다. 이 같은 조치로 말미암아 이명박 정부 시기의 한미동맹은 역사상 가장 양호하고 강력한 형태가 되었다는 긍정적인 평가가 지배적이다.

다만 이명박 정부는 남북 관계 및 동아시아 관련 정책에서 혼선을 빚는 양상을 보였다. 대북 정책과 관련해서는 일련의 정책 구상에서 종전 정부들이 취해온 대북 관여 정책을 계승하는 입장을 보였다. 그러나 대통령의 연설이나 지시에서는 이전 정부들이 합의해온 사항들을 도외시하거나, 북한의 입장을 배려하지 않는 '통일세' 구상을 밝힘으로써, 남북 간 대화와 신뢰 구축의 분위기를 깨는 양상이 빈번하게 나타났다. 이 결과 이명박 정부 집권 내내 북한의 책임 있는 당국과 공식적인 대화가 제대로 열리지 못했고, 이것은 우리의 대북 정책을 제한하는 결과를 가져왔다.

또한 종군 위안부나 영토 문제 등 동아시아 국가 간 민감한 현안에 대해서도 정치가들의 내셔널리즘적인 언행을 통제하지 못하는 한계가 드러났다. 이로써 한중일 협력사무국의 설치 같은 획기적인 성과에도 오히려 동아시아 각국은 영유권과 역사 문제를 둘러싸고 계속 대립하는 양상을 보인 것이다. 이러한 동아시아 각국 간 영토 및 역사를 둘러싼 분쟁들이 이명박 정부가 제시했던 '신아시아 협력 외교'를 저해했던 요인이 되었다.

보론1

박근혜 정부 국가안보 전략서와 사회적 중지(衆智)

2014년 8월, 박근혜 정부가 재임 기간 중에 추진해나갈 국가안보 전략의 지침을 담은 『희망의 새시대 국가안보 전략』을 발표했다. 국가의 주권과 영토 그리고 국민의 생명을 지키기 위해 안보상의 위협 요인을 어떻게 식별하고 그에 대응하기 위해 국방·외교·통일 정책 등을 어떤 기조에 따라 추진해나가야 할 것인가를 밝히는 것은 여러 국가 정책 중 가장 중요한 부분의 하나라고 할 수 있다. 그러한 취지에서 노무현 정부 이래 역대 정권이 취임 이후 국가안보 전략서를 내외에 공표하는 전통을 세워왔는데, 박근혜 정부도 뒤늦게나마 이러한 관행을 계승하게 된 것이다.

새롭게 공표된 국가안보 전략서는 그간 대통령이 여러 차례에 걸쳐 밝힌 국가안보 정책의 기조를 고루 담고 있다. 대량파괴무기 개발, 사이버

---

* 이 글은 박영준, 「한국에도 필요한 듀퐁서클」, 《중앙선데이》, 2014년 9월 14일 자로 게재된 것을 수정·보완한 것이다.

및 테러전 등 북한의 군사적 위협과 도발이 한국이 직면한 일차적 안보 위협이라고 지적하면서, 이에 대응하기 위해 '능동적 억제 전략'에 기반을 둔 확고한 국방 태세 확립과 한미 간 전략동맹의 발전을 추진하겠다고 했다. 동시에 북한과 대화도 추진하면서 양측 합의 사항의 이행을 통해 한반도 신뢰프로세스를 가동하겠다고 밝혔다.

동북아 지역에서는 일본의 역사 수정주의적 태도, 중국의 일방적 방공식별구역 선포, 역내의 도서 해양 영유권 갈등과 같은 역사와 영토의 문제가 지역질서의 평화와 안정을 해칠 수 있는 요인이라고 지적했다. 이에 대응하기 위해 역내 국가들과 기후변화, 테러, 마약, 원자력 안전, 환경, 재난 구조 등 협력이 용이한 분야에서의 다자간 대화와 협력을 통해 상호 신뢰를 구축하면서, 동북아 평화협력을 이룩해나갈 것임을 밝혔다.

이 같이 새롭게 공표된 국가안보 전략서는 한국이 처한 안보 정세에 비추어 적절한 기조와 정책 방향을 담고 있다고 평가된다. 그러나 미국이나 일본 등 여타 국가들에서 국가안보 전략서가 책정되는 과정과 비교해보면 아쉬운 점이 없지 않다. 미국 오바마 행정부는 2010년에 국가안보 전략서를 책정하고, 2012년에는 그에 바탕을 둔 국방 전략서를 공표한 바있다. 그런데 미국의 경우에는 이 같은 국가전략문서를 책정하는 과정에서 대통령 자신이 국방부와 합참을 포함한 관련 분야 정책결정자들과 많은 회의를 거치면서 전략 방향을 가다듬었고, 책정 이후에는 대통령이 직접 발표를 주관하거나 관련법에 따라 의회에 보고하는 절차를 밟았다. 일본도 작년 말에 공표된 최초의 국가안보 전략서를 책정하는 과정에서 학계, 경제계, 전직 관료들로 구성된 전문가 그룹을 조직했고 총리가 직접 참가하는 수차례 회의를 통해 초안을 만들었다. 초안 작성 이후에는 정부 관련 부처와 여당과의 협의를 거쳐 최종 공표한 것으로 알려지고 있다.

물론 어느 나라든 국가안보 전략은 기밀로 다뤄져야 할 사항이 적지 않아 그 세부적인 책정 과정을 모든 국민에게 전부 공개할 수는 없다. 그럼에도 불구하고 주요 선진국들은 국가안보 전략의 책정 과정에서 가능한 한 전문가들의 중지를 모으고, 의회에 대한 보고를 통해 국민들에게 주요 내용을 공지하는 데 노력을 기울이고 있다. 그렇게 하는 것이 중요 국가안보 정책을 추진함에 있어 국가적 합의를 손쉽게 달성하고, 정책 추진의 추동력을 얻는 데 도움이 된다고 보기 때문이다. 그런 점에서 박근혜 정부의 국가안보 전략서 책정 과정은 전문가들이나 여론 주도층의 참여를 통해 사회적 중지를 결집할 수 있는 기회를 충분히 가지지 못했다는 점에서 아쉽다고 하지 않을 수 없다.

영토도 작고 자원도 부족한 한국이 건국 이후 지난 60여 년간 경제성장과 민주주의 그리고 국가안보 과제들을 동시에 성취한 성공 모델이 되었던 것은 정부를 중심으로 학계, 언론계, 경제계, 시민사회의 리더들이 상호 소통과 토론을 통해 국가발전 방향에 대한 합의를 형성해온 점이 적잖게 공헌했다고 생각한다. 그러한 국가발전의 방정식이 박근혜 정부의 등장 이후 동요되는 조짐이 나타나고 있다. 특히 주요 정부 부처들의 지방 이전 이후 수도권에 집중해 있던 국책연구기관들의 상당수가 지방에 이전되면서, 정책결정자와 여론 주도층의 상호 의견 교환과 소통 기회가 적지 않게 감소되는 징후가 보이고 있는 것이다. 이러한 상황을 타개하기 위해서라도 이번 국가안보 전략서 책정 과정에서 사회적 중지를 모으는 모습이 부족했던 것을 반면교사로 삼아야 한다. 워싱턴의 듀퐁 서클이나 도쿄의 가스미가세키 같이 중요 국가 정책에 관해 정책결정자와 여론 주도층들 간 국가적 담론이 소통되고 사회적 중지(衆智)가 형성되는 공간을 한국도 어딘가에 만들지 않으면 안 된다.

보론 2

왕후닝과 기타오카 신이치

지난 2015년 9월 2일의 한중 정상회담 그리고 9월 25일의 미중 정상회담에서 필자의 시선을 사로잡은 것은 시진핑(習近平) 국가주석 양 옆에 배석한 측근들의 모습이었다. 두 회담 모두 시 주석의 양측에는 정치국원들인 왕후닝(王滬寧) 당 중앙정책연구실 주임과 리잔수(栗戰書) 당 중앙판공청 주임이 앉았고, 양제츠(楊潔篪) 외교 담당 국무위원이나 왕이(王毅) 외교 부장은 그다음이었다. 2014년 7월의 한중 정상회담에서도 자리 배치는 동일했던 것으로 기억한다.

시진핑 주석의 두뇌 역할을 하는 왕후닝은 상하이 푸단 대학교 교수 출신으로 1995년 당 중앙정책연구실로 옮긴 이후 정치국원들을 대상으로 한 집체학습을 기획해왔고, 장쩌민 이래 역대 중국 지도자들이 표방해온 핵심적 국가 전략을 제시해온 책사로 알려져 있다. 시진핑 주석이 야심적

---

* 이 글은 《중앙선데이》, 2015년 10월 25일 자에 게재되었다.

으로 표방하고 있는 일대일로(一對一路) 전략의 기획과 향후 추진도 왕후닝의 소관 사항인 것으로 추정된다. 몇 차례 정상회담의 자리 배치를 통해 새삼 중국의 정치외교에서 왕후닝이라는 전략가가 차지하는 위상에 대해 다시 한 번 생각해보게 되었다.

시진핑 주석에게 왕후닝이라는 책사가 있다면, 일본 아베 신조(安倍晋三) 총리에게는 기타오카 신이치(北岡伸一)라는 전략가가 있다. 아베 신조 총리는 취임 이후 국가안보 전략 책정, 집단적 자위권 용인, 종전 70주년 관련 역사 담화 등 고도의 전략적 판단이 요구되는 현안들에 대해 전문가 자문회의를 구성해 그들의 의견을 경청해왔다. 도쿄 대학교 법학정치학부 교수 출신으로 고이즈미 준이치로 총리 시대에도 유엔 차석대사를 맡으며 일본 정치외교에 관한 자문을 담당했던 기타오카 신이치 교수는 아베 신조 총리가 조직한 모든 자문 기구에서도 핵심적 역할을 맡아왔다. 국가안보 전략서에서 '국제협조주의에 입각한 적극적 평화주의'의 외교 이념을 제시했고, 집단적 자위권 용인의 이론적 근거를 제공하고, 지난 8월 발표한 역사 관련 담화에 침략 전쟁에 대한 인정과 사과의 표현이 담기는 데 결정적인 역할을 했다. 요컨대 중국이나 일본의 국가 지도자들은 자신들이 추진하려는 국가 전략의 책정과 수행에서 당대 최고 전략가들의 의견을 수렴하고, 그들의 보좌를 받아가며 대내외 정책을 추진하는 것이다. 집체학습이나 간담회 등을 통해 수시로 각 분야 전문가들과 학습의 기회를 갖는 것은 물론이다.

우리는 어떠한가? 전통적으로 정치 지도자들의 학습과 정책 연구에 우리 선조들만큼 정성을 쏟은 나라가 그다지 많지 않다. 최근 화제가 되고 있는 영화 〈사도〉에서 국왕 영조는 세자에게 신하들에 의한 집중적인 서연을 받게 할 뿐 아니라, 자신이 직접 교재를 편찬해 세자에게 읽어보게 하지 않았던가? 그러면서 영조는 세자에게 조선이란 나라는 군주가 공부

하지 않고 예법을 갖추지 않으면, 신하들에게 권위를 내세울 수 없는 나라라고 말한다.

그렇다. 우리는 국왕에 대한 경연과 세자에 대한 서연 그리고 관리 선발에서 과거를 통해 국가 지도층이 국정에 관한 학문적 기반을 갖추도록 만들었던 제왕학의 전통이 동아시아 어느 나라보다 강했다. 그런 우리나라에 지금은 과연 왕후닝이나 기타오카 신이치 같이 국가 대전략의 방향을 국가 지도자와 교감하면서 제시하는 제왕학적 전략가들의 존재가 잘 보이지 않는다. 그간의 정상회담 자리 배치나 국가 정책 관련 회의 영상 등으로 미루어볼 때, 국가 지도자가 당대의 전략가들과 식견을 조율하면서 국가 전략에 관한 메시지를 논의하는 모습들도 두드러지지 않았다.

11월 초, 한중일 정상회담이 서울에서 오랜만에 개최된다. 짐작컨대 리커창(李克强)과 아베 신조는 자국의 당대 최고 전략가들과 치밀하게 조율된 회담 의제를 갖고 서울 회담장에 임하게 될 것이다. 또 하나의 중요한 외교 무대에서 우리는 어떠한 국가 전략과 지역협력의 메시지를 주변 우방국들에게 전할 것인가? 모처럼 조성된 한중일협력의 역사적 계기를 살려나가기 위해서도 우리의 국가 지도자가 동북아 평화협력을 위해 발신해야 할 정책 어젠다에 대해 다양한 분야의 전략가들과 고민하는 21세기 경연의 장이 있기를 기대한다.

보론3

광복 70주년 대한민국, 안녕하십니까?

광복 70주년을 맞았다. 제2차 세계대전 종전 이후 독립을 맞이한 세계의 여러 신생 국가 가운데 우리는 어떻게 해서 그간 민주주의와 시장경제를 동시에 발전시킨 역사를 만들 수 있었던가?

세계의 많은 연구자들이 여러 설명을 제시하고 있지만 정치 지도자들과 국민들이 매순간 현명한 선택을 하고 각고의 노력을 기울여온 누적의 결과가 오늘의 자랑스러운 국가를 이룩했다고 생각한다. 만일 임시정부와 건국기의 지도자들이 민주공화제를 채택하지 않고 조선시대로의 왕정복고를 선택했다면 현재의 민주주의 발전은 가능하지 않았을 것이다. 만일 5·16 군사혁명의 지도자들이 여타 신생 국가의 군부 지도자들처럼 사리사욕을 채우기에 급급했다면, 현재의 경제 발전은 가능하지 않았을 것이다. 영화 〈국제시장〉에 나오는 것처럼, 국민들과 기업인들이 잘살아보

---

* 이 글은 ≪중앙선데이≫, 2015년 1월 25일 자에 게재되었다.

겠다는 일념으로 독일에 광부로 파견되고, 베트남에 참전하고, 중동 열사 지역에 건설 역군으로 나가지 않았다면, 우리는 여전히 빈곤에서 헤어나오지 못했을 것이다. 우수한 관료들과 외교관들이 경제개발 5개년계획이나 북방외교와 같은 시대를 앞서간 국가발전의 청사진을 준비하지 않았다면, 구공산권을 포함한 세계 전역으로 우리의 활동 반경이 확대되지 못했을 것이다. 이 같은 우리의 경험을 바탕으로 말한다면, 북한 정권도 핵능력 건설과의 병진 노선이 아니라 개방적 민주사회 건설과의 병진 노선을 선택해야 경제 발전이 가능할 것이다.

그런데 우리로서는 지금까지의 성과를 바탕으로 이제부터 어떤 국가를 만들어가야 할 것인가를 숙고해야 한다. 중세 이슬람의 역사가 이븐 할둔(Ibn Khaldun)은 모든 정치체가 발생, 성장, 쇠퇴의 경로를 밟는다고 관찰한 바 있다. 대한민국이 쇠퇴의 경로를 피하면서, 지금까지 이룩한 발전을 향후 지속하려고 한다면 무엇을 해야 할 것인가?

무엇보다 정치 지도자들의 국가 비전 제시와 국민통합능력이 절실하게 요구된다. 아널드 토인비(Arnold Toynbee)는 지도자들이 창조적 소수자의 역할을 하면서 새로운 비전을 제시하고 민족을 이끌었을 경우에는 문명이 유지되고 번성하지만, 과거의 규범이나 전통에 구애받는다면 문명은 쇠퇴한다고 지적했다. 과연 우리 사회가 비전을 제시하고 구성원들을 통합하는 지도자들을 갖고 있는가? 우리의 정당과 학교는 그런 지도자들을 양성하는 역할을 하고 있는가 돌이켜볼 일이다.

국민 개개인의 인간능력 개발 여부가 국가 번영의 열쇠라고 보는 연구자들도 많다. ≪뉴욕타임스≫ 칼럼니스트인 토머스 프리드먼(Thomas Friedman)은 이집트가 민주화 운동에는 성공했지만 국가적 성장을 이룩하지 못한 것은 대중들에 대한 교육과 의료지원 등 인간능력 개발이 미흡하기 때문이라고 지적한다. 과연 우리의 교육제도나 의료제도 그리고 여타 복지제도가 국민 개개인들의 잠재적 능력을 발현시키는 본연의 역할을 하고 있는지를 점검할 필요가 있다.

좋은 제도와 정책의 역할도 중요하다. 미국 MIT 대학교 교수인 대런 에스모글루(Daron Acemoglu)와 하버드 대학교 교수인 제임스 로빈슨(James Robinson)은 발전하는 국가들은 공통적으로 사유재산권이 보장되는 가운데 공평한 경쟁의 장이 부여되고 다원적인 정치제도를 특징으로 하는 포용적 정치경제제도를 채택한 반면, 그렇지 않은 착취적 정치경제제도를 선택한 국가들은 빈곤의 길을 가게 된다고 지적한 바 있다. 우리가 애써 형성한 민주주의와 시장경제가 이러한 건강성을 계속 유지하고 있는지를 확인해볼 필요가 있다.

이러한 관점에서 본다면 현재의 대한민국은 과연 안녕한가? 교육이 시작되어야 할 유아원에서는 선생님들에 의한 폭력 사건이 연일 보도되고 있다. 대학교육까지 받은 청년 세대는 자신들의 잠재력을 구현할 일자리 찾기에 애를 먹고 있다. 냉전기 구공산권 국가들까지 확대되었던 한국의 대외 관계는 웬일인지 21세기 북한이나 일본과의 관계 개선을 좀처럼 이루지 못하고 있다. 국가의 지속적 발전을 도모하기 위해서 이러한 교육 문제, 청년 실업 문제, 외교 문제 등에서 나타나는 위기적 징후들을 방치해서는 안 될 것이다. 광복 70주년을 맞아 우리의 지도자들이 심기일전해 새로운 국가 건설의 비전을 모색해야 할 때이다.

제3부

북한발 안보 위기와 대북 전략의 과제

한국의 국가안보 전략 책정 및 수행 과정에서 가장 중요한 문제가 북한 발 안보 위기 관리와 대응이라는 것에 대해 이의를 달 사람은 없을 것이다. 대북 전략 방향을 고려하는 데 큰 난관 가운데 하나는 북한의 이중적 법인격이다. 1987년에 제정된 현행 대한민국 헌법은 한국의 영토를 한반도와 그 부속 도서로 규정하면서 대통령에게 평화적 통일의 책무를 부여하고 있다. 그렇다면 헌법 정신에 비추어 북한은 한반도 북부를 불법적으로 점거하고 있는 단체에 불과하고, 그런 북한에 대해 한국은 평화적인 방식으로 통일의 과제를 수행해나가야 한다.

그런데 1991년 남북한의 동시 유엔 가입에 의해 한국은 유엔헌장의 규정도 준수하게 되었다. 유엔헌장은 제2조를 통해 각 가맹국 상호 간의 영토 보전과 정치적 지위에 대해 국제 평화 및 안전을 위태롭게 하는 방식으로 접근하는 것을 삼가도록 권고하고 있다. 남북한 동시 유엔 가입 이후 1991년에 남북 간에 합의된 불가침과 교류협력에 관한 기본합의서에도 남북한이 상대방의 정치, 경제, 사회, 문화체제를 인정하고 존중한다는 조항이 포함되어 있다. 유엔헌장과 남북기본합의서에 따를 때, 우리는 북한을 여타의 주권국가에 상응하는 지위로서 존중해야 하는 의무를 갖게 되었다고 볼 수 있다.

그렇다면 미묘한 불일치를 보이는 한국 헌법과 유엔헌장 그리고 남북 기본합의서가 병존하는 가운데 한국은 어떠한 대북 전략을 선택해야 하는가? 헌법에 따라 북한을 불법 단체로 규정하고 대북 통일 정책을 일방적으로 추구하는 전략은 공동으로 유엔 회원국이 된 이후의 시점에서 국제사회의 공감을 얻기 힘든 것이 현실이다. 그러나 국제 규범과 남북 비핵화 공동선언에도 불구하고, 핵 개발을 추구하고 그 운반 수단으로써 장거리미사일 개발을 추진하고 있는 북한에 대해 화해·협력 정책의 기조를 유지하는 것에 대한 국내적 반발이 존재하는 것도 사실이다.

대북 정책의 이 딜레마를 어떻게 풀어나가야 하는가? 한국 주도의 통일은 중·장기적으로 추구해야 할 전략적 목표이지만, 우선 남북한의 평화공존을 이룩하고 나아가 한반도에 살고 있는 인간들의 자유와 권리가 보장되는 체제를 강구하는 것이 수순이 아닐까? 다음은 이러한 몇 가지 생각 속에서 바람직한 대북 전략 방향에 대해 그간 고민해온 결과물이다.

제8장

북한 핵실험 이후 동북아 군사 균형

1. 국제질서에 대한 도전

지난 2006년 10월 9일 북한이 함경북도 풍계리에서 행한 핵실험은 6·25 전쟁 이래 한반도에서 발생한 최대의 안보 위기로 인식되어야 한다. 비록 제2차 세계대전 당시 히로시마나 나가사키에 투하된 14kt 및 21kt급 에는 미치지 못하는 1kt 미만의 핵탄두가 사용되었고, 미성숙 폭발이었다 고 추정되지만, 북한의 핵실험은 한반도뿐 아니라 동북아와 국제안보질 서에 대한 심각한 도전으로 받아들여져야 한다.

한반도를 둘러싼 핵 규제질서는 3중의 구조가 존재하고 있다고 볼 수 있다. 첫째, 한반도 레벨에서 남북한의 핵무기 보유와 실험을 규제하는 구조는 1992년 1월 20일, 남북한 간 합의된 비핵화 공동선언이다. 비핵화

---

* 이 장은 ≪월간 넥스트≫, 38호(2006년 12월)에 같은 제목으로 게재되었다.

공동선언 제1조는 "남과 북은 핵무기의 시험, 제조, 생산, 접수, 보유, 저장, 배비, 사용을 하지 아니한다"고 명백히 규정한다. 그럼에도 북한은 2005년 2월 10일에 핵무기 보유를 선언한 데 이어 2006년 10월의 핵실험을 통해 한반도 비핵화체제에서 사실상 이탈했다. 김일성 주석 생전에 합의되었던 이 합의 문서마저도 파기하는 북한의 행태를 볼 때, 향후 북한이 취할 정책 방향에 대해 불안감이 증폭되는 것을 부인할 수 없다.

둘째, 동아시아 레벨에서 남북한의 핵무기 보유 및 실험을 규제하는 장치는 2005년 9월 19일, 베이징 6자회담 당시 북한 자신을 포함한 여섯 개국이 합의한 공동성명이다. 6자회담 공동성명은 1992년 한반도 비핵화 공동선언을 재확인하면서 6자회담의 목표가 한반도 비핵화를 평화적인 방법으로 달성하는 것이며, 이를 위해 북한이 모든 핵무기와 현존하는 핵 프로그램을 폐기할 것을 천명하고 있다. 그럼에도 북한은 핵 폐기 약속을 준수하기는커녕 합의문 발표 1년여 만에 핵실험을 감행했다. 설령 향후 6자회담이 재개되어 북한이 참가한다 해도 북한은 이미 핵실험까지 완료한 핵무기를 쉽사리 포기하려 하지 않을 것이기 때문에, 베이징 6자회담 공동성명의 정신은 돌이킬 수 없이 훼손되었다고 보아야 할 것이다.

셋째, 미국과 러시아 등 핵 강국이 주도해 글로벌 레벨에서 설정해놓은 핵 규제질서도 한반도에 영향을 미친다. 미국과 구소련은 냉전 기간 경쟁적으로 핵탄두 수를 늘리고 투발 수단도 다원화하는 핵 경쟁을 전개했다. 그러나 1970년대 이후에는 상호 간에 전략무기 제한조약(SALT1, 2)이나 전략무기 삭감조약(START1, 2) 그리고 중거리핵전력 폐기조약(INF) 등을 체결하면서 상호 간에 핵무기 증가를 억제하는 시도를 했다. 또한 2002년에는 전략공격전력 삭감조약(모스크바 조약)을 체결해 2012년까지 쌍방이 보유한 핵탄두를 각각 1700~2200발 수준까지 감축하기로 합의했다.

이와 병행해 미국과 구소련은 또 다른 핵보유국인 영국과 보조를 맞추어 1968년에 핵 확산 방지를 위한 국제레짐인 NPT를 창설해 핵보유국 및 비보유국에 대해 추가적인 핵무기 개발 및 확산 금지의 의무를 부담시켰다. NPT체제에는 핵보유국인 프랑스 및 중국 그리고 잠재적 핵 능력을 가진 일본을 포함한 여타 국가들도 가담해 각각 핵 불확산의 의무를 부담하고 있고, 한국과 북한도 가담했다. 또한 미국, 구소련, 영국은 1963년에 부분적 핵실험 금지조약인 PTBT를 체결해 지상 및 수중 핵실험을 금지하는 체제를 구축한 바 있었으나, 1996년에는 이를 좀 더 발전시켜 지하 핵실험도 금지 대상에 포함하는 포괄적 핵실험 금지조약인 CTBT를 유엔 총회에서 채택했다. NPT와 CTBT 등이 글로벌 레벨에서는 핵 개발 및 확산을 방지하는 체제라고 할 것이다. 그런데 북한은 2003년 1월에 NPT 탈퇴를 선언했을 뿐 아니라, CTBT에는 애당초부터 서명 의사를 표명한 바가 없었다. 북한의 핵실험은 미국, 러시아, 중국 등 국제사회가 협력해 구축해놓은 국제 핵 규제질서에도 정면으로 대립하는 것이다.

2006년 10월의 핵실험은 이 같이 남북한과 동북아 그리고 글로벌 레벨에 걸친 3중의 핵 규제질서에 정면으로 대립하는 것이다. 북한의 핵실험 직후 미국과 중국 등이 개별적으로 대북 비난성명을 발표했고, 나아가 유엔 안보리가 북한의 핵무기와 핵 프로그램의 폐기를 요구하는 대북 제재 결의안 1718을 만장일치로 채택한 것은 북한 핵실험이 한반도 차원의 위기만이 아니라, 국제안보질서에 대한 심각한 도전이라고 공통적으로 인식했기 때문이다.

2. 6·25 전쟁 이래 최대의 안보 위기

그렇다면 북한을 둘러싼 3중의 핵 규제질서와 그 질서를 위배할 경우

뒤따르게 될 비용에도 불구하고 북한 수뇌부가 핵무기 개발과 핵실험이라는 초강수를 구사한 이유는 무엇일까? 혹자는 북한과의 직접 대화를 거부하는 미국과 북미 양자대화를 실현시키기 위한 벼랑 끝 전술로 북한이 핵 카드를 사용했다고 분석한다. 물론 핵무기는 여타 무기와 달리 정치 무기로서의 성격도 갖고 있고, 북한체제 보장의 관건이 되는 대미 외교를 위한 수단으로서 사용되는 측면도 없지 않을 것이다. 그러나 핵무기를 포함한 국가 무기체계는 기본적으로 해당 국가의 국가 전략과 군사 전략을 실현하기 위한 수단으로서의 성격을 갖고 있음을 분명히 인식해야 한다. 그렇다면 북한이 추구하는 국가 전략과 군사 전략이란 무엇일까? 무엇보다도 북한은 자신들의 안전보장을 확보하려고 하고 있으며, 나아가 아직도 포기하고 있지 않은 한반도 내 적화통일을 추구하고자 할 것이다. 그러나 탈냉전기 이후 국제 정세는 이러한 북한의 국가 전략 달성에 불리한 여건을 조성했다. 사회주의체제는 붕괴했고, 냉전체제하의 지원 세력이었던 구소련과 중국도 각각 한국과 수교하는 양상이 전개되었다. 1970년대 중반까지 대북 열세를 보이던 한국의 국력도 오히려 1970년대 중반 이후 북한을 능가하기 시작하면서 격차를 벌려나갔다. 이러한 국제 환경의 불리함과 대남 열세로의 전환이라는 난국을 타개하기 위해 북한은 1980년대 이후 비대칭무기의 확보, 즉 미사일 전력 확보와 핵무기 개발에 주력하기 시작한 것으로 보인다. 북한은 1981년에 단거리 스커드미사일을 도입해 탄도미사일 개발에 착수했고, 1990년에는 사정거리 1300km인 노동 미사일을 개발했다. 그리고 1998년 8월에는 사정거리 2000km 이상의 대포동 미사일 1호를 발사했고, 2006년 7월에는 대포동 2호를 포함한 각 미사일 체계를 동시다발적으로 시험 발사했다. 2006년 기준 북한은 스커드미사일 600기 이상과 노동 1호 미사일 200기 이상 그리고 약간의 대포동 미사일을 보유하고 있는 것으로 추정되는데, 중단거리미사일만으로는 중국의 보유 수준을 능가하는 규모이다. 여기에 더해 핵무기 실험까지 성공시켰기 때문에 북한은 일거에 한반도 군사력 균형은 물론 동북아 안보 질서까지 격변을 몰고 올 수 있는 태풍의 핵으로 부상하게 되었다.

미국과 구소련 등 지금까지 핵실험에 성공했던 국가들은 핵실험 이후 좀 더 멀리 핵을 투발하는 능력을 갖기 위해 전략폭격기, 탄도미사일, 항공모함, 핵 잠수함 등 핵무기 운반 및 투발 수단을 강화하려는 노력을 기울여왔다. 또한 핵보유국들은 핵무기를 가상 적국에 대한 억제 전략, 혹은 압박과 위협의 수단으로 운용하는 군사 전략을 채택해왔다.

이 같은 전례에 비추어 볼 때 북한은 지금까지의 핵무기 개발 국가들이 그러했듯 계속해서 핵탄두 수를 늘려가면서 그 소형화와 경량화를 통해 그들이 다량 보유하고 있는 미사일에 탑재하려고 할 것이다. 경우에 따라서는 1990년대 중반에 러시아에서 수입한 잠수함에 핵무기를 탑재해 잠수함 발사 핵탄두미사일(SLBM)체계까지 보유하려 할 가능성이 크다. 만일 북한이 중장거리 핵미사일 및 잠수함 발사 미사일까지 보유하게 되면 한국은 물론 동북아 주요 국가들이 북한 핵 위협의 사정거리에 놓이게 될 것이다. 이러한 상황을 조성하면서 북한은 자신들의 핵전력을 대남, 혹은 대미 전략을 달성하기 위한 군사적·외교적 수단으로 적극 활용할 것으로 전망된다. 핵실험 직후 북한 정부가 자신들이 "강력한 자위적 국방력"을 갖게 되었다고 선언하면서, 자신들에 의한 핵실험이 "한반도와 주변 지역의 평화와 안정을 수호하는 데 이바지하게 될 것"이라고 강변한 것은 핵을 자신들이 추구하는 국가안보 전략의 수단으로 사용할 것임을 예고하고 있다. 그럴 경우 한국과 주변 각국은 북한 핵무기에 의한 위협 속에서 어려운 공존을 강요당하게 될 것이다. 당장 핵실험 이후인 2006년 10월 25일에 북한의 조국평화통일위원회가 한국 내에서의 PSI(대량살상무기 확산방지구상) 및 유엔제재 결의에 대한 참가 논의를 견제하면서, 한국의 대북 제재 가담을 "같은 민족에의 대결선언으로 간주"한다며 엄포를 놓고 있는 것은 핵 우위에 입각한 위협 전략의 구사로 볼 수 있을 것이다. 이 시점을 6·25 전쟁 이래 최대의 안보 위기로, 나아가 동북아 안보질서에 대한 심각한 도전으로 인식해야 하는 이유는 여기에 있다.

3. 일본은 핵무장하게 될 것인가

북한의 핵실험에 대해 동북아 각국은 민감하게 반응하고 있다. 미국과 중국, 일본과 러시아는 북한의 핵무기 폐기를 결정했던 베이징 6자회담 당사국으로서 현존의 국제 핵 질서 변경을 바라고 있지 않다. 그런 그들에게 북한의 핵실험은 대단히 당혹스럽고 불쾌한 도전이나 다름없다.

2006년 7월 5일, 북한이 대포동 2호를 포함한 미사일 7발을 동시다발적으로 발사했을 때 유엔 안보리 상임이사국 다섯 개국과 일본 등은 수차례 협의를 거친 끝에 7월 16일, 북한의 탄도미사일 발사를 비난하고 유엔모든 가맹국들에게 북한의 미사일 및 대량살상무기 개발에 도움이 되는 물질의 이전 금지를 요구하는 결의안 1695를 만장일치로 채택한 바 있었다. 그런데 2006년 10월의 핵실험 사태 이후에는 불과 일주일이 지나지 않아 북한의 행동을 비난하고 핵무기 개발에 전용될 수 있는 관련 물질의 북한 내 반입을 금지하는 좀 더 강화된 경제제재를 포함하는 결의안 1718을 만장일치로 채택했다. 불과 3개월 사이에 국제사회 강대국 그룹이라할 수 있는 안보리 5대 상임이사국과 일본 등이 연거푸 비난 결의안을 채택하게 되면서 북한은 일약 국제사회 "공공의 적"으로 떠오르게 되었다.

미국은 베이징 6자 공동성명 및 대북 제재에 관한 유엔 결의안에 입각해 한반도의 비핵화 및 북한의 핵 폐기에 대한 기본 입장을 변경하지 않을 것이다. 특히 미국은 부시 대통령이 2003년 제창한 PSI를 북한의 핵 물질 유입 방지를 위해 좀 더 적극적으로 활용하고 강화할 것이다. 미국은 북한의 핵 폐기를 위해 베이징 6자회담의 다자간 틀을 적극 활용할 것이며, 한국과 일본 등 동맹국에게는 핵 억지력을 제공하면서 공동의 목표를 향해 긴밀하게 협의해 갈 것으로 전망된다. 비록 이번 중간선거에서 민주당이 의회를 지배하고, 그 책임을 지고 이라크 전쟁 및 대북 정책에서 강경한 입장을 견지했던 도널드 럼즈펠드 국방 장관이 사임하게 되었지만, 대북 정책에 대한 변경은 지금의 시점에서 고려되기 힘들 것이다.

중국과 러시아도 북한의 핵 폐기 및 한반도 비핵화에 대해서는 일관되고 명확한 입장을 취하고 있다. 특히 베이징 6자회담의 호스트 국가인 중국은 이 회담에서 가시적인 성과를 거두어 자국의 국제적 위상을 드높이기 위해서라도 북한의 핵 폐기가 당면 목표로 될 수밖에 없다. 더욱이 2008년 베이징 올림픽과 2010년 상하이 만국박람회 등 국가적 위신이 걸린 국제행사를 앞두고 있는 중국으로서, 바로 코앞에 위치한 전통적 우방 국가가 국제사회의 보편적 규범으로부터 일탈해 만국과 대치하는 상태에 놓이게 되는 상황은 어떻게 해서든 회피하고 싶을 것이다.

일본도 여타 국가들 못지않게 북한 핵실험에 대해 민감하고 강경하게 대응하고 있다. 특히 일본은 다른 유엔 안보리 상임이사국들과 달리 제2차 세계대전 당시 피폭 국가로서 1967년 이래 핵을 제조, 보유, 반입하지 않겠다는 비핵 3원칙을 고수하고 있다. 그러한 일본에게 북한의 핵실험은 직접 자국이 경험했던 핵 공포를 떠올리게 하는 무서운 충격이 아닐 수 없다. 북한 핵실험 직후인 2006년 10월 9일과 10일에 걸쳐 ≪아사히신문≫이 실시한 국민 여론조사에 따르면 핵실험을 실시한 북한에 대해 위협을 느낀다고 대답한 비율이 82%에 달하고 있고, 국제사회가 북한에 대해 제재를 취해야 한다고 응답한 비율은 62%에 달한다. 이러한 사회적 분위기 속에서 아소 다로 외상이나 나카가와 쇼이치(中川昭一) 자민당 정조회장 등 일부 정치가들은 일본의 핵무장 가능성에 대해서도 논의해야 한다고 주장하고 있다. 이러한 발언을 한 정치가들이 정부 여당 내에서 상당히 비중 있는 인물들이다 보니 일본 내외에서는 북한 핵실험을 계기로 일본이 핵무장의 길로 나아가지 않을까 하는 우려가 고조되고 있는 것도 사실이다.

그러나 일본이 실제적인 핵무장의 정책적 선택을 하기에는 여러 가지 장벽이 적지 않게 존재한다. 첫째, 일본이 핵무장 하기 위해서는 국내적으로는 1967년 이래 주창해온 비핵 3원칙의 변경 또는 폐기를 선언해야 하는데, 이미 비핵 3원칙은 일본의 국시처럼 정착되어 있는 안보규범이기도 하다. 북한 핵실험이라는 위협 요인이 대두하긴 했지만, 그것이 일본 사회에 깊숙이 정착된 사회규범을 변경시킬 정도의 위협 요인인가 하는 것에 대해서는 일본 국내의 합의 형성이 결코 용이하지 않을 것이다. 둘째, 일본이 핵무장의 선택을 하게 된다면 이미 핵우산을 제공하고 있는 미일 동맹의 무용론이 쌍방에서 제기될 것이고, 미국 자신이 일본의 핵무장을 용인하지 못할 것이다. 미국으로서는 동맹국 일본의 핵무장보다는 비확산의 규범을 좀 더 중시할 것이다. 셋째, 일본이 핵무기를 개발하고 실험하기 위해서는 이미 가입해 있는 NPT 및 CTBT를 탈퇴해야 하는데, 이러한 선택이 몰고올 위험성과 파장에 대해서는 일본 정책결정그룹 자신들이 더 잘 인식하고 있을 것이다. 만약 일본이 핵무장을 하기 위해 핵규제질서로부터 이탈한다면, NPT를 무단 탈퇴하고 CTBT에 서명조차 하지 않은 북한과 무엇이 다를 바가 있느냐는 비판적 여론이 일본 내에서 대다수의 지지를 받고 있는 것이 이를 반증하고 있다.

따라서 일본은 핵무장의 길을 선택하기보다는 미일 동맹의 강화, 즉 자위대와 주일 미군 간의 협조 태세를 구축하면서 탄도미사일 및 핵무기에 대한 억제력을 강화하는 데 중점을 둘 것으로 보인다. 미국과 추진하고 있는 미사일 방위체제 공동개발도 서두를 것이고, 2006년 6월에 완료된 미일 동맹 기지 재편의 합의사항들을 좀 더 신속하게 실행해나갈 것이다. 아울러 2004년 방위계획대강에서 명시된 바처럼, 국내적으로는 다기능 탄력적 방위력, 즉 정찰능력과 원거리 투사능력 등 자위대 전력을 일층 강화해나갈 것으로 예상된다.

그런데 이러한 일본의 군사체제 강화는 연쇄적으로 중국 및 타이완의 군사력 강화에 영향을 주게 될 것이다. 미사일 방위체제 구축 등 미일 간에 진행되고 있는 동맹체제 강화는 그러지 않아도 이에 대응하는 중국의 군사력 현대화를 촉진시키고 있다. 최근 중국은 국방비를 급격히 늘리면서 특히 제2포병이 보유하는 대륙 간 탄도미사일 전력의 강화와 다탄두화, 그리고 러시아로부터의 항공모함 획득 등 해군 전력의 현대화에 박차를 가하고 있다. 중국의 군사력 현대화는 다시 타이완의 군사력 강화를 야기하고 있다. 타이완도 2004년 4월, 미사일사령부를 독립된 군종으로 창설한 데 이어 사정거리 600km의 미사일 개발에 성공하고, 현재는 사정거리 2000km에 이르는 중거리미사일 30기를 개발 중인 것으로 알려지고 있다. 다시 말해 북한의 핵실험은 핵무장의 도미노까지는 아니더라도 동북아 인근 국가들에 군비 경쟁의 악순환을 촉진하는 촉매작용을 하게 될 것으로 전망된다.

4. 3중의 안보 과제

한국으로서는 북한의 핵실험과 핵무기 보유 그리고 이로 인해 연쇄적으로 파생될 동북아 각국 간 경쟁적 군비 증강 확산에 따라 3중의 안보 과제를 안게 되었다. 우선, 북한의 핵전력에 대비한 대응체제를 강구하지 않으면 안 된다. 이와 관련해 기존의 대북 정책의 기조를 이루었던 포용 정책에 대한 근본적 성찰이 요구된다. 포용 정책이란 탈냉전의 시대적 조류에 입각해 북한을 적대시할 것이 아니라 평화적 변화를 이룰 수 있도록 지원해 안보 위협도 줄이고 통일 여건도 개선하자는 취지에서 추진되어 왔다. 그러나 정책은 그 취지보다는 결과에 의해 판단되어야 할 것이다. 북한을 평화적으로 변화시키려는 목적의 포용 정책에도 불구하고 결국 북한은 핵무장을 단행했다. 중국은 북한 핵실험 직후 탕자쉬안과 같은 채널을 활용해 북한의 진의를 묻고 베이징 6자회담에 북한을 다시 끌어들이는 성과를 거두었지만, 한반도 문제를 주도적으로 해결해간다는 의욕을 보였던 한국은 어떠한 대화 채널을 통해서도 북한의 핵실험을 저지할 수 없었다. 기존의 대북 접근 방법이 북한의 핵실험을 막을 수 없었다는 반성에서 앞으로 북한의 핵 폐기 및 평화적 변화를 위한 좀 더 유용한 접근 방법이 무엇인가에 대한 전략적 논의와 국민적 합의 형성의 노력이 경주되어야 한다.

사회 일각에서는 대북 핵 억제력의 일환으로 한국도 핵무장해야 되지 않느냐는 논의가 없지 않지만, 이는 국제질서의 현실을 모르는 무모한 논의라고 할 수밖에 없다. 한국의 핵무장 선택은 이미 가입해 있는 NPT와 CTBT체제를 부정하는 것인데, 그러할 경우 한국은 국제사회의 불량 국가가 되는 위험을 감수해야 하기 때문이다. 그렇다면 현실적으로 가능한 대안은 한미동맹을 공고히 하면서 주한 미군의 핵 억지력에 의존하는 길이다. 이 방안을 추구하자면 현재 한미동맹의 미래 지향적 재조정 과정에서 한국 정부가 우선적으로 추구해온 정책 어젠다들, 예컨대 전시작전통제권의 조기 환수 문제 등을 재검토해야 할 것이다. 한미동맹에 대한 한국의 중요한 전략적 목적은 작전통제권의 자주적 귀속 여부가 아니라 북한에 대한 핵 억지력의 확보와 핵 폐기에 설정되어야 한다. 이를 위해 가장 효과적인 한미동맹의 구조, 예컨대 작전통제권 형태와 기지 재배치 그리고 전력 구성과 공동작전계획 등이 종합적으로 새롭게 강구되어야 할 것이다. 경우에 따라서는 1992년 한반도 비핵화 선언에 따라 철수시킨 주한 미군의 전술핵 재배치 가능성도 검토되어야 한다. 중·장기적으로 추진하려고 하는 국방개혁 2020도 북한의 핵실험으로 인해 새롭게 변화된 안보 환경에 조응해 재검토될 점을 식별해야 할 것이다.

아울러, 한국은 북한의 핵실험으로 인해 동북아에 확산될 가능성이 높은 군비 경쟁의 추세 그리고 핵무장의 도미노를 억제하고, 평화로운 지역질서를 정착시키는 데 나름의 역할을 해야 한다. 북한 핵실험은 미일동맹 강화를 통한 일본의 군사 대국화 및 안보 활동 반경 확대에 좋은 기회를 제공해주었다. 이러한 일본의 안보 역할 확대는 중국의 군사력 현대화를 촉진하게 될 것이고, 이는 다시 타이완의 전력 강화 노력을 유도하게 될 것이다. 동북아 각국 간의 군비 경쟁 확대에 더해 각국 간 폐쇄적 내셔널리즘이 재연된다면 동북아 지역질서는 불안과 동요를 보이게 될 것이다. 이러한 상태는 한국의 국가이익 실현에 극히 불리한 여건이다. 따라서 한국으로서는 동북아 군비 경쟁과 핵 확산을 억제할 수 있는 정책적 어젠다들을 적극적으로 개발해 동북아 국가들에 제기해야 할 것이다. 예컨대 중남미(1967년), 남태평양(1985년), 동남아시아(1995년), 아프리카(1996년), 중앙아시아(2006년) 지역 국가들이 각각 제창해 체결해온 비핵지대화 구상을 주의 깊게 검토할 필요가 있다. 비핵지대 구상이란 지역 내 국가들이 상호 핵무기 제조와 보유 및 확산을 금지하고, 핵 강대국들이 이를 보장하는 형태의 지역질서 구상을 말한다. 북한 핵실험 이후 타이밍이 늦은 감은 있지만 이 같은 형태의 비핵지대화 구상을 북한과 일본 그리고 타이완과 몽골에 한국이 적극적으로 제기하는 것은 어떨까? 북한의 안보 우려를 불식하면서 핵 폐기를 유도하고, 만에 하나 있을 수 있는 일본의 핵무장 논의를 봉쇄하는 데 유용한 외교 카드가 될 수 있을 것이다.

마지막으로 한국도 이제 국제사회의 조류와 보편적 대의에 대해 명확한 입장을 밝혀야 할 것이다. 포용 정책은 민족주의에 입각한 대북 접근 방식이었다. 그러나 국제사회에는 민족보다 더 보편적인 가치들도 존재한다. 인권과 핵 비확산 등은 강대국은 물론, 약소국들도 쉽게 공감하는 가치들이다. 북한은 한국과 같은 민족이지만, 핵 비확산과 인권이라는 보편적 가치를 위배했다. 그렇다면 한국도 보편적 대의에 입각해 준엄하게 북한의 잘못에 대해 목소리를 높여야 한다. 북한이 이탈한 NPT에의 복귀를 요구하고, 우리와 합의한 비핵화 공동선언 준수를 강력하게 요구해야 한다. 북한의 약속 파기에 대한 책임도 물어야 한다. 추가적인 핵실험 방지 및 핵무기 확산 방지를 위한 국제적 노력에 기꺼이 동참해야 한다. PSI의 대의가 옳다면 기꺼이 참가해야 할 것이다. 그것이 지난 50여 년간 국제사회의 보편적 규범인 민주주의와 시장경제를 발전시켜온 한국 현대사의 흐름과도 맥락이 닿는다. 군사력과 경제력 모두 세계 10위권에 진입한 국제사회 중견 국가로서 이는 국제사회에 대한 마땅한 예의이기도 하다. 국제적 규범보다 동족 간의 정의에 이끌리게 된다면 국제사회는 한국이 북한의 핵 위협에 굴복했다고 여길 것이다.

북한의 핵실험으로 한국은 지난 반세기 동안 직면해본 적이 없는 새로운 형태의 위기에 봉착했다. 이 위기를 어떻게 극복해야 하는가? 춘추전국시대의 전략가 손자(孫子)는 현명한 군주(明主)와 훌륭한 장수(良將)가 마땅히 추구해야 할 목표는 바로 국가의 안전과 군사력의 보전(安國全軍)이라고 했다. 보수와 진보, 여당과 야당을 불문하고 국가의 안전을 위한 국민적 합의를 추구해야 할 때이다.

제9장

북한 인민들에 의한 정권 변화 전략

　　광저우 아시안게임에서 한국 선수들의 승전보가 날아오던 지난 2010년 11월 23일, 북한은 한국 측이 정례적으로 실시하던 호국훈련을 빙계로 연평도 일대에 무차별 포격을 가했다. 북한의 연평도 포격은 김정일에서 김정은으로의 권력 승계를 추진하고 있는 북한의 대남 정책이 향후 어떠한 의도와 방향으로 전개될 것인가 하는 단서를 보여주고 있다. 3대에 걸친 부자 세습, 특히 능력이 검증되지 않은 20대 후반의 아들에게 권력을 이양하는 작업이 아무리 공산주의 국가라고 하더라도 내외적으로 용이하지 않을 것임은 분명하다. 이 점을 잘 인식하고 있을 북한 지도층은 NLL 및 서해 다섯 개 도서 등 한국 측의 취약한 지역에 대한 국지전적 공격을

---

* 이 장은 ≪월간조선≫, 2011년 1월호에 박영준, "연평도 사태 이후 북한을 어떻게 다룰 것인가: 북한 주민에 의한 정권교체 준비해야"의 제목으로 게재된 것이다.

감행함으로써, 새로운 지도자의 공적을 쌓고, 정통성을 강화하려는 것으로 보인다. 이러한 점을 고려한다면 북한은 향후에도 개량된 탄도미사일에 탑재한 핵탄두나 우라늄 농축 방식에 의한 제3차 핵실험 등을 감행해 대한민국을 압박하고, 새로운 지도자의 정통성을 강화하려는 군사 행위를 보일 것으로 예상된다.

그렇다면 한국은 향후 어떠한 대북 전략을 추구해야 하는가? 한국의 국가적 목표는 분명하다. 그간 대한민국에서 이룩한 평화와 번영을 굳건히 지키면서, 비민주적 정치체제와 경제난에 시달리는 북한 주민들의 고통을 경감해내고, 나아가 동아시아 공동의 위협이 되고 있는 북한의 핵 프로그램을 폐기시켜야 한다. 이러한 국가적 목표는 세습정권의 정통성 강화를 위해서라면 국지전적 도발도 불사하는 북한의 행태와 정면에서 충돌하고 있다. 과연 그렇다면 북한의 도발적 행태에도 대비하면서, 한국의 장기적인 국가 목표를 효과적으로 달성할 수 있는 대북 전략은 어떻게 짜야 할 것인가?

필자는 2010년 1월 이후 하버드 대학교 방문 학자로 미국에 체류하면서 미국의 학자들과 정책결정자들이 북한 문제를 어떻게 풀어가려고 하는지 관찰할 기회를 가졌다. 다만 주로 보스턴 지역에 체재하면서 이곳에서 만날 수 있는 전문가들을 대상으로 의견을 청취하고 관찰했기 때문에 필자의 견문 내용들이 제한적일 수밖에 없을 것이다. 그렇다 하더라도 이같은 견해들이 연평도 사태 이후 요청되는 한국의 대북 전략 수립에 참고 자료가 될 수 있기 때문에, 만용을 부려 국내 독자들에게 소개하고 나름 대로 평가하고자 한다.

북한의 핵 개발 이후 대북 정책을 어떠한 방향으로 가져가야 할 것인가에 대해서는 크게 보아 외교와 대화를 주요 수단으로 하는 관여 정책, 경제적 혹은 무력제재를 수단으로 하는 강압 정책, 나아가 전면전을 불사한 정권교체(regime change) 전략 등의 유형이 있을 수 있다. 그러한 유형 가운데 진보적 성향을 가진 미국의 오피니언 리더들과 정치가들은 관여 정책을 선호하는 경향을 보인다. 2010년 8월, 북한을 방문한 바 있던 지미 카터 전 대통령이나 1990년대 초반에 주한 미 대사를 역임한 도널드 그레그(Donald Gregg) 씨가, 천안함 피침사건의 발발에도 불구하고, 각각 8월과 9월에 ≪뉴욕타임스≫에 칼럼을 게재해 북한과의 대화 재개를 주장한 것은 잘 알려져 있다.1) 이외에도 조엘 위트(Joel Wit)나 레온 시걸(Leon Sigal) 등도 ≪뉴욕타임스≫에의 칼럼 기고를 통해 오바마 행정부의 대북 전략적 인내 정책이 별 효과를 가지지 못할 것이라고 지적하면서, 대북 외교협상의 필요성을 제기한 바 있다.2)

그러나 사실 이들이 주장하는 대북 관여 정책, 즉 대화와 교류 증진을 통해 북한체제의 개혁개방을 도모해간다는 전략을 한국이 채택하지 않은 바는 아니다. 김대중 정부의 햇볕 정책, 노무현 정부의 평화번영 정책, 그리고 이명박 정부의 그랜드바겐 정책 등은, 정도의 차이는 있으나 기본적으로 지속적 남북대화와 협력 제공이 북한의 체제와 정책을 점진적으로 변화시키고, 한반도 냉전체제를 해체시킬 수 있다는 전제에 입각한 것이었다. 그것이 경제난과 식량난에 시달리는 북한 주민들의 민생 문제 해결과 핵 폐기에도 유용한 길이라고 생각해왔다.

그러나 햇볕 정책이 본격적으로 개시된 지 10여 년이 경과한 지금, 한국은 북한의 현실을 직시하면서 과연 최초 단계에서 상정했던 정책적 목

---

1) Jimmy Carter, "North Korea Wants to Make a Deal," *The New York Times*, September 16, 2010; Donald P. Gregg, "Testing North Korean Waters," *The New York Times*, August 31, 2010.

2) Joel S. Wit, "Don't Sink Diplomacy," *The New York Times*, May 19, 2010; Leon V. Sigal, "Sinking strategy," *International Herald Tribune*, May 29-30, 2010.

표가 어느 정도까지 실현되었는가를 냉정하게 평가해야 한다. 그간 두 번의 남북 정상회담과 6·15 및 10·14 공동선언이 남겨졌지만, 북한은 두 차례의 핵실험을 거침없이 단행했고, 지금은 우라늄 농축 방식까지도 습득하려 하면서, 대한민국의 안전보장과 동아시아질서를 위협하고 있다. 대북 경제적 지원과 교류가 진행되었지만, 북한 주민들이 직접적 혜택을 보고 있다는 증거를 한국은 갖고 있지 못하다. 폐쇄적인 경제체제하에서 여전히 북한 주민들은 기아와 경제난에 시달리고 있다. 캘리포니아 대학교 스테픈 해거드(Stephen Haggard) 교수와 마커스 놀랜드(Marcus Noland)가 아시안 서베이(Asian Survey)에 공동발표한 논문에서 지적하고 있듯이,[3] 북한 지도부는 근본적 경제개혁을 위한 조치들보다는 정권 핵심부의 이익과 안위에 직결되는 사업들에만 관심을 보이고 있기 때문에, 이러한 정권이 지속되는 한 관여 정책의 근본적 목적이 달성될 수 있을 것인지 의문이라 하지 않을 수 없다.

관여 정책이 대북 전략으로서 목적을 달성하는 데 한계를 보였다고 한다면 그 대안으로 경제적 혹은 군사적 제재를 통한 강압 전략이 상정될 수 있다. 사실 2009년 6월, 북한의 제2차 핵실험 이후 유엔 안보리 결의안 1874가 채택되면서, 한국, 미국, 일본을 중심으로 강도 높은 대북 경제제재가 이행되고 있다. 오바마 행정부가 표방하는 전략적 인내 정책은 북한으로부터의 긍정적 변화를 유도하기 위해 당분간 긴장과 고통이 따르더라도 관련 당사국들과의 협력하에 대북 강압 전략을 수행하겠다는 의지의 표명으로 볼 수 있다.

다만 현재까지 강압 전략은 몇 가지 문제를 노정하는 것으로 보인다.

---

3) Stephan Haggard and Marcus Noland, "Sanctioning North Korea: The Political Economy of Denuclearization and Proliferation," *Asian Survey*, Vol.50, No.3 (2010).

하나는 북한의 유일한 맹방이라고 볼 수 있는 중국이 대북 강압 전략 참가에 소극적인 자세를 보이면서, 여전히 대북 에너지 및 경제지원을 유지하고 있다는 점이다. 북한 문제 해결에 중국의 협력이 필요한 점이 적지 않은데, 강압 전략은 중국의 협조를 기대하기가 곤란하다는 한계를 노정한다. 또한 강압 전략의 시행 이후 아직까지 북한 내에 긍정적 변화를 끌어내지 못하고 있다는 점도 지적되고 있다. 자력갱생 전략에 익숙한 북한 정권층은 경제난과 식량난으로 주민들이 고통 받는다고 하더라도 그 책임을 외부에 전가하면서 더 강한 정권 공고화와 통제강화에 나선다는 비판이 제기되고 있다.

다트머스 대학교 교수인 제니퍼 린드(Jennifer Lind)와 대니엘 바이만(Daniel Byman) 등은 강압 전략에 대해 이러한 문제를 제기하면서, 강압 전략의 초점을 해외자산 동결이나 사치품 반입의 금수 등 북한 핵심 엘리트층의 손실에 직결되도록 재구성하거나, 대북 전면전을 불사한 북한 정권 붕괴 가능성까지 고려해야 한다고 주장하고 있다.[4] 특히 제니퍼 린드 교수는 2010년 11월에 플래처 스쿨에서 개최된 세미나에서 북한 정권 붕괴의 가능성에 대비해, 한국과 미국이 협력해 북한 내부의 안정화작전, 대량살상무기 제거, 국경통제, 북한군의 무장해제 등 필요한 과제들을 상정하고, 각 과제에 필요한 병력 편성과 훈련 등을 구체적으로 준비할 필요가 있다고 문제를 제기하기도 했다.[5] 제니퍼 린드 교수는 미국이 9·11 이후 대테러 전쟁의 일환으로 이라크 전쟁과 아프간 전쟁을 치르면서 직면한 이질적 체제 붕괴와 안정화작전, 그리고 새로운 국가수립 지원의 경

---

4) Daniel Byman and Jennifer Lind, "Pyongyang's Survival Strategy: Tools of Author-itarian Control in North Korea," *International Security*, Vol. 35, No. 1(Summer 2010).

5) Jennifer Lind, "The Collapse of North Korea: Military Missions and Requirements," Tufts University, Fletcher School 세미나(2010. 11. 18) 자료.

험을 바탕으로, 북한문제의 해결에도 이러한 경험이 활용될 수 있다고 제안한 것이다. 이러한 시나리오와 문제제기는 한국 정부와 군이 유의해야 할 중요한 점을 분명히 시사하고 있는 것이 사실이다. 다만 제니퍼 린드 교수가 상정한 대북 전면전 전략이 궁극적으로 대한민국과 동맹국의 승리로 귀결된다고 하더라도, 한국이 감수해야 할 비용이 또한 적지 않아 한국의 대북 전략으로 채택하기에는 문제가 많다.

그렇다면 한국은 과연 어떠한 대북 전략을 채택해야 하는가? 미국의 정책결정자와 전문가들의 견해에 귀를 기울일 필요는 있겠지만, 결국 우리의 문제를 정확히 파악하고, 한반도에 평화를 구현해나갈 책임은 우리 자신에게 주어져 있다. 한반도 관련 당사자들의 공동이익에 기여하면서도 현실적인 대북 전략을 강구해내야 하는 첫 걸음은 과연 우리의 궁극적인 목표가 무엇인가 하는 점을 명확히 하는 것이다.

한국의 국가 전략적 목표는 기존 60여 년간의 헌정사를 통해 대한민국에서 이룩한 평화와 번영을 계속 발전시키면서, 북한 주민들의 인권과 복리가 증진되고, 한반도 및 동북아에 공동의 위협이 되고 있는 핵무기를 포함한 북한의 군사적 위협을 배제시키는 것이다. 그리고 이러한 과정에서 남북 분단의 고통이 완화되고 북한 내부에 평화 지향적인 정권이 수립되며, 나아가 북한 지역의 궁극적 경제 발전과 민주화 과정이 안정적으로 관리될 수 있어야 할 것이다.

이러한 목표를 달성해야 할 한국의 능력과 자산은 충분한가? 한국은 빈곤과 정치적 혼란의 와중에 있던 사회를 지난 60여 년간 산업화와 민주화를 통해 현재의 국가로 만든 경험이 있다. 개방된 외교와 자유시장경제를 발전시키면서, 미국과의 양자 간 동맹 관계도 공고히 했고, 다양한 국제 관계를 통해 맺은 우방국들과의 협력 관계도 구축했다. 이러한 경험과 능력은 국가 전략적 목표를 달성하는 데 중요한 자산이 될 수 있다.

이러한 국가 전략적 목표와 한국의 능력을 고려할 때 한국이 수행할 수 있는 대북 전략은 북한 인민들의 주체적 의사에 의한 정권교체 시나리오일 것이다. 다시 말해 북한 인민, 혹은 대안적 정치 세력에 의해 기존의 세습적·억압적 정치체제가 붕괴되고, 자신들의 의지와 능력에 의해 내부적으로 경제 발전을 도모하고, 대외적으로 대한민국 및 주변국들과 평화로운 관계를 유지할 수 있는 대안적 정치체제가 북한 지역에 건설되도록 하는 것이다. 사실 이러한 전략이 새로운 것은 아니다. 아들 조지 부시(George W. Bush) 정부 시기에 미 국무성 정책기획국장을 지낸 리처드 하스(Richard Haass)는 미국이 적대국들을 상대로 취했던 전략들의 유형을 제2차 세계대전 당시 독일과 일본에 적용했던 정권교체와 냉전 시기 소련에 대해 적용했던 정권의 점진적 변화(regime evolution)로 나눈 바 있다.[6] 그리고 그는 미국이 북한에 대해서 취해야 하는 것은 정권교체 전략이 아니라, 중국 등 관련 당사국들과의 외교적 협력, 텔레비전이나 라디오, 인터넷 등의 매체를 사용한 정보의 유입 등에 주력하면서, 북한의 체제를 점진적으로 변화시킬 것을 주장한 바 있다. 국민대학교 안드레이 란코프(Andrei Lankov) 교수도 2009년 미국 저널들에 발표한 글들을 통해 전복(subversion)을 목표로 한 대북 관여 전략을 주장하고 있다.[7] 즉, 북한 사회 내부에 인터넷이나 DVD 등을 유입시키고, 다양한 양자 및 다자간 접촉을 통해 북한 주민들의 사고를 변화시켜, 이것이 북한 정권을 교체시키는 원동력이 되게 한다는 것이다. 햇볕 정책의 이름하에 취해졌던

---

6) Richard N. Haass, "Regime Change and Its Limits," *Foreign Affairs*, Vol.84, No.4 (Jul/Aug 2005); Richard N. Haass, *The Opportunity: America's Moment To Alter History's Course*(Publickaffairs, 2005).

7) Andrei Lankov, "Changing North Korea," *Foreign Affairs*, Vol.88, No.6(Nov/Dec 2009).

이전의 관여 정책이 한반도 내 냉전체제 해체를 목표로 하는 전략이었다면, 새로운 전략은 북한의 억압적 권력체제의 해체에 초점을 맞춘 전략이라고 할 것이다.

이 같은 대안적 정치 세력에 의한 북한 정권교체 전략의 추구가 실현될 경우, 단순한 강압 전략이나 전면전 전략 등에 이점이 적지 않다. 우선 북한 인민 및 정치 세력의 주체적인 의사에 의해 정치변혁이 일어나는 것이기 때문에, 대한민국이나 주변국에 큰 불안과 비용을 초래하지 않을 것이다. 새롭게 등장하는 대안적 정치 세력이 개혁개방을 본격적으로 추진할 가능성이 많기 때문에 북한 주민들의 경제난 및 생활난이 점차 해소될 수 있을 것이다. 또한 새롭게 등장하는 북한 정치 세력은 경제 발전 및 민생 안정을 위해 대외 관계의 안정을 바랄 것이기 때문에, 주변국이 우려하는 핵 문제 폐기를 상응하는 조건에 따라 자발적으로 응할 가능성이 높다. 이 시나리오가 실현된다면, 위험부담은 줄고, 따르는 이익은 절대적으로 클 것이다.

그런데 중요한 것은 한국이 손을 놓고 이러한 시나리오가 실현되기를 기다릴 수 없다는 것이다. 대안적 정치 세력에 의한 정권교체 전략이 실현되기 위해, 한국은 다층적인 차원에서 철저하게 준비하고, 이 시나리오 구현을 주도해가야 한다.

첫째, 가용한 모든 수단을 동원해 북한의 군부, 정치 세력, 테크노크라트, 외교관, 학생 및 지식인, 일반 주민들에 대한 접촉과 심리전(psychological warfare), 홍보전(propaganda war), 공공 외교(public diplomacy)를 강화한다. 북한의 고립된 외교와 기아선상에 빠져있는 경제 현실을 알리고, 이러한 모든 책임이 북한 현 정권층에 있음을 분명하게 이야기한다. 그들의 주체사상에 따르면 인민들이 주체가 되는 사회를 건설해야 하는데, 북한의 현실이 과연 그러한가 하는 점을 제기한다. 한국이 경제적 빈곤과 정치적 억압을 극복하고 현재의 평화와 번영에 이르게 된 내력을 전파시킨다. 이를 통해 북한 엘리트층 및 주민들의 세계관이 바뀌고, 점차 대안적 정치 세력이 형성되도록 한다.

둘째, 북한의 각종 정당 및 단체, 외교관, 학생 및 지식인, 일반 대중, 가능하다면 군부와 광범위한 접촉을 유지하면서 대북 홍보전과 공공 외교를 실시한다. 북한 정권층의 직접적인 이득에 연결되지 않는 사회문화 교류, 학술 교류, 외교 접촉, 정당간 교류, 나아가 경제 교류도 대북 전복전(subversive war)의 매개 수단으로 삼는다. 기존에 진행해온 개성공단사업이 이러한 전략 수행에 활용될 수 있다면 유지하는 것도 고려할 수 있다. 김정일 정권의 공고화 과정에서 배제된 북한의 잠재적 정치 세력과의 전략적 접촉도 유지한다. 북한 인민들에 대한 정보를 유입시키기 위해 라디오, 인터넷, 휴대전화, DVD 등의 다양한 수단이 동원될 수 있다.

셋째, 이러한 전략수행에 대한 현 북한 정권의 반발로 야기될 수 있는 재래식 또는 비대칭적 군사 위협에 대비해 철통같은 대비 태세를 갖춘다. 서해 NLL 지역은 물론, 휴전선 지역, 동해안 지역에서 있을 수 있는 모든 북한의 도발 가능성에 대비하고, 만일 도발이 있을 경우 한국군은 가용한 모든 전력과 수단을 동원해 철저하게 응징할 수 있도록 한다. 나아가 한국 정보 당국과 군, 경찰은 통일부 등과 밀접한 협력체제를 갖추면서, 새로 등장하게 될 북한 대안적 정치 세력이 치안 유지를 목표로 협력을 요청할 경우 북한의 안정화 작업을 지원하게 될 태세를 아울러 준비한다.

넷째, 대안적 정치 세력에 의한 북한의 체제 변화 및 안정화 작업 수행을 위해 최대한 협력한다. 이 경우에, 안드레이 란코프 교수도 지적하고 있듯이, 이미 한국 사회로 탈출해 민주주의와 시장경제에 대한 경험과 학습을 한 탈북자들의 역할이 중요하다. 통일부와 관계 당국은 탈북자들의 경력과 능력을 고려해, 이들 가운데 상당수를 북한의 체제 변화 시 민주주의와 시장경제를 안착시킬 수 있는 테크노크라트의 능력을 갖추도록 교육프로그램을 시행할 것을 검토한다. 이러한 준비 작업을 위해 하나원, 통일연수원과 이북 5도청 등의 조직과 기능을 대폭 강화한다.

다섯째, 이러한 변화된 전략을 추진함에 있어 우방국들 및 국제기구와의 이해와 협력이 필요하다. 미국 및 일본 등에 대해 이러한 전략을 충분히 설명하고, 이러한 전략의 추진에 따르는 어려움을 이야기하고, 협력이 필요한 부분을 요청한다. 중국 및 러시아 등에 대해서는 이러한 전략만이 북한의 근본적인 문제를 해결할 수 있으며, 결과적으로 흡수통일이 아닌 북한 인민에 의한 정권교체이기 때문에 중국과 러시아로서도 반대할 이유가 없다는 점을 설득한다. 6자회담을 포함한 기존의 다자간 회담 틀은 북한에 대한 공공 외교의 장이 될 수 있기 때문에 적극 활용한다. 미일중러의 각국에서 한반도 문제를 연구하거나 정책을 담당하는 지식인 및 정책결정그룹과의 다층적 전략 대화 체제를 적극 활용한다.

여섯째, 이러한 전략을 실행함에 국론통일이 불가결하다. 정당, 언론, 지식인, 학생들을 대상으로 이러한 전략이 궁극적으로 국가이익뿐 아니라 한반도 평화와 지역질서 안정에 절대 공헌하는 길이 될 수 있음을 토론과 설득을 통해 납득시켜야 한다. 한국 정당들은 체제 변화 이후에 북한 사회의 핵심적인 역할을 하게 될 대안적 정치 세력들의 모델이 될 수 있어야 한다. 언론과 지식인들은 북한의 기존 주체사상과 정치체제에 길들여져 온 북한 주민들이 새로운 대안적 사회로의 이행 과정에서 받게 될 사상적·이념적 동요를 극복할 수 있고, 평화공존적인 한반도체제에서도 공유되어야 할 사상과 가치들을 개발하는 작업들을 준비해야 할 것이다.

지난 6·25 전쟁 종전 이후 북한은 한국 사회에 사회주의, 공산주의 혁명을 실현시키기 위해 게릴라도 파견하고, 선전전도 자행하고, 민족통일전선 시도도 감행했다. 그러나 지난 60여 년간 남북한이 만들어온 역사를 통해 어떠한 체제가 인민들의 자기실현을 위해, 공동체 성원들의 번영과 평화를 위해 훌륭한 체제인지 스스로 입증되었다. 이제는 북한 지역에 대해 그간 한국이 이룩한 민주화와 산업 근대화의 비전을 선전하고, 이에 공감하는 세력을 확산시키며, 그들에게 유·무형의 협력을 아끼지 않아 그들 스스로가 북한 사회를 변화시켜 나가도록 해야 한다.

19세기 이후 동아시아 지역에서 전개된 역사적 변화들, 이를테면 일본의 메이지유신이나 1960년대 이후 한국의 산업화와 민주화, 1980년대 이후 중국의 개혁개방 사례들은 그 필요성에 공감하는 자생적 정치 세력과 그를 지지하는 자발적 대중들이 존재하지 않는 한 일국 내의 사회변혁이 용이하지 않음을 보여준다. 그렇다고 한다면 북한 내에서도 한국이 성취한 바와 같은 민주화와 산업 근대화를 동경하고, 그를 실현하기 위해 분투하려는 청년과 지식인들을 만들어내야 한다. 북한 내에서 산업 근대화를 실현하고 민주화를 이룩한 한국 정치 지도자들 및 시민 지도자들의 글을 탐독하면서, 북한 사회에서의 동일한 변화를 꿈꾸는 테크노크라트와 대안적 정치 세력을 만들어내야 한다.

이러한 전략의 추구가 결코 간단하지는 않을 것이다. 한국이 한반도 남부 지역에서 산업화와 민주화를 이룩하기 위해 흘렸던 땀과 피, 그 이상의 것이 요구될지도 모른다. 그러나 대한민국의 산업 근대화와 민주화를 이룩했던 그 정열과 열정으로 국민 각계각층이 힘과 의지를 모은다면 안 될 법은 없을 것이다.

광저우의 메달리스트들이 얼짱이라는 찬사를 받으며 시상대에 서 있을 때, 그들과 동세대인 해병대 병사들은 쏟아지는 북한의 방사포 파편 속에서도 강토를 지키겠다는 일념으로 K-9 자주포를 향해 달려갔다. F-16과 F-15K 조종사들도 북한 미그기와의 일전을 불사하면서 공대공 및 공대지미사일을 달고 영공을 향해 솟구쳐 올라갔다. 묵묵하게 조국 수호에 앞장섰던 젊은 병사들과 청년 장교들의 이러한 투철한 신념을 공유한다면, 터무니없는 북한의 위협을 배제하고, 북한 지역에 민주화와 산업 근대화를 성취시킬 비전을 구현해내지 못할 이유는 없다.

제10장
북한의 전쟁 위협 평가와 한국의 대북 전략 방향

1. 문제의 제기

국가안보 전략이란 국가의 목표를 달성하기 위해 그 수단이 되는 정치력, 군사력, 외교력, 경제력 및 이념적 힘을 어떻게 통합하고 사용할 것인가를 결정하는 방침이라고 통상 정의되고 있다. 그리고 국방 정책이란 외부로부터의 군사적 위협에 대응해 국가의 주권과 영토, 국민의 생명과 재산을 군사적 수단을 사용해 보호하는 것이라고 정의된다.[1]

외부로부터의 군사적 위협이란 적대 세력에 의한 군사력의 사용, 즉 국가 간 분쟁이나 전쟁을 의미한다. 이렇게 본다면, 안보·국방에 주어진 임

---

* 이 장은 박영준, 「북한의 전쟁위협평가와 한국 대북전략의 방향: 직접접근전략과 간접접근전략의 병용」, ≪국가전략≫, 제21권 1호(2015년 봄)에 게재되었다.
1) 한용섭, 『국방정책론』(박영사, 2012), 48~50쪽.

무란 중요한 외부 적대 세력에 의한 전쟁을 억제하는 것, 전쟁이 발발할 경우 이를 승리로 이끄는 것 그리고 억제와 승리의 능력과 태세를 갖추기 위해 준비하는 것이라고 볼 수 있다.

한국의 국가안보 측면에서 북한은 여전히 최대의 위협 대상이다. 2006년 제1차 핵실험 이후 세 차례의 핵실험을 감행한 북한의 핵 능력 및 비대칭 전력은 더욱 위협적인 수준으로 증강되고 있다. 2011년 이후 집권한 김정은 국방위 제1위원장의 행보는 변칙적이고 예측 불가능한 양상을 보이고 있다. 예측 곤란한 군 통수권자하에서 핵 및 미사일 전력을 증강시켜가고 있는 북한의 군사적 위협을 어떻게 평가하고, 대응해야 할 것인가는 국가안보 정책상 가장 중요한 과제가 되고 있다.

다만 북한의 지위는 한국에게 이중적이다. 1953년 휴전협정 체결 이후 남북한은 정전 상태이고 여전히 북한은 『국방백서 2014』에 표현된 것처럼 한국군에게 최대의 주적임에 분명하다. 1987년 개정된 헌법의 영토 조항을 포함한 여러 조항도 이 같은 인식에 기반을 두고 있다. 그러나 1991년 남북한은 유엔에 동시 가입했고, 같은 해의 남북기본합의서를 필두로 2000년의 6·15 남북공동성명 그리고 2007년 10월 4일 가진 남북정상합의문에서는 교류와 협력을 약속한 바 있다. 이 같이 남북한은 교류와 협력을 바탕으로 평화적인 통일을 추구해야 할 특수 관계에 있기도 하다.

한국으로서는 북한과의 이중적 관계, 즉 군사적으로는 현실적 위협이지만, 기존에 체결된 양자 합의문 및 유엔질서에서는 화해·협력을 증진해야 하는 관계의 복합적인 측면을 고려하면서, 북한의 군사적 위협을 배제하고, 국가안보 목적을 달성해야 하는 쉽지 않은 과제에 직면해 있다.

과연 그렇다면 김정은체제에 들어와 핵 능력을 포함한 비대칭 전력의 강화 추세를 보이고 있는 북한 측의 군사 정책은 한국의 국가안보에 위해를 끼칠 분쟁으로 전화될 개연성이 있는 것인가? 그러한 안보 환경 악화를 방지하기 위해 한국의 안보 및 국방 정책은 어떠한 대비를 해왔고, 앞으로 무엇을 더 해야 하는 것인가? 북한과의 이중적 지위를 고려한 상황에서 취해야 하는 대북 정책의 올바른 방향은 무엇인가 등의 문제를 묻지 않을 수 없다. 이에 관해 연구자 및 정책결정자 사이에서는 북한의 핵 및 미사일 개발에 따른 위협이 더욱 심각한 양상을 띠기 전에 북한체제의 붕괴를 촉진해야 한다는 강경한 봉쇄 전략론이 대두하는 한편, 다른 일각에서는 화해와 협력 노선의 회복을 촉구하는 논의도 존재한다.[2] 이 장에서는 대북 정책에 관한 논쟁의 구도를 염두에 두면서, 북한발 군사 위협의 양상을 분석하고 그에 대응해 향후 추진되어야 할 대북 전략의 기조와 방향을 논해보고자 한다.

2. 탈냉전기의 국제분쟁 이론

북한에 의한 전쟁 도발의 가능성 여부를 검토하기 위해 탈냉전기 접어들어 국제정치학자들 간에 논의된 전쟁 관련 이론들을 예비적으로 살펴보기로 한다. 1990년대 초반, 냉전체제가 와해되었을 때, 국제정치학자들 사이에는 전쟁의 미래에 대한 일대 논쟁이 전개되었다. 일부 국제정치

---

2) 전자의 입장을 보여주는 최근 논의로는 Sue Mi Terry, "Let North Korea collapse," *International New York Times*, June 17, 2014; Sue Mi Terry, "A Korea Whole and Free," *Foreign Affairs,* July/August 2014. 후자의 입장을 보여주는 논의는 John Delury and Chung-in Moon, "A Reunified Theory: Should We Welcome the Collapse of North Korea?" *Foreign Affairs*, November/December 2014. 그 중간 지점에서 한국이 미국과 연합으로 조기정보감시능력, 미사일 다층방어시스템, 킬 체인 등을 구축하면서, 대북 능동적 억제 전략을 추진해야 한다는 견해도 존재한다. 패트릭 크로닌, "한미, 능동적 억제 전략 갖춰야", ≪동아일보≫, 2014년 7월 5일 자.

학자들은 역사가 자유민주주의와 자본주의의 승리로 귀결되었으며, 이제 이념 대립 및 군사 분쟁의 시대는 종언을 고했다고 진단했다. 반면 다른 학자들은 냉전체제의 종언에도 불구하고 다른 요인들에 의해 전쟁의 양상은 지속될 것으로 전망했다.

1) 전쟁원인론

구조적인 분석을 바탕으로 전쟁 양상이 탈냉전기에도 지속될 것이라고 전망한 대표적인 학자로는 하버드 대학교의 새뮤얼 헌팅턴(Samuel Huntington) 교수와 일본 도쿄 대학교의 다나카 아키히코(田中明彦) 교수 등을 들 수 있다. 1993년에 발표된 논문에서 새뮤얼 헌팅턴 교수는 향후 전쟁은 냉전 시대와 같은 이념 대립에 기인해서 발발하기보다는 문명과 문명 간의 단층선, 즉 문명의 충돌에 의한 전쟁 양상이 전개될 것이라고 보았다. 새뮤얼 헌팅턴 교수는 국제질서상의 문명을 서구 기독교, 이슬람, 러시아 정교회, 중국 유교, 일본 등 일곱 개의 문명으로 나누고 향후 전쟁은 서구 기독교 문명 대 이슬람 문명, 혹은 이슬람 문명과 중국 유교 문명 간의 연합 대 서구 기독교 문명 간의 단층선에서 발생할 것이라고 예상했다.[3]

한편 다나카 아키히코 교수는 전 세계 국가들을 정치 발전과 경제적 성숙도의 기준에서 모두 발달한 신중세권과 그렇지 못한 혼돈권, 그 중간 영역의 근대권으로 나누면서, 향후 국제정치의 협력과 분쟁 양상을 구조적으로 분석하려 했다. 그에 의하면 신중세권에 속한 미국 및 서구 유럽 그리고 일본 등의 국가들 간에는 평화적 공존과 협력이 지배하겠지만, 중

---

3) Samuel P. Huntington, "The Clash of Civilizations?" *Foreign Affairs*, Summer 1993.

국, 북한 등이 포함된 근대권 및 아프리카와 중남미 빈곤 국가들이 포함된 혼돈권에서는 분쟁 양상이 여전히 지속될 것이라고 보았다. 특히 그는 근대권에 속한 국가들이 신중세권의 국가에 도전하는 국제분쟁 양상도 나타날 것이라고 전망한 바 있다.[4]

공격적 현실주의의 대표적 이론가인 존 미어샤이머(John Mearsheimer)는 각 대륙의 강대국들이 구조적으로 주변 지역에 대한 팽창과 정복에 나서게 되는 경향을 가진다고 전망했다. 그에 의하면 강대국들은 국제권력 구조 속에서 자신의 국력 증대와 안전보장 확보를 가장 강력한 정책 목표로 설정하며, 안전보장의 가장 확실한 방책으로서 끊임없이 주변 지역에 대한 팽창을 하게 된다는 것이다.[5] 이런 존 미어샤이머의 관점에 따를 경우, 아시아 대륙의 강대국으로 부상하는 중국과 기존 강대국인 미국과의 갈등과 대립 발생은 불가피한 수순으로 예상된다.

스테픈 반 에브라(Stephen Van Evera)는 역사상의 전쟁들이 다음과 같은 몇 가지 요인들 때문에 발생해왔다는 가설을 제시한다.[6] 첫째, 국가 지도자들이 전쟁에 따르는 비용을 과소평가하고, 전쟁이 가져올 결과에 대해 낙관적인 전망을 가지게 될 때, 전쟁이 발생한다. 둘째, 국가의 선제 동원, 혹은 선제공격이 상대 국가의 제1가격을 방지하고 국가이익을 가져올 것이라고 판단할 때, 전쟁을 선택하게 된다. 셋째, 국가 간 상대적인 국력의 변화가 격심할 때, 기존 강대국 혹은 그에 도전하는 도전 국가는 상대 국가에 대한 우위를 점하기 위해 전쟁이 발생할 수 있다. 넷째, 국가

4) 田中明彦, 『新しい中世』(日本經濟新聞社, 1996).
5) John J. Mearsheimer, The Tragedy of Great Power Politics(2001); 존 미어셰이머, 『강대국 국제정치의 비극』, 이춘근 옮김(자유기업원, 2004).
6) Stephen Van Evera, *Causes of War: Power and the Roots of Conflict*(Ithaca: Cornell University Press, 1999).

들이 정복을 통해 더 많은 자원을 축적할 수 있다고 판단할 때, 전쟁은 발생하게 된다. 다섯째, 국가들은 정복이 용이하다고 판단할 때, 전쟁을 선택할 수 있다. 요컨대 스테픈 반 에브라는 핵 시대의 경우에도, 특히 불량국가들의 경우에는 이 같은 가설들이 유효함을 강조하고 있다.

이 같이 전쟁원인을 연구하는 학자들은 탈냉전 시기에도 국제질서의 구조적 요인, 혹은 국가들의 속성과 지도자들의 인식 여하에 따라 여전히 전쟁이 발생할 수 있음을 논하고 있는 것이다. 실제 1991년의 걸프 전쟁, 1995년 코소보 내전, 수단의 내전 그리고 2001년 이후의 이라크 전쟁 및 아프가니스탄 전쟁 등 국가와 국가 간의 전쟁들이 냉전체제 와해에도 불구하고 지속되고 있음을 알 수 있다. 최근에는 가자지구를 둘러싸고 이스라엘과 팔레스타인 하마스 세력 간의 분쟁이 지속되고 있고, 크리미아 합병 이후 우크라이나 내에서 정부군과 반군 간의 내전이 전개되고 있다. 특히 북한발 군사 위협 가능성은 분쟁원인론들의 틀 속에서 볼 때, 여러 각도에서 전망될 수 있을 것이다. 다나카 아키히코의 분석틀에 의하면 국민소득이나 정치체제 측면에서 '근대권'의 영역에 속하는 북한이 점차 '신중세권'의 특성을 보이는 한국에 대해 도전할 개연성이 존재한다. 에브라의 견해에 의할 경우, 북한 지도자들이 전쟁 결과에 대해 낙관적으로 전망하고, 선제공격의 독트린을 표방한다면, 역시 북한발 분쟁 도발 가능성을 배제할 수 없는 것이다.

2) 전쟁수행론

탈냉전기에 발발한 걸프 전쟁, 이라크 및 아프간 전쟁 등 다수 분쟁에 미국이 본격적으로 관여하면서 미국 내에서는 이러한 전쟁들이 어떠한 특성을 갖고 있으며, 어떻게 수행해야 할 것인가에 대한 여러 다양한 논

의가 제기된 바 있다. 이하에서 몇 가지 전쟁수행 이론을 검토하고 한반
도 상황의 적실성을 평가하고자 한다.

(1) 네트워크 중심 전쟁론(Network Centric Warfare)

네트워크 중심 전쟁론은 2001년 9·11 테러를 계기로 미국에서 제기된
전쟁수행론이다. 9·11 테러는 이전까지 미국이 경험하지 못했던 새로운
유형의 적대 세력의 등장을 의미했다. 당시의 미 국방 장관 도널드 럼즈
펠드에 의하면, 이제 미국이 직면한 적은 구소련과 같이 대규모 전략무기
와 기갑부대를 갖춘 적이 아니라, "동굴이나 은신처에 숨어 예상할 수 없
는 방법으로 우리를 공격하는" 알카에다와 같은 세력으로 변화한 것이
다.[7] 따라서 종전의 미군이 운용하던 전략과 전술, 부대조직과 무기체계
에 대한 근본적인 군사 혁신(Revolution in Military Affairs)을 통해 새로운
적과 대응하지 않으면 안 된다고 했다.

이러한 문제의식에서 미국은 기존의 미군 부대를 좀 더 첨단화, 경량
화, 기동화하려는 다양한 시도를 취했다. 육군의 10개 현역 사단을 일고
여덟 개 사단으로 줄이는 것과 같이 병력 규모를 축소하고, 대신 F-22 랩
터 및 무인비행기, 장갑차 스트라이커 등 첨단 무기 개발 예산을 증액을
통해 국방비를 늘렸다. 국방성의 비대한 관료 조직을 좀 더 효율적인 전
쟁지원 조직으로 변화시키기 위해 '국방개혁법안'을 성립시켰으며,[8] 미
군의 해외 기지도 고정적인 주둔 방식보다는 '전략적 유연성'의 개념을 적

---

7) Donald H. Rumsfeld, "Defense for the 21st Century," *The Washington Post*, May 23,
   2003.

8) 2003년에 성립시킨 "21세기 국방개혁법(The Defense Transformation for the 21st
   Century Act)"이 그것이다. 이 법안의 필요성에 대해서는 Donald H. Rumsfeld, "Why
   Defense Must Change," *The Washington Post*, July 18, 2003.

용해 좀 더 기동성이 강한 로테이션 방식을 도입하기 시작했다. 실제 전투 수행에서는 인공위성과 무인비행기 등 첨단 기술을 적극 활용해 정보 수집 자산을 대폭 강화했고, 인터넷망에 기반을 둔 효율적인 지휘통신체제를 구축했으며, 이에 육해공군 및 전략무기로 구성된 각종 정밀무기를 결합해 소수의 공격 목표에 대한 타격력을 배가시킨 방식을 중시했다.

이 같은 네트워크 중심 전쟁론은 미국과 비슷한 여건을 가진 다른 선진 국가들, 즉 고도의 전자 정보통신 기술이 발달된 사회 환경을 가졌으면서도 소수 무장 세력의 테러리즘에 의한 안보 위협에 직면해 있는 국가들에게 일종의 군사적 표준(standard)으로 받아들여졌다.[9] 실제 네트워크 중심 전쟁론은 미국 주도하에 2001년에 개시된 이라크 전쟁과 아프간 전쟁 그리고 2011년, 리비아에 대한 나토군의 군사 개입에서 적극 적용된 것으로 보인다.[10]

그러나 미국이 이라크 및 아프가니스탄 지역에서 탈레반의 지속적 무장 저항으로 인해 원하지 않던 장기전을 강요당하고, 안정화작전에서도 고전을 면하지 못하게 되자, 미국 내 일각에서는 네트워크 중심 전쟁론에 대한 비판이 제기되었다. 첨단 정보 기술과 하이테크 군사력만으로는 탈레반과 같은 소규모 무장 세력에게 효과적으로 맞설 수 없다는 것이다. 소위 '제4세대 전쟁론'등은 첨단 정보 전쟁, 네트워크 중심 전쟁론에 대한 비판으로서 제기된 것이다.

---

9) 박기련, 「9.11테러 이후 미국의 군사전략 변화: 목표, 수단, 방법 측면」, ≪국방연구≫, 제47권 제2호(2004년 12월).

10) 리비아에 대한 나토군의 공중작전 전개에 관한 상세한 설명은 Eric Schmitt, "NATO's complex, high-tech Libya battle," *International Herald Tribune,* May 26, 2011 참조.

(2) 제4세대 전쟁론 및 비대칭 전쟁론

'제4세대 전쟁론'은 냉전체제가 종언을 고하던 무렵인 1980년대 후반에 윌리엄 린드(William Lind)를 중심으로 하는 육군과 해병대 출신의 연구자들에 의해 제기되기 시작했다.[11] 이들의 문제의식은 미소 간의 냉전체제가 종료된 이후 전개될 국제질서에서의 전쟁 양상이 어떻게 나타날 것인가를 전망하는 데 있었다고 보인다. 이들에 따르면 냉전시대까지의 전쟁 역사는 제3세대에 걸친 진화를 보였다고 주장한다. 1648년 종료된 30년 전쟁과 웨스트팔리아 조약의 결과 근대적 유럽 국민국가들이 등장하면서 이들에 의해 전장식 활강소총(머스캣)과 선형 전술에 기반을 둔 제1세대 전쟁 양상이 전개되었다. 산업혁명 이후에는 철도 및 전신망이 발전되면서, 미국의 남북전쟁이나 제1차 세계대전의 초기 전역에서 보이는 것처럼 기관총, 철조망, 전신 등이 전장에서 활용되는 제2세대 전쟁 양상이 나타났다. 그리고 제1차 세계대전의 말기에 탱크와 항공기 등이 등장하고, 제2차 세계대전 시에 이를 활용한 전격전 전략이 등장하면서, 제3세대 전쟁 양상이 나타났다고 본다. 그런데 윌리엄 린드에 의하면 향후의 전쟁은 정규군들이 상호의 군대를 정면 목표로 하기보다는, 테러리스트와 같은 소규모 전투 집단들이 이데올로기나 종교적 신조를 바탕으로 텔레비전이나 미디어 등의 수단을 매개로 사용해 상대방의 문화를 목표로 하는 전쟁 양상이 대두할 것으로 전망했고, 이를 제4세대 전쟁 양상이라고 규정했다.

'제4세대 전쟁론'은 미국이 이라크와 아프가니스탄에서 대테러 전쟁을 치르던 21세기 초엽에 다시 해병대 출신의 토머스 햄즈(Thomas Hammes)

---

11) William S. Lind et al., "The Changing Face of War: Into the Fourth Generation," *Marine Corps Gazette*(October 1989).

에 의해 재조명되었다.[12] 토머스 햄즈는 윌리엄 린드의 전쟁 세대 구분론을 그대로 이어받으면서, 마오쩌둥의 인민 전쟁론에서 기원되고 미국의 베트남 전쟁이나 소련의 아프가니스탄 전쟁 등에서 나타났던 제4세대 전쟁 양상이 바야흐로 21세기 초엽의 이라크 및 아프가니스탄에서 다시 전개되고 있다고 보았다. 이러한 인식을 바탕으로 햄즈는 도널드 럼즈펠드 국방 장관이 주도하던 네트워크 중심전, 혹은 첨단 정보화 전쟁수행 방식을 강력하게 비판했다. 햄즈에 의하면 알카에다나 탈레반 같은 비국가 주체의 무장 세력은 비대칭적 수단을 운용해 미국의 정치적 의지와 심리를 겨냥하고 공격을 가한다. 따라서 미국으로서는 이에 대응해 첨단 기술에 의존한 군사력보다는 신속 대응이 가능하고 국가 재건 및 평화유지 등의 임무를 수행할 수 있는 중간 규모의 부대, 해병 공지임무부대와 같은 전력들을 확충해야 한다고 주장했다. 아울러 장교 인사제도 및 교육에 대한 획기적인 개혁의 필요성도 강조했다.

'제4세대 전쟁론'은 비국가 주체에 의한 소규모 게릴라전, 비정규전의 현대적 중요성을 환기시킨 의의가 인정된다. 다만 전쟁의 세대 구분 개념은 전쟁사 측면에서 엄밀하다고 볼 수 없으며, 국가 주체에 의한 전쟁의 개연성을 여전히 안고 있는 국가들에 대해서는 적용성이 떨어지는 한계를 갖고 있다고 보인다.

'제4세대 전쟁론'이 대상으로 하는 현상을 좀 더 엄밀한 개념으로 담아낸 것이 '비대칭 전쟁론'이다. '비대칭 전쟁'은 상대방이 아측과 상당히 다른 작전 방식을 사용해 아측의 주도권 및 행동의 자유에 충격과 혼돈을

---

12) Hammes, Thomas X., *The Sling and the Stone: On War in the 21st Century*(St. Paul. MN: Zenith Press, 2004). 한국어 번역본은 『21세기 제4세대 전쟁』, 최종철 옮김 (국방대학교 안보문제연구소, 2008).

가하고 심리적 영향을 미치려는 전쟁 방식으로 이해된다. 다시 말해 아측과 다른 혁신적인 전술, 무기, 군 편제 등을 사용해 아측의 취약점을 효과적으로 공략하고, 아측의 효과적인 대응을 곤란하게 만드는 전쟁수행 방식이 '비대칭적 접근', '비대칭적 전쟁' 양식이라고 할 수 있다.[13] 비대칭 전쟁의 사례로서는 나폴레옹에 대한 스페인 인민들의 저항에서 비롯된 게릴라 전쟁, 21세기 벽두에 미국을 강타한 9·11 테러, 이라크 및 아프가니스탄 지역에서 저항군들이 사용하는 테러 전복전(insurgency war) 등이 열거된다.

만일 이 같은 전쟁수행론들을 한반도 상황에 적용한다면, 북한은 어떠한 전쟁수행 방식을 선택할 것으로 보이는가? 북한은 탈레반이나 알카에다와 같은 비국가 주체가 아닌 정규 국가이다. 더욱이 북한은 세 차례에 걸친 핵실험과 다수의 장거리미사일 발사 실험에서 나타나듯이, 첨단의 비대칭 전력도 보유하고 있다. 따라서 북한은 제4세대 전쟁의 방식만이 아니라 첨단의 핵 및 미사일 전쟁까지 가능한 능력을 보유하고 있는 것으로 인식되어야 한다.[14] 이하에서는 북한에 의한 분쟁 가능성을 더욱 상세하게 검토해보고자 한다.

---

13) 권태영, 「천안함 이후 우리의 역-비대칭 전략 및 정책방향」, ≪국방정책연구≫, 제26권 제3호(2010년 가을).

14) 북한에 의한 제4세대 방식의 전쟁 도발 가능성에 대해서는 김재엽의 연구를 참조하라. 김재엽은 북한이 '제4세대 전쟁'의 양상에 준한 무력도발, 즉 장사정포, 화학무기, 경보병 부대, 특수전 부대를 주요 수단으로 사용하는 '신유혈전(new bloody war)', 총참모부 예하 지휘자동화국이나 정찰국 산하 기술정찰조가 주축이 될 '반정보전(anti-cyber war)', 혹은 한국 내부의 북한 동조 세력을 활용하는 '선전, 심리전' 등을 감행할 수 있다고 분석한다. 김재엽, 「제4세대 전쟁: 미래전과 한국 안보에 대한 함의」, ≪신아세아≫, 제17권 1호(2010년 봄), 182~184쪽.

3. 북한발 안보 위협과 분쟁 가능성 전망

앞서 소개된 탈냉전기 이후의 '전쟁원인론'에 입각해볼 때, 향후 한반도에서 한국의 국가안보를 위협할 수 있는 북한에 의한 전쟁 가능성은 어떠하며, 어떤 양상들이 있을 수 있겠는가? 개별 국가의 전쟁 가능성을 판단하기 위해서는 그 국가가 보유한 군사력의 성격과 배치, 군 통수권자에 의한 군사 전략상의 의도 그리고 평시 군사훈련에 나타나는 양상들을 종합적으로 파악할 필요가 있다. 북한이 추구해온 군사적 능력이나 2011년 12월 이후 등장한 김정은체제의 국가 지도부 성향을 볼 때, 북한에 의한 전쟁 혹은 안보 위협의 가능성은 여전히 상존한다. 이하에서는 북한의 군사능력, 군 통수권자 연설 등에서 나타난 의향 그리고 북한 군부의 군사훈련 양상 등을 종합해 북한이 수행할 수 있는 전쟁 양상들을 사이버전, 국지전, 전면전 그리고 이 같은 분쟁 가능성을 견지함으로써 지속적으로 대남 우위를 점하기 위한 강압 전략의 유지 등으로 나누어본다.[15]

1) 사이버전 도발의 능력과 전망

2009년 2월, 북한 노동당 작전부의 35호실 그리고 인민무력부의 정찰

---

15) 향후 북한의 대남 군사 정책에 대해 많은 학자들이 비슷한 견해를 제시한 바 있다. 이명박 정부 시기 국방선진화추진위원장을 역임한 이상우 교수는 핵무기를 개발한 북한이 비정규전을 의미하는 제4세대 전쟁뿐 아니라, 핵전쟁, 재래식 전면전쟁, 국지적 무력도발 등을 모두 감행할 수 있다고 지적한 바 있다. 이상우, 「한국 국방선진화 방향」(제38회 KIDA 국방포럼 발제문, 2010.12.17). 권태영 박사는 북한이 핵과 미사일, 화학무기와 같은 대량살상무기, 장사정포, 특수전 부대, 사이버 무기, 잠수함, 인터넷 심리전 등의 다양한 수단에 기반을 둔 비대칭적 위협을 가해올 것이라고 전망한다. 권태영, 「천안함 이후 우리의 역비대칭 전략 및 정책방향」, 44~57쪽.

국이 통합되면서 인민무력부 산하에 정찰총국이라는 기구가 설립되었다. 정찰총국장에는 김일성군사종합대학에서 김정은에게 군사학을 교습한 것으로 알려진 김영철이 취임했으며, 정찰총국 산하에는 여섯 개국이 부설되어 대남 공작을 담당하도록 체제가 갖추어졌다. 이 가운데 6국 기술국에 1000여 명의 해커가 고용되어 대남 사이버 테러를 획책하는 무가 부여된 것으로 알려졌다. 북한은 1986년부터 미림 대학교(현 자동화대학)에서 러시아 교관진을 초빙해 사이버전 요원을 양성하기 시작했으며, 이외에도 국방대, 공군대, 해군대에서도 전자전 요원을 양성하고 있는 것으로 알려지고 있다. 이러한 교육기관에서 교육받은 요원들이 정찰총국이나 총참모부 예하 전자전을 담당하는 두 개 여단 등에 배치되어, 대남 사이버전 테러를 획책하는 것으로 파악되었다.[16]

이 같은 정찰총국 설립 이후 한국 정부와 민간단체에 대한 원인 불명의 사이버 테러 현상이 나타나기 시작했다. 2009년 7월, 청와대와 국방부 홈페이지에 대한 사이버 테러가 발생했다. 디도스 공격의 경로를 추적한 결과 중국에서 선을 임대해 쓰고 있는 북한 체신청의 IP가 확인되었다.[17] 2011년 4월 22일에도 농협 전산망이 마비되는 사태가 발생했다. 이에 대해 서울중앙지검 첨단범죄 수사부가 조사한 결과 2009년 7월의 경우와 마찬가지로 중국에 있는 IP를 통해 해킹 명령이 들어왔고, 검찰 당국은 결국 북한의 정찰총국 소행에 의한 사이버 테러로 결론 내렸다. 2013년 6월 25일에는 청와대 및 국무총리실, 새누리당 그리고 주요 언론사의 홈페이지가 해킹당하는 사건도 발생한 바 있다. 그리고 2014년 11월에는 북한 지도자 암살 사건을 다룬 영화를 제작한 미국의 소니 영화사에 대한

---

16) ≪조선일보≫, 2011년 5월 4일 자; ≪중앙일보≫, 2014년 12월 22일 자.
17) ≪중앙일보≫, 2011년 4월 30일 자.

해킹 공격이 있었고, 12월 19일, 버락 오바마 대통령은 이 해킹 공격이 북한에 의해 주도되었다고 단정하면서 대응 조치를 취할 것을 언명했다.

단 북한은 정찰총국이 대남 사이버 테러의 발원지라는 한국 검찰 및 미국 정부 발표에 대해 정면으로 부인하는 언동을 보였다. 2011년 5월 10일, 북한 인민무력부는 대변인 담화를 통해 한국 측의 수사 결과 발표가 '날조극'이라고 항변한 것이다. 이 성명에서 인민무력부는 "사이버전은 자기를 노출하지 않고 상대를 공격하기 위해 미국이 고안해낸 특수한 형태의 침략 전쟁 방식"이지 자기들과는 상관없다고 강변했다.[18] 2014년 12월, 버락 오바마 미국 대통령의 성명에 대해서도 북한은 12월 20일, 외무성 대변인 성명을 통해 소니 영화사에 대한 해킹 사건은 자신들과 무관하며, 미국에 대해 공동조사를 요구한 바 있다.

그러나 북한의 부인에도 불구하고, 북한이 사이버 관련 조직과 전문 요원들을 양성하고 있고, 이러한 능력을 대남 및 국제사회에 대해 운용하고 있음은 분명한 사실로 보인다. 이러한 관점에서 사이버전은 북한 측이 한국의 발달된 전자 통신망을 교란하기 위해 이용할 수 있는 비대칭전의 유력한 형식이고, 앞으로도 계속 도발을 가해올 수 있는 분야로 보인다.

2) 국지전 도발의 능력과 전망

국지적 무력도발에 운용될 수 있는 북한의 상징적 전력으로서는 특수전 전담부대인 제11군단, 휴전선 일대에 배치된 장사정포 전력, 남포와 원산에 각각 함대 사령부를 가진 북한 해군 전력, 그리고 무인비행기를 운용하고 있는 북한 항공 전력 등을 주목할 수 있다.

---

18) ≪조선일보≫, 2011년 5월 11일 자.

평안남도 덕천에 사령부를 둔 제11군단은 1950년대부터 북한이 운용해온 특수전 전담부대인 제124군 부대를 모태로 한다. 이 부대가 1969년에 특수8군단으로 격상되었다가, 다시 제11군단으로 명칭이 변경되면서 그 예하에 경보병여단, 항공육전단, 저격여단 등 10여 개 여단, 총병력 8만 명을 가진 대규모 특수부대로 탈바꿈한 것이다. 북한 김정은 제1위원장이 제11군단의 전략적 가치를 중시했다는 점은 그의 잦은 방문 그리고 군단장 최경성을 12년간 직책에 유지시켰다는 점에서 잘 드러난다.[19]

월터 샤프(Walter Sharp) 주한 미군 사령관은 2011년 2월 8일, 한국 국회의 국방위원들과 가진 간담회에서 북한 특수전 전력은 최근 병력이 급증하면서 제11군단을 포함해 경보병 부대 14만 명, 기타 전문 인력 6만 명 등으로 구성된 것으로 소개했으며, 이러한 전력 규모는 2만 명 규모에 불과한 한국의 특수전 전력에 비해 수적으로 우세한 것으로 분석했다.[20]

평안남도 남포와 함경남도 원산에 각각 사령부를 둔 북한 해군 전력도 국지적 무력도발에 충분히 운용할 수 있는 전력을 보유하고 있다. 북한 해군이 가진 전력 가운데 특히 잠수함 전력 및 특수전 전력이 주목된다. 잠수함 전력은 로메오급(배수량 1800톤) 20여 척, 상어급(배수량 300톤) 30여 척, 연어급(상어급과 거의 동등) 10여 척을 보유하고 있는 것으로 추정된다. 천안함 폭침에 직접 관여한 것으로 추정되는 남포의 서해 함대 사령부 예하에는 해상 육전대와 해상 저격대 등의 특수전 병력이 배치되어 있으며, 비파곶 해군기지에는 로메오급 및 상어급 잠수함 총 9척이 배치된 것으로 파악된다.[21]

---

19) ≪중앙일보≫, 2013년 2월 15일 자; ≪동아일보≫, 2014년 3월 8일 자.
20) ≪조선일보≫, 2011년 2월 9일 자.
21) ≪중앙일보≫, 2010년 4월 25일 자.

북한이 최근 개발·운용하고 있는 무인공격기도 대남 정찰 및 국지적 무력도발에 운용될 수 있는 자산으로 평가된다. 북한은 이미 러시아제 프로펠러형 무인정찰기를 도입해 무인공격기로 개조하고 있고, 중국제 무인비행기도 이미 도입한 것으로 알려졌다. 게다가 최근에는 시리아와 같은 중동 국가로부터 미국산 고속 무인표적기를 도입해 자체의 무인공격기를 개발하고 있는 것으로 전해진다.[22] 북한이 이미 무인비행기를 대남 정보 수집에 사용하고 있음은 지난 2014년 4월, 서울 북방 및 백령도에서 발견된 무인기를 통해 추정이 가능하다. 향후에도 북한은 이러한 무인공격기 자산을 활용해, 예컨대 서북 도서에 배치된 아군에 대한 국지도발을 감행할 수 있을 것으로 예상된다. 그 밖에 북한 공군이 보유한 AN2기에 의한 대남 저공침투 그리고 전방에 배치된 장사정포에 의한 서해안 및 휴전선 일대에 대한 국지도발의 가능성을 배제할 수 없다.

북한이 이러한 자산들을 활용해 국지적 무력도발을 계속 감행할 것이라는 분석은 국내외 전문가들에 의해 이미 지적된 바 있다. 연평도 포격 직후의 시점에서 국제위기그룹(International Crisis Group)북한 전문가인 대니얼 핑스턴(Daniel Pinkston)은 북한이 항상 정면에서 공격해오지 않고 한국의 약한 지점을 찾아 공격해왔다고 지적하면서, 향후에도 특수전 병력이나 해군 자산을 활용해 한국의 도서 지역이나 해군기지, 심지어 수도권 일대의 핵심 시설도 공격할 수 있는 가능성이 있다고 전망했다. 일본의 북한 전문가인 미치시타 나루시게(道下德成) 교수도 북한이 지금까지 사용하지 않은 항공 전력의 비대칭능력을 활용해 한국의 방어망이 취약한 지역으로 공세를 전개할 가능성이 있다고 지적한 바 있다.[23]

---

22) ≪조선일보≫, 2012년 2월 6일 자.
23) 대니얼 핑스턴의 언급은 다음 기사에서 재인용. Martin Fackler, "South Koreans

3) 전면전 도발의 능력과 전망

북한 인민군은 소련식 전통을 이어받아 총참모부가 지상군 군단들 및 해군과 공군까지 직접 관할하는 통합군체제를 유지하고 있다. 지상군 정규 아홉 개 군단, 두 개 기계화 군단, 평양 방어 사령부, 국경경비총국, 제11군단, 전략 로케트 사령부, 두 개 함대 사령부로 구성된 해군, 네 개 비행사단으로 구성된 공군이 총참모부의 지휘체제하에 있다.[24] 재래식 전력뿐 아니라 핵무기와 중장거리미사일 같은 대량살상무기체계도 총참모부의 통제로 운용된다. 북한은 스커드미사일 600기, 노동 미사일 200기, 그 외 KN-08 등 중거리 및 장거리미사일을 포함해 총 1000여기의 미사일 전력을 보유하고 있는 것으로 판단된다.[25] 또한 북한은 플루토늄 재처리를 통한 핵탄두 및 우라늄 농축을 통한 핵탄두 개발을 시도했고, 나아가 초보적 핵융합 기술을 적용한 증폭 핵탄두(boosted nuclear warhead) 제조 가능성도 있다.[26] 핵무기 및 중장거리미사일을 관할하는 것으로 추정되는 전략 로케트 사령부는 총참모부 직할부대로 편성되어 있다.

Guess at the North's Next Target," *The New York Times*, December 10, 2010. 미치시타 나루시게 교수의 언급은 2012년 9월 27일, 국방대 안보문제연구소가 통일연구원과 공동으로 주최한 제8회 동북아안보정책포럼 발표에서 인용.

24) 북한 군조직에 대해서는 국방부, 『국방백서 2014』(국방부, 2014); 국방부, 『국방백서 2012』(국방부, 2012), 25~27쪽; 함택영, 「북한군사연구 서설: 국가안보와 조선인민군」, 경남대학교 북한대학원 엮음, 『북한군사문제의 재조명』(한울, 2006), 15~18쪽 등을 참조.

25) 박창권, 「북한의 탄도미사일 위협과 한국의 대응체제 발전방향」, ≪국방정책연구≫, 제28권 2호(2012년 여름).

26) 전성훈, 「북한 핵위협 재평가와 한국의 군사적 대비방향」, ≪국방정책연구≫, 제28권 2호(2012년 여름).

총참모부에 대한 지휘통제는 인민군최고사령관을 겸임하는 국방위원회 제1위원장 겸 당 중앙군사위원회 위원장으로 직결된다.[27] 따라서 국방위원회나 당 중앙군사위원회, 혹은 인민군 총참모부의 정세 인식과 대외 정책이 어떤 방향으로 움직이는지 여부가 북한의 전쟁 의지 여부를 판단하게 하는 일차적 자료가 된다. 이 점에 관해 이 핵심 기관들이 최근까지도 스스럼없이 "전면전" 혹은 "보복성전" 가능성에 관한 성명들을 내놓고 있는 현상을 주의하지 않을 수 없다.

2010년 1월 15일, 당시 북한 국방위원회 대변인은 성명을 통해 한국 정부가 미국과의 협력하에 추진하고 있던 '작전계획 5029'나 통일원과 국정원 등이 추진하던 "부흥" 계획을 맹비판하면서, "통일부와 국정원의 즉시 해체" 및 "청와대 등을 날려 보내기 위한 거족적 보복성전이 개시될 것"이라는 강경 성명을 발표한 바 있다. 2010년 2월 25일, 조선인민군 총참모부는 대변인 담화를 통해, 당시 한국이 미국과 공동으로 추진하던 키 리졸브 및 독수리 합동군사연습(Key Resolve Foal Eagle)을 "북침전쟁연습"이라고 비난하면서, "핵 억제력을 포함한 모든 공격 및 방어 수단을 총동원해 침략의 아성을 죽탕 쳐버릴 것"이라고 위협했다.

2010년 5월, 당시 국제조사단에 의해 천안함 폭침이 북한의 소행으로 단정된다는 결과 보고서가 공표되었다. 그러자 5월 20일, 북한 국방위원회는 성명을 발표하고, 천안함 침몰 사건이 "날조극"이며, 유엔에 의한 국제제재가 단행될 경우 "전면 전쟁을 포함한 여러 강경 조치로 대답할 것"이라고 했다.[28] 2010년 12월 23일, 당시 김영춘 인민무력부장은 김정일

---

27) 인민군 지휘통제라인에 대해서는 미 국방성이 의회에 제출한 다음 연례보고서를 참조. Office of the Secretary of Defense, *Military and Security Development involving the Democratic People's Republic of Korea 2012: Annual Report to Congress*(2012).

최고사령관 추대 19돌 기념 중앙보고대회에서, "우리 혁명 무력은 핵 억제력에 기초한 우리 식의 성전을 개시할 만단의 준비를 갖추고 있다"라고 연설했다.[29]

　김정은이 최고사령관으로 추대된 2011년 12월 이후에도 북한의 핵심 군사 정책결정부서는 대남 전면 전쟁을 위협하는 발언을 감추지 않았다. 2012년 4월 24일, 조선인민군 최고사령부 특별작전행동소조는 성명을 발표해, 한국 정부와 언론 매체들을 비난하면서, "혁명무력의 특별 행동이 곧 개시될 것"이고, "지금까지 있어 본 적이 없는 특이한 수단과 우리 식의 방법을 쓸 것"이라고 강변했다. 최근 언론 보도에 의하면 북한은 2012년 8월 25일, 김정은 국방위 제1위원장이 참가한 가운데 원산에서 당 중앙군사위원회 확대회의를 개최하고, 7일 안에 한반도 전쟁을 끝내는 새로운 속전속결식 작전 계획을 승인했다고 한다. 즉, 전면전이 개시될 경우 초전에 핵이나 미사일, 방사포 등 비대칭 전력을 이용해 기선을 제압하고, 중장거리미사일 전력으로 미군의 증원을 차단하면서, 전방 지역의 북한 제4군단이 서해안 지역에 상륙하고, 휴전선 정면에 배치된 재래식 전력들이 전방 지역을 돌파한다는 것이다.[30]

　이후 북한군의 훈련 양상, 특히 미사일 부대의 훈련 양상을 보면 이 같은 전면전 계획 보도가 나름 근거가 있는 듯이 여겨진다. 2013년 3월 29일, 김정은 위원장은 현영철 총참모장, 리영길 작전국장, 김락겸 전략 로케트군 사령관이 참석한 가운데 전략 로케트 부대의 타격 임무에 관한 작전회의를 소집한 자리에서, 전략미사일들이 하와이나 괌의 미군기지, 주

28)　≪노동신문≫, 2010년 5월 20일 자.
29)　≪조선일보≫, 2010년 12월 24일 자.
30)　≪중앙일보≫, 2015년 1월 8일 자; ≪중앙선데이≫, 2014년 9월 14일 자.

한 미군기지뿐 아니라 미국 본토도 타격할 수 있도록 준비할 것을 지시한 바 있다. 이후 2014년 3월 26일에는 북한 내 숙천 지역에서 노동 계열로 보이는 미사일 두 발이 동해상에 발사되는 훈련이 있었고, 같은 해 6월 말에도 연이어 다수의 스커드형 미사일이 동해상에 발사되는 훈련이 실시되었다. 이 같은 미사일 전력훈련은, 마치 중국이 탄도미사일 전력을 이용해 미국 해·공군 전력의 접근을 차단하려하는 반접근 지역거부(A2AD: Anti Access Area Denial) 전략을 구사하는 것처럼, 북한판 A2AD 전략을 구현하기 위한 것으로 보인다.

이와 같이 국방위원회 대변인 혹은 인민군 최고사령부 명의의 성명들에서 "전면전"이나 "대남 성전"등과 같은 공격적 표현이 거듭 표명되었고, 실제 군사훈련에서 미사일 전력들이 반접근 지역거부 전략 개념하에 운용되고 있는 것은, 북한이 대외적으로는 한국이나 미국을 견제·압박하려하면서 북한 내부에 군사적 결속감을 불러일으키려는 목적을 가진 것으로 보이지만, 실제 핵탄두 및 미사일 개발에 따른 군사능력 증강에 대한 자신감의 반영, 나아가 이를 바탕으로 한 공세적 전략으로의 변화를 의미하는 것일 수도 있다.

4) 대남 강압 전략 지속

북한은 종합 국력 측면에서 자신들을 압도하는 한국에 대해 주도권을 잃지 않기 위해 핵탄두와 장거리미사일 등 비대칭 전력을 집중적으로 개발하고 있지만 이 전력을 전면전이나 국지전에 사용할 경우, 자신들의 근본적인 국가 생존이 위기에 직면할 수 있음을 인식하고 있다. 따라서 대남 전면전을 도발하기보다는 비대칭 전력의 보유 및 위력 시범을 통해 대남 주도권을 계속 유지하고, 국제사회에 대해 자신들의 생존에 유리한 환경을 조성해가려는 대남 강압 전략을 추진할 수 있다. 이 같은 시각은 미국방성이 2012년에 발표한 북한 군사력 관련 보고서에서, "북한은 그들이 국제적으로 합법적 행위자이며, 핵보유국 지위를 인정받아, 서구 국가들과 관계를 정상화하고, 경제 회복을 하기를 원하고 있다"라는 분석을 통해 제시한 바 있다.[31]

이 같은 시각을 입증할 수 있는 사례도 적지 않다. 2013년 3월 31일, 조선노동당 중앙위원회 전원회의는 '경제 건설과 핵 무력 건설을 병진시킬 데 대한 새로운 전략 노선'을 채택했다. 그 직후인 4월 1일 최고인민회의는 '자위적 핵보유국의 지위를 더욱 공고히 할 데 대한 법'을 채택하면서, 제4조에서 자신들이 개발하고 있는 핵무기는 "적대적인 다른 핵보유국이 우리 공화국을 침략하거나 공격하는 경우, 그를 격퇴하고 보복 타격을 가하기 위해 조선인민군 최고사령관의 최종 명령에 의해서만 사용"한다는 점을 명시했다.[32] 이를테면 중국의 '핵 선제 불사용의 원칙'을 표방한 것이다. 북한은 같은 해 5월에는 '경제개발특구법'을 제정해, 기존의 개성특구와 황금평 위화도 지구를 제외한 14개소의 경제특구를 신설하는 조치를 취했다. 2014년 1월에는 김정은의 신년사와 국방위원회 '중대 제안'을 통해 남북 관계 개선 및 이산가족 상봉 문제 협의 등을 제안한 바 있다. 2015년 1월의 신년사를 통해 김정은 당 제1비서는 "혁명무력건설과 국방력 강화"를 통해 "군사강국의 위력을 떨칠 것"이라고 하면서도, 북남 간의 대화와 협상, 교류와 접촉의 필요성을 동시에 강조하기도 했다.

이 같은 일련의 움직임들은 북한이 핵탄두 개발과 같은 비대칭 전력의

---

31) Office of the Secretary of Defense, *Military and Security Development involving the Democratic People's Republic of Korea 2012: Annual Report to Congress*(2012).

32) 전봉근, 「북핵 외교의 리셋팅: 환경변화와 새로운 비핵화 전략 모색」(한반도포럼 창립 3주년 학술회의 '한반도 평화와 통일: 통일 과정을 중심으로', 2014.4.22).

개발과 전략적 운용을 지속하면서 대남 주도권을 계속 유지해나가고, 다른 한편으로는 경제 건설을 통해 국가의 생존을 위한 기반을 구축하겠다는 속내를 내비치는 것으로 볼 수 있다. 다만 비대칭 전력의 확보를 통한 대남 주도권 유지의 방침 자체가 한국의 안보를 항상 불안하게 만들 수 있는 소지가 있을 뿐더러, 우리가 수세적 위치에 몰리게 될 수 있음을 유의해야 할 것이다.

4. 새로운 안보·국방 정책의 방향

이상에서 살핀 바와 같이 향후 한반도에는 북한발 안보 위협과 분쟁 발발 가능성이 상존한다. 북한은 아직 민주화나 경제성장을 성취하지 못한 국가로서, 자신들의 내부 문제점을 전가하기 위해 발전 국가에 속하는 한국에 군사적으로 도전할 가능성이 상존한다. 특히 북한 지도부는 전쟁 도발이 자신들에게 초래할 비용보다는 분쟁의 결과에 대한 낙관주의적 전망을 가질 개연성이 크다. 만일 북한에 의한 대남 분쟁이 발발한다면, 북한은 자신의 핵 및 미사일 전력 그리고 특수전 전력 등 자신들이 갖고 있는 비대칭능력의 우위를 바탕으로 전면전, 국지전 그리고 사이버전 등의 유형 가운데 자신에게 유리한 전쟁수행 방식을 선택할 가능성이 크다.

한편 북한이라는 존재는 우리에게 이중적이다. 군사적으로 북한은 '주적' 국가이지만, 1991년 합의한 남북기본합의서의 정신에 따를 경우에는 통일 도정까지 인정해야 할 실체가 된다. 이 같은 북한의 이중성이 대북 전략에 고려되어야 한다. 그렇다면 이중적 지위를 가진 북한발 군사 위협에 대해 한국은 어떠한 안보·국방 정책 기조로 대응해야 할 것인가? 이 같은 관점에서 리델 하트(Liddell Hart)가 말한 직접접근 전략과 간접접근 전략의 병행이 유용한 대북 정책의 기준이 될 수 있다.

제1차·제2차 세계대전 당시 독일의 침략을 경험한 영국의 전략가 리델하트는 결전사상에 입각한 독일 측의 군사 전략을 비판하며, 영국으로서는 상대국의 군사적 능력에 대응하기 위한 '직접접근 전략'뿐 아니라, 전쟁 이후 건설되어야 할 상대국과 지역질서의 평화 구축을 염두에 둔 '간접접근 전략' 양자가 구상되어야 한다고 주장했다.[33] 직접접근 전략이 군사적 대응 방책이라고 한다면, 간접접근 전략은 평화 구축을 위한 정치적·외교적·사회적 수단이라고 할 수 있다. 직접접근 전략이 상대방의 강력한 군사력에 대응해 아측 군사력과 전략을 강화하는 데 중점을 두고 있다면, 간접접근 전략은 군사가 아닌 외교나 경제 등 다양한 수단을 활용해 상대방의 마음을 획득하는 전략이라고 볼 수 있다. 직접접근 전략이 첨단 전력 확보에 의한 상대방의 타격을 목표로 하는 네트워크 중심 전쟁론과 연계되는 것이라고 한다면, 간접접근 전략은 상대방의 마음을 사로잡으려 하는 '제4세대 전쟁'의 속성을 지니고 있다고도 볼 수 있다. 한국은 군사적 수단 강구에 중점을 두는 '직접접근 전략'으로 북한의 군사도발 능력과 의지를 제약하고, 동시에 외교적·경제적 수단을 활용하는 '간접접근 전략'으로 북한 사회를 한국이 원하는 체제로 변화시켜나가야 한다.

1) 대북 직접접근 전략: 군사 전략

북한의 군사적 위협은 자신들의 비대칭능력 우위를 바탕으로 전면전, 국지전, 사이버전 등의 도발 유형이 상정된다. 이에 대응해 한국도 핵 및 미사일까지도 포함한 전면전 대응, 국지도발에 대한 대응, 사이버전 대응

---

33) 바실 헨리 리델 하트, 『전략론』, 주은식 옮김(책세상, 1999).

등의 직접접근 전략을 강구해야 한다.

(1) 전면전 대응: '적극적 억제' 태세 및 선제 타격 독트린

국방위원회와 인민군 총참모부 등 북한의 핵심 기관들은 "대남 전면전", "보복 성전"의 위협적인 언사들을 거리낌 없이 사용했다. 만일 북한이 전면전을 개시한다면, 초기 단계에서는 그들이 보유하는 스커드 및 노동 미사일, 또한 전방에 배치된 장사정포의 화력을 집중하면서 한국의 핵심 시설을 파괴·무력화하려고 할 것이다. 또한 이미 예닐곱 개 보유하고 있는 것으로 추정되는 핵탄두도 한국에 대한 강압 수단으로서 운용할 것으로 예상된다.

북한에 의한 핵 및 미사일 전력을 앞세운 전면전 가능성에 대해 한국은 어떻게 대응해야 할 것인가? 종전 한국 정부는 북한발 전면전 시나리오에 대한 한국의 군사적 대응으로 최대한의 압도적 전력을 갖추어 만일 전면전이 개시될 경우, 북한이 입게 될 손해가 오히려 훨씬 크다는 점을 자각하게 해 전면전 도발을 감행하지 못하게 하는 '적극적 억제'의 방책을 취하는 데 중점을 두어왔다. 즉, 국방개혁 307 계획에서는 북한의 비대칭 전력을 무력화시킬 수 있는 압도적 전력을 갖추어 북한의 전면전 기도를 저지하려는 '적극적 억제'의 전략 방침을 추진할 것이라고 밝히고 있다.34) '적극적 억제'의 전략 개념하에서 한국 정부는 2010~2014년 국방중

---

34) 2011년 3월 22일, 김태효 대외전략비서관은 한 세미나에서 국방개혁 307 계획의 요체는 북한의 비대칭 전력을 무력화하는 압도적 전력을 갖추는 것이라고 설명했다. ≪국방일보≫, 2011년 3월 23일 자. 이상우 국방선진화추진위원장도 국방개혁 207 계획의 핵심은 북한 지휘체계와 공격 거점의 선제 무력화, 압도적 군사 우위로 적의 공격 의지를 제거하는 데 있다고 하면서, 적극적 억제 전략을 수행하기 위해서는 정밀타격능력, 감시장비, 네트워크 중심전의 장비들이 요청된다고 했다. ≪국

기계획을 통해 지하 핵 시설을 파괴할 수 있는 벙커버스터와 각종 정밀 무기, 미사일 발사 징후를 탐지할 수 있는 조기경보레이더, 고고도 무인 정찰기 글로벌 호크 등의 도입을 추진했고, 북한에 의한 핵 공격에 대비해 국가 주요시설을 보호할 수 있는 전자기판 방호시스템(EMP) 구축도 추진했다. 또한 2009년 10월의 한미연례안보협의회를 통해서는 미국의 핵우산, 재래식 전력, 미사일 방위능력으로 구성되는 확장 억제력을 제공받는다는 합의에 도달했고, 이후 정기적인 확장억제위원회 개최를 통해 북한의 핵 및 대량살상무기 위협을 수시 평가하도록 했다.

그러나 '적극적 억제'에 그치지 않고, 경우에 따라서는 북한의 도발 징후를 사전에 억제해야 한다는 '능동적 억제' 개념이 대두하고 있다. 2014년 3월 6일, 국방부가 발표한 2014~2030 계획에서는 '적극적 억제' 전략에서 '능동적 억제' 전략으로의 발전이 표명되었는데, '능동적 억제'란 북한의 핵 및 미사일 전력 운용을 통한 공격 징후가 감지될 때, 이로 인한 위협을 배제하기 위해 '선제타격'의 독트린도 염두에 두는 것으로 이해된다. 핵무기는 절대무기로서 만일 실전에 사용된다면, 한국의 전쟁수행 및 지속능력은 심각하게 타격받을 것이다. 그러한 피해를 사전에 예방하는 적극적 전략의 강구가 필요하다. 이를 위해서는 북한의 핵 및 미사일 전력의 동향을 사전에 정확하게 파악하는 정찰감시능력의 확보 그리고 이를 사전에 무력화시킬 수 있는 정밀타격능력 및 전략 개념이 필요하다.[35]

방일보》, 2011년 4월 8일 자.

35) 선제타격 독트린에 대해서는 찬반이 엇갈린다. 전성훈은 선제공격은 바람직한 것이 아니며, 어디까지나 적극적 억제 개념을 좀 더 구체화해야 한다고 주장했다. 전성훈, 「북한 핵위협 재평가와 한국의 군사적 대비방향」. 이정우도 대북 맞춤형 억제전략 추진이 남북한 간의 안보 딜레마를 초래하게 될 것이라고 지적한다. 이정우, "남북관계와 안보딜레마", 《IFES 현안진단》, 2014년 5월 10일 자. 그러나 박창

한국 정부는 실제 북한이 핵 및 미사일 전력을 사용해 전면전을 도발할 징후를 보이는 경우 북한의 핵심 전력을 사전 단계에 무력화시킬 수 있는 전략과 전술 개발도 준비하고 있다. 2009년 9월 18일, 김태영 국방 장관 후보자는 국회 인사청문회에서 북한이 핵을 사용하기 전에 벙커버스타 및 원거리 공격탄(J-DAM) 등 한미연합능력으로 북한 핵 보유 장소에 대한 타격이 가능하다고 밝혔다. 다시 10월 5일에는 국회 답변을 통해 북한 핵과 관련한 100여 개 사이트에 대한 감시를 진행 중이며, 만일 핵 능력을 사용한 북한의 공격 징후가 확실해진다면, 한미합의에 의해 타격 결정이 가능하다고 밝힌 바 있다.

전면전 발생 시 북한의 미사일 전력에 대한 대응 방안도 강구되고 있다. 북한은 한국을 사정거리에 포함하는 스커드미사일 포함 800~1000여 기에 달하는 단거리미사일을 보유하고 있는 것으로 추정된다. 이에 대응하기 위해 탄도탄 작전통제소 설립이 추진되어 북한 미사일 시설을 24시간 감시하는 체제를 구축하고 있으며, 만일 북한 미사일이 발사될 경우에는 지상의 PAC-3 및 PAC-2 시스템이 해상에 배치된 이지스함과 연계해 요격 미사일을 발사하는 체계를 구축하고 있다. 2013년 2월, 북한의 제3차 핵실험 이후에는 북한의 핵 및 미사일 전력 등을 탐지하고 요격할 수 있는 킬 체인(Kill-Chain) 시스템을 2017년 시점까지 실전 배치한다는 목표로 구축하고 있고, 한국형 미사일 방어체제(KAMD)의 구축도 진행되고

권, 권혁철, 이성훈, 패트릭 크로닌 등은 북한 핵 능력을 제압하기 위한 선제 타격 독트린의 채택을 지지하고 있다. 박창권, 「북한의 탄도미사일 위협과 한국의 대응 체제 발전방향」; 권혁철, 「선제적 자위권 행사 사례 분석과 시사점: 1967년 6일전 쟁을 중심으로」, ≪국방정책연구≫, 제28권 제4호(2012년 겨울); 이성훈, 「북한 도발 억제를 위한 자위권 적용에 관한 연구: 북핵 위협에 대응위한 선제적 자위권 적용을 중심으로」, ≪국가전략≫, 제20권 2호(2014) 등을 참조.

있다. 2013년 10월에는 한미 양국 국방 장관 간에 북한의 대량파괴무기 위협에 대비한 맞춤형 억제 전략이 합의된 바 있다.

또한 북한이 전면전을 실시하게 될 경우를 상정해 한미연합훈련을 매년 정례적으로 실시하고 있다. 매년 2월 말과 3월 초에 실시되는 키 리졸브 훈련은 유사시 미국 증원 병력의 효율적 전개를 연습하고 있으며, 매년 8월에 실시하는 을지 프리덤 가디언 훈련(UFG)은 지휘소 연습이 주목적이지만 최근에는 전쟁 초기 북한의 중추 시설에 대한 정밀폭격을 중점적으로 훈련하면서 전면전에 대비하고 있다.

향후에도 정찰감시능력, 정밀타격능력, 합동성에 기반을 둔 지휘통신체계 등을 강화하면서 북한의 핵 및 미사일 전력, 장사정포 전력 등 전면전에 운용될 것으로 보이는 핵심 전력에 대한 무력화 조치를 강구할 필요가 있다. 이 같은 추가 전력 확보에는 다대한 예산이 소요되는 바, 기존 국방 예산 배분의 관행을 벗어나 근본적인 관점에서 재편성을 과감하게 단행할 필요가 있다. 필요에 따라서는, 이스라엘의 베긴 독트린처럼, 북한이 핵이나 미사일 전력을 사용해 한국의 국가안보를 위협할 징후가 발견되는 경우 한미동맹의 자산을 활용해 이를 선제적으로 제거한다는 '자위적 선제공격'의 군사 독트린을 '능동적 억제 전략'의 일부로 선언할 필요도 있다.[36]

---

36) 이스라엘은 억제와 선제타격 전략에 입각해 자국의 안보를 지켜왔다. 특히 메나헴 베긴(Menachem Begin) 총리는 중동 지역 내 이스라엘과 전쟁 중인 어떤 국가의 핵무기 보유도 허용할 수 없다는 독트린을 천명하면서, 이라크와 시리아의 핵 시설에 대한 선제타격 전략을 실행해왔다. Gerald M. Steinberg, "Israel Air Power in a Changing Strategic and Technological Environment," the Air and Space Power Conference(July 3, 2014).

(2) 국지적 무력도발 대응

현실적으로 북한은 전면전 도발이 이득보다는 전략적 손실이 크다고 판단하고, 종전의 천안함 폭침이나 연평도 포격 등과 같은 국지적 무력도발을 해올 가능성이 적지 않다. 북한은 특수전 부대 및 잠수함 등의 해상 세력을 운용해, 예컨대 NLL 및 서해 다섯 개 도서에 대한 기습적 침투와 공격, 동해안 연안 및 산악 지대에 대한 게릴라 부대 침투, 아군 전방 및 수도권 지역에 대한 기습적 장사정포 공격, 원자력발전소나 핵심 도로망 등 한국의 전략적 시설에 대한 특수전 부대의 기습을 노릴 가능성도 있다.

이러한 국지도발 가능성에 대비한 한국의 대응 방안은 어떠한가? 이미 서해안 다섯 개 도서 및 NLL 해역에 대한 국지도발 가능성에 대비해서는 여러 준비가 이루어지고 있다. 연평도와 같은 서해 도서 지역에는 다연장 로켓 MLRS 6문과 지대공미사일 천마 등이 배치되었으며, K-9 자주포도 추가 배치되었다. 2011년 6월 15일에는 서북 도서 방위 사령부(서방사)가 창설되어, 합참의장의 직접 지휘하에 해병대 사령관이 서방사 사령관을 겸임하면서 백령도, 연평도, 대청도 등의 도서 지역을 방위하는 책임을 갖게 되었다.

한국 정부는 미국과의 동맹 관계를 활용해 북한 국지도발에 대응하는 태세도 강화하고 있다. 2010년 12월 20일에는 연평도 일대에서 연합 해군훈련을 실시해 대북 억제 태세를 과시했고, 2012년 2월 20일에는 서해 지역 군산 해상에서 북한의 잠수함 침투를 상정한 대잠수함 연합훈련을 실시하기도 했다. 또한 한미 양국은 2011년 10월의 한미연례안보협의회를 통해 북한의 국지도발에 대한 연합 계획을 수립하기로 합의했고, 이 결과 2012년 1월 24일에 양국 합참의장은 북한의 국지도발에 대한 연합 전략기획지시(SPD: Strategic Planning Directive)에 서명하기에 이르렀다. 이 계획에 따르면 북한이 국지도발을 감행할 때, 한국군이 주도적으로 작전을 전개하며, 미국은 주한 미군, 주일 미군, 태평양 사령부의 전력을 동원해 이를 지원하도록 했다.

북한은 한국이 예상 못 한 '수단과 방법' 그리고 지역을 선택해 한국의 효율적인 대응을 저지하면서 국지적 무력도발을 감행할 가능성이 크다. 이러한 점을 인식하면서 향후에도 북한 특수부대에 의한 아측 동해안 및 산악 지대에의 침투, 한국의 핵심적 전략 시설에 대한 무력도발 가능성, 전방 및 수도권 지역에 대한 장사정포 공격 가능성에 대비해 실질적인 체제를 구축할 필요가 있다. 이러한 체제 구축을 위해 한국의 특수전 대응 능력을 강화할 필요가 있다. 북한의 국지전 위협 양상을 예상하면서 이에 대응해야 할 서북 도서 방위 사령부, 특수전 사령부, 항공작전 사령부 등의 임무와 규모, 지휘체계의 적절성 등을 재평가하고, 강화할 수 있는 조치를 취해야 한다. 이뿐만 아니라 여타 국가기구, 경찰 등과의 공조 태세를 구축할 필요가 있다. 이런 점에서 국무총리가 의장을 맡고, 합참의장이 통합방위본부장을 맡으면서, 국방 장관과 같은 국무위원, 주요 군 지휘관, 시도지사, 경찰 등이 참가하는 중앙통합방위회의 같은 회의체를 좀 더 강화하고 시나리오에 따른 연습체계도 정비할 필요가 있다.

(3) 사이버전 대응

북한의 사이버 전쟁수행능력은 이미 2009년의 디도스 사태와 2011년의 농협 전산망 마비 사건으로 인해 입증되었다. 한국은 세계적으로도 손꼽히는 고도의 정보통신망을 갖춘 나라이고, 국가 행정, 금융, 교육, 통신, 교통, 중요 경제활동 등이 전산망에 의해 운영되고 있다. 북한은 사이버 공격을 통해 이러한 한국 사회의 강점을 무력화시킬 수 있다. 따라서 향후에도 정찰총국이나 총참모부 예하의 관련 조직을 운용해 한국 사회에 사이버 공격을 감행할 가능성이 높다.

이러한 사이버 전쟁 가능성에 대해 한국은 어떠한 대응 방안을 강구해야 할 것인가? 이미 한국도 2010년 1월 사이버 사령부를 신설해 유사시 군 주도에 의한 사이버전 수행체계를 정립하고 있다. 2011년 7월에는 국방정보본부 예하에 배속된 사이버 사령부를 국방부 직할부대로 소속 변경하는 조치를 통해, 좀 더 권한과 임무를 강화하는 조치를 취한 바 있다. 2012년 8월, 대통령에 보고된 국방개혁 기본계획 2010~2030에서는 사이버 사령부 인력을 1000명까지 확대한다는 방안이 보고되었다. 그리고 국방부는 민간 대학에서 사이버 국방학과를 신설하도록 유도해 사이버전 운용을 위한 전문 인력을 양성체제도 갖추었다. 또한 국방부는 북한에 의한 GPS 교란 전술 가능성에 주목해 이에 대한 대비도 강구하고 있다.

아직 한국 사회는 전체적으로 북한의 사이버 공격에 대해 취약점을 노정하고 있다. 개별 기관마다 방호체제 구축을 서두르고 있지만 국가기관 전체에 걸친 정보 공유와 사이버 방어망 구축은 미흡한 실정이다. 따라서 향후에는 청와대 혹은 중앙부처 차원의 사이버 안보를 위한 사령탑 체계를 구축하고, 군뿐만 아니라 금융위원회, 방송통신위원회, 국가정보원, 행정안전부 등 범정부 차원의 사이버 보안체제를 정비할 필요가 있다.

특히 원자력발전소를 포함한 전력망과 공항, 항만, 지하철 등 주요 교통망 그리고 한국은행과 증권거래소 등 주요 금융기관은 국가의 경제·사회생활에서 대단히 중요한 기능을 수행하는 데 반해 사이버 공격에는 방호가 취약한 실정이다. 따라서 통합방위 차원에서 이 기관들에 대한 사이버전 대응능력 강화가 심도 있게 준비되어야 한다.

2) 대북 간접접근 전략: 외교 및 경제 전략

어떠한 정책 방향으로 나아가야 북한의 긍정적 변화를 유도할 수 있을 것인가에 대해 구미권의 연구자들은 두 가지 방향이 있을 수 있다고 지적 해왔다. 하나는 강압과 제재로, 이를 통해 북한의 핵폐기를 유도하고 평 화적 개혁개방을 끌어낼 수 있다는 것이다. 다른 하나는 적극적 관여로, 이를 통해 북한과의 접촉면을 넓히고 외부의 정보와 문화를 유입시켜 북 한을 긍정적인 변화로 끌어낼 수 있다는 것이다. 구소련권을 경험한 안드 레이 란코프는 이 두 가지 방식 가운데 구소련권이 붕괴된 것은 어디까지 나 후자의 방식, 즉 서방세계의 정보가 라디오를 통해 폐쇄된 공산권 사 회에 유입되면서 변화의 기운이 조성되었음을 상기시켰다. 따라서 북한 에 대해서도 한국과 서방권 국가들은 적극적 관여의 정책을 전개해야 할 것이라고 제언했다.[37]

미국 국무성의 정책기획국장을 지냈던 리처드 하스(Richard N. Haass) 도 미국이 역사적으로 적대국들과 대처해온 방식에는 정권교체와 정권의 점진적 변화가 있었다고 설명하고 있다. 예컨대 제2차 세계대전 당시 미 국은 독일과 일본의 적대국에 대해서 정권교체를 추구하면서 전면전을 벌였지만, 냉전 시기의 소련에 대해서는 인적 교류, 텔레비전과 라디오 등을 통한 정보 유입 등을 지속적으로 전개하는 정권의 점진적 변화 정책 을 실시했고, 결국 소련의 붕괴로 이어졌다는 것이다. 이러한 분석에 따 라 리처드 하스는 미국이 북한에 대해서도 점진적 변화 정책을 추구해야 할 것으로 제안한 바 있다.[38]

---

37) Andrei Lankov, "Changing North Korea."
38) Richard N. Haass, "Regime Change and Its Limits."

사실 북한은 한국 사회에 대해 핵 및 미사일과 같은 첨단 무기, 특수전 부대와 잠수함 전력 등 비대칭적 재래식 전력, 사이버전과 정치심리전 등을 결합한 다차원적 전쟁 또는 복합 전쟁을 가해오고 있기 때문에, 한국의 대응 전략도 복합적으로 강구하지 않으면 안 된다. 앞서 살펴본 군사적 대응 방책이 주로 강압과 억제 방침에 입각한 것이라고 본다면, 안드레이 란코프, 혹은 리처드 하스가 말한 점진적 변화를 유도하기 위한 정책이 동시에 강구되어야 한다.

북한 사회의 점진적 변화를 조성하기 위한 '간접접근 전략'은 네 가지 방식으로 전개될 수 있다. 첫째, 북한 사회 내부에 외부의 정보와 변화의 불가피성을 전파시키는 것이다. 북한 내부에 외부의 정보를 유입시키기 위해서는 북한 주민과의 접촉면을 확대해야 한다. 개성공단 같은 남북 합작사업을 통해 북한의 일반 주민들에게 임금을 주고, 민주주의 및 자본주의 체제에 자연스럽게 적응시키는 것이 필요하다. 재미교포들이 주축이 되어 2011년 3월, 평양에서 정식 개교한 평양과학기술대학도 북한 사회를 점진적으로 변화시키는 매개체가 될 수 있다. 이 대학에는 정보기술, 경영학, 농학 등의 분야가 개설되어 초기 단계에서는 160명의 북한 학생들에게 미국 시민권을 가진 교수진들이 영어로 교육을 실시하고 있다. 이러한 학생들이 성장하면 대외 인식도 유연해지고, 결국 북한 사회를 긍정적인 방향으로 변화시키는 추동력이 될 수 있을 것이다. 이외에도 북한에 라디오 및 USB, DVD를 들여보내거나 이동통신사업자가 활동하는 양상들이 점진적으로 북한을 변화시키는 역할을 할 수 있을 것으로 보인다.

둘째, 북한의 핵심 엘리트를 외부 세계와 접촉시켜 자각적 변화의 기운을 양성하는 것이다. 이 점과 관련해 한국 정부와 국제사회가 여러 노력을 기울인 바 있다. 예컨대 2009년 12월, 한국은 개성공단을 관리하는 북한 경제 관료 10여 명을 남북 협력기금의 재원을 사용해 중국과 베트남의 경제개방 현장으로 직접 시찰시키는 프로그램을 실시한 바 있다. 2011년 3월 21일에는 미국 캘리포니아 대학교 샌디에이고 분교의 글로벌 분쟁 및 협력 연구소(Institute on Global Conflict and Cooperation)가 북한의 경제 관료 12명을 초청해 일주일 동안 시찰과 토론의 기회를 제공했다.[39] 중국 지린(吉林) 대학교는 2012년 4월, 북한의 나진·선봉지구 경제특구를 운영하게 될 북한의 경제 관료를 체계적으로 교육시키기 위해 20명씩 받아들여 교육하고 있다.[40] 이러한 북한 엘리트 관료들의 해외 체험 및 교육 기회 부여도 북한의 점진적 변화를 위해 유용한 자산이 될 것이다.

나아가 북한의 국제경제기구 가입을 유도해 국제경제 참가로 인해 부수적으로 획득되는 개방의 이점을 향유하게 할 필요가 있다.[41] 이러한 국제경제기구 관여가 북한 내부에 변화 지향 세력, 시장 친화적인 세력이 성장해 가는 토대로도 작용할 것이다. 향후에도 기회가 되는 대로 한국과 국제사회가 협력해 북한의 핵심 관료들이 자본주의 및 외부 세계를 체험하고, 변화의 필요성을 자각하는 계기를 만들어주어야 한다.

셋째, 이러한 접촉면 확대와 개혁개방을 지향하는 관료 세력 형성을 통해 북한 주민들이 자기 스스로 변화의 필요성을 자각하고, 북한 사회의 바람직한 변화를 추진해나가는 힘을 길러야 한다. 북한 주민들의 변화에

---

39) ≪Korea Joong Ang Daily≫, 2011년 3월 26일 자; ≪Korea Joong Ang Daily≫, 2011년 3월 27일 자.
40) ≪朝日新聞≫, 2012년 4월 2일 자.
41) 2012년 9월, 국방대학교 안보문제연구소에서 주최한 세미나에서 한양대학교 장형수 교수가 이런 구상을 강조했다. 이 외에 사공일, "통일 준비 해둬야", ≪중앙일보≫, 2012년 10월 29일 자; 강봉균, "한반도 신뢰 프로세스의 핵심도 경제 콘텐츠다", ≪동아일보≫, 2013년 5월 17일 자 등의 칼럼도 참조. 연변대학교 김강일 교수도 2013년 6월 13일, 안보문제연구소 세미나에서 북한 내 시장주의적인 세력을 키워야 한다고 제언했다.

대한 자각 그리고 이를 주도할 수 있는 자생적 정치 세력의 형성 없이는 북한 내의 긍정적 변화가 발생하지 않을 것이다. 특히 3대 세습과 정권의 안위 만을 우선시하는 현 집권 세력을 대체해 북한 사회의 민주화와 개혁 개방을 추구할 수 있는 대안적 정치 세력을 길러내는 것이 중요하다. 이와 연계해 북한의 청년 세대와 지식층에게 한국의 대북 정책에 대한 공감을 얻는 것이 필요하다. 북한의 차세대 지도층이 한국의 정책과 문화에 호감을 가질 수 있도록 대북 메시지와 정책도 전략적으로 관리할 필요가 있다.[42]

북한 내부에 외부 세계의 정보를 유입시키고, 친개혁개방 및 친한 세력을 조성하기 위해 탈북자들을 전략적으로 활용할 필요가 있다. 탈북자들은 여러 경로를 통해 북한과 네트워크를 유지하고 있고, 북한 사회 실상에 누구보다 많은 정보를 갖고 있다. 따라서 북한 사회를 변화시키는 데 이들의 경험과 존재가 활용되어야 한다. 이를 위해 기존의 이북 5도청을 현 실정에 맞게 재편해, 탈북자들을 참가시키고, 활용하기 위한 전위대로 활용할 필요가 있다.[43]

넷째, 북한의 점진적 변화를 유도하는 과정에서 미국과 일본은 물론, 중국과 러시아 등 북한과 우호적이었던 국가들과 정책 협조가 세심하게 필요하다. 2008년 이후 남북 관계가 경색된 가운데, 북한은 중국 및 러시

---

42) 북한 주민들의 마음을 사는 대북 정책을 전개해야 한다는 관점은 박영준, 주성하 등이 제시한 바 있다. 박영준, "연평도 사태 이후 북한을 어떻게 다룰 것인가: 북한 주민들의 주체적 의사에 의한 정권교체 시나리오를 준비할 때", ≪월간조선≫, 2011년 1월호; 주성하, "북한 주민의 마음 못사는 통일은 또 다른 분단의 시작일 뿐", ≪동아일보≫, 2014년 3월 11일 자. 다만 이에 대해서는 부정적인 의견도 존재한다. 북한 외교관 출신의 탈북자인 고영환은 북한 내에 시민혁명이 존재할 가능성은 적다고 분석한 바 있다. ≪조선일보≫, 2013년 3월 15일 자 재인용.
43) 정훈, 「전시 민군작전간 이북 5도청 활용 방안」, ≪합참≫, 제60호(2014.7).

아와의 경제협력사업을 지속적으로 추진해오고 있다. 중국과는 황금평 및 위화도 개발사업에 합의했으며, 무연탄 등의 지하자원 개발권도 중국에 부여한 것으로 알려지고 있다. 창지투(長吉圖, 장춘과 지린, 투먼의 연결 개방 구역) 개발 계획을 추진하는 중국은 북한으로부터 나진항 1호 부두 개발권도 획득해 이를 연계시킬 계획에 있다. 특히 박근혜 정부 발족 이후 한중 전략적 협력 동반자 관계가 발전되고 있다. 이러한 한중 관계를 대북 변화를 위한 전략적 포석과 연계시켜야 한다. 예컨대 2013년 6월 27일, 대통령과 시진핑 국가주석 간에 서해를 평화·협력·우호의 바다로 만들기로 합의했는데, 이러한 네트워크에 북한도 포함시켜 서해상의 NLL에 대한 북한의 도발 가능성을 배제하는 구상을 발전시킬 필요가 있다. 또한 2013년 12월, 중국이 우크라이나에 제공한 핵우산 같은 구상도 발전시켜, 북한 핵 폐기 조건으로 중국이 핵우산을 제공하게 하고 선제 불사용 원칙을 재천명하게 하는 방안도 검토해볼 만하다. 혹은 북한이 끝내 핵 폐기를 단행하지 않을 경우, 한미중 공동의 핵 폐기 방안 협의도 추진해볼 수 있다.

러시아도 북한과의 철도 연결 및 부두 건설사업 분야에서 협력하고 있다. 러시아의 하산과 북한의 나진을 연결하는 철도사업이 추진되었으며, 러시아도 나진항의 제3호 부두 건설 공사를 진행하고 있다. 더욱이 러시아는 시베리아를 기점으로 하는 천연가스 파이프라인을 북한을 경유해 한국까지 연결하는 사업이나 시베리아 횡단철도(TSR)의 한반도 횡단철도(TKR)와의 연결에도 강한 관심을 갖고 있다. 2013년 9월에는 러시아의 하산과 북한의 나진을 잇는 철도 개수 공사가 완료된 바 있다. 이 같은 중국과 러시아의 동북 3성 및 극동 지역 개발사업을 예의주시하면서, 한국도 이러한 사업에 참가해 궁극적으로 북한의 개혁 및 개방을 유도하는 포석을 구상할 필요가 있다. 소위 '신북방정책'의 전략을, 북한의 평화적 변화

와 연계해 가다듬어야 한다.[44)

한국은 국제사회와의 긴밀한 협력하에 북한 내부에 대한 다양한 접촉 지대를 만들어 북한 주민들 스스로 민주화 및 개혁개방의 길을 결단하도록 간접접근 전략을 전개해야 할 것이다. 이것이 북한 정권층과 군부가 구상할지도 모를 전면전과 국지전의 가능성을 무력화시키는 강력한 대항 전략이 될 것이다.

5. 맺는말

북한의 핵 능력 개발로 말미암아 한반도 안보 환경은 한국에게 불리하게 변화하고 있다. 중국과 일본 등 주변국들 간의 영유권 문제를 둘러싼 각축은 대외적으로 한국의 국가안보에 불안 요인을 제공하고 있다. 그러나 중첩적 안보 위기 상황에 처해 있음에도 불구하고, 한국의 안보·국방 전략은 수세적·대응적이며 세월호 사건이나 일련의 군 인권 침해 사례 등에서 나타났듯이 국가위기관리체제도 허술하다. 이러한 상황에서 북한발 안보 위협 요인을 배제하고, 지역질서 내 불안 요인을 완화하기 위해 안보 태세 및 국방 전략 분야에서의 새로운 접근이 모색되어야 한다.

첫째, 한반도와 동북아 안보 환경 변화를 종합적으로 파악하고, 대응할 필요성에서, 정보와 정책, 국방과 외교, 안보와 통일 정책 간 유기적인 연계가 필요하다. 이를 위해 국가안보실을 중심으로 국정원, 외교부, 통일부, 국방부 간 정보 공유 및 정책 협조체제가 상시적으로 가동되어야 한다.

둘째, 북한의 핵 능력 증대를 바탕으로 한 전면전 혹은 국지도발 가능

---

44) 배명복, "제2의 북방정책 필요하다", ≪중앙일보≫, 2011년 6월 29일 자.

성에 대해 '능동적 억제' 전략을 좀 더 다듬어야 한다. 북한의 핵 및 미사일 등의 비대칭 전력 운용이 한국의 국가안보를 위협할 징후가 있을 경우에는 이를 선제적으로 타격할 수 있다는 '선제적 자위권'의 독트린을 대외에 명시할 필요가 있다.

셋째, '능동적 억제 전략' 및 '선제적 자위권' 전략을 구현할 수 있는 수단을 시급히 확충해야 한다. 정찰위성과 같은 정보 자산, 정밀유도무기, 무인비행기 등의 수단들이 확보되어야 하고 이를 운용하는 특수전 사령부, 유도탄 사령부, 사이버 사령부 등 실전 부대들의 임무와 능력과 지휘 라인 등이 새로운 전략에 맞추어 재검토·보완되어야 한다.

넷째, 군사적 대응과 병행해 북한 청년 세대와 지식 계층 그리고 일반 주민들에게 한국에 대한 호감을 불러일으키는 신중하고 조절된 대북 정책을 전개할 필요가 있다. 소위 '직접접근 전략'과 동시에 한반도 평화체제 구축 및 통일까지 시야에 넣은 '간접접근 전략'을 병행한다는 것이다. 다양한 수단에 의한 북한 내부로의 정보 유입, 북한을 국제경제기구 등 국제사회에 유인하려는 정책, 한국 내 탈북자들에 대한 관리 및 전략적 활용을 위한 이북 5도청의 재편 그리고 북한 당국과의 대화 창구 유지 등이 이러한 문제의식 속에서 추진되어야 한다.

다섯째, 이 같은 대북 정책이 국제사회의 공감 및 지지를 얻기 위해서라도 한미동맹과 한중 전략적 협력 동반자 관계는 균형적으로 추진되어야 하고, 기타 일본과 러시아 등 주변국과의 관계도 우호 협력적 기조를 유지해야 한다. 그러한 기조 위에서 미국은 물론 중국, 일본, 러시아 등과 대북 정책에 대한 협력을 확보할 수 있어야 한다.

보론4

안보 전략으로서의 대북 대화와 협력

통상 안보 정책이라고 하면 사람들은 강력한 군사력을 갖추고, 동맹과의 연합훈련 강화를 통해 적대 세력에 대한 물 샐 틈 없는 대비 태세를 강구하는 것을 연상한다. 이러한 대응 태세를 전통적·현실주의적인 안보 정책이라고 한다. 그런데 한 국가가 현실주의적 안보 정책을 강구할 경우, 상대 국가도 동일하게 군사력을 강화하면서 경계 태세를 강화하게 될 것이고, 결국 이 국가들 간에는 더욱 군사적 긴장 상태가 고조될 수 있다.

이러한 안보 딜레마 상태를 해소하기 위해 유럽 국가들의 경우에는 냉전 시대부터 공동안보, 혹은 협력안보의 개념과 정책을 발전시켰다. 즉, 적대적으로 간주되는 국가를 다자적 안보협력체의 틀에 포함시켜 다양한 교류와 협력을 통해 상호 신뢰를 형성하고, 점진적으로 위협과 불안을 해

---

* 이 글은 2015년 6월 4일, ≪세계일보≫에 "다층적 대북대화 채널 열자"라는 제목으로 게재되었다.

소하는 방식이다. 이러한 방식이 비전통주의적 혹은 자유주의적 안보 정책이다.

북한과 대치하고 있는 한국 사회에는 오랜 기간 전통주의적·현실주의적 안보 관념이 대북 정책의 정답처럼 여겨졌다. 필자도 강력한 대응 태세와 억지력 구축이 필요하다고 생각한다. 그러나 다른 한편 자유주의적이며 비전통적인 방식의 안보 정책 가능성도 놓쳐서는 안 된다고 생각한다. 즉, 북한과 대화와 협력의 채널을 확보해, 상호 신뢰를 구축하고, 안보 위협을 점진적으로 해소해가는 방식이다.

제2차 세계대전 당시 독일 나치즘과 맞서던 영국의 전략가 리델 하트는, 독일은 카를 본 클라우제비츠(Carl von Clausewitz)의 영향하에서 강력한 군사력으로 상대방을 제압하는 직접접근 방식을 취하고 있지만, 영국으로서는 언젠가 전쟁이 끝나 국제질서의 평화를 구축할 가능성을 고려하면서 간접접근 방법, 즉 군사력을 사용하지 않고 외교나 문화의 수단으로 상대방 국민의 마음을 얻는 전략을 추구해야 한다고 주장했다. 핵 개발도 강행하고 군사도발도 서슴지 않는 북한을 다루어야 하는 한국으로서는 서로 상반되어 보이는 직접접근 방법과 간접접근 방법의 병존, 즉 강력한 군사적 억제 태세의 구축과 아울러 북한 주민의 마음을 사는 대화 협력 정책을 동시적·전략적으로 추진해야 한다.

만일 한국의 대북 정책 추진이 북한 주민들의 마음을 얻지 못하는 방향으로 가게 된다면, 설령 통일이 된다고 해도 진정한 통일이 아니라 또 다른 민족 내 분열과 갈등의 시작이 될 수 있다. 그렇다면 북한 주민들의 마음을 얻고 그를 통해 북한 사회의 변화를 유도하려면 어떤 방향의 대북 정책이 필요할 것인가?

우선은 북한 정권과 주민들이 지난 70여 년간 어떤 생각과 조건하에 그들 나름의 체제를 건설하고, 삶을 영위해왔는가에 대한 이해가 필요할 것

같다. 국제적으로 '세습독재 국가', '실패 국가'로 판정난 체제이지만, 어떤 과정을 거쳐 국가적 실패가 귀결되었는지, 그리고 그 실패 속에서 북한 주민들은 무엇을 생각하고 바라고 있는가를 이해할 필요가 있다. 이러한 이해가 없다면 정확한 대북 정책의 방향이 도출되지 않을 것이다.

연후 북한과의 다층적인 대화와 협력 채널 구축이 필요하다. 남북 양측 당국 간, 나아가 일반 시민과 단체들 간의 대화가 어떤 형태로든 재개되어야 한다. 개성공단도 좋은 매개체가 될 수 있고, 북한이 추진하려는 관광특구 개발사업이나 북러 철도 연결사업 등에 대한 한국의 참가도 좋은 방책이 될 수 있다. 이 같은 대화와 협력의 채널을 통해 북한 주민들과의 접촉면을 넓히고, 한국 사회와 변화하는 세계에 대해 가감 없는 정보를 전하는 것이 필요하다. 이미 북한을 떠나 한국을 새로운 삶의 터전으로 선택한 새터민들이 낯선 사회에 잘 정착할 수 있도록 제도적·경제적으로 지원하는 것도 크게 보면 간접접근 방법의 유용한 수단이 될 수 있다.

북한 지도자가 경제 건설과 핵 건설의 병진 노선을 추진하면서 최측근들을 가차 없이 처형하는 것과 같은 불안정한 정세가 노정되고 있다. 이러한 상황 속에서 한반도 정세를 좀 더 안정적인 방향으로 관리하고, 북한을 평화적 변화의 방향으로 유도하기 위해서는 강력한 억제 태세 구축과 더불어 대화와 협력의 안보 전략도 잘 구사하는 지혜가 필요하다. 화전양면의 공세가 북한 정권만의 전유물이 되어서는 안 된다.

통일 준비로서의 '이국사기(二國史記)' 연구

김부식의 『삼국사기』를 읽다가 불현듯 이런 생각이 들었다. 고려 왕조 건국 이후 200여 년 지난 시점에서 신라, 백제, 고구려의 역사를 왕들의 시대별로 자세히 기록한 본기(本紀) 그리고 삼국 주요 인물들의 생애를 기록한 열전(列傳) 등을 상세하게 기록한 의도가 무엇이었을까? 김부식은 서문에서 고려 관리들이 중국 역사에는 소상하지만, 정작 자기 나라 역사에 대해서는 모르는 것을 유감으로 생각한 국왕 인종의 명에 따라 삼국시대의 역사서 편찬을 하게 되었다고 서술하고 있다. 그러나 달리 생각하면 고구려, 신라, 백제의 옛 강역을 통치하게 된 고려 왕조로서 통일 국가의 정치를 수행하는 과정에서 한때는 각각 이질적이었던 지역과 사람들에 대한 심층적인 이해를 가질 필요가 있어 이런 역사서 편찬을 추진하지 않았을까 하고 생각해본다.

---

* 이 글은 ≪세계일보≫, 2015년 7월 24일 자 칼럼이다.

그렇다면 우리는 과연 지난 70여 년간 상이한 정치체제하에서 나름의 역사를 살아나간 북한의 정치와 외교, 인물들에 대해 본기와 열전을 서술할 만큼 지식을 갖고 있는 것일까? 신문과 방송에서는 간혹 탈북자들에 의한 단편적인 정보들이 제공되기는 하지만, 삼국사기의 본기에 나타난 것처럼 북한의 역사와 정치에 대한 체계적인 지식들을 우리는 갖고 있지 못한 것 같다. 어쩌면 북한 정권과 주민들에 의해 그간 만들어진 역사와 현실을 은연 중 인정하지 않으려는 태도가 우리에게 있는지 모른다. 양강도와 자강도 등 새로운 행정구역들이 생겨난 지 오래인데, 우리가 여전히 '이북 5도청'의 제도를 유지하고 있는 것이 변화된 북한의 현실을 직시하지 않는 상징인지 모른다. 이러하듯 북한의 역사와 현실에 대한 지식과 정보가 불충분하다면, 통일 이후의 상황은 그렇다하더라도, 과연 북한 정권과 주민의 마음을 움직이는 대북 정책 수립이 가능한 것일까?

대통령 직속 통일준비위원회가 발족된 지 2015년 7월 15일로 1년을 맞았다. 설치 이후 통일준비위는 대통령의 각별한 관심 속에 외교안보 분과, 경제 분과, 사회문화 분화, 정치·법·제도 분과 등의 분과를 두고, 통일 헌장 제정, DMZ 생태평화공원 건설, 나진-하산지구 개발 등 남북 협력 사업 참가, 탈북민 정착지원, 통일에 대한 주변 국가들의 공감을 얻기 위한 공공 외교 방안 등에 관한 학술 연구 등을 행해왔다. 그리고 학생을 포함한 국민들과 주변 우방 국가들에게 통일의 당위성을 이해시키기 위한 다양한 노력도 기울인 것으로 안다. 우리 헌법 제69조는 헌법 준수, 국가 보위와 더불어 '조국의 평화적 통일'을 대통령이 수행해야 할 직무상의 의무로 규정하고 있다. 그런 점에서 통일준비위원회를 통해 대통령을 정점으로 민간 전문가들과 정부 측 관계자들이 머리를 맞대고 통일을 위한 실질적 정책 과제들을 논의하는 장이 지속적으로 열리고 있는 것은 평가할 만하다. 특히 박근혜 대통령이 매번의 토론 과정에 직접 참여하면서 한국

정부가 흡수통일이 아닌 점진적 교류협력에 의한 평화통일을 추진하고 있고, 대북 정책의 핵심이 북한의 고립에 있는 것이 아니라 국제사회의 책임 있는 일원으로 유도하는 것에 있다고 설명한 것은 보수와 진보를 막론하고 국민적으로 공감을 얻을 수 있는 내용이라고 본다.

다만 통일을 준비하는 과정에서 우리가 희망하는 방향의 통일 정책을 강구하고 발전시키는 것도 중요하지만, 북한 정권과 주민들이 무엇을 생각하고 나름의 국가 건설을 추구하는가 하는 점도 깊이 숙고할 필요가 있을 것 같다. 그러한 북한의 역사와 정치 전개에 대한 이해를 바탕으로 다양한 분야에서의 대북 정책을 구상할 때, 북한 정권과 주민들이 좀 더 마음의 문을 열고 대화의 장에 나올 수 있을 것이다. 지난 70여 년간 한국이 걸어온 영광의 역사를 잘 기억해야 하듯이, 북한 정권과 주민들이 만들어 온 국가 형성과 변동의 역사를 아울러 살펴보는 '이국사기(二國史記)'의 연구가 어쩌면 통일 준비의 첫 걸음인지 모른다.

보론6

남북 '무협력 시대' 돌파 전략

　북한의 4차 핵실험 및 광명성 4호 발사에 대한 대응 조치로 한국 정부가 개성공단 전면 가동 중지의 결정을 내리고 대통령은 국회 연설을 통해 남북 신뢰프로세스 정책의 대전환을 표명했다. 이로써 남북한 간에는 1990년대 이래 구축된 대화 및 협력체제가 사실상 사라지는 상태가 되었다. 1991년에 합의되었던 한반도 비핵화 공동선언과 6자회담을 통해 합의되었던 9·19 공동성명 등은 북한의 거듭된 핵실험에 의해 무력화되었다. 남북 정상 간에 합의되었던 6·15 남북공동성명과 10·4 공동성명 그리고 박근혜 정부 들어 성사된 8·24 합의 등도 사실상 사문화되었다. 길게 보면 1970년대 초반 박정희 대통령이 선의의 체제 경쟁을 제안한 이래 남북한 간에 암묵적으로 존재하던 적대적 협력 관계가 종언을 고하고, 바야흐로 남북 간 '무협력 시대'가 전개되게 되었다.

---

* 　이 글은 ≪중앙선데이≫, 2016년 2월 21일 자 칼럼이다.

국가 간 제도적 협력체제의 부재는 상호 분쟁의 가능성을 필연적으로 갖게 된다. 제1차 세계대전 기간만 해도 독일과 같이 싸운 우방 국가의 관계였던 미국과 일본이 불과 20여 년 후에 서로 일대 결전을 벌인 요인은 무엇이었을까? 군국주의를 추구한 일본 군부와 정치 지도자들의 침략적 국가 전략이 가장 큰 요인이었지만, 이에 더해 양국이 합의했던 워싱턴 및 런던 해군군축 조약 등을 1930년대 들어 일본이 탈퇴하면서, 소위 '무조약 시대'가 전개되고 양국 간 무제한의 군비 경쟁이 시작되었던 점도 전쟁의 구조적 요인으로 지적되고 있다.

남북 무협력 시대의 도래는 '해도 없는 항행'처럼, 상호 분쟁의 가능성을 안은 극히 불안정한 상황을 예고하고 있다. 각각의 정책 선택에 대한 여러 논란이 있겠지만, 외교안보 당국자들은 주어진 현실 속에서 국가안보 및 평화통일 추구의 전략을 설정해야 하는 책무를 갖게 되었다. 박근혜 대통령이 국회 연설에서 제시한 향후 대북 전략의 목표는 북한을 효과적으로 압박해 비핵화를 성취하고, 평화통일의 기반을 만들어내는 것이다. 이 과정에서 한반도 상황이 파국적 분쟁으로 귀결되는 것을 방지해야 한다. 어려운 과제가 중첩된 국가안보 전략의 목표를 달성하기 위해 필요한 수단과 방법들은 과연 무엇일까?

우선 대북 정책의 전환에 대해 국민적 공감을 만들어내는 과제가 중요하다. 대통령이 국회 연설의 방식을 통해 새로운 정책 방향과 그 필요성을 설명한 것은 평가할 만하다. 그러나 한국 사회에서는, 친북 성향을 가져서가 아니라 북한을 변화시키기 위한 전략의 일환으로 대북 화해·협력의 제도화가 필요하다는 입장을 가진 사람들도 여전히 많다. 이 같은 입장이 대통령이 제시한 대북 전략 범주에 수용될 수 있는 것인지, 아니면 정부가 확보한 여러 자료에 근거해 비현실적인 전략인지에 대한 설명과 논의가 더욱 필요하다. 국가안보실이나 통일부가 적극 나서 새로운 대북 전략의 범위와 그 세부 전략에 대한 국론 형성을 주도할 필요가 있다.

　새로운 대북 전략의 방향에 대해 동맹인 미국과 기타 주변 우방 국가들의 이해와 협조를 구하는 과제도 중요하다. 강력한 대북 제재에 동참하고 있는 미국과 일본은 한국 정부의 입장을 지지하겠지만, 중국과 러시아가 어떤 입장을 보일지는 의문이다. 한국 정부가 내린 개성공단 가동 중단의 결정에 상응해 중국 및 러시아가 기존에 유지해오던 대북 경제 관계를 변화시키는 결단을 하지 않는다면 대북 압박의 효과는 감소될 것이다.

　새로운 대북 정책의 방향 전환이 북한을 자극해 오히려 대남 군사도발의 빌미를 주어서는 곤란하다. 북한의 핵 및 미사일능력을 무력화시키는 비대칭 전략 추구를 국방개혁의 방향으로 재검토하면서, 한미동맹하에서 대북 억제 태세를 강화해야 한다. 동시에 냉전기 미국이 소련에 대해 그러했듯 양자 간, 다자간 신뢰 구축과 군비 통제 협의를 통해 상호 오판의 가능성을 감소시키려는 노력을 포기할 이유가 없다.

　대북 정책 전환으로 인해 세계와 한국에 대한 북한 주민들의 정보 접근 통로가 축소되어서도 안 될 것이다. 그간의 민주화와 경제 발전을 통해 성취한 한국의 정치·경제체제가 북한도 지향해야 할 궁극적 비전이라는 인식을 북한 주민들이 자연스럽게 갖도록 해야 한다. 이런 과제들이 향후 대북 전략 추진에 고려될 필요가 있다.

조지 케넌 같은 전략가를 찾아라

반년간의 안식년을 맞아 미국 하버드 대학교을 다시 찾게 되었다. 글로
벌 학문의 트렌드를 익히기 위해 이곳을 다시 선택했지만, 정작 미국 연
구자들이 필자에게 던지는 질문은 주로 4차 핵실험을 감행한 북한에 관
한 것이다. 핵무장하는 북한에 대해 한국은 어떻게 대응하려 하는가? 케
네디 스쿨은 북한 핵실험 직후에 관련 전문가들을 긴급 소집해 현안 세미
나도 개최한 바 있다. 북한 문제는 세계적 학문의 전당에서도 중시하는
글로벌 안보의 핵심 문제가 되었다. 그러나 아무리 글로벌 학문의 중심지
라 한들 북한 문제를 전망하고 풀어나가는 방식에 대해서는 그들이 궁극
적인 해답을 제시해줄 수 없다. 한국에서 살아가는 우리가 이 문제에 대
한 책임을 지고 해결의 방정식을 찾아야 한다.

---

* 이 글은 박영준, "케넌 같은 핵전략가 찾아야", 《중앙선데이》, 2016년 1월 24일 자
를 수정·보완한 것이다.

북한은 한국과의 국력 격차도 크게 벌어지고, 전통적인 맹방이었던 중국과 러시아와의 관계도 예전 같지 않은 상황에서 체제 생존의 유일한 활로를 핵 개발에서 찾고 있다. 4차 핵실험 직후인 2016년 1월 12일, 김정은 참석하에 실험에 참가한 핵 과학자, 기술자, 군인 건설자, 노동자 등에 대한 국가 표창식이 거행되었다는 보도가 나왔다. 북한은 자신들의 경제력, 과학기술력 그리고 군사력 등 가용 자원을 총동원해 핵 개발에 나서고 있는 것이다.

　이러한 북한에 대해 한국은 과연 국가의 지혜와 능력을 결집해 대응하고 있는가? 동맹국 미국을 포함한 우방 국가들에게 북핵 문제 해결을 맡기고 있는 듯한 태도를 취하는 것은 아닌가? 물론 동맹국인 미국을 위시해 우방 국가들이 도움을 줄 수는 있고, 유엔과 같은 국제기구도 잘 활용해야 한다. 그러나 궁극적으로는 한국 스스로 대응 전략을 강구하고 국력을 결집해 북핵 문제를 해결하려는 주도적인 모습을 보여야 한다.

　그런 점에서 최초로 핵무기를 개발한 국가로서, 냉전기에는 줄곧 소련의 핵 위협에 대응했던 미국의 경험이 한국의 전략을 강구하는 데 도움이 될 수 있다. 1949년 소련이 최초의 핵실험에 성공하면서 핵 능력을 보유하게 되자 미국은 폴 니츠(Paul Nitze)와 같은 국무성과 국방성의 관련 전문가들이 조지 케넌(George Kennan) 등 전략가들과 숙의를 거듭한 끝에 NSC 68이란 전략 문서를 작성한다. 이 전략 문서를 통해 미국은 소련에 대해 핵 능력을 포함한 군사력 우위를 확보하고, 동시에 동맹국들과의 대응체제 강화, 방송과 신문을 통한 대소 선전전 전개, 나아가 군사적 긴장을 해소하기 위한 소련과의 협상 지속 등을 다각적 대응 정책으로 제시했다. 이러한 전략은 이후, 강조점의 차이는 있지만, 핵 위협에 대응하는 미국 역대 행정부의 대소 전략으로 계승되었다. 1980년대 레이건 행정부는 소련의 핵 위협에 대해 수동적 대응을 취하기보다는 오히려 미국의 강점을 활용하는 주도적 전략을 취하는 것이 필요하다고 보았다. 이에 따라 선진 과학기술을 이용한 전략방어구상(SDI)을 추진하면서 소련을 압박하고, 동시에 소련 지도자들과의 다각적 접촉을 통해 미국체제의 우월성을 보여주려 했다. 소련의 핵 능력 증강과 위협에도 40여 년에 걸친 냉전 대립이 결국 미국의 승리로 돌아간 것은 이러한 포괄적 대소 전략을 책정하고 이를 꾸준하게 이행한 정책의 공헌이 결정적이었다고 할 것이다.

물론 핵 능력이나 과학기술능력 면에서 세계 최고 수준을 자랑하는 미국과 한국의 여건이 다른 것은 분명하다. 그러나 핵 개발을 통해 한국을 위협하는 북한에 대해 우리가 취해야 할 우선적 과제는 미국이 그러했듯 중·장기적 전망이 포함된 대북 전략의 책정이다. 국가안보실을 비롯한 외교부와 국방부 등 핵심 책임자들과 전문가들이 참가해 북한 현상에 대한 정확한 진단에 바탕을 둔 대북 전략을 전반적으로 재정립해야 한다. 그 연후에 군사 및 외교 분야는 물론, 경제와 과학기술 그리고 사회문화 분야에 걸쳐 좀 더 중·장기적 관점에서 대북 대응능력을 강화하기 위한 정책적 노력을 경주해야 한다. 세계적 석학이라 하더라도 북한 문제를 해결하는 방안을 우리 대신 제시해줄 수는 없다. 한국 내부에서 조지 케넌이나 폴 니츠와 같은 전략가들을 배출해야 한다.

보론8

북한 제5차 핵실험 이후 대응 전략

2016년 9월 9일에 단행된 북한의 제5차 핵실험은 그동안 우리가 우려해오던 핵탄두의 소형화 및 경량화에 북한이 일정한 성과를 거두었음을 보여준다. 이를 바탕으로 향후 북한은 스커드, 노동, 대포동, SLBM 등 미사일 체계에 핵탄두를 탑재하려는 집요한 시도를 계속할 것으로 보인다. 냉전 시기의 소련과 중국에서 그러했듯이 북한은 핵과 미사일을 관할하는 전략 사령부를 육해공군과 맞먹는 지위로 격상시키고, 사령관의 지위도 각 군 참모총장과 동급으로 진급시켰다. 핵 능력의 강화에 기반을 둔 북한은 군사 전략의 강경화도 예고하고 있다. 2016년 3월에 북한 국방위원회는 핵 선제타격 방식을 취할 것이라는 성명을 발표했고, 김정은 위원장도 자신들의 자주권을 지키기 위해 선제 핵공격을 할 수 있다는 입장을 밝혔다.

---

* 이 글은 《국방일보》, 2016년 9월 20일 자 칼럼이다.

그동안 우리는 한미연합방위 태세하에 압도적 전력을 갖추어 북한의 군사도발을 억제한다는 능동적 억제 개념으로 한국형 미사일 방어체제를 구축해왔다. 또한 위기 징후가 탐지될 경우 북한의 핵심 전력을 무력화시키고 지휘부를 마비시킨다는 킬 체인 및 응징 보복 개념하에 관련 전력을 증강해왔다. 2016년 9월 18일에 개최된 한미일 외교 장관회담의 공동선언에 나타난 바와 같이 유엔 등 국제사회와의 공조 속에 대북 압박을 통해 비핵화를 추구하려는 외교 전략도 추진해왔다.

　그런데 북한 핵 능력 증강과 그것에 따른 핵 전략의 변화는 그에 대응하는 한국 국방 전략의 근본적 재검토를 요한다. 마침 이러한 상황을 이용해서 우리는 기존에 증강된 전력을 극대화해 북한 전력 및 전략의 무용화를 기하고, 나아가 북한이 의도하지 못했던 부분을 선제적으로 공략하는 군사·외교 전략을 강구해야 한다. 북한의 전략 사령부를 압도하는 지휘체계를 합참 예하에 재편해 그동안 증강해온 미사일, 특수전, 잠수함, 공중 전력을 공세적으로 운용할 수 있는 태세를 강화해야 한다. 국방부와 합참의 정책 및 전략 담당 부서에 핵전략과 전략무기 전문가를 민관군을 막론하고 기용할 필요가 있다. 주한 미군과 태평양 사령부와의 협력은 물론, 미국의 전략무기를 관할하는 전략 사령부와 북미 방공 사령부와의 전략 협의도 적극적으로 추진해 미국이 제공하는 핵우산과 확장 억제 신뢰성도 높여가야 한다.

　이 같은 상황에서 만일 북한의 추가적인 핵 및 미사일 실험이 한국의 주권과 국가이익을 침범한다고 판단되면 단호히 북측 핵 시설을 무력화하는 군사 조치를 단행할 결의와 태세를 보여야 한다. 나아가 한반도 핵 균형의 관점에서 북한 핵전력에 대한 대응도 시야에 넣을 필요가 있다.

　긴장이 고조되고 있는 한반도 위기관리를 위해 대북 대화 채널도 적극적으로 활용해야 한다. 냉전기 쿠바 미사일 위기가 고조되었을 때, 케네디 행정부가 주미 소련 대사관과의 물밑 대화를 통해 상호 오판의 위험성을 방지한 사례를 상기할 필요가 있다. 북한의 오판을 방지하기 위해서도 국가안보실장과 총정치국장 간 남북대화 재개를 제안해 북한 내부를 동요시키는 방책도 공세적으로 구사할 필요가 있다.

제4부

동아시아 안보 위기와 지역 전략의 과제

한국은 세계 1, 2, 3위의 군사력, 세계 1, 2, 3위의 경제력을 보유한 국가들에 둘러싸여 있다. 역사적으로 이 국가들 간의 관계는 20세기 초반의 러일전쟁과 중일전쟁, 미소 간 냉전에서 보듯이 결코 좋지 않았다. 앞으로도 미중러 간, 그리고 중일 간에는 여러 가지 요인에 의한 잠재적 대립 가능성이 크다.

미국과 중국 사이에는 중국의 국력 부상에 따른 강대국 간 잠재적 대립의 가능성이 점점 커지고 있다. 남중국해나 동중국해에서 전개되고 있는 해양력과 해양 전략의 대립 노정이 그 한 사례이다. 중국과 일본도 센카쿠(중국명 댜오위다오)를 둘러싼 영유권 분쟁의 가능성이 여전히 남아 있다. 이들 국가 간에 실제적으로 분쟁이 발생한다면 북한 문제를 다루는 데나, 한국의 대외적 경제활동에 나쁜 영향을 줄 수 있다.

그간 한국은 경제력이나 군사력 측면에서 세계 10위권 내외의 수준으로 성장했다. 그러나 유엔 안보리 상임이사국 가운데 세 개국이 몰려있는 동북아 지역에서의 상대적 위상은 중견국(middle power) 정도에 불과하다. 지역 내 강대국들 간의 관계 악화를 방지하고 지역질서의 안정을 도모하는 것이 북한의 위협에 대응하는 과제 못지않게 중요한 국가안보 전략의 과제이다.

제1부에서 살펴본 바와 같이, 이승만 정부 이래 역대 정부는 이러한 과제의 중요성을 나름대로 인식하고 동아시아 지역질서에 대한 정책을 표방해왔다. 그러나 역대 정부의 지역질서에 대한 정책이 의도했던 것만큼 성과를 거두었던 것은 아니다. 한국의 국가적 위상이나 지도자들의 리더십 여하에 따라 동아시아 지역 전략의 성패가 갈라지는 양상이 그간 노정되어왔다. 이제는 국제질서상의 책임 있는 국가로서, 단순히 주변 강대국들과 양자 차원의 협력적 관계를 구축할 뿐 아니라 지역 내 다자적 협력을 제도화하는 데 한국이 주도적인 역할을 해야 한다. 제4부의 글들은 이러한 문제의식으로 동아시아 안보질서의 몇 가지 현상을 분석하고 한국의 지역질서 전략의 방향을 제시해본 것이다.

제11장

미중 해군력 경쟁의 전망과
한국의 해양 전략

1. 문제의 제기

국제정치학에서 국력(national power)은 국제질서상 국가의 상대적 위상을 가르는 중요한 요소로 지적되어왔다.[1] 국력 가운데에서도 군사력은 경제력과 더불어 소위 하드 파워를 구성하는 핵심 요소로 간주된다. 군사력은 여러 가지 기준으로 분류가 가능한데 통상 육군력, 해군력(naval

---

* 이 장은 박영준, 「미중 해군력 경쟁의 전망과 한국의 해양전략」, 전재성 외, 『미중 경쟁 속의 동아시아와 한반도』(늘품플러스, 2015)를 수정·보완한 것이다.

1) 국력의 다과(多寡)에 따라 국가들은 강대국, 중견국, 중소국 그리고 약소국으로 위상이 갈라진다. 김치욱은 국토의 면적, 인구, GDP, 수출 및 수입, 외환보유고, 군사비, 국제기구 가입 정도, 외교 관계 등을 폭넓게 국력 기준으로 사용한 바 있다. 김치욱, 「국제정치 분석단위로서 중견국가: 그 개념화와 시사점」, ≪국제정치논총≫, 49집 1호 (2009).

power), 공군력 그리고 핵무기와 탄도미사일 등으로 구성되는 전략무기 전력으로 구분하는 것이 일반적인 방식이다. 군사력을 이 같이 분류할 때, 국제정치학자들은 이 가운데에서 해군력이 근대 이후의 국제질서에서 갖는 의미에 대해서도 상당한 주의를 기울였다.

얀 글리테(Jan Glete)는 함선(warship)으로 상징되는 해군력이 근대 국가 형성 과정에서 개별 국가의 전략 전술이나 관료제의 수준을 보여주는 척도가 될 수 있다고 간주했다.[2] 19세기 말 미국 해군 전략가였던 앨프리드 머핸(Alfred Mahan)은 상선단이나 해군기지를 포함한 해양력(sea power)의 보유 여하가 역사상 강대국의 조건이었다고 관찰했고, 이와 같은 관점을 이어받아 폴 케네디(Paul Kennedy)는 영국이 해양력(maritime strength)을 바탕으로 어떻게 글로벌질서상의 제해권(command of the sea)을 장악했는지를 검토한 바 있다.[3] 조지 모델스키(George Modelski)도 1500년대 이후 국제질서에서 100여 년에 걸쳐 세계질서를 주도하던 세계강국(global power)이 포르투갈, 네덜란드, 영국 등으로 이어지면서 교체되어 왔다는 소위 장주기 이론(long cycle theory)을 제시했고, 이 같은 세계 강국들이 갖추었던 가장 기본적인 조건이 전함(warship)으로 상징되는 해군력, 해양력의 보유였다고 지적했다.[4]

20세기 중반 이후 핵무기 및 여타 전략무기의 등장으로 해군력이 국제정치에서 갖는 영향력은 상대적으로 감소되었다. 그러나 여전히 해군력

---

2) Jan Glete, *Navies and Nations: Watrships, Navies, and State Building in Europe and America 1500-1860*, Vol.2(Stockholm, 1993), p.9.

3) Paul M. Kennedy, *The Rise and Fall of British Naval Mastery*(London: The Trinity Press, 1976), pp.1~9.

4) 모델스키는 세계강국들이 당대 세계 해군력의 10% 정도를 점유했다고 설명한다. George Modelski, *Long Cycles in World Politics*(Macmillan Press, 1987), p.10.

은 개별 국가가 보유한 국력의 상징으로서, 나아가 국제질서상 강대국이 갖추어야 할 조건의 하나로서 인식되고 있다. 해군력의 보유에는 경제능력의 뒷받침이 따라야 하며, 해군력의 보유로 말미암아 원거리 파워 투사 능력(power projection capability)이 갖추어지기 때문이다.

21세기 접어들어 동아시아 해양에는 중국의 급속한 해군력 증강과 이에 대응하는 주변국들의 맞대응, 특히 미국의 해양 정책 변화가 두드러지게 전개되고 있다. 중국은 급속한 경제성장의 진전에 따라 매년 10% 이상의 국방비를 편성해오고 있으며, 그 가운데 25% 전후가 해군력 증강에 투입되는 것으로 보인다. 이에 따라 여타 육군, 공군, 제2포병 전력과 함께 구축함, 잠수함, 항모 등 해군 전력도 급속하게 증강되고, 이 같은 해군력의 증강은 좀 더 적극적인 해양 전략의 변화로 이어지고 있다. 한편 중국의 급속한 군사력 증강은 주변 국가들에 대해 안보 딜레마의 상황을 던져주고 있다. 일본 및 동남아 국가들이 중국의 해군력 증강 및 해양 전략 변화에 대해 다양한 대응을 보이는 가운데, 특히 미국도 최근 중국의 해군력 증강에 직접 대응하는 해군 태세의 재편 및 해양 전략의 변화를 추구하는 것이 주목된다. 과연 부상하는 중국의 해군력 증강과 기존 해양강국이던 미국의 맞대응은 동아시아 해양질서 및 국제질서에 어떠한 영향을 던져줄 것인가?

이 같은 현상을 염두에 두면서 이 글은 다음과 같은 질문을 던지고자 한다. 미국과 중국의 해군력 강화 시도는 과연 어떤 규모와 모습으로 전개되고 있는가? 양국의 해군력 강화는 어떠한 국가 전략 및 해양 전략과 연계되어 추진되고 있는가? 양국의 해군력 및 해양 전략 변화가 향후 5년간 어떤 양상으로 전개될 것으로 전망되는가? 이 같은 양국의 해군력 및 해양 전략 변화가 동아시아질서에 어떠한 영향을 미칠 것이며, 한국은 어떠한 정책적 대응이 요구되는가?

2. 중국의 해양 전략 전개와 해군력 증강 양상

1) 중국의 해양 전략 및 해군력 건설 양상 변화

중국은 전통적으로 대륙 국가였고 19세기 말 서세동점(西勢東漸)의 상황 속에서, 새방론(塞防論)과 해방론(海防論)의 논쟁에서 나타났듯이 육상 방어를 위한 군사력 건설에 중점을 두어왔다. 이러한 점은 1949년 중국 공산당 정권 수립 직후에도 마찬가지였다. 그러나 1970년대 후반부터 개혁개방 정책을 본격화하면서, 중국 내에서 좀 더 적극적으로 해군력 건설과 해양 전략 추구를 요구하는 의견들이 대두되었다. 1986년, 당시 류화칭(劉華淸) 해군제독은 제1도련(島連, island chain)과 제2도련의 개념을 제시하며, 당분간 중국 해군은 황해, 동중국해, 남중국해를 포함하는 제1도련을 작전 반경으로 설정하고, 장차 해군력이 발전하면 서태평양 해역을 포함하는 제2도련까지 확대되어야 한다고 언급한 바 있다.[5] 류화칭 제독의 전략 개념 제시에 따라 중국은 종전에 표방해온 연안방어(coastal defense) 전략에서 탈피해 제1도련 해역 내에서의 국가이익을 확보하기 위한 근해방어(Near Sea Defense 또는 Offshore Defense) 해군 전략으로 전환했다.[6]

---

5) 류화칭 제독은 이 같은 해양 전략을 추진하면서, 전력 증강과 관련해 2000년대까지 중국이 항모를 보유해야 한다고 지속적으로 주장했다. Robert S. Ross, "China's Naval Nationalism: Sources, Prospects, and the U.S. Response," *International Security*, Vol.34, No.2(Fall 2009), p.60.

6) Office of The Secretary of Defense, *Military and Security Developments Involving the People's Republic of China 2011: Annual Report to Congress*(2011), pp.22~23, 58; 防衛省 防衛研究所 編, 『中國安全保障レポート2011』(防衛省防衛研究所, 2012), p.9.

중국 해군의 주력 구축함은 1950년대부터 운용해온 루다(旅大)급과 1980년대에 개발된 루후급 등이 있었는데,[7] 근해방어 전략 표명 이후 1990년대 중반에 루하이(旅海)급이 개발되었고, 1997년부터는 러시아에서 소브레메니급 구축함 두 척이 신규 도입되었다.[8] 프리게이트함으로서는 1960년대 이후 건조된 쳉두(成都)급과 장동(江東)급, 장후(江滬)급 등을 보유했었는데, 1990년대 이후 추가로 장웨이(江衛)급 프리게이트함이 개발되었다. 잠수함 전력으로서는 1950년대 소련에서 도입된 로미오급, 1960년대 개발된 밍(明)급, 1970년대 진수된 원자력잠수함(SSN) 한(漢)급을 보유했었는데, 1980년대에 샤(夏)급 전략미사일 잠수함(SSBN), 1990년대에 새롭게 송(宋)급 잠수함을 배치했고, 러시아로부터 네 척의 킬로급 잠수함을 도입했다.[9]

이 같이 근해방어 전략을 표명한 이래 중국 해군은 구축함, 프리게이트함, 잠수함 등의 분야에 걸쳐 새로운 전력들을 증강했지만, 2000년대 초반까지만 해도 중국 해군의 전력은 아직 대양해군(blue water navy)의 수

---

7) 이하 중국 해군의 보유 함정에 대한 자세한 연혁은 防衛省 防衛研究所 編, 『中國安全保障レポート2011』, pp.30~32 참조.
8) 소브레메니급 구축함은 표준 배수량 6600톤으로, 대함미사일을 장착해 미국 항모와 이지스함을 파괴할 수 있는 전력을 갖춘 것으로 평가되었다. David Shambaugh, *Modernizing China's Military: Progress, Problems, and Prospects*(Berkeley: University of California Press, 2004), p.267.
9) 한급 잠수함은 중국 독자의 핵 추진 잠수함이나 소음이 많아 미국의 로스앤젤레스급이나 일본의 하루시오 및 오야시오급에 상대가 되지 않는다고 평가되었다. 샤급 잠수함은 배수량 6500톤 규모로 12기의 쥐랑-1(JL-1)을 탑재할 수 있다. 그러나 미국의 오하이오급 전략 잠수함이나 일본의 오야시오급 잠수함에는 미치지 못한다고 평가되었다. 이에 비해 송급 잠수함은 크루즈미사일을 발사할 수 있는 성능을 가지고 있다고 평가되었다. 킬로급 잠수함도 정숙성이 뛰어나다고 평가되고 있다. 같은 책, pp.271~273.

준에 도달하지 못한 것으로 평가되었다. [10] 그런데 2000년대 중반 이후 중국의 정치가들과 해군 지휘관들에 의해 향후 중국이 해양강국을 지향해야 하고, 해군의 전략도 근해방어 전략에서 벗어나 원해방어(Far Sea Defense) 전략을 취해야 한다는 주장들이 제기되기 시작했다.

2000년대 이후 전국인민대표회의에서 장쉬싼(張序三) 해군 부사령원은 중국이 국가 전략으로 해양강국을 건설해야 한다는 의견을 거듭 제출했다. 2004년에는 전국인민대표회의에서 남해함대 사령원 우성리(吳勝利) 제독이 해양 관련 법률 제정을 통한 해양 이익 확보론을 제기했다.[11] 이 의견을 기폭제로 중국 조야에서 해양강국론, 해양수송로(sea lane) 확보론, 항모 건설론 등 적극적 해군력 건설에 관한 논의가 활기를 띠기 시작했다.[12]

미 국방성 문서들은 2004년 후진타오 국가주석이 중국 인민해방군의 '역사적 사명'을 공표한 이후 해양 전략의 확대 시도가 나타나기 시작했다고 지적한다.[13] 후진타오 국가주석은 2007년 제17차 중국공산당 전국대표대회에서의 연설을 통해 "근해(近海)종합작전능력을 향상시킴과 동시에, 서서히 원해(遠海)방위형으로 전환해 원해 기동작전능력을 향상시켜,

10) 중국 군사 문제에 관한 정평 있는 연구자인 데이비드 샴보(David Shambaugh)는 2004년에 발간한 저서에서 중국 해군이 보유하고 있는 함정 가운데 불과 수척만이 대양해군의 능력을 갖추었을 뿐, 대부분은 연안해군(brown water, green water)의 수준이라고 평가했다. 같은 책, p.266 참조.

11) 防衛省 防衛研究所 編,『中國安全保障レポート2012』, p.42.

12) 로버트 로스는 이 같은 중국 내 해군 건설론이 한때 대서양에서 영국 해군력에 도전했던 독일, 태평양에서 미국 해군력에 도전했던 일본에서 대두한 바와 같은 "해군내셔널리즘"의 표현이라고 지적하고 있다. Robert S. Ross, "China's Naval Nationalism: Sources, Prospects, and the U.S. Response," pp.50~52.

13) Office of the Secretary of Defense, *Military and Security Developments Involving the People's Republic of China 2011: Annual Report to Congress*(2011), p.39.

국가의 영해와 해양 권익을 지키고, 해상 운수 및 에너지 자원의 전략 루트 안전을 확보할 것"을 좀 더 명확하게 지시했다.[14] 후진타오 주석의 연설을 전후해 중국 해군 내외에서 원해방어의 필요성을 제기하는 논의들이 이어졌다. 2009년 4월, 우승리 해군 사령원은 원해 기동능력과 전략적 투사능력의 건설을 강조하는 발언을 했다.[15] 2011년에 발간된 중국의 『국방백서 2010』은 해군의 근해방어 전략 임무를 재강조하면서도, 동시에 원해에서의 작전능력을 개선할 필요성을 지적하고 있다.[16] 일부 퇴역 제독들은 중국이 원양 해군기지를 보유해야 한다고도 주장했고, 일부 해군 장교들은 중국 해군이 구미의 선진 해군들에 비해 전력과 활동 범위가 아직 뒤처져 있으니, 이를 좀 더 증강하고 확대해야 한다고 주장했다.[17] 물론 중국 정부는 아직까지 '원해방어' 전략으로의 전환을 명시적으로 밝히고 있지는 않지만,[18] 미국 측 학자들과 주요 언론에서는 중국 해양 전략이 근해방어에서 원해방어 전략으로 전환했다고 보는 시각이 지배적이다.[19] 이러한 관찰은 2000년대 들어와 중국이 추진하고 있는 해군력 건

---

14) 防衛省 防衛研究所 編, 『中國安全保障レポート2011』, p.11에서 재인용.

15) 같은 책 , p.21에서 재인용.

16) Office of the Secretary of Defense, *Military and Security Developments Involving the People's Republic of China 2011: Annual Report to Congress*(2011), p.61 재인용. 이에 따르면 원해방어에 대한 중국 내의 언급은 2004년부터 빈번하게 나타났다.

17) Wang Xiaoxuan, "Navy has to get stronger," *China Daily*, July 27, 2012. 이 칼럼의 필자 왕샤오쉬안은 중국 해군 대교이고, 인민해방군 해군학술연구소(Naval Research Institute)소장을 역임하고 있는 인물이다.

18) 앞의 칼럼에서 중국 해군학술연구소 소장인 왕샤오쉬안 대교는 중국 해군이 연안 방어에서 근해방어로 전략을 변경했다고 설명한 바 있다. Wang Xiaoxuan, "Navy has to get stronger" *China Daily*, July 27, 2012.

19) Nan Li, 「China's Evolving Naval Strategy」(보스턴 대학교 세미나 발표문, 2010. 11.19); Edward Wong, "Chinese Military Seeks to Expand Its Naval Power: A

설 현황 그리고 해군 활동의 확대 등을 통해 뒷받침되고 있다.

〈표 11-1〉는 2000년대 이후 중국 해군의 전력 증강 현황을 도시한 것이다. 이를 보면 중국 해군은 2006년 이후 루조우급 두 척 및 루양급 구축함 네 척을 보유하기 시작했고, 장카이급 호위함도 전력화했음을 알 수 있다.[20] 특히 2000년대 이후 잠수함 전력의 증강이 두드러지게 나타나고 있다. 2004년 진수된 위안(元)급 잠수함 및 상(商)급 원자력잠수함은 각각 사정거리 40km의 순항미사일 YJ-82를 탑재하고 있다. 이외에도 중국은 2004년 탄도미사일 탑재가 가능한 원자력잠수함(SSBN) 진(晉)급 잠수함을 진수시켰는데, 이 잠수함에는 사정거리 8000km 이상의 SLBM 쥐랑 2(JL-2)가 탑재되었다.[21] 2001년 시점의 잠수함 구성과 비교해보면 진급 전략 잠수함, 상급 전술 잠수함, 위안급 잠수함 등이 새롭게 취역된 것을 알 수 있다.

〈표 11-1〉에는 나와 있지 않지만, 2011년 6월에도 청(淸)급 디젤추진형 잠수함을 실전 배치했다. 이 잠수함에는 사정거리 8000km의 쥐랑 2 미사일 여섯 기를 탑재할 수 있는 것으로 알려졌다.[22] 특히 중국은 1998년 우크라이나에서 구입한 구형 항모를 개조해 신형 항모로 탈바꿈시켰고, 함

Rapid Buildup is Seen," *The New York Times* , April 24, 2010 등을 참조. 난리 (Nan Li) 박사는 미국 해군대학(Naval War College) 교수이다.

20) 루양급 구축함에는 사정거리 280km의 대함미사일 YJ-62가, 루조우급에는 사정거리 150km의 SAM-SA-N-20 및 사정거리 160km의 대함미사일 YJ-83이 각각 탑재되어 있다. 防衛省防衛研究所 編 『中國安全保障レポート』, p.31.

21) 같은 책, p.30.

22) ≪중앙일보≫, 2011년 6월 29일 자. 미국은 중국의 핵 추진 잠수함 획득과 항모 보유 시도를 대양해군으로서의 전투능력을 갖추는 것으로 인식한다. Office of the Secretary of Defense, *Military and Security Developments Involving the People's Republic of China 2011: Annual Report to Congress*(2011), p.33.

표 11-1 _ 2000년대 중국의 해군 전력 보유 현황

구분		2001	2002	2003	2004	2005	2006	3007	2008	2009	2010
구축함 (DD)	루다 I	13	13	13	12	12	12	11	10	10	10
	루다II	2	2	2	2	1	1	1			
	루다III	1	1	1	2	4	4	4	4	4	4
	루후	2	2	2	2	2	2	2	2	2	2
	소베르메니	2	2	2	2	2	3	3	4	4	4
	루하이	1	1	1	1	1	1	1	1	1	1
	루조우						1	1	1	2	2
	루양						2	2	2	2	2
	루양II						2	2	2	2	2
호위함 (FF)	장후 I	27	27	27	27	27	27	27	19	12	12
	장후II	1	1	1	1	1	1	1	1	7	7
	장후III	2	2	2	2	2	2	2	2	3	3
	장후IV	1	1	1	1	1	1	1	1	1	1
	장후V								6	6	6
	장카이 I						2	2	2	2	2
	장카이II									4	6
	장웨이 I	4	4	4	4	4	4	4	4	4	4
	장웨이II	7	8	8	8	8	10	10	10	10	10
잠수함 (SS)	한	5	5	5	4	4	4	4	4	4	3
	로미오 (개량형, SSG)	1	1	1	1	1	1	1	1		
	로미오	31	31	21	21	21	15	7	7		
	밍	20	21	22	20	20	20	19	19	19	19
	킬로	4	4	4	4	5	9	12	12	12	12
	송	2	3	3	8	9	10	13	13	13	13
	위안					1	1	1	1	2	4
	샹							1	2	2	2
총합		126	129	120	122	126	135	132	130	128	131

출처: IISS, *The Military Balance 2001-2010*; Jane's Information Group, *Jane's Fighting Ships 2001-2010*를 참고해 재구성.

재기의 이착륙 훈련을 병행하면서 전력화를 서두르고 있다.

2) 중국 해군의 활동 반경 확대와 '반접근 지역거부' 전략

중국은 이 같이 원해방어 전략으로의 변환 속에 해군력 증강에 박차를 가하면서, 특히 해군력을 운용한 군사력의 원거리 투사를 시도하고 있다. 중국 해군 함정들은 제1도련선에 해당하는 오키나와와 미야코 사이의 공해, 혹은 제2도련선에 해당하는 남중국해와 필리핀선을 잇는 해역을 넘어 서태평양상에 전개되어 수시로 군사훈련을 행하고 있다. 중국은 북한으로부터 청진항 부두 사용권을 받아내었고, 2011년 8월에는 해군 함정들이 원산항을 친선 방문하기도 했다.[23] 중국은 파키스탄, 미얀마, 스리랑카 등과 협정을 맺어 이 국가들의 해군기지 건설을 담당하거나 경제원조를 행하면서 이 국가들에 대한 영향력을 강화하고 있다.[24] 그뿐만 아니라 중국 해군함정은 2009년 이후 소말리아에서 해적 퇴치 활동을 하고 있으며, 2010년 8월부터는 병원선을 아시아, 아프리카 해역에 파견하기도 했다. 최근에는 해군 고위 관계자에 의해 인도양의 평화와 안정을 위해서도 중국 해군이 적극적인 관여를 하겠다는 의사가 표명되었다.[25]

해군의 훈련 및 작전 반경 확대와 더불어 해군을 포함한 중국 전략가들

---

23) ≪朝日新聞≫, 2011년 11월 6일 자; ≪중앙일보≫, 2011년 8월 5일 자 참조.

24) Edward Wong, "Chinese Military Seeks to Expand Its Naval Power: A Rapid Buildup is Seen," *The New York Times*, April 24, 2010. 파키스탄 정부가 과다르 항만 시설 공사를 싱가포르 업체에서 중국으로 이관 결정했다는 보도에 관해서는 "China to run Pakistani port," *Global Times*, February 1, 2013 참조.

25) 2012년 12월 13일, 중국 동중국해 함대사령원 수지기안(Su Zhigian) 제독이 스리랑카 국제회의의 연설에서. "Chinese navy to actively maintain peace and stability of Indian Ocean" *Global Times*, December 17, 2012에서 재인용.

은 미국에 대한 경쟁의식, 혹은 적대의식을 감추고 있지 않다. 2000년 초반에 발표한 논문에서 데이비드 샘보는 1990년대까지 중국 인민해방군 간부들이 미국을 팽창적 패권국으로 인식하면서, 미국의 대외 정책, 특히 아시아에서의 정책에 대해 비판적이었다는 사실을 지적한 바 있다.[26] 이같은 인민해방군 간부들을 포함한 중국 전략가들의 일반적인 대미 경쟁의식 및 적대감은 10여 년이 경과한 시점에서도 크게 달라지지 않은 것 같다. 2010년 6월, 싱가포르에서 개최된 샹그릴라 안보대화에서 중국 인민해방군 부총참모장 마샤오톈(馬曉天)은 타이완에 대한 미국의 무기 판매 결정을 거론하면서, 미국이 아직 냉전적 사고에 빠져있고, 국제 관계에서 무력에 의한 위협 수단을 사용하고 있다고 비판했다.[27] 2010년 8월, 중국 국방대학 전략연구소 소장 출신인 양이(楊毅) 전 해군제독은 ≪인민해방군보≫에 게재한 칼럼을 통해, 미국이 중국을 포위하고 중국의 핵심 이익에 도전하고 있다고 비판했다.[28]

중국 군부 및 오피니언 리더들의 미국 인식은 2012년 1월, 미국의 새로운 국방전략서가 공표된 이후 더 강경해졌다. 2012년 1월, 인민대학 국제

---

26) David Shambaugh, "China's Military Views the World," *International Security*, Vol. 24, No. 3(Winter 1999/2000), pp. 52~79.

27) Michael Wines, "Behind Gusts of a Military Chill: A More Forceful China," *The New York Times*, June 9, 2010 기사에서 재인용. 마샤오톈은 같은 해 12월 초에 개최된 제11회 미중 간 국방협의회의에서도 미국의 타이완에 대한 무기 판매와 중국 해역에서의 미 해·공군의 정보 수집 활동을 비판한 바 있다. ≪Xinhua News Agency≫, October 10, 2012.

28) Michael Wines, "China Shows Sterner Mien to U.S. Forces," *The New York Times*, October 12, 2010 기사에서 재인용. 이 기사에서는 2010년 『중국몽(中國夢)』을 발간해 21세기 말까지 종합 국력 및 1인당 GDP 측면에서 미국을 따라잡자는 목표를 제시한 중국 국방대학 류밍푸(劉明福) 대교도 타이완에 대한 미국의 무기 판매 정책을 비판하고 있는 것으로 소개되었다.

관계학원 진찬룽(金燦榮) 교수는 미국의 새로운 군사 전략이 중국을 적으로 명확하게 규정했다고 비판했다.[29] 베이징 대학교 국제관계학원의 왕지스(王緝思) 원장은 수년 내 중국이 미국의 경제적 지위를 대체할 수 있을 것이라고 전망하고, 미국이 중국 연안에서 해군 활동을 확대하는 것은 중국 공산당을 약화시키려는 시도라고 비판했다.[30] 같은 해 12월, 중국 국방기술대학 연구소 부소장 우구이푸(武桂馥)는 미국의 리밸런싱(rebalacing) 정책이 결국은 일본, 한국, 타이완, 남중국해, 필리핀, 싱가포르, 오스트레일리아를 잇는 중국 봉쇄라인을 구축하려는 것이라고 지적했다.[31] 중국 해군군사학술연구소 리제(李杰) 연구원은 미국이 베트남과 필리핀을 부추겨 중국과 분쟁을 일으키려 한다고 지적하면서, 특히 미 해군이 추구하는 공해전투(Air-Sea Battle) 전략이나 미 해병대 출신 햄즈 대령에 의해 새롭게 제시된 근해통제(Offshore Control) 전략이 중국 해군에 부정적 결과를 가져다줄 것이라고 경계했다.[32]

미국에 대한 경쟁의식 및 도전의식을 바탕으로 중국 해군은 적대적 해군 세력의 접근 거부와 원거리 세력 투사를 목적으로 하는 해군력 증강 및 작전을 추진하고 있다. 잠수함 및 항모를 필두로 하는 해군력 증강 이외에 중거리 탄도미사일 개발, 작전 반경이 확대되고 스텔스 기능이 강화

---

29) ≪중앙일보≫, 2012년 1월 7일 자에서 재인용.

30) 2012년 3월, 왕지스 원장이 브루킹스 연구소의 케네스 리버탈(Kenneth Lieberthal)과 공동으로 발표한 논문 "Addressing U.S.-China Strategic Distrust"에 대해서는 Jane Perlez, "Chinese leaders see eclipse of U.S.," *International Herald Tribune*, April 3, 2012에서 재인용.

31) Wen Ya, "US threatens China's maritime rights, say experts," *Global Times*, January 1, 2013.

32) Li Jie, "Reality forces Washington to take new military approach in East Asia," *Global Times*, January 3, 2013.

된 전투기 및 폭격기능력의 배가, 공중 감시 및 정찰 기능 강화가 그것이다.[33] 중국은 이러한 전력을 합동으로 운용해 자국 영해 및 배타적 경제수역 범위에 접근하는 상대국의 해군력을 저지하기 위한 전략을 추구하는 것으로 분석된다. 이러한 분석을 바탕으로 미국 일각에서는 중국이 해양거부(sea denial)의 목표를 갖고 미국 항모집단이 아시아 본토에 접근하는 것을 저지하려는 전략을 갖고 있다고 우려하기도 한다.[34]

3. 미국의 대응 전략과 해군력 건설 양상

1) 미국의 대중 위협 인식 대두

미국은 제1차 세계대전 결과 사실상 전승국의 지위에 부상했음에도 전

---

33) 2009년 군사 퍼레이드 당시 공개된 중국 최초의 항공정찰감시기 콩징-2000(Kongjing-2000)의 개발 과정에 대해서는 "Expert lifts lid on surveillance aircraft," *China Daily*, January 28, 2013 참조.

34) Robert D. Kaplan, "Lost in the Pacific: Asia Rising," *International Herald Tribune*, September 22~26, 2007. 중국의 전략을 '반접근 지역거부'로 개념화한 것은 미국 국방성이다. Office of the Secretary of Defense, *Military and Security Developments Involving the People's Republic of China 2011: Annual Report to Congress* (2011), p.25. 다만 중국 해군을 관찰해온 일본 방위연구소 연구자들은 중국 해군이 수송능력이 약해 대양해군으로 성장하기에는 한계가 있다는 견해를 보였다. 2012년 8월 9일, 일본 방위연구소에서 마스다 마사유키(増田雅之), 스기우라 야스유키(杉浦康之) 연구원과 가진 인터뷰. 물론 중국 해군 관계자들은 중국이 작전반경 확대, 작전능력 향상을 추구하고 있지만, 기본적인 전략은 방어 전략이고, 패권을 추구하지 않을 것이라고 설명하고 있다. Wang Xiaoxuan, "Navy has to get stronger," *China Daily*, July 27, 2012.

후 처리 과정에서 태평양 지역에 대한 해군력 확장을 시도하지 않고 일본에게 남태평양 도서에 대한 위임통치를 허용한 바 있었다. 그런데 이 조치가 일본 제국해군의 팽창을 가져오고, 결국 미국은 태평양 전쟁 초기 일본 해군에 의해 진주만을 기습당하는 경험을 겪게 된다. 이러한 쓰라린 경험 때문에 미국은 제2차 세계대전 종료 이후 대서양 지역은 물론, 태평양 지역에서의 추가적인 위협 요인 발생을 차단하기 위해 병력의 전진배치 태세를 구축하고, 제3함대(모항: 샌디에이고)와 제7함대(모항: 요코스카)로 구성된 태평양 함대도 설치했다.[35] 다음의 〈표 11-2〉는 2001년 이후 10여 년에 걸친 미국 해군의 전력 보유 현황을 도시한 것이다.

미 해군의 전력 규모는 1990년대 걸프 전쟁 이후 축소 경향을 보였다. 한 연구에 따르면 냉전기 총 526척에 달했던 함정 수는 걸프 전쟁을 거치면서 삭감되기 시작해 2000년도에는 318척 수준으로 축소되었다.[36] 그러나 축소된 해군 전력만으로도 미국의 해군력은 타국을 압도했다. 2003년에 발표된 연구에서 베리 포즌(Barry Posen)은 미국이 해양, 우주, 항공 등 글로벌 공공재 영역에서 타국을 압도하는 통제력을 갖고 있으며, 핵공격 잠수함, 항모, 알레이 버크급 구축함이 핵심을 이루고 있는 해군력의 분야에서 미국의 우월적 지위에 도전하는 세력은 존재하지 않는다고 단언한 바 있다.[37] 그러나 해양에서의 글로벌 통제를 자신하던 미국은

---

35) Hal M. Friedman, *Governing the American Lake: The U.S. Defense and Adminis-tration of the Pacific, 1945-1947*(East Lansing: Michigan State University Press, 2007). 이외에 미국 함대는 대서양에 제2함대, 홍해에 제5함대, 지중해에 제6함대가 배치되어 있고, 2008년에는 카리브 해에 제4함대가 설치되었다.

36) 樋渡由美, 『專守防衛克服の戰略』(ミネルゔあ書房, 2012), p.56.

37) Barry R. Posen, "Command of the Commons: The Military Foundation of U.S. Hegemony," *International Security*, Vol.8, No.1(Summer 2003), p.20.

표 11-2 _ 미국 해군전력 보유 현황(2001~2010년)

구분		2001	2002	2003	2004	2005	2006	2007	2008	2009	2010
수상함	항모	12	12	12	12	12	11	11	11	11	11
	순양함	27	27	27	27	27	22	22	22	22	22
	구축함	52	55	49	49	49	50	52	52	56	59
	호위함	35	35	30	30	30	30	21	22	21	22
	초계정/연안전투함	21	21	21	21	21	16	16	16	16	28
	기뢰전함	27	27	26	26	26	24	9	9	9	9
	상륙지휘함	2	2	2	2	2	2	2	2	2	2
	상륙함	39	39	38	38	39	12	32	31	31	31
	상륙정	202	200	200	200	192	334	334	282	269	269
잠수함 (SS)	SSBN	18	18	16	16	16	14	14	14	14	14
	SSGN	2	2	2	2	2	4	4	4	4	4
	SSN	51	52	54	54	54	54	53	53	53	53
총합		488	490	477	477	470	573	550	518	508	524

출처: IISS, *The Military Balance 2001-2010*.

2000년대 중반 이후 점차 중국의 해군력 증강을 경계하고 우려하는 경향을 노정하게 되었다.

2000년대 전반기 공표된 미국의 주요 국가안보 전략 관련 문서들에서는 9·11 테러의 영향에 따라 미국이 직면하는 주요 위협 대상을 테러리즘 확산이나 실패국가로 거론했다. 중국은 건설적인 관계를 유지해야 할 중요 국가로 설정됐다. 예컨대 2012년 9월, 조지 부시(George W. Bush) 대통령이 공표한 미국 국가안보 전략서는 미국에 대한 안보 위협 요인은 실패국가들이라고 규정하면서,[38] 중국과의 관계는 아시아 태평양 지역의 평화와 안정을 실현하려는 미국의 대외 전략에서 중요한 부분을 점하고

---

38) Department of Defense, *The National Defense Strategy of the United States of America*(March 2005).

있다고 표현했다.[39] 2005년 3월, 미 국방성이 공개한 미 국가국방 전략서 (National Defense Strategy)도 미국에 대한 안보 위협은 전통적·비정규적·파국적(catastrophic)·균열적(disruptive) 도전을 가해오는 상대적 약소국과 비국가 주체들이며, 중국 등 핵심 국가(key states)들과는 경쟁뿐 아니라 협력의 가능성이 많다고 평가했다.

그러나 2000년대 중반 이후 미국의 전략가들과 정부 부서들을 중심으로 중국에 대한 기회 요인보다는 경쟁과 우려 요인을 강조하는 분석들이 제기되기 시작했다. 즉, 중국에서 후진타오 국가주석을 중심으로 해양대국을 표방하면서 원해방어 전략으로의 전환을 모색하던 시기에, 미국 전략가들도 이에 대응하는 해양 전략의 전환을 촉구한 것이다.[40] 2007년 9월, 로버트 캐플런(Robert D. Kaplan)은 미국이 이라크 전쟁에 사로잡혀 있는 동안 아시아 국가들, 특히 중국의 해군력 증강 및 해양거부 전략의 구체화로 태평양을 호수처럼 지배해온 미국의 우위가 상실되고 있다고 경고했다.[41] 2010년 미국의 타이완에 대한 무기 판매 결정 이후 미중 관계가 경색되면서, 미국의 정책결정자와 전략가들은 한층 중국에 대한 적극적 외교 대응 및 군사 전략의 강구의 필요성을 제기했다. 힐러리 클린턴(Hillary Clinton) 국무장관은 2010년 7월 23일, 베트남의 동남아국가포럼에서 행한 연설을 통해 미국은 중국과 주변 국가들 간에 벌어지고 있는

---

39) The White House, *The National Security Strategy of the United States of America* (September 2002), http:www.whitehouse.gov/nsc/nss.html에서 참조.

40) 토머스 크리스텐센은 2009년 이후 중국이 미국 및 국제사회에 대해 공세적·도전적인 태도를 취하기 시작했다고 지적한다. Thomas J. Christensen, "Why the world needs an assertive China," *International Herald Tribune*, February 21, 2011.

41) Robert D. Kaplan, "Lost in the Pacific: Asia Rising," *International Herald Tribune*, September 22~26, 2007.

남중국해 영토 분쟁에 개입할 수 있으며, 이 분쟁을 중재하는 것이 미국의 국가이익이라고 강조했다.[42] 물론 이 시기 미국에는 대중 견제론보다는 관여 정책의 필요성을 지적하는 전략론도 적지 않았다.[43] 그러나 종전에 비해 중국 경계론이 판연하게 나타나기 시작한 것은 부인할 수 없는 사실이다.

2) 대중 해군 전략의 적극화와 해군력 태세 강화

이 같은 대중 경계감의 고조 속에서 미국 해군도 직접 중국 위협 요인을 염두에 둔 대응 전략을 강구하기 시작했다. 2007년에 책정된 것으로 알려진 미국 해군작전개념(Naval Operation Concept)은, 아시아 태평양 지역에서 해군력을 강화하는 중국에 대응해 미국은 해병대 및 해양경찰을 망라한 해양 전력 전체와 동맹국 해군을 포함해 1000척 해군 태세를 갖추어야 하며 수동적 방어가 아닌 적극적 전방 전개능력을 강화해야 한다고 요청했다.[44]

---

42) Andrew Jacobs, "Stay Out of Island Dispute, Chinese Warn the U.S.," *The New York Times*, July 27, 2010에서 재인용.

43) 2010년 5월, 오바마 행정부가 공표한 국가안보 전략서는 종전의 국가안보 전략서 기조와 마찬가지로 중국과 심화된 파트너십을 계속 심화하겠다는 방침을 천명하고 있다. The White House, *National Security Strategy*(May 2010). 2011년 1월 19일에는 버락 오바마 대통령과 후진타오 국가주석 간에 공동성명이 발표되어, 양국 간 인권대화, 전략경제대화, 법률전문가대화 그리고 다양한 국방 분야 협의를 통해 상호 신뢰를 구축하겠다는 방침이 표명되었다. President Barack Obama and President Hu Jintao, "U.S.-China Joint Statement," January 19, 2011. 다음의 주소 참조, www.whitehouse.gov/the-press-office/2011/01/19/us-china-joint-statement

44) 樋渡由美, 『專守防衛克服の戰略』, pp. 57~58.

2009년 9월, 로버트 게이츠(Robert Gates) 국방 장관은 게리 러프헤드(Gary Roughead) 미 해군 참모총장과 노턴 슈워츠(Norton Schwartz) 미 공군 참모총장 등과의 회합에서 중국이 소위 'A2AD'의 전략을 구사한다고 인식하며, 이에 대응해 '공해전투' 개념을 발전시킨다는 논의를 진행했다. 공해전투란 서로 다른 공간에 배치되는 군사력, 특히 해양 및 항공의 전투력을 유기적·통합적으로 운용해 미국의 행동의 자유를 위협하는 적대요인을 격퇴하고, 주요 지역에 대한 세력 투사를 달성하는 것을 의미한다.[45] 2012년 2월, 조너선 그리너트(Jonathan Greenert) 해군 참모총장과 노턴 슈워츠 공군 참모총장이 공동으로 발표한 논문에 의하면, 공해전투 개념은 중국이 DF-21D 장거리 대함 탄도미사일, DH-10 장거리 순항미사일 등으로 미국의 동아시아 지역에 대한 접근을 방해하려는 반접근 지역거부 전략을 구사하고 있는 사실을 미국의 위협 요인으로 간주한다. 이에 대항해 미국은 파워 투사능력을 확보하고, 침략자를 패퇴시키기 위해 해군과 공군이 협력해 글로벌 호크, 해상정찰 항공기, F-35 등의 무기체계를 통합하고 네트워크화해 종심 공격을 수행해야 한다고 제언한다.[46]

중국의 반접근 지역거부 전략에 대한 대응 개념 개발은 국방성의 국방전략 및 백악관의 국가안보 전략 차원까지 격상되어 논의되기 시작했다. 2012년 1월, 버락 오바마 대통령의 진두지휘하에 국방성이 공표한 신국방전략지침에 따르면 미국은 중국과 이란 같은 국가들이 미국의 파워 투

---

45) 이 개념은 2010년 2월에 발간된 미 국방성의 4년 주기 국방 태세 검토보고서(QDR)에 표명되었다. 김재엽, 「미국의 공해전투(Air-Sea Battle): 주요 내용과 시사점」, ≪전략연구≫, 제14권 제1호(2012년 3월), 190, 197쪽.

46) General Norton A. Schwartz and Admiral Jonathan W. Greenert, "Air-Sea Battle," *The American Interest*, February 20, 2012. 다음의 주소를 참조. http://www.the-american-interest.com/2012/02/20/air-sea-battle/

사능력을 저지하기 위해 전자 및 사이버 전쟁, 탄도미사일 및 순항미사일, 방공체제와 기뢰 등 비대칭적능력으로 A2AD 전략을 추진하고 있다고 판단한다. 또한 이에 대응하기 위해 해저 잠수함 전력, 신형 스텔스 전폭기, 미사일 방어체제, 우주기반능력을 결합한 '합동작전접근개념(JOAC: Joint Operation Access Concept)'을 실행할 필요가 있다고 주장했다.[47] JOAC 개념에 따르면 공해전투 개념은 그 하위 개념이 된다는 것이다.

한편 해병대 대령 출신인 햄즈는 공해전투 개념에 따를 경우 중국을 패퇴시키기 위해 중국의 공역이나 해역 등으로 직접 침투해 비핵 전역을 벌이게 될 수 있으며, 이러할 경우 종심이 깊은 중국 측에 전략적으로 유리할 수 있다고 지적했다. 그 대안으로 햄즈는 중국 측이 설정한 제1도련의 해역과 공역을 오히려 미국이 장악하고, 잠수함 전력을 운용해 중국의 제1도련 영역 사용을 거부하는 근해통제 전략의 채택을 제안하고 있다.[48]

이상에서 살펴본 바와 같이 미국 해군 전략가들은 중국 해군이 반접근 지역거부의 전략을 추진하고 있다고 보고, 그에 대응하는 전략으로서 '공해전투'와 '합동작전접근개념', '근해통제' 등의 다양한 방안을 강구하고 있는 것으로 보인다. 이 같은 새로운 해군 전략은 중국 해군력에 대한 억제뿐 아니라 유사시 전면 교전을 불사하는 내용을 갖는 것으로서, 냉전기 소련의 태평양 방면 해군력 팽창에 대해 미 해군이 추진했던 전략과 유사성이 있다고도 볼 수 있다.[49]

47) Department of Defense, *Sustaining U.S. Global Leadership: Priorities for 21st Defense* (January 2012).

48) Colonel T. X. Hammes, "Offshore Control is the Answer," *Proceeding Magazine*, Vol. 138/12(U.S. Naval Institute, December 2012). 다음의 주소 참조. www.usni.org/magazines/proceedings/2012-12/offshore-control-answer

49) Michishita Narushige, "The Future of Sino-Japanese Competition at Sea," March

다만 미국은 경제력과 군사력이 최고조에 달했던 냉전 시기와 달리 현재는 경제적인 곤란에 봉착해 있고, 공세적 해양 전략을 구현하기 위한 국방비의 조달이 원활하지 않은 상태이다. 오히려 향후 10년간 국방비를 4800억 달러 이상 삭감해야 하는 상황에 놓여 있다. 따라서 미국은 전력 증강을 추진하기보다는 기존 전력의 배치 전환과 일본, 한국, 오스트레일리아, 필리핀 같은 아시아 동맹국들과의 연합훈련 강화 등을 통해 중국을 압박하는 태세를 취하고 있는 것으로 보인다.

아시아 태평양 지역을 관할하는 미국 태평양 함대 사령부 예하 전력은 여섯 개 항모전투단, 함정 90여 척, 잠수함 41척 등으로 구성된다. 50) 이 같은 태평양 함대 사령부의 전력 및 주한 미군, 주일 미군의 전력은 미국의 국방비 삭감 추세에도 아직 별다른 변화가 없다. 오히려 미국은 대서양 지역의 전력을 아시아 태평양 지역으로 전환하면서 중국의 공세적 해군 전략에 대응하려고 한다.

2009년 5월의 시점에서 B-52 전략폭격기 8대, F-15 전투기 18대 등이 배치되었던 괌의 앤더슨 미 공군 기지에는 향후 무인정찰기 글로벌 호크 4대, 차세대 공중급유기 12대, 전략폭격기 6대, F-22와 F-35 등 제5세대 전투기 48대 등이 추가로 배치될 계획이다.51) 2011년 11월 16일, 버락 오바마 대통령은 오스트레일리아의 줄리아 길라드(Julia Gillard) 총리와 가진 회담에서, 2012년에 오스트레일리아 북부의 다윈 기지에 미 해병대 250인을 우선 배치하고, 최종적으로 2500인 규모의 해병대 병력을 배치하겠다고 밝혔다.52) 2011년 12월, 미국 해군 참모총장 조너선 그리너트

23, 2012. 다음의 주소 참조. http://nippon.com/en/in-depth/a00504

50) 2011년 10월 1일, 필자가 미 태평양 함대 사령부 기획참모부 차장 윌리엄 웨슬리(William Wesley)와 하와이 사령부에서 인터뷰.

51) ≪중앙일보≫, 2009년 5월 14일 자 참조.

는 싱가포르에 최신 연안전투함을 주둔시킬 예정이고, 필리핀과 타이 등에는 대잠초계기 배치를 늘릴 가능성이 있다고 언급했다.[53] 나아가 미국은 인도네시아에도 F-16 전투기 판매를 추진할 것으로 알려지고 있다.

또한 미국은 아시아 태평양 지역에 배치된 미 해군 전력을 강화하기 위해 항공모함에서 발진되는 무인항공기 개발에도 박차를 가하고 있다. 항모발진용 무인항공기 개발은 미 해군의 주도로 노스럽 그루먼(Northrop Grumman)사가 추진해온 것인데 2011년 2월, 지상에서 시험비행을 실시했다. 미 해군은 이러한 신형 무기가 정보, 감시, 정찰능력을 대폭 신장시켜 아시아 태평양 지역의 미래 작전에서 중요한 역할을 하게 될 것이라고 기대하고 있다.[54]

그뿐만 아니라 미국은 이 지역 국가들과 다각적인 연합군사훈련 등을 실시하고 있다. 미국은 한국과 연례적으로 키 리졸브 훈련, 을지 프리덤 가디언 훈련 등을 실시하며 일본과도 매년 공동통합 지휘소훈련(CPX) 및 실병력 투입 연합훈련 등을 실시해왔다.[55] 타이와는 코브라 골드 연합훈련을 실시해오고 있고, 필리핀과도 바리카탕 연합군사훈련을 실시해왔다.[56] 여기에 더해 미국은 2009년에는 인도와 일본을 포함한 말라바 해

---

52) "Obama's Pacific power play: 'We are here to stay'," *International Herald Tribune*, November 18, 2011.

53) ≪중앙일보≫, 2011년 12월 19일 자; ≪조선일보≫, 2011년 12월 19일 자.

54) 항모발진용 무인항공기에 대한 미 제7함대 사령관 스콧 버스커크(Scott van Buskirk) 제독의 평가는 다음 기사를 참조. "U.S. developing sea-based drones to counter Chinese military advances," *International Herald Tribune*, May 17, 2011.

55) 2010년 12월 자위대 3만 4000명, 주일 미군 1만 명이 참가해 실시된 자위대와 주일 미군 간의 연합훈련은 1986년 이래 10회째를 맞는 훈련이었다.

56) 1982년부터 실시해온 코브라 골드 훈련에는 일본 자위대도 참가해왔고, 2010년부터는 한국 병력도 참가하고 있다.

상훈련을 일본 서측 해역에서 실시한 바 있고, 2011년 7월에는 일본 및 오스트레일리아 등과 함께 브루나이 해상에서 연합해군훈련을 실시하기도 했다. 이외 같은 해 7월 15일에는 베트남과 함께 다낭 해상에서 연합해군훈련을 실시했다.[57] 이 같은 훈련 양상을 보면, 미국은 국방 예산 삭감에도, 여러 군사전략서를 통해 표명된 것처럼 아시아 태평양 지역에서 중국의 대두와 북한 핵개발 등의 위협 요인에 대응해 군사력의 전진배치 태세를 유지하고, 역내 동맹 국가들과의 군사적 제휴를 강화하고 있다.

4. 향후 미중 간 군비 경쟁 및 동아시아 군사질서 전망

1) 미중 간 군비 경쟁 전망

세력전이 이론에 따르면 기존 패권국과 부상하는 도전국과의 사이에 국력 격차가 좁혀지고, 부상하는 도전국이 기존 국제질서에 불만족을 느끼면 양자 간에는 전쟁 발발의 가능성이 높아진다. 이에 따라 미국과 중국 간의 향후 관계를 전망할 때, 능력과 의도의 두 가지 측면, 즉 양자 간 국력 격차의 수준이 어떻게 전개되고 있고 또한 양국이 현재 국제질서를 어떻게 보고 상대방을 어떻게 인식하는지와 같은 측면들이 종합적으로 검토되어야 할 것이다.

우선 국력 측면에서 향후 양국 관계가 어떻게 될 것인가에 대해서는 여러 전망이 제시되었다. 2020년을 전망한 국내 한 연구는 대략 2020년까지 미국의 국력 총합을 100으로 보았을 때, 중국의 그것은 63.1% 수준에

---

57) ≪朝日新聞≫, 2011년 7월 16일 자 참조.

달할 것이라고 보았다. 이에 따라 미국의 국력이 전 세계 총합에서 차지하는 비중은 21.35%가 될 것인데 반해, 중국은 13.48% 수준 정도를 점유하게 될 것으로 예상했다. 따라서 2020년 시점까지는 중국의 국력이 미국의 지위를 위협할 만큼은 도달하지 않을 것으로 전망했다.[58]

단 2030년을 기점으로 잡을 경우 상황은 달라진다. 2007년 골드만삭스리포트는 중국의 GDP가 2027년을 전후해 미국을 추월할 것이라는 예측을 한 바 있다. 2012년 12월, 미국 국가정보위원회(NIC)는『글로벌 트렌드 2030』을 발간하면서 중국 경제가 2030년을 전후해 미국을 추월할 것이고 중국, 인도, 브라질 등 신흥 강국들이 미국과 더불어 세계의 패권을 나눠 가질 것이라고 전망한 바 있다.[59] 이러한 기존 전망들을 종합하면, 2020년까지는 중국의 국력 수준이 미국에는 미치지 못하나 2030년이 되면 미국의 그것에 필적하는 수준까지 도달할 것으로 예상된다.

그렇다면 군사력 수준에서는 미중 간의 격차가 어떻게 나타날 것인가? 미국은 아프간-이라크 전쟁으로 팽창된 국방 예산 감축을 점진적으로 단행한다는 방침을 발표해 향후 10년간 4870억 달러를 감축하고, 이에 따라 향후 5년간 총 2590억 달러의 국방 예산을 삭감하는 프로세스에 진입했다.[60] 이에 반해 중국은 2020년까지 현재의 경제성장 추세가 유지된다는 전제하에 향후에도 전년 대비 10% 이상의 국방비 지출을 지속할 것으로

---

58) 이대우, 「2020년 안보환경 전망: 세력전이이론에서 본 패권경쟁」, 이상현 외, 『한국의 국가전략 2020: 외교안보』(2005).

59) ≪동아일보≫, 2012년 12월 12일 자에서 재인용. NIC는 2005년에 발간한 2020 세계전망 보고서에서 2020년까지 중국의 국민총생산이 유럽과 일본을 능가해 미국에 다음가는 규모로 성장할 것이라고 전망한 바 있다. ≪朝日新聞≫, 2005년 1월 16일 자에서 재인용.

60) Jim Garamone, "Panetta Announces Fiscal 2013 Budget Priorities," *American Forces Press Service*, January 26, 2012.

	2013	2014	2015	2016	2017	2018
미국	6134	5624	5110	4600	4090	3580
중국	1500	1650	1815	1996	2195	2474

주: 이 표는 2013년 양국 국방비 총액을 각각 6100억 달러와 1500억 달러로 놓고, 미국은 매년 500억 달러씩 감축하고, 중국은 전년 대비 10% 정도 증액한다는 전제하에 작성한 것이다. 미국 국방비는 해외긴급작전비용도 포함된 액수이다.

보인다. 이러한 양국의 추세를 단순하게 반영하면 향후 5년간 양국의 국방 예산 지출은 〈표 11-3〉과 같은 궤적을 그릴 것으로 전망된다.

〈표 11-3〉에 따르면 국방 예산 측면에서는 2018년을 기점으로는 3500억 달러 대 2500억 달러 규모의 격차가 존재하지만, 이러한 추세가 지속되면 2020년 전후해서는 미국과 중국 국방비 총액이 거의 근접하게 될 것이다. 문제는 미국의 국방비는 대서양과 태평양 방면에 5:5 혹은 4:6 정도의 비율로 나누어서 지출되는 반면에, 중국의 그것은 온전히 아시아 태평양 지역에 투사되는 전력 증강에 지출될 것이라는 점이다. 물론 누적 국방 예산 측면에서 보면 미국의 군사력 우위가 그 후에도 유지될 것으로 보이지만, 2020년 전후해서 국방비 지출의 측면에서는 미중 간의 국력 관계가 변화될 전망이다.

국방비 지출 가운데 해군력 건설에 투자될 비용을 예상해보면 다음과 같다. 중국은 전체 국방비 가운데 25% 정도를 해군 관련 예산으로 지출하고 있다. 그렇다면 2018년 기준으로 편성될 2474억 달러의 국방비 가운데 해군 관련 예산은 618억 달러 정도가 될 것이다. 이러한 예산을 투입해 중국은 〈표 11-1〉에서 나타난 바와 같이 항모, 함재기, 잠수함, 감시 및 정찰 자산 등을 지속적으로 늘려갈 것으로 전망된다. 반면 미국은 국방 예산 가운데 해군 관련 비중이 30% 전후에 달하나 전체적인 국방비 삭감에 따라 해군 전력 증강에 투입되는 예산을 점차 축소할 것이다. 신규 전력의 증강보다도 기존 전력의 유지 및 좀 더 효율성이 높은 무인항공기, 연안순시함 및 전투함 개발 등에 예산이 집중 배정될 것으로 보인다.

2) 미중 간 대외 정책론 논쟁과 동아시아 군사질서 전망

그렇다면 미중 양국은 의도의 측면에서는 어떠한 양상을 보이게 될 것인가? 먼저 중국 측을 보면 중국 내에서는 대외 전략으로서 화평발전론에 입각한 대미협력의 입장과, 세력경쟁론에 입각한 중미 경쟁의 시각이 논쟁 구도를 이루고 있는 것처럼 보인다. 화평발전론에 입각할 경우 중국은 기본적으로 2020년까지 소강사회(小康社會)를 건설해야 하며, 이에 따라 대외 관계의 안정이 필요하다. 그러나 이러한 목표 추구에 장애 요인이 되는 요소들에 대해서는 단호한 대외 정책도 불사해야 한다는 것이다. 향후 5년간 중국을 이끌고 나갈 시진핑 총서기가 2013년 1월 28일, 공산당 정치국회의에서 "중국은 화평발전(peaceful development)의 길을 걸을 것이지만, 핵심적 국가이익을 희생하지는 않을 것"이라고 발언한 것은 이러한 대외 정책의 기조를 보여준다.[61] 이러한 화평발전론에 입각할 경우, 미국이 중국의 근본적 국가이익에 저해되는 정책을 추구하지만 않는다면, 중국은 대미협력적이고 공존적인 자세를 보일 것으로 전망된다.

그러나 중국 일각에서는 세력균형의 관점에 서서, 미국과 중국 간의 국력 격차가 좁혀지고 있기 때문에 대국 간의 경쟁과 충돌은 불가피하게 될 것이라는 정책 전망도 제시되고 있다. 이러한 입장을 대표하는 옌쉐퉁(閻

---

61) "Core national interests will not be traded: Xi Jinping," *Global Times*, January 30, 2013.

學通) 칭화 대학교 교수는 이전까지는 미국 일극체제였다면 앞으로는 미중 양극체제가 될 것이며, 이러한 양극체제하에서 미중 관계가 본질적으로 제로섬 게임이 될 것이라고 전망한다.[62] 그리고 이전과는 전혀 달리 향후 10년간 중국의 대외 정책은 정치, 군사, 문화, 경제 측면에서 대미 경쟁이 기조가 될 것이라고 전망한다.

이 같은 양자의 대외 전략론 가운데 중국은 당분간 세력경쟁론보다는 화평발전론에 입각한 대미 정책을 추구할 것으로 보인다. 그러나 중국 내의 정치적 변화나 국력전이 양상의 전개에 따라 세력경쟁론에 입각한 대외 정책이 표면화될 가능성을 배제할 수는 없을 것이다.

한편 제2기 오바마 행정부의 출범을 계기로 미국 내에서도 대외 정책론 및 대중 정책론에 관한 논쟁이 재연되고 있다. MIT 대학교의 베리 포즌은 악화되는 미국의 경제 상황 그리고 과다한 대외 개입 정책에 따른 국력 상실의 가능성 등을 종합적으로 고려해, 미국이 글로벌 패권 전략을 포기하고, 절제(restraint)의 전략을 취해야 한다고 제언한다.[63] 그에 따르면 전방 기지에 전개된 미국의 병력도 축소하고, 대신 지금까지 국방비의 최소한을 지출해온 일본과 독일 등의 동맹국들에게 방위 분담을 확대시켜야 한다.

이에 대해 스티븐 브룩스(Stephen Brooks), 존 아이켄베리(John Ikenberry), 윌리엄 울포스(William Wohlforth) 등은 미국이 기존에 취해오던 심화된 관여(deep engagement) 정책이 여전히 타당하다고 주장한다.[64] 미국이

---

62) 옌쉐퉁의 입장은 Yan Xuetong, "How China can defeat America," *International Herald Tribune*, November 21, 2011와 "중국 강경파의 세계관"이라는 제목이 달린 아사히 신문 인터뷰 기사도 참조. ≪朝日新聞≫, 2012년 12월 12일 자.

63) Barry R. Posen, "Pull Back: The Case for a Less Activist Foreign Policy," *Foreign Affairs*, January/February 2013.

국내의 경제적 곤란 등을 우려해 국제 문제에서 철수할 경우 오히려 국제 사회의 혼란은 더욱 가중될 것이며, 지역 패권국의 등장을 초래하게 되어 이것이 오히려 미국의 안보 위기로 돌아올 것이라고 전망한다.

대외 정책 전반의 기조에 대한 논쟁과 병행해 향후 대중 정책을 어떻게 전개해야 할 것인가에 대한 논쟁도 벌어지고 있다. 이미 오바마 행정부는 2012년 1월, 신국방전략지침을 통해 중국의 A2AD 전략에 대처하기 위한 JOAC 개념의 운용을 표명했고, 아시아 태평양 지역 전체적인 리밸런싱 전략을 통해 동맹국과의 연계 강화 및 기지 재편 등의 추진하겠다는 입장을 밝혔다. 이에 따라 앞서 살펴보았듯이 미 해군과 공군에서는 '공해전투' 개념, '합동작전접근개념' 그리고 '근해통제' 개념 등이 제안되고 있다.

그런데 이에 대한 반론도 적극적으로 제기되고 있다. 오바마 행정부의 스마트 외교에 깊은 영향을 준 하버드 대학교의 조지프 나이(Joseph Nye) 교수는 버락 오바마 대통령이 제시한 리밸런싱, 혹은 아시아 태평양 중시(pivot to Asia) 정책은 어리석은 선택이라 고 혹평하면서, 이를 냉전기 소련에 대해 취했던 봉쇄(containment) 정책과 유사한 것이라고 평가한다. 냉전기의 봉쇄 정책은 체제와 이념이 다른 소련을 상대로 한 것이어서 나름의 의미가 있었다고 한다면, 지금의 중국은 미국의 최대 교역국이고, 인적·문화적 교류도 지극히 활발한 상대가 된 현실을 직시해야 한다고 주장한다. 따라서 그는 리밸런싱 정책을 폐기하고, "통합하되 헤징하는 (integrate but hedge)" 정책으로 선회해야 한다고 주장한다.[65] 지미 카터

---

64) Stephen G. Brooks, G. John Ikenberry and William G. Wohlforth, "Lean Forward: In defense of American Engagement," *Foreign Affairs*, January/February 2013.

65) Joseph S. Nye, Jr., "Don't try to 'contain' China," *International Herald Tribune*, January 28, 2013. 같은 하버드 대학교의 니컬러스 번스(Nicholas Burns) 교수도 새로운 버락 오바마 행정부의 존 케리(John Forbes Kerry) 국무장관이 중국을 통

대통령 시기 안보 보좌관을 역임했던 즈비그뉴 브레진스키(Zbigniew Brzezinski)도 미국은 중국과의 분쟁 가능성을 극력 회피하면서 대중 양자적·다자적 관여 정책을 기본적으로 취해가야 한다고 제언하고 있다.[66]

따라서 미국도 향후 국내 경제 여건 및 아시아 태평양 지역에 대한 정책 여하에 따라서 중국에 대한 봉쇄적 리밸런싱 정책을 취하느냐, 아니면 좀 더 통합적인 관여 정책을 취하느냐의 여부가 아직 불확실하다. 이상에서와 같이 미국과 중국 간의 국력 관계 그리고 미국과 중국 간의 국제질서 및 상호 인식 등을 종합적으로 고려할 경우, 향후 5년간 예상되는 미중 간 군사질서의 시나리오는 다음과 같은 네 가지 형태로 나누어 볼 수 있을 것이다.

첫째, 미국 우위 속의 협조체제 가능성이다. 이것은 미국이 국력 면에서 우위를 유지하면서, 대중 통합 정책을 실시하고, 중국도 화평발전의 노선을 지속하는 것이다. 둘째, 미국 우위 속의 양극체제 가능성이다. 이것은 국력 면에서 미국이 계속 우위를 점하나, 중국이 이에 대해 자국의 핵심 이익과 충돌하는 사안들에 대해 미국과 세력경쟁을 벌이는 구도이다. 특히 동중국해와 서태평양 해역에서 미중 간 해군 군사력 충돌의 가능성도 배제할 수 없다. 셋째, 미중 대칭 관계하의 양극체제 가능성이다. 이는 미중 간 국력 격차가 좁혀지는 상태에서 상호 간 쟁점 사안들에 대해 협력보다는 경쟁을 벌이는 구도이다. 넷째, 미중 대칭 관계하의 협조

합하는 정책에 중점을 두어야 한다고 제언하고 있다. N. Nicholas Burns, "Kerry and China," *International Herald Tribune*, February 1, 2013.

66) 즈비그뉴 브레진스키는 그러한 관점에서 미국은 중국이 배제된 TPP(Trans Pacific Partnership)를 추진해선 안 되며, 중국도 미국이 배제된 RCEP(Regional Comprehensive Economic Partnership)을 추진해서는 안 된다고 주장하고 있다. Zbigniew Brzezinski, "Giants, but not hegemons," *International Herald Tribune*, February 14, 2013.

체제 가능성이다. 이는 미중 간 국력 격차가 좁혀진 상태에서 미국과 중국이 상호 협력적인 정책을 실시하는 구도이다.

한국의 국가이익을 고려할 때, 가장 바람직한 구도는 동맹국인 미국이 국력의 우위를 보이는 가운데 미중 간 상호 협조하는 시나리오일 것이다.[67] 이 같은 상황에서 대북 정책에 대한 공조도 용이하게 진행할 수 있고, 지역질서의 안정도 기할 수 있을 것이다. 한국의 국가이익에 가장 불리한 구도는 동맹국인 미국의 국력이 중국에 추격을 허용하면서, 양국 간에 세력경쟁 구도가 전개되는 시나리오이다. 이 경우 대북 정책에 대한 양국으로부터의 협력을 조달받기가 곤란해질 수 있고, 미중 간 군사력 경쟁 속에 우리의 안보적 취약성이나 안보 딜레마도 커질 것이다.

5. 한국의 해양 전략 방향

국토의 삼면이 바다로 둘러싸여 있고, 나머지 한 면이 사실상 폐쇄된 한국은 준(準)해양 국가의 성격을 갖고 있다. 한반도를 둘러싼 해양의 안보 그리고 한반도를 경유하는 해양수송로의 안정적인 유지는 한국의 군사 안보와 경제 안보에 필수적인 조건이 된다. 그런데 향후 5년간의 정세를 전망할 때, 한국 해양안보에는 몇 가지 잠재적인 위협 요인이 제기될 것으로 보인다.

우선 한국에 대해 부단하게 군사적 도발 태세를 감추지 않은 북한으로

---

67) 일본의 소장 학자들로 구성된 연구팀도 미중 간 세력 구도의 양상을 전망하면서, 일본의 국익에 합치되는 구도는 미국의 우위가 지속되고, 미중 양국이 협력하는 구도라고 분석한 바 있다. 東京財団 アジアの安全保障プロジェクト, 『日本の対中安全保障戦略: パワーシフト時代の '統合', 'バランス', '抑止'の追求』(2011.6).

부터의 국지적, 혹은 전면적 도발, 특히 해양으로부터의 도발 가능성이다. 북한의 서해 및 동해 함대는 수상함뿐 아니라 다량의 잠수정을 보유하고 있으며, 이러한 전력들은 언제라도 북한 정권이 추진할 수 있는 국지적, 혹은 전면적 도발의 군사 수단이 될 수 있다.

또한 앞에서 언급한 미국과 중국 간의 잠재적 분쟁 가능성, 혹은 이 글에서는 본격적으로 다루고 있지 않은 중국과 일본 간의 해양 영토를 둘러싼 분쟁 가능성이 우리의 해양안보를 위협할 수 있다. 현재 중국과 일본 간에 벌어지고 있는 센카쿠/댜오위다오 해상에서의 분쟁은 우리의 동남방 해양수송로 안전을 직접 위협하고 있다. 또한 중국과 일본이 자국의 영해와 배타적 경제수역 그리고 대륙붕에 대한 권리를 주장하고 확대할 경우, 우리의 이익 범위에 해당하는 배타적 경제수역과 대륙붕에 관한 권리가 침해될 가능성도 존재한다.

나아가 중국과 일본 간 해양 분쟁이 격화될 경우, 미국은 미일동맹에 따라 일본 측을 지원할 가능성을 배제할 수 없는데, 이 경우 미중 간 잠재적 해양 분쟁의 가능성도 존재한다. 미국, 중국, 일본은 북한 문제를 풀어가는 데 긴밀하게 협력을 도모해야 할 중요한 우방국들인데, 이들 국가 간에 해양 영유권을 둘러싼 군사적 분쟁이 노정되는 것은 궁극적으로 북핵 및 북한 문제 해결에 부정적 영향을 미칠 것이다. 따라서 우리는 한반도 및 동북아에서 발생할 수 있는 잠재적 해양 분쟁 요인들을 주시하면서, 군사적·외교적 수단에 입각해 이를 억제하고 분쟁 발생 시 대응할 수 있는 능력과 태세를 구축하지 않으면 안 된다.

우선 북한발 해양 군사도발의 가능성에 대비해 국방부와 합참 그리고 해군은 한미동맹하의 미군 자산을 적절하게 사용하면서, 북한의 동향을 주시하고, 분쟁도발을 억제하며, 도발 발생 시에는 이를 격퇴할 수 있는 태세를 구축해야 한다. 또한 중국과 일본 간의 영유권 분쟁의 여파로 한국의 배타적 경제수역과 대륙붕 해역에 대한 주권이 침해될 가능성에 대비해, 이를 억제하고 우리의 주권을 현시(顯示)할 수 있는 해군력과 종합적 해양능력의 구축을 중·장기적으로 추진해야 한다. 이 같은 북한발 해양도발 그리고 잠재적인 해양안보 위협 등에 효과적으로 대응하기 위해 기존의 세 개 지역 함대와 한 개 기동 함대 전력만으로 충분한 대응이 가능한지 검토해야 한다. 또한 필요하다면 중·장기적으로 예산을 반영해 두세 개 기동 함대를 추가적으로 건설하고, 제주도와 울릉도 등 원거리 도서에 필요 기지들을 건설하는 노력을 병행해야 한다.

중국과 일본 간, 나아가 미국과 중국 간 해양 분쟁의 가능성을 배제하기 위한 적극적 중재자 외교의 수행도 필요하다. 한국은 하드 파워와 소프트 파워의 측면에서 중견국의 위상을 갖고 있으며, 이 같은 능력을 활용해 동아시아 지역질서 내에서 잠재적 분쟁의 중재자 역할을 수행할 수 있다. 이미 미국과 중국 간에는 양자 경제 및 안보 전략대화가 가동되고 있다. 중국과 일본 간에도 2008년 5월의 양국 간 정상회담에서 동중국해를 우호협력의 바다로 만들기 위한 합의가 이루어졌고, 2012년 5월에는 양국 간 최초의 해양대화가 개최된 바 있다. 한국은 이 같은 기존의 합의를 환기시키며, 미중 간 또는 중일 간의 전략대화 및 해양대화 채널을 좀 더 내실을 갖춘 것으로 발전시키고, 필요하다면 다자간 해양안보포럼으로 발전시킬 것을 제안해야 한다. 한국은 2009년도에 한중일 협력사무국을 발족하는 데 주도적인 역할을 한 바 있으며, 2013년도에는 한중일 정상회담을 주최해야 한다. 이 같은 외교적 성과와 여건을 활용해, 동아시아 다자간 해양협력을 제도화할 수 있도록 적극적 역할을 수행해야 한다. 예컨대 2000년도에 한국, 미국, 중국, 일본, 러시아, 캐나다가 북태평양 해양경비대 포럼을 창설한 바 있고, 2014년도에는 미국이 주도하는 림팩 훈련(Rim of the Pacific)에 최초로 중국이 참가하도록 되어 있다. 이러한

성과의 연장선상에서 아시아 태평양 지역 다자간 해군협력포럼의 창설을
제안할 수 있을 것이다.[68]

이 같은 한반도 및 동북아 해양질서의 안정을 회복하려는 노력은, 정부
의 일개 부처가 아닌 종합적인 차원에서의 국가 해양 전략 및 정책조정을
요구한다. 이를 위해 박근혜 정부에서 신설되는 국가안보실을 주축으로
국방부와 해군, 외교통상부, 해양경찰청 그리고 5년 만에 재설치되는 해
양수산부 간 종합적인 해양 전략 책정과 시나리오별 위기관리 매뉴얼 등
의 작성을 추진하는 노력이 필요할 것이다.

---

68) 유사한 아이디어는 Captain R. Robinson Harris, "Geography or Time Don't Blind
Sound Ideas," *Proceeding Magazine*, Vol. 138/12(December 2012) 참조.

제12장

중일 간 센카쿠/댜오위다오
영유권 분쟁과 한국의 대응 방안

1. 2012년 중일 간 센카쿠/댜오위다오 영유권 분쟁의 요인

2008년 5월, 당시 중국의 후진타오 국가주석은 일본을 방문해 후쿠다 야스오(福田康夫) 총리와 정상회담을 갖고 공동성명을 발표한 바 있다. 이 공동성명에서 양국 정상은 양국 관계를 '전략적 호혜 관계'로 규정하면서, 향후에도 정치적 상호 신뢰 증진, 인적·문화적 교류 증진, 아시아 태평양 지역에서의 협력 강화, 글로벌 분야에서의 협력 강화 등 다섯 가지 분야에 걸쳐 포괄적으로 협력을 추진하겠다는 입장을 밝혔다. 이 협력 사항에는 동중국해를 평화·협력·우호의 바다로 만들겠다는 내용도 포함되어 있었다.[1] 사실 양국 정상은 협의 과정에서 그간 양국 사이의 갈등 요인이

---

* 이 장은 박영준, 「중일 간 영토분쟁에 대한 우리의 대응방안은?」, 정덕구·장달중 엮음, 『한국의 외교안보 퍼즐』(나남, 2013년)으로 게재된 글을 수정·보완한 것이다.

되어온 동중국해 해역의 천연가스전 개발을 공동으로 추진할 것을 심도 있게 논의했고, 이러한 논의 사항이 공동성명에서 "평화·협력·우호의 바다"라는 문구로 반영된 것이다.

그러나 불과 4년 뒤의 시점인 2012년 9월, 일본과 중국 양국은 동중국 해상의 센카쿠/댜오위다오를 둘러싸고, 각각의 해상보안청과 국가해양국 그리고 해상자위대와 해군의 함선들이 집결해 무력대결 직전의 상태까지 가는 대립 양상을 노정했다. 왜 양국이 "평화·협력·우호의 바다"로 선언한 동중국해는 불과 4년 만에 양국의 물리적 분쟁 가능성을 내포한 해역으로 변화한 것일까?

1) 직접적 계기: 일본 정부의 국유화 결정과 중국 측의 반발

직접적인 요인으로는 일본 정부가 실효적으로 지배해오던 센카쿠 도서들을 국유화(nationalization)한 조치에서 비롯된다. 그런데 일본 정부의 국유화 조치는 경과를 따져보면, 중국 측의 대응 방향을 읽지 못한 일본 정부의 판단 착오에서 기인한 것처럼 보인다.

2012년 4월, 보수·우익 성향의 도쿄도(東京都)지사 이시하라 신타로(石原愼太郎)가 센카쿠 도서들을 도쿄도가 직접 매입해 관리해야 한다는 입장을 밝혔다. 이후 도쿄도는 매입을 위한 사전 절차로서 센카쿠에 지질 조사단을 파견해 직접 지질 조사를 벌였다. 그런데 도쿄도의 이 같은 조치에 대해 일본 정부는 지방자치단체인 도쿄도가 중국과의 영유권 분쟁의 대상이 되어온 해당 도서를 시유화(市有化)할 경우, 오히려 중국과의 마찰이 확대될 것을 우려했다. 이러한 우려 속에서 2012년 4월 말 이후

---

1) 《朝日新聞》, 2008년 5월 8일 자.

일본 노다 요시히코(野田佳彦) 정부는 수차례 관계 각료 회의를 개최해 센카쿠 시유화 조치에 따른 중국과의 마찰을 회피하는 방책을 논의했다. 이후 수상 보좌관 나가시마 아키히사(長島昭久)의 주장에 의해 아예 일본 정부가 직접 국유화 조치를 취하는 것이 사태의 안정화에 기여할 수 있을 것이라는 판단을 내리게 되었다.2)

한편 중국 정부는, 도쿄도에 의한 시유화 조치나 일본 정부에 의한 국유화 조치가 '센카쿠는 국가 핵심적인 이익'에 해당된다는 중국 정부의 공식 입장에 반하는 것이라고 반발했다. 2012년 9월 9일, 블라디보스토크에서 개최된 APEC 정상회의에 참가한 후진타오 국가주석도 일본 측 노다 요시히코 총리와 회담을 갖고, 사태의 중대성에 비추어 일본 측의 신중한 대응을 요청했다. 그럼에도 일본 정부는 다음 날인 9월 10일, 센카쿠 제도 다섯 개 섬 가운데 세 개 섬을 민간인으로부터 매입하는 국유화 조치를 단행했고, 매입한 세 개 섬의 관할 책임 기관으로 해상보안청을 지정했다.

중국 측은 이 같은 일본 정부의 조치가 중국의 핵심적 국가이익뿐 아니라 국가 지도자의 위신에 대한 정면 도전이라고 간주하고, 즉각 이 도서를 둘러싼 중국 측 영해기선을 선포했고, 이러한 내용을 담은 새로운 해도(海圖)를 유엔에 제출하는 대응 조치를 취했다. 나아가 중국은 민간 어선 1000여 척과 국가해양국 산하 순시선 10여 척을 동 해역에 파견해 실력 행사를 불사하겠다는 의지를 보였고, 이와 동시에 중국 전역에서 9월 10일 이후 대규모 반일 시위가 격화되었다.

중국 측의 강경 대응에 대해 일본도 해상보안청 산하 순시선의 50%에 육박하는 50여 척의 함선을 같은 해역에 파견해 양국은 이 도서를 둘러싼

---

2) 일본 측 정책결정 경위에 대해서는 ≪朝日新聞≫, 2012년 9월 26일 자 참조.

일촉즉발의 대치 상태를 연출했다. 2012년 9월 29일은 양국 국교 정상화 40주년을 맞이하는 날이었고, 양국 간에는 이를 기념한 다양한 행사가 예정되어 있었으나 거의 모든 행사들이 취소 또는 중지되는 사태가 전개되었다. 일본 언론들이 "양국 40년 역사상 최대 위기"라고 우려한 사태는 이같이 센카쿠 도서에 대한 일본 정부의 국유화 결정과 이에 대한 중국 측 반발이 직접적 계기가 되었다.

2) 구조적 요인: 양국 간 세력전이와 지역 전략의 변화

그런데 앞에서 언급한 직접적 계기가 촉발되는 배경이 되었던 좀 더 구조적인 요인들을 간과할 수 없다. 우선 중국과 일본 간의 세력전이(power transition)에 따른 물리적·심리적 경쟁 격화를 들 수 있다.

1990년대 이후 일본의 장기 침체 및 중국의 급속한 성장에 따라 양국 간에는 경제력과 군사력 측면에서 세력전이의 양상이 노정되고 있다. 2007년에는 중국 군사비가 일본을 추월한 데 이어, 2010년에는 중국의 GDP가 일본을 추월해 세계 2위의 경제 대국으로 부상하는 변화가 나타났다.

중국의 국력 증진 및 국제적 위상 강화에 따라 군사와 외교 분야에서 중국의 대외 전략이 좀 더 적극화되는 양상이 전개되고 있다. 증대되는 중국의 국방비는 특히 해·공군과 전략무기 증강에 집중되고 있고, 이에 따라 중국은 자국의 군사력을 좀 더 원거리에 투사할 수 있는 전략 개념을 개발하고 있다. 종전에 중국 해군은 근해방어 전략을 표명해왔으나, 2000년대 중반 이후 후진타오 국가주석에 의해 원해방어 전략이 표명되기 시작했다. 이와 병행해 중국 해군 함선들은 소위 제1도련선을 넘어 제2도련선 및 서태평양 방면으로 활발하게 진출하면서 해상기동훈련이나 함포사격훈련을 벌이는 양상을 보이고 있다.

미국은 이러한 중국의 해군 전략을 대륙에 배치된 중거리 탄도미사일 전력과 더불어 미국의 아시아 대륙에 대한 접근을 차단하려는 의도를 가진 반접근 지역거부 전략으로 파악하고 있다. 또한 이에 대응하기 위해 공해전투 전략이나 합동작전접근개념을 제시하면서 대응 방책을 강구하고 있다.[3] 이러한 대응 전략의 일환으로 오스트레일리아, 일본, 필리핀, 베트남 등 동아시아 지역 국가들과 동맹 관계를 강화하거나 군사협력 관계를 확대하려 하고 있다. 전통적인 동맹국인 일본은 미국의 요청에 부응해 2010년 12월에 공표된 방위계획대강에서 새롭게 '동적 방위력(Dynamic Defense Force)' 개념을 제시하면서 잠수함 및 헬기탑재호위함 등의 해상자위대 전력을 대폭 증강하고 있고, 동중국해 및 서태평양 상에서 미국, 오스트레일리아, 인도 등과의 연합해군훈련도 확대하고 있다.[4]

미중 간, 혹은 중일 간의 적극적 해양 전략 추구 및 해군 전력 증강 추세 속에서 센카쿠나 스프래틀리 등 동중국해와 남중국해 주변 도서들에 대한 영유권 주장이 강화되고, 이러한 경쟁적 구도가 중일 간 센카쿠/댜오위다오 분쟁으로 표출된 것이다.[5]

---

3) 미국의 대중국 인식과 대응 전략 기조에 대해서는 Department of Defense, *Sustaining U.S. Global Leadership: Priorities for 21st Defense* 참조. '공해전투' 개념에 대해서는 General Norton A. Schwartz and Admiral Jonathan W. Greenert, "Air-Sea Battle," *The American Interest*(February 20, 2012) 등을 참조.

4) 2010년 방위계획대강 원문은 「平成23年度以後に係る防衛計画の大綱について」(2010. 12.17) 참조. 중국의 해군력 증강에 대한 일본 측 반응으로는 Yoji Koda, "Japanese Perspective on PRC's rise as a Naval Power: Role of the USA, Japan and the ROK for our future"(2011년 7월 6일, 한국전략문제연구소 국제세미나 발표논문), 혹은 Michishita Narushige, "The Future of Sino-Japanese Competition at Sea"(2012. 3.23) 등을 참조.

5) 이에 대해서는 Park Young-June, "China-Japan Strategic Competition and South Korea's Security Choices: Focusing on the issue of Maritime Security," a paper

3) 행위자적 요인: 양국 정치가들의 내셔널리즘 경향

구조적으로 중국과 일본이 전략적 경쟁 구도를 보이고 있는 가운데, 양국 정치가들은 내셔널리즘적인 국내 여론에서 자유롭지 못한 상황이다. 2009년 9월, 일본은 종전의 자민당을 대체해 민주당이 집권정당으로 등장했다. 초기에는 하토야마 유키오(鳩山由紀夫) 총리에 의해 '동아시아 공동체론'이 활발하게 개진되었으나, 이후에 등장한 총리들은 동아시아 지역질서에 대해 새로운 비전을 제시하기보다는 국민들의 내셔널리즘적인 정서에 편승하는 경향을 보이고 있다. 특히 노다 요시히코 총리를 포함한 당시 민주당 지도부는 글로벌 경제위기 및 일본의 국제적 위상 저하라는 현실에 직면하면서, 국민들의 관심에 부응하기 위해서라도 영토 및 영해 주권 강화 그리고 역사 문제에 대한 보수적 입장을 강화했다. 이러한 정책 성향에 따라 센카쿠에 대한 도쿄도의 시유화 움직임이 나타났을 때, 중국 측의 입장이나 감정을 깊이 이해하지 못한 채 조속히 국유화 선택을 함으로써 오히려 문제를 확대시켰다고 볼 수 있다.

이 같은 내셔널리즘적인 경향은 중국 지도자들도 예외가 아니다. 덩샤오핑 같은 이전 지도자들은 1970년대 초반 양국 국교 체결 시에 센카쿠/댜오위다오 같은 양국 간 갈등의 씨앗이 되는 영토 문제들은 좀 더 지혜로운 후세대 지도자들에게 위임하자는 통 큰 결단을 보인 바 있다. 그러나 그 후세대 지도자들은 덩샤오핑 같은 강력한 리더십을 발휘하지 못한 채, 국민의 관심에 부응하기 위해 내셔널리즘적인 정책을 쉽게 선택하는

which was presented at the 2012 International Conference in Commemoration of the 20th Anniversary of South Korea and China Diplomatic Relations by the Korean Association of International Studies, 20~21 August 2012.

경향을 보였다. 예전의 덩샤오핑처럼 장기적인 국가이익의 전망을 가지면서, 영토 및 영해 문제와 같은 휘발성이 강한 이슈에 대해 국민 감정을 절제시키는 성숙한 지도력을 발휘하기는 당분간 곤란할 것이다.

그런데 이상에서 지적한 양국 간 영유권 분쟁의 요인들이 2012년 분쟁으로 사라지는 것이 아니라, 향후에도 계속 잔존하면서 동중국해 및 남중국해에서 중국, 일본, 기타 국가들이 관련되는 추가적인 분쟁의 소지가 될 수 있다는 점에서 문제의 심각성이 있다. 중일 간의 국력전이가 향후에도 더욱 진행될 것이고 이에 따라 지역 전략의 경쟁이 좀 더 격화될 가능성이 크다. 이미 선출된 중국의 제5세대 지도부와 2012년 말에 예정된 일본 중의원 총선거에서 선출될 일본 차기 지도자 간에는, 더욱 내셔널리즘을 둘러싼 갈등이 고조될 수 있다. 그런 점에서 본다면 2012년 중일 간에 전개된 센카쿠/댜오위다오 영유권 분쟁은 향후 좀 더 다양한 전선에서 발생할 중일 간 분쟁의 예고편이 될 수도 있을 것이다.

2. 중일 간 영유권 분쟁이 한반도 안보에 미치는 영향

센카쿠/댜오위다오를 둘러싼 중일 간 영유권 분쟁이 다른 전선에도 확대될 전망이라면, 이것은 한반도 안보에도 다음과 같은 몇 가지 점에서 암운을 드리우게 될 것이다.

1) 해양수송로의 안전 위협

센카쿠/댜오위다오 해역은 중동과 유럽으로 이어지는 한국의 남방 해양수송로를 구성한다. 만약에 이 해역에서 중국과 일본 간 해상 분쟁이 본격화되어 해양수송로의 안전 항행에 지장을 준다면, 석유와 같은 천연 자원 수입과 대외 교역 등 한국의 경제활동에 치명적인 영향을 주게 될 것이다.

한국과 같은 해양수송로를 이용하는 일본은 이 같은 사태가 미칠 파장을 예의주시하고 있다. 일본의 해양 정책 연구자들은 센카쿠/댜오위다오 해역을 경유하는 남방 해양수송로를 사용하지 못할 경우, 오스트레일리아 북부를 경유해 중동으로 이어지는 해양수송로를 사용할 가능성도 검토하고 있다.[6]

중국 해군의 활동 반경이 원해방어 전략에 따라 제2도련 외곽으로 더 확대되어 미국과 일본의 연합해군훈련 양상 또한 강화되었다. 따라서 미중 간 혹은 중일 간 해양 분쟁 가능성이 증대될 경우 한반도 안보는 북한에 의한 직접적 위협 외에 잠재적 위협 요인에 직면하게 될 것이다.

2) 북한 개혁개방 및 한반도 평화체제 구축의 차질

중국과 일본은 한국의 당면 현안인 북한 핵 문제 해결을 위해 전략적 협력이 필요한 중요한 이웃 국가들이다. 중국과 일본은 북핵 문제를 해결하기 위한 6자회담의 당사국들이며, 국제적 협력을 조달하는 데에 있어 협조가 불가결한 국가들이다. 또한 중국과 일본은 한국이 이니셔티브를 취해 2011년 출범한 한중일 협력사무국의 멤버이기도 하다.

만일 이러한 중국과 일본, 이웃 국가들 서로가 분쟁을 일으킨다면 북한의 핵 개발을 저지하고 북한 지역을 개혁개방으로 유도하기 위한 국제 협

---

6) 2012년 8월 7일, 일본 도쿄에서 해양정책연구재단 아키모토 카즈미네(秋元一峰) 연구원과 진행한 인터뷰.

력 태세 구축이 곤란하게 될 것이다. 또한 한국과 더불어 동북아 지역의 다자안보협력체제를 구축하기 위한 노력에도 차질이 생길 것이다. 이 같은 상황은 한국의 국가안보에 불리한 여건을 조성하게 된다.

3) 한국의 배타적 경제수역과 대륙붕 권리에 악영향 가능성

중국과 일본이 동중국해의 센카쿠/댜오위다오에 대한 상호 영유권 주장을 강화하면서 자국의 배타적 경제수역이나 대륙붕 관련 주장들을 확대한다면, 한국의 배타적 경제수역이나 대륙붕 관련 이익이 침해당할 소지가 존재한다. 1982년 성립된 유엔해양법협약은 12해리 영해 이외에 200해리의 배타적 경제수역 그리고 350해리 범위 이내에서의 대륙붕수역을 설정하고 있다. 다만 한국, 중국, 일본 간에는 배타적 경제수역과 대륙붕 구역에서 서로 중첩되는 부분이 존재하고, 이 같은 중첩 부분을 둘러싼 차이를 조정하기 위해 양자 간에 배타적 경제수역과 대륙붕 경계를 둘러싼 협의들이 계속 진행되고 있다.

그런데 센카쿠/댜오위다오를 둘러싼 양국 간 갈등이 심화되는 과정에서 중국과 일본이 배타적 경제수역이나 대륙붕에 대해 강경 입장을 계속 고수할 경우, 한국과의 협의에도 그 여파가 미칠 가능성이 크다. 그 결과 배타적 경제수역과 대륙붕 질서에 관한 한국 측 입장이나 해양주권이 침해될 소지가 적지 않다. 당장 중국이 일본에 대한 주장을 강화하면서, 이어도 해역에 대한 자국의 배타적 경제수역 주장을 더욱 완강히 주장할 수 있다. 일본도 대중 해양주권 입장을 강화하면서, 한국과의 배타적 경제수역이나 대륙붕 구역 경계에 대해 강경한 주장을 전개할 가능성을 배제할 수 없다.

요컨대 중국과 일본의 영유권 분쟁은 다양한 경로를 통해 한국의 국가

이익을 저해할 가능성이 농후하며, 이러한 시나리오는 한국의 국가안보에 암운을 드리우게 될 것이다.

3. 동아시아 해양안보를 위한 한국의 대응 정책 방향

그렇다면 한국은 이 같은 중국과 일본 간의 센카쿠/댜오위다오 분쟁에 대해, 나아가 동아시아 해양질서에 대해 어떠한 대응 정책을 취해야 할 것인가? 결코 한국은 이 같은 중일 간 분쟁이 한국의 국가이익 및 국가주권과 무관한 사안이라고 생각해서는 안 된다. 이 사안이 앞에서 언급한 이유 때문에 한국의 국가이익 및 국가주권을 침해할 소지가 있음을 인식한 연후에 다음과 같은 중층적 대응을 강구할 필요가 있다.

1) 중국과 일본에 대한 중재 외교

한국은 동아시아 정상회의(EAS), 아세안+3 회의, 한중일 정상회담 등의 다양한 채널을 활용해 일본과 중국 양국에 영유권 문제에 대한 과잉된 대응이나 내셔널리즘 분출을 자제하도록 촉구할 필요가 있다. 그리고 이미 2008년 5월에 중국과 일본, 양국이 도달한 합의 사항에 따라 동중국해를 "평화·협력·우호의 바다"로 만들고, 양국 간의 중첩된 배타적 경제수역 내에서 천연자원의 공동개발을 통해 갈등의 소지를 줄여야 한다는 점을 역설해야 한다.

이 같은 중재 외교가 한국의 국제적 위상과 영향력을 높이고, 평화국가로서의 소프트 파워를 증진시키는 부수적 효과를 가져올 수 있다.

2) 동아시아 해양질서 현상 유지 원칙

이 같은 중재 외교를 전개하기 위해 한국은 센카쿠/댜오위다오를 포함한 동아시아 영유권 분쟁의 대상이 되는 모든 도서 지역에 대해 현상 유지의 원칙을 관련 국가들이 수용하도록 촉구할 필요가 있다. 실효적 지배를 하고 있는 도서에 대해 '국유화' 선언을 하거나, 타국이 실효적으로 지배하고 있는 도서에 대해 '영해기선'을 선포하는 행위는 섣부르게 현상 변경을 시도함으로써 오히려 지역질서를 불안정하게 만드는 결과를 초래할 수 있다.

우선은 현상 유지에 대한 원칙적 합의가 동아시아 해양질서를 안정화시킬 수 있는 첩경이라는 점을 역내 각국에 천명해야 한다. 영유권 분쟁의 대상이 되는 도서들에 대한 기존의 실효적 지배권을 관련 국가들이 모두 인정해야 한다. 그리고 국제사회가 보편적으로 납득할 수 있는 분명한 근거 없이는, 또한 당사국 간의 평화로운 협의에 의한 동의 없이는 현상 변경이 가능하지 않다는 점을 역설할 필요가 있다.

3) 동아시아 역내 국가 간 다자적 해양안보포럼, 해양개발포럼 발족 제창

동아시아 해역에는 센카쿠/댜오위다오 이외에도 추가적인 분쟁의 소지가 많다. 동중국해 및 남중국해 해역뿐만 아니라, 배타적 경제수역 및 대륙붕 경계 확정 문제가 첨예한 대립 어젠다로 부상할 가능성이 크다. 나아가 지구 온난화에 따라 새롭게 개방되고 있는 북극해 항로 이용 문제가 각국 간 현안이 될 것이다.[7)]

이 같은 동아시아 해양질서 내의 잠재적 분쟁 요인을 확대시키지 않고 역내에서의 해양 이익 공유를 위해 동아시아 각국이 다자간 해양안보포럼, 혹은 해양개발포럼을 구성할 것을 한국이 선도적으로 제안할 필요가 있다. 이미 미중 간, 중일 간에는 양자 차원의 해양안보대화가 개시되었다. 이를 다자간 포럼으로 확대해 논의해야 한다. 이러한 해양 현안에 대한 관련국 간 갈등 가능성을 대화를 통해 줄여나가고, 궁극적으로는 해양이익을 공동으로 개발하고 공유할 수 있는 다자간 협의체 창설을 한국이 주도하면서, 동북아 해양질서를 좀 더 안정적이고 평화롭게 만드는 데 기여하는 방안을 찾아야 할 것이다.

4) 해양 정책 관련 부서 설치 및 해양종합전략 책정

동아시아 해양질서는 한국에는 국가이익과 국가주권이 밀접하게 연결되어 있는 분야이다. 그럼에도 한국은 이를 전담하는 정책 부서가 존재하지 않고, 종합적인 정책과 전략도 부재하다. 일본과 중국은 각각 2000년대 중반에 해양 정책 담당 부서를 설치했고(일본은 종합해양정책본부, 중국은 국가해양국), 해양개발 관련한 국가 정책 및 전략도 책정한 바 있다. 그런데 한국은 이명박 정부 들어 해양수산부를 폐지했고, 해양주권 및 해양이익에 대한 개념 규정과 전략 책정도 미약한 편이다.[8]

점차 첨예화되고 있는 해양이익 및 해양주권에 대한 각국의 공세적인 정책에 대응하기 위해서라도 한국의 해양 정책을 종합적으로 관장하고, 전략을 추진할 수 있는 정책 부서가 필요하다. 대선 후보들이 공통적으로

---

7) 북극해 항로 가능성에 대해서는 Juliette Kayyem, "The Arctic's widening shipping lanes," *International Herald Tribune*, March 28, 2012 참조.
8) 해양수산부는 2013년 3월 23일 대통령령 제24456호로 부활되었다.

'해양수산부'의 부활을 주장하고 있는 점은 환영할 만한 일이나, 그 기능이 종전과 동일해서는 곤란할 것이다. 종합적인 국가해양전략을 수립하고 이를 추진할 수 있는 좀 더 능동적인 역할과 책임이 신설 부서에 부여되어야 할 것이다.

제13장

동아시아 다자협력과 한반도 공진화의 과제

1. 문제의 제기

"다자주의는 셋 이상의 국가가 공통의 규범이나 원칙에 입각해서 장기적인 협력 관계를 형성해나가는 것"을 의미한다.[1] 다자주의에는 그 범위에 따라 유엔이나 IMF, IBRD(국제부흥개발은행)와 같은 글로벌 차원의 다자주의와, 유럽 혹은 아프리카 등을 주요 활동 공간으로 삼는 지역적 다자주의로 유형을 나눌 수도 있다.

유엔과 같은 국제기구에 어떻게 가입하고 국제사회의 멤버로 지위를

---

* 이 글은 2012년 2월 한국정치학회 연구팀이 통일부 연구 프로젝트로 제출한 보고서 가운데 필자가 담당한 「한중일 소다자주의와 한반도 공진화(Coevolution)의 전망」을 수정·보완한 것이다.

1) 최영종, 「동아시아의 다자주의, 다자외교, 다자제도」, 화정평화재단·21세기 평화연구소 엮음, 『다자외교 강국으로 가는 길』(동아일보사, 2009), 184쪽.

인정받아 활동하는지에 대한 국제적 다자주의, 혹은 동아시아라는 지리적 공간에서 여타 국가들과 어떻게 연대해 한국의 국가이익에 부합하는 질서를 만들 것인지에 대한 지역적 다자주의 결성의 문제는 정부 수립 이후 대한민국 외교안보 정책에서 가장 중요한 정책 어젠다 가운데 하나였다. 이 가운데 지역적 다자주의에 국한해서 보면, 건국 초기부터 이승만 대통령은 한미동맹과 아울러 미국, 오스트레일리아, 필리핀, 캐나다, 타이완을 포함하는 '태평양 반공동맹'의 결성이 신생 공화국의 안전보장을 확보해주는 가장 중요한 외교 정책의 하나라고 주장했다.[2] 박정희 대통령도 공산주의에 대한 공동대응 및 상호 경제협력 증진을 목표로 한 '아시아 태평양 공동사회'의 비전을 제시하면서, 1966년에 그 구체적 결실로서 일본, 타이, 말레이시아, 필리핀, 오스트레일리아, 뉴질랜드, 베트남, 라오스, 타이완 등을 참가시킨 가운데 아시아 태평양 각료 이사회를 결성한 바 있다.[3]

이 같이 안전보장과 경제협력 등 국가적 목표를 달성하기 위한 다자적 연대의 결성은 정부 수립 직후부터 한국 외교 정책의 중요한 어젠다의 하나가 되어왔던 것이다. 다만 이승만 정부가 추진했던 '태평양 반공동맹'이나 박정희 정부가 추진한 '아시아 태평양 각료 이사회'는 이념적으로는 '반공(反共)'을 표방했고, 그렇기 때문에 지리적 범위에서도 당시의 소련과 중공 그리고 북한을 포함하지 못하는 한계를 면치 못했다.

구소련과 중국 그리고 북한 등 공산권 국가까지 포함한 동아시아 지역

2) "이승만 대통령의 1949년 5월 17일 담화", ≪연합신문≫, 1949년 5월 18일 자. 『자료대한민국사 12: 1949년 5-6월』, 200쪽 재인용; 외무부, 『외무행정의 10년』, 188~197쪽 참조.

3) 「아시아 태평양 지역 각료회의 치사(1966. 6. 14)」, 『박정희대통령연설문집: 제3집(1966. 1-1966. 12)』, 234~235쪽.

내 다자간 협의에 대한 질서 구상은 북방 정책이 본격적으로 추진된 노태우 정부 이후 본격적으로 나타나게 되었다. 재임 기간 구소련(1990) 및 중국(1992)과의 수교를 성사시켰고, 북한과도 남북기본합의서 및 한반도 비핵화 공동선언(1991)을 공표한 노태우 대통령은 1988년 10월, 유엔총회 연설을 통해 남북한, 미국, 일본, 중국, 소련이 참가하는 동북아 여섯 개국 협의체의 결성을 제기했다. 비록 결실을 보지는 못했지만, 냉전체제하에서 상호 적대적이었던 북한과 같은, 공산권 국가들이 참가하는 동북아 지역의 안보 메커니즘 구축이 한반도 평화에 기여할 것이라는 발상의 전환이 이 제안에는 담겨 있었다.

김영삼 정부는 '세계화', '국제화'를 내세우면서도, 동아시아라는 공간을 어떻게 디자인할 것인지에 대한 구상력은 상대적으로 빈약했다. 다만 동아시아의 다자적 지역기구로 결성된 ARF와 APEC에 창립 멤버로서 가입을 결정했다. 김대중 정부는 2000년 남북 정상회담을 통해 이룩된 남북한 간의 대화와 협력 기조를 유지하기 위해 좀 더 적극적으로 미국, 일본, 중국, 러시아를 포함한 4대 강국과의 '동북아시아 협력 기구' 창설이 필요하다고 보았다. 이러한 정책의 연장선상에서 1999년부터 결성된 '아세안+3'에도 적극적으로 참가해, 동아시아 공동비전그룹을 제안하기도 했다. 이 같이 한국의 역대 정부에 있어 동아시아라는 지리적 공간은 국가의 안보 혹은 지속적 경제성장 등의 핵심적 국가이익을 보장해줄 수 있는 다자간 메커니즘 건설과 관련된 과제를 지속적으로 던져주었던 무대였다.

냉전체제가 종료되고, 한국의 국제적 위상이 상대적으로 증진된 21세기에 들어와서도 동아시아의 공간을 어떻게 한국의 국가이익과 부합하는 다자적 질서로 디자인할 것인지에 대한 문제는 여전히 한국 외교 정책의 핵심적 문제의 하나로 남아 있다. 특히 한국이 추구해야 할 국가 목표 가운데 하나로 북한의 평화적 개혁개방의 과제와 연계해 동아시아의 다자적 질서를 어떻게 구축해야 할 것인가의 과제가 향후 중요하게 부각되고 있다. 선군정치를 표방하면서, 핵 개발과 대외적 강경조치를 취하고 있는 북한을 외교적·군사적·정치적으로 변화시켜 핵 개발을 포기하게 하고, 경제적 개혁개방을 유도해 어떻게 하면 선진화된 사회를 만들 것인지에 대해서는 한국 및 주변 국가의 동시적 변화, 즉 공동진화(co-evolution)가 필요하다는 관점이 제기된 바 있다.[4]

이 글에서는 21세기 접어들어 노무현 정부와 이명박 정부가 취한 동아시아 다자주의에 대한 구상과 정책을 한반도 공진화(co-evolution)의 관점에서 각각 검토한다. 이후 특히 한국, 중국, 일본을 포함한 소다자주의가 어떻게 전개되었고, 이러한 소다자주의 구상 및 정책이 한반도 공진화에 어떤 방식으로 공헌할 수 있는지에 대한 방안을 제시하기로 한다.

2. 한국에 의한 동아시아 다자주의 정책의 전개와 평가

1) 노무현 정부의 '동북아시대 구상'과 평가

(1) 구상과 정책

아마 역대 대통령 가운데 노무현 대통령만큼 강력한 어조로 경제·안보·사회문화 이슈 등의 제반 영역에 걸친 동아시아, 혹은 동북아 역내의 다자간 협력체가 필요하다는 점을 지속적으로, 그리고 강력하게 주장한 지도자는 없었을 것이다. 2003년 2월 25일, 취임사에서 노무현 대통령은

---

4) 하영선, 「2032 북한 선진화의 길: 복합그물망국가 건설」, 하영선·조동호 엮음, 『북한 2032: 선진화로 가는 공진전략』(EAI, 2010), 22~23쪽.

"동북아에 번영의 공동체를 이룩하고,…… 언젠가는 평화의 공동체로 발전"시켜야 한다고 밝혔다.5) 이어 같은 해 광복절 경축사에서도 한국이 다시는 강대국 틈바구니에 끼여 편을 갈라 싸우는 치욕의 역사를 되풀이하지 않기 위해 "동북아시아에 협력과 통합의 새로운 질서를 만들어가야" 한다고 역설했다. 이 같은 대통령의 구상은 '평화와 번영의 동북아시대'라는 정책 목표로 정리되어 노무현 정부의 국정 목표 및 외교안보 정책의 중요 과제 가운데 하나로 자리 잡았다.6)

노무현 대통령의 '동북아시대 구상'은 몇 가지 배경을 갖고 있는 것으로 보인다. 우선 그는 북한과의 평화적 공존, 즉 한반도 평화체제 구축이라는 또 다른 외교안보 정책상의 중요 목표를 달성하기 위해 미국, 일본, 중국, 러시아를 포함하는 동북아 주요 국가들의 안정과 협력이 불가결하고, 이를 엮는 다자적 메커니즘의 구축이 필요하다고 본 듯하다. 이 과정에서 그는 경제적으로 부상하는 중국의 영향력 증대에 주목하고, 이러한 중국의 부상이 미국과 같은 기존 강대국과의 대립으로 비화하지 않으면서, 한국이 추구하는 국가 목표 달성에 보탬이 되는 질서를 구상한 듯하다. 나아가 그는 경제적으로도, 국제적 위상의 측면으로도 성장한 한국이 더 이상 강대국 정치의 수동적인 객체가 아니라, 새로운 지역질서의 판을 짜는 주체의 역할을 할 수 있다고 본 듯하다.

이러한 대통령의 외교안보 정책 구상을 뒷받침하기 위해 노무현 정부는 조직과 제도상의 개편을 단행했다. 김대중 정부 시절부터 조직과 체제가 보강되기 시작한 NSC를 더욱 보강해 '한반도 평화체제 구축'을 추진하

---

5) 이하 노무현 정부의 동북아시대 구상에 대해서는 동북아시대위원회, 『동북아시대위원회 백서』(동북아시대위원회, 2008), 제1장 참조.

6) 청와대, 『평화번영과 국가안보: 참여정부의 안보정책 구상』(청와대, 2004).

는 중추로서 활용했다. 동시에 2004년 6월에는 기존에 설치되었던 '동북아경제중심추진위원회'를 '동북아시대위원회'로 개편하면서 '평화와 번영의 동북아시대' 구축을 위한 정책 연구과 실제 정책을 조정하도록 했다. 동북아시대위원회에는 외교안보전문위원회, 경제협력전문위원회, 사회문화협력전문위원회 등 일곱 개 전문위원회를 설치해 동북아 다자간 협력 증진을 위한 정책 연구를 수행할 수 있도록 했다.[7]

동북아시대위원회뿐 아니라 노무현 정부는 안보·경제·사회문화 등 여러 분야에 걸쳐 동북아 각국 간 협력을 증진시키기 위한 제도적 뒷받침이 필요하다고 보았고, 관련 법률이나 대통령령 제정 등을 통해 관련 제도들을 설치했다. 2006년 1월에는 제주평화연구원이 설치되었고, 2006년 9월에는 역사 문제에 관한 동북아 각국 간의 상호 이해 증진을 위한 목적으로 동북아역사재단이 설립되기도 했다.

이러한 체제에서 노무현 정부는 2003년 8월 이후 미국, 중국, 일본, 러시아 그리고 북한이 참가하는 6자회담체제에 적극 참가했고, 2005년의 9·19 공동성명과 2007년 2·13 합의를 통해 북한 핵 프로그램 폐기와 교환해 단계적인 대북 에너지지원과 경제협력을 합의하는 결과를 얻어냈다. 특히 2·13 합의는 북핵 폐기의 진전에 따라 상설적인 다자안보협의체를 설립해 동북아 안보협력을 논의한다는 조항을 삽입하기도 했다.

6자회담이 북한 핵 프로그램을 중심으로 동북아 안보협력의 핵심 현안을 논의해가는 장이었다면, 노무현 정부는 ARF, 샹그릴라 대화 등에도 적극 참가해 좀 더 폭넓은 이슈에 관해 동북아 안보협력을 논의하는 노력을 기울였다. 그리고 이와 병행해 동북아시대위원회를 활용해, 트랙 1.5 레

---

7) 이 외에 남북 협력, 제도개혁, 금융허브, 물류전문 등에 관한 전문위원회가 설치되었다. 동북아시대위원회, 『동북아시대위원회 백서』, 21쪽.

벨에서 미국, 일본, 중국, 러시아 등의 주요 연구소 및 연구자들과 전략 대화를 추진해나갔다.[8]

노무현 정부는 경제 분야에서의 동북아 협력에도 일정한 성과를 거두었다. 노무현 정부는 출범 초기부터 '동북아 경제중심' 건설을 표방했으며, 구체적으로 국제금융과 교역의 허브화 및 주요 국가들과의 FTA 체결을 추진했다. 이 결과 칠레(2004), 싱가포르(2005), 유럽자유무역연합(2005)에 이어 동남아 국가연합과 FTA가 체결되었고, 2007년 6월에는 미국과도 FTA에 서명하기에 이르렀다.[9] 동아시아를 엄습한 1997~1998년의 외환위기 이후 동아시아 각국 내에서는 외환시장의 안정과 유동성 확보가 주요 과제로 제기된 바 있다. 이러한 문제를 해결하기 위해 한국은 일본, 중국 등과 개별적인 통화스와프협정을 체결·확대했고, 아세안+3의 재무상 회의를 통해서도 통화스와프협정 확대 및 금융협력을 추진했다. 또한 중국 및 러시아와도 시베리아 횡단철도(TSR) 및 한반도 종단 철도(TKR)의 연결 문제, 시베리아산 천연가스관의 건설과 연결 문제 등을 협의했다. 아울러 역사 문제에 관한 한일 간, 나아가 동북아 각국 간의 인식 공유를 위해 한일역사공동연구위원회를 가동시켰고, 동북아 역사재단을 통한 역사공동연구의 정책도 추진했다.

(2) 평가

〈표 13-1〉은 노무현 정부 기간 추진되었던 주요 외교안보 정책을 남북

---

8) 전략 대화의 파트너로는 미국의 경우 서부 지역 버클리 및 스탠포드 대학교의 아시아 관련 연구소, 중국은 중앙당교 산하 개혁개방논단, 일본은 동아시아공동체평의회, 러시아는 전략연구소 등 미일중러의 주요 연구기관들이 선정되었다.

9) 정진영, 「동북아 경제협력과 한국의 FTA 전략: 참여정부의 FTA 정책 평가」, 하영선 엮음, 『21세기 한국외교 대전략: 그물망 국가 건설』(EAI, 2006).

┃ 표 13-1 _ 노무현 정부의 주요 외교안보 정책과 동아시아 정책

연도	남북 관계	한미동맹, 자주국방	동아시아 다자협력 (안보, 경제, 사회문화)
2003	군사실무회담	주한 미군기지 재배치 합의	국방 장관이 샹그릴라 대화 와 ARF 매년 참석
2004	· 북한 주적 개념 삭제 · 장성급 군사회담		4월: 칠레와 FTA 발효
2005		· 국방개혁 2020 추진 · 전시작전통제권 환수 문제 제기	· 3월: 동북아 균형자론 제기 · 5월: 치앙마이 이니셔티브 · 9월 19일: 6자회담 공동성 명(동북아 안보협력 증진 필요성 강조) · 11월: 동북아에너지협력 협 의체 결성
2007	정상회담, 남북 국방 장관급 회담(10월)	6월 30일: 한미 FTA 서명	2월 13일: 6자회담 합의

관계, 한미동맹 및 자주국방 그리고 동아시아 정책으로 나누어 표시한 것
이다. 이 표에서 나타나듯이 노무현 정부는 한반도 평화체제 구축과 동북
아시대 구상을 연계해서 외교안보 정책을 추진해나갔다. 즉, 노무현 정부
는 남북한 간에 경제 및 군사대화를 통해 협력 어젠다를 확대해나가는 '한
반도 평화체제 구축'의 국가적 목표 달성을 지원하기 위해, 이와 병행해
미일중러 및 동남아 국가들과의 다자간 협력을 추진해간 것이다.

노무현 정부는 이 과정에서 한국 외교의 자율성과 가능성을 최대한 발
휘하고자 했다. 한국이 더 이상 동아시아 국제정치의 수동적 객체가 아니
라 능동적 주체가 되어야 한다는 '동북아 균형자론'을 표방했으며, 6자회
담이나 치앙마이 이니셔티브, 한일역사공동위원회 발족 그리고 주요 국
가들과의 FTA 추진 등을 통해 외교 공간을 확대하려고 한 것이다. 또한
이러한 동북아시대 구상을 추진하기 위한 전략사령탑의 역할을 하기 위

해 동북아시대위원회를 결성하고, 동북아역사재단을 창설하는 등의 제도적 노력을 기울인 것도 평가할 만하다.

그러나 노무현 정부의 '동북아시대 구상'에는 몇 가지 문제점도 있었다. 우선, '동북아시대 구상'을 표방하는 과정에서 한국이 능동적인 역할을 해야 한다는 문제의식을 지나치게 강조한 나머지, 자국 중심적 내셔널리즘의 경향을 보였다는 점이다. 초기에 표방했던 '동북아 중심 국가' 개념 그리고 2005년부터 제기된 '동북아 균형자론' 등은 국내 학계는 물론 주변국으로부터 동조를 얻지 못했고, 결국 폐기되고 말았다.

또한 노무현 정부는 '동북아시대 구상'을 추진하는 과정에서, 전통적인 동맹국이자 우방국이었던 미국 및 일본과의 양자 관계를 소홀히 하는듯한 모습을 보였다. 〈표 13-1〉에서 보이듯이 협력적 자주국방 정책을 추진하는 과정에서 노무현 대통령은 기존의 한미동맹체제에 비판적인 시각을 보였으며, 이는 한국 정부에 대한 미국의 신뢰성 문제로 이어지곤 했다. 일본에 대해서도 2005년 시마네현에 의한 '다케시마 조례' 제정 문제가 불거졌을 때, 대통령 자신이 일본과의 '외교전쟁'을 불사하는 강경조치를 주도하면서, 오히려 한일 관계가 경색되는 결과가 빚어진 바 있다. 요컨대 양자 관계를 다지지 못한 상태에서 '동북아시대 구상'의 다자간 협의의 내실을 추구하기에 한계가 노정된 것이다.

무엇보다 노무현 정부의 '동북아시대 구상'은 그 궁극적인 목표라고 볼 수 있었던 '한반도 평화체제 구축', 즉 북한의 핵 개발 계획 포기와 개혁개방 유도를 달성하는 데 실패했다. 오히려 북한은 2006년에 핵실험을 단행했고, 6자회담과 병행해 열렸던 미국과 북한 간, 일본과 북한 간의 회담도 진척되지 못했던 것이다.

2) 이명박 정부의 '동북아시아 협력체제' 구상과 평가

(1) 구상과 정책

2008년부터 집권한 이명박 정부는 외교안보 정책의 핵심 목표로 '성숙한 세계국가'를 지향했다. 그리고 그 세부적인 전략 목표로서는 '상생과 공영의 남북 관계'와 더불어 '협력 네트워크 외교의 확대'를 제시했다. 그리고 '협력 네트워크 외교'의 세부 과제로서 '21세기 한미 전략동맹', '주요 국과의 관계 강화', '글로벌 파트너십 확대'와 더불어 '동북아시아 협력체제 구축'을 제시했다.10) 이 같은 대통령의 입장은 이후 여러 차례 연설에서도 거듭 표명되었다. 예컨대 2010년 8월 15일의 광복절 경축사에서 대통령은 남북한 간에 평화공동체, 경제공동체, 민족공동체를 구현함과 동시에, 동북아 역내에서 협력 외교를 추진하겠다고 밝힌 바 있었다.

'동북아시아 협력체제 구축'과 관련해 이명박 정부는 '한중일 정상회담 체제의 발족'과 아울러 '동북아시아 다자간 안보협력체제 활성화'를 구체적인 과제로 제기했다. 이상에서 보면 이명박 정부도 '상생과 공영의 남북 관계 구축'을 한중일 정상회담체제 및 동북아 다자간 안보협력체제 등을 포함하는 동북아시아 범위 내에서의 협력체제 구축과 연계해 한국의 외교안보 정책을 추진해나간다는 구상을 갖고 있었던 것이다.

그런데 이명박 정부가 출범 초기 행한 정부제도 개편 상황을 보면 '동북아시아 협력체제' 구축의 과제를 담당해야 할 소관부서가 모호해지거나, 정부 전반적인 지원체제가 실종되는 양상이 나타났다. 이명박 정부는 2008년 3월, 국가안전보장회의 법 개정으로 NSC 상임위원회를 폐지하고, 이를 대체해 장관급 협의체인 외교안보 정책조정회의와 이를 보완해

---

10) 청와대, 『성숙한 세계국가: 이명박 정부 외교안보의 비전과 전략』.

외교안보 수석이 주재하는 외교안보 정책 실무조정회의를 설치했다. 또한 동북아시대위원회를 폐지하고, 이를 대체해 미래기획위원회를 설치했는데, 동북아 구상과 관련해 범정부 차원에서 주요 장관급을 위원으로 위촉하고 예하에 일곱 개 전문위원회가 설치되었던 동북아시대위원회와 달리 미래기획위원회에는 외교안보국 및 외교안보통일분과 위원회만 설치되었다. 이러한 제도 개편의 결과 '상생과 공영의 남북 관계 구축' 및 '동북아 협력체제'와 관련된 구상과 정책은, 정부 주요 부처의 장관급이 관여하고 NSC가 제도적으로 뒷받침하던 노무현 정부 시절과 달리, 각 부서 장관이나 청와대 외교안보 수석실의 대외전략비서관이나 미래기획위원회의 외교안보국이 담당하는 일 분야로 위상이 낮아지게 되었다.

그렇다면 이러한 체제하에서 이명박 정부의 대외 정책은 어떻게 전개되었는가? 이명박 정부의 주요 외교안보 정책을 정리한 〈표 13-2〉를 볼 때, 노무현 정부와 비교해 이명박 정부는 미국, 일본, 중국, 러시아에 대한 양자 관계, 특히 미국과 일본과의 양자 관계 복원에 집중적인 노력을 기울였다. 이명박 대통령은 집권 초기인 2008년 4월 19일과 8월 6일, 미국의 조지 부시(George W. Bush) 대통령과 연이은 정상회담을 갖고, 한미동맹을 보편적 가치를 바탕으로 공동이익을 추구하는 21세기 전략동맹 관계로 발전시키기로 합의하고, 한미동맹 미래비전 구체화, 미국 대외군사판매(FMS) 상의 지위 격상, 주한 미군의 현 수준 유지 등을 추진하기로 합의했다. 또한 이명박 대통령은 2008년 4월 21일, 한일 정상회담을 갖고, 노무현 정부 시기 경색되었던 양국 관계를 성숙한 파트너십 관계로 격상한다는 데 합의했고, 정상 간 셔틀 외교도 복원하기로 했다. 대통령은 이어 같은 해 5월 17일 중국 후진타오 국가주석과 정상회담을 가진 데 이어, 9월 28일에는 러시아 정상과 회담을 갖고 양국 간 관계를 각각 전략적 협력 동반자 관계로 격상하는 데 합의했다.

이명박 정부는 양자 간 관계를 활성화시킨 성과를 바탕으로 한미일, 혹은 한중일 등의 3자 관계 협력 강화와 제도화에도 노력을 기울였다. 2008년 5월, 한미일 3국의 6자회담 수석대표가 워싱턴에서 회동을 가진 것을 계기로, 한미일 3국 간 차관급 협의, 외교담당 장관급 협의가 수시로 개최되었다. 이 같은 한미일 3국의 대북 정책공조체제는 2003년에 중단된 대북 정책조정그룹(TCOG)의 활동을 부활시킨 의미를 지니고 있었다. 이명박 정부는 2008년 12월 13일, 일본 후쿠오카에서 최초로 열린 한중일 3국 정상회담을 계기로, 한중일 간의 소다자주의적 협의도 활발하게 진행시켰다. 이후 한국, 중국, 일본 간에 매년 정상회담이 정례적으로 개최되었고, 외교, 경제무역, 환경, 관광 분야 등의 담당 장관 회의도 개최되기에 이르렀다. 이러한 흐름의 연장선상에서 정상회담을 포함한 한중일 간의 다양한 협력 프로젝트를 조정하고 지원하기 위한 목적에서 2011년 6월, 한중일 협력사무국이 서울에 설립되었다.

그러나 양자 및 삼자 간 협의의 활성화에도 이명박 정부는 미국, 일본, 중국, 러시아 및 동남아 국가를 망라한 동아시아 레벨의 협력 추진에 관해서는 상대적으로 소극적인 입장을 드러내었다. 〈표 13-2〉에서 보이는 것처럼 2008년 이후 6자회담은 가동되지 않았고, 다자간 안보협력의 진전도 나타나질 않았다. 물론 이명박 정부는 아세안+3 정상회담, 동아시아정상회의, ARF 각료회의 등 연례적으로 개최되는 다자간 협의체에 지속적으로 참가했지만, 한국이 주도적으로 다자간 안보 및 경제협력을 제안하는 양상을 찾기는 힘들었다.

(2) 평가

이명박 정부는 앞에서 소개한 바와 같이 미국, 일본 등 노무현 정부 시기에 소홀히 해온 양자 관계를 강화하는 데 성과를 거두었다. 그리고 이 같은 성과를 바탕으로 한미일 3국 간 정책공조체제를 부활시켰고, 한중일 정상회담을 뒷받침하기 위한 협력사무국의 설치도 추진했다. 그러나 이명박 정부의 이 같은 외교적 성과는, 좀 더 궁극적인 목적인 '상생과 공영의 남북 관계' 및 '동북아 협력체제' 구축과 연계되지 못했다.

이명박 정부는 '상생과 공영의 남북 관계 구축'을 전략 목표의 하나로 제시했지만, 〈표 13-2〉에서 보이는 것처럼 이명박 정부 집권 5년 동안 남북 간에는 의미 있는 협의조차 진행되지 않았다. 이명박 정부 출범 초기에 전임자가 합의한 남북 관계 관련 합의문 이행에 대해 모호한 자세를 보였고, 이러한 정책이 북한의 불신감을 초래하면서, 남북 관계는 그 후 천안함 사건 및 연평도 포격 등에서 나타나듯 긴장된 경색 관계를 면치 못했다.[11]

이러한 남북 협력의 부재가 동아시아 협력 정책의 빈곤으로 이어졌다. ARF, EAS 등의 동아시아 다자간 기구에는 정례적으로 참가했지만, 한반도 공동진화를 위해 중요한 역할을 해야 할 6자회담체제는 가동정지 상태를 벗어나지 못했다. 이명박 정부가 동아시아 범위에 걸친 안보 및 경제 분야의 협력 구상 창출에 소극적인 모습을 보인 반면, 일본, 오스트레일리아, 그리고 동남아 국가들은 이 지역의 새로운 구조 창출에 적극적인 태도를 보여주었다. 역사적인 2009년의 정권교체 이후 일본 민주당의 하토야마 총리는 일본의 새로운 외교 정책 구상으로서 '동아시아 공동체'를 일관되게 표방했다. 오스트레일리아의 케빈 러드 총리도 2020년까지 러시아와 멕시코를 포함한 아시아 태평양 공동체를 구축하자고 제안했다. 동남아 국가들도 2015년까지 정치·경제·사회문화 분야에 걸친 아세안

---

11) 이명박 정부의 외교안보 정책에 대한 이 같은 비판은 문정인, "중국의 부상과 한반도 미래", ≪신동아≫, 2012년 1월호 참조.

｜표 13-2 _ 이명박 정부의 주요 외교안보 정책 현황

	남북 관계	미일중러 양자 관계 한미동맹, 한미일 협력 분야	동아시아 다자협력 분야 6자회담, 한중일 협력체
2008		· 5월: 한미일 3국, 6자회담 수석대표 회의 · 8월: 한미동맹을 21세기 전략 동맹으로 재정의 추진 · 12월: 한미 간 북한급변사태 대비 계획 수립	12월: 한중일 정상회담, 후쿠오카 개최
2009		6월: 한미 정상, 한미동맹 미래비전선언 발표	· 5월: ARF, 재해구난 다국 간 연합훈련 개최(필리핀) · 9월: 한중일 외상 회담 · 10월: EAS · 11월: APEC 정상회의
2010	2월: 군사실무회담	· 7월: 한미 양국 외교국방 장관회담 · 10월: 한국 주관 PSI 훈련 · 11월 이후: 한일 GSOMIA, ACSA 협의 · 12월: 한미일 외상 회담과 6자회담 재개조건 논의, 미일 간 연합훈련에 한국 참가	· 5월: 한중일 외교 장관, 경제무역 담당 장관 회의 · 6월: 아시아안전보장회의 · 10월: 한중일 관광 담당 장관 회의
2011	9월: 남북 간 차관급 접촉	· 2월: 코브라 골드 2011 훈련, 타이·미국에 더해 한국 참가 · 3월: 한미 간 확장억제위원회 · 12월: 제6차 한미일 3자 협력대화	· 3월: 한중일 외무 장관 회의 · 5월: 한중일 정상회담 · 11월: EAS 정상회의, 미국·러시아 최초 참가, 한중일 FTA 공동연구회의

공동체를 구축한다는 구상을 발표한 바 있다. 이에 비해 이명박 정부의 동아시아 지역질서 구상은 안보질서 혹은 경제질서 공히 빈곤을 면치 못했다. 구상의 빈곤 속에서 이명박 정부의 동아시아 역내 다자간 안보 혹은 경제협력 정책도 실종되었다. 6자회담은 가동되지 않았고, 이를 보완

하거나 대체하기 위한 어떠한 협의체에 관련한 논의도 나타나질 않았다. 이 속에서 한반도 공진화의 가능성도 기대하기 힘들어졌다.

물론 이명박 정부하에서 정례화된 한중일 정상회담 및 관련 분야 장관회담, 그리고 이를 뒷받침하기 위한 한중일 협력사무국의 설치는 인정할 만한 성과이다. 그렇다면 한중일 협력사무국으로 결실을 보게 된 한중일 소다자주의적 협력은 한반도 공진화와 관련해 어떠한 가능성을 갖고 있는 것일까?

3. 소다자주의로서 한중일 협력의 구축과 전개

1) 노무현 정부 시기의 한중일 협력

지리적으로 인접한 한국, 중국, 일본이 상호 간 현대적 의미에서 국교를 체결한 것은 그리 먼 역사가 아니다. 한국과 일본이 1965년에, 중국과 일본이 1972년에 정식 국교가 성립되었고, 1992년에는 한국과 중국이 국교를 체결하기에 이르렀다. 이러한 한국, 중국, 일본의 국가 정상이 처음으로 공동의 회동을 가진 것은 1997년 12월, 말레이시아 쿠알라룸푸르에서 개최된 아세안 창설 30주년 기념 비공식 정상회의에 초대되면서부터이다. 그리고 그다음 해인 1998년 12월, 하노이 정상회담에서 아세안+3의 정상회의 정례화가 합의되면서, 한중일 간에는 자연스럽게 아세안+3 정상의 회동 기간에 정상회담이 정례화되기에 이르렀다.[12]

---

12) 유현석, 「동아시아 경제외교전략: 경제외교에 대한 새로운 인식을 바탕으로」, 전재성 외, 『한국의 동아시아 미래전략』(삼영사, 2008), 84쪽.

연례적으로 개최된 한중일 정상회담에서 3국 간 협력의 의제들이 포괄적으로 합의된 것은 2003년 10월 7일 열린 회담을 통해서였다. 이때 참석한 한국의 노무현 대통령, 중국의 원자바오 총리, 일본의 고이즈미 준이치로 총리는 안보, 무역, 투자, 금융, 에너지, 과학기술, 환경, 재난, 관광, 문화, 국제범죄 등 14개 분야에 걸쳐 3국이 협력해야 할 가이드라인을 정한 공동선언문을 최초로 채택했다.[13] 예컨대 안보 분야에서는 대량살상무기 운반 수단 확산 방지를 위한 수출통제 등의 정치·외교적인 협력, 군축 관련 협의 및 협력 강화, 한반도 핵 문제의 평화적 해결과 한반도 비핵화 추진 협력 등이 합의되었다. 환경 분야와 관련해서는 황사 및 산성비, 그리고 기후변화 등에 관한 환경협력 강화가 표명되었고, 폭풍이나 태풍, 홍수 및 지진과 같은 재난예방에 대한 상호 협력도 합의되었다. 또한 지역 내 금융안정 증진과 3국 관광 연계개발, 국제핵융합실험로 사업과 같은 과학기술 협력 등도 폭넓게 합의되었다.

이 같이 3국 정상회담을 통해 폭넓은 범위의 협력 어젠다가 합의되자, 합의된 사항을 이행하기 위한 관련 장관회담도 정례적으로 개최되기에 이르렀다. 아세안+3의 틀 속에서 경제 및 재무 장관 회의도 정례화되었고, 2004년 이후에 한중일 외교 장관회담이 정례적으로 개최되기 시작했다.[14] 그 밖에 환경, 교통 및 관광, 과학기술 담당의 3국 장관급 회담도 정례적으로 개최되기에 이르렀다.[15]

---

13) ≪동아일보≫, 2003년 10월 8일 자; ≪朝日新聞≫, 2003년 10월 8일 자 참조.
14) 2004년 4월, 당시 한국 측 반기문 외교통상 장관과 일본 측 가와구치 준코(川口順子) 외상이 한중일 3국 외교 장관회담의 매년 정례개최에 합의했다. ≪朝日新聞≫, 2004년 4월 7일 자.
15) 한중일 환경 관련 장관 회의가 2005년 10월에 서울에서 개최되었고, 2007년 12월에는 일본에서 개최된 바 있다. ≪朝日新聞≫, 2005년 10월 24일 자; 2007년 12월 6

예컨대 2005년 5월 7일 개최된 3국 외상회담에서는 2003년 정상회담에서 합의된 공동선언을 실질적으로 이행하기 위해 3국 간 국장급 협의에서 구체적인 협의를 추진해나가고, 3국 간 에너지협력과 문화협력을 확대해나가기로 논의했다. 2005년 10월 22일 및 2007년 12월 7일에 각각 개최된 3국 환경 관련 장관회의에서는 각국이 공동으로 황사 및 이상기온 문제에 공동연구를 개시하면서 대처하고, 온난화 문제에 대해서도 공동대처하기로 합의한 바 있다.

이 같이 정상회담 및 장관급 회담이 각 분야에서 활발하게 개최되면서, 2007년 시점에서는 동북아 3국 간 정상 및 장관급 회의, 그리고 이를 지원하기 위한 실무자 협의체 등 정부 간 협의체가 총 44개에 달하게 되었다.16) 이뿐 아니라 2002년에 한국의 전경련, 일본의 경단련, 중국의 국제무역촉진위원회가 주관해 설립한 기업인 간 협의체인 한중일 비즈니스 포럼을 포함해 언론, 대학, 출판 등의 3국 간 민간협력단체 설립도 활발하게 진행되었다. 이렇게 한중일 간에 정부 및 민간협의체가 활발하게 결성되자, 3국 정부는 온라인 정부사무국을 개설해 3국이 참여하는 각종 회담과 협력사업을 조정하고, 정보를 공유하는 방안도 검토한 바 있다.17)

이 같이 노무현 정부 시기에는 한중일 간의 정상회담을 포함해 정부와 민간 레벨에서 활발하게 소다자주의 협의체가 결성되는 양상이 나타났다. 그리고 2003년 3국 정상회담을 통해서는 안보 이슈를 포함한 3국 간의 협력 어젠다가 포괄적으로 합의되는 성과를 얻기도 했다. 다만 이 시기의 3국 간 소다자주의는, 온라인 사무국의 개설 논의는 있었지만, 아직

일 자 참조. 한중일 과학기술 담당 장관회담도 2007년 1월 이후 정례적으로 개최되기 시작했다. ≪朝日新聞≫, 2007년 1월 10일 자 참조.
16) 유현석, 「동아시아 경제외교전략: 경제외교에 대한 새로운 인식을 바탕으로」, 74쪽.
17) ≪중앙일보≫, 2007년 11월 19일 자 참조.

제도화된 형태를 갖지 못했다. 또한 외교, 경제 및 금융, 환경, 관광 분야의 협력 추진을 위한 노력은 경주되었지만, 북한의 핵 문제 및 개혁개방 관련한 안보 분야의 실질적 협력은 추진되지 못했다. 한반도 공진화를 위한 소다자주의적 한중일 협력의 가능성은 충분히 발현되지 못한 것이다.

2) 이명박 정부 시기의 한중일 협력과 제도화

이명박 정부도 노무현 정부 시기에 가동된 한중일 3국 협력의 틀을 온전히 계승했다. 다만 이명박 정부 시기는 아세안+3 정상회담 기간을 이용해 개최되어온 한중일 정상회담을 이와 별도로 개최하는 방안이 실현되었다. 이 결과 아세안+3 정상회담과 분리된 최초의 한중일 정상회담이 2008년 12월 13일, 일본 후쿠오카에서 이명박 대통령, 일본의 아소 다로 총리, 중국의 원자바오 총리가 참가한 가운데 개최되었다. 이 회의에서 3국 정상은 세계금융위기에 대한 공동대처, 북한 핵 문제에 대한 긴밀 제휴를 논의했고, 향후에도 3국 정상회의를 한국, 중국, 일본이 번갈아가며 개최하기로 합의했다.[18] 2009년 10월 10일에는 중국에서 3국 정상회담이 개최되었는데, 아세안+3 정상회담을 포함 3국 간 협력 10주년을 기념해 향후에도 3국 간 상호 존중, 평등, 개방성, 투명성, 다양한 문화에 대한 존중을 협력의 기초로 한다는 공동성명을 발표했고, 3국 간 국방 당국자들의 협력과 교류도 강화한다는 합의가 이루어졌다.[19] 2011년 5월 22일에 개최된 3국 정상회담에서는 그 직전에 발생한 일본 후쿠시마현의 대지진 및 원자력발전소 사태에 비추어 향후 3국 간에 원자력 안전관리 관

---

18) ≪朝日新聞≫, 2008년 12월 14일 자.
19) ≪朝日新聞≫, 2009년 10월 9일 자.

련 공동협력 증진과 재생에너지 공동연구 등이 합의된 바 있다.[20]

노무현 정부 시기와 마찬가지로 이명박 정부 시기에도 한중일 정상회담과 병행해 3국간의 외교, 경제무역, 환경, 관광 등의 관련 담당 장관회의가 정례적으로 개최되었다. 예컨대 2010년 5월 23일 개최된 3국의 경제무역 담당 장관회의에서는 상호투자협정 교섭을 통한 투자자유화를 촉진하기로 합의했고, 같은 날 개최된 환경 담당 장관 회의에서는 온난화와 공해방지대책 등에서 3국이 중장기적으로 협력하고, 성과를 아시아 전체에 확산하기로 합의했다.[21] 2010년 8월 22일, 중국 항주에서 개최된 3국 관광 담당 장관회의에서는 세 개국을 내왕하는 여행자 수를 2010년 현재의 1700만 명에서 2015년까지 2600만 명으로 확대한다는 목표가 합의되기도 했다.[22]

한중일 3국 간에는 정부 간 협의뿐만 아니라, 민간 레벨에서도 다양한 분야에 걸친 3국 협력이 진행되었다. 3국의 경제단체에 의한 한중일 비즈니스 서미트가 정례적으로 개최되었고, 역시 한중일 3국의 산·관·학 관계자로 구성된 자유무역협정 실현을 위한 공동연구회도 지속적으로 개최되면서, 공통적으로 3국 간 자유무역협정 실현을 제언하기도 했다.[23] 그밖에 학자, 언론인, 대학, 지방자치단체 등의 3국 간 협의체도 활발하게 가동되었다.

이명박 정부 시기 한중일 소다자주의 협력과 관련해 특기할 만한 사항은 2011년 9월, 한중일 협력사무국이 설치되었다는 점이다. 3국 간 정상

---

20) ≪朝日新聞≫, 2011년 5월 23일 자.

21) ≪朝日新聞≫, 2010년 5월 24일 자.

22) ≪朝日新聞≫, 2010년 8월 23일 자.

23) ≪朝日新聞≫, 2009년 10월 11일 자; ≪朝日新聞≫, 2011년 12월 17일 자 참조.

회담 및 관련 장관회담이 10년 이상 정례화되고, 이와 관련한 정부 간 협의체가 2011년 현재 50여 개 이상에 달하게 되면서, 3국 간에는 이러한 문제를 상호 조정하기 위한 상설 기구의 설립 필요성이 제기되었다. 이러한 문제의식에 따라 2010년 12월, 서울을 소재지로 하는 한중일 협력사무국 설립협정이 조인되었고, 2011년 5월 3국 정상회담에서 초대 사무총장에 외교통상부의 신봉길 국제경제협력대사를 내정한다고 합의되었다. 이에 따라 서울에 사무소를 두고 운용될 한중일 협력사무국은 향후 3국의 정상회담 및 외무, 환경, 국토교통, 관광 등의 장관급 회담 등을 지원하고, 나아가 3국 간에 시행되고 있거나 실행될 캠퍼스 아시아 및 한중일 FTA 등의 협력 프로젝트를 지원하는 역할을 하게 될 것으로 전망된다.[24]

이상에서와 같이 이명박 정부에서도 한중일 소다자주의적 협력은 몇 가지 가시적인 성과를 보이면서 지속적으로 추진되었다. 아세안+3 정상회담과 분리해 한중일 정상회담이 한국, 중국, 일본을 순회하며 개최되었고, 정상회담 및 각급 3국 회담을 지원하기 위한 상설기구로서 한중일 협력사무국도 서울에 개설되었다. 일본 후쿠시마 대지진에 직면한 직후의 3국 정상회담에서 향후 원자력 안전관리와 재생에너지 공동연구 등을 합의한 점도 한중일 협력의 결실이라고 평가할 만하다.

다만 한중일 협력이 북한의 평화적 개혁개방 및 동북아 지역의 안전보장을 위한 실질적인 역할을 수행하고 있지 못한 것은 지적하지 않을 수 없다. 2003년 한중일 3국 정상회담에서 이미 북한의 비핵화 및 개혁개방에 대한 목표가 합의되었고, 2009년 정상회담에서는 국방 분야의 3국 협

---

24) 초대 사무국장으로 내정된 신봉길 대사는 이 기구가 2009년 한중일 정상회담에서 이명박 대통령의 제안에 따라 설립되었고, 사무소의 위치도 한국으로 결정되었기 때문에 향후 한국의 역할이 중요해졌다고 설명했다. 2011년 6월 17일 동아시아재단 사무실에서의 간담회와 인터뷰.

력도 추진하기로 합의된 바가 있지만, 이를 뒷받침하기 위한 정책적 노력은 경주되고 있지 못하다. 따라서 한반도 공진화를 위한 소다자주의적 한중일 협력의 가능성은 여전히 발현되지 못하고 있다.

4. 한반도 공진화를 위한 한중일 소다자주의의 가능성

건국 이후 60여 년간 한국은 정치적 민주화나 경제성장, 그리고 다원적인 사회민주화에 성공을 이룩할 수 있었다. 향후에도 그간 이룩한 성과를 유지하고, 지속적인 경제성장과 국가안보를 보장해나가기 위해서는 북한의 선진화 및 한반도 평화, 그리고 동아시아 역내의 공동번영과 안정이 불가결하다.

그러나 북한 및 동아시아 정세는 여러 가지 불안정 요인이 잠재해 있다. 북한은 김정은체제 등장 이후 국내적으로, 대남 정책 면에서 여러 가지 불안정성을 내포하고 있다. 동아시아의 공간에도 경제적 상호 의존의 양상이 현저하게 나타나고 있지만, 안보 측면에서는 미중 간 혹은 중일 간 신냉전적 대립의 징후가 나타나고 있으며, 국가 간 내셔널리즘 대립의 가능성도 존재한다. 한반도 긴장 요인과 동아시아의 잠재적 불안정성을 방치하는 것은, 장기적인 측면에서 한국의 국가이익 실현에 저해 요인이 될 것이다. 앞서 살핀 노무현 정부와 이명박 정부의 대북 정책 및 동아시아 구상과 정책에 대한 평가를 토대로, 좀 더 안정적이고 상호 협력하는 한반도질서, 그리고 동아시아의 공간을 만들기 위한 구상과 정책을 적극 개발해야 한다. 이 과정에서 이미 구축되고 있는 한중일 소다자주의와 같은 메커니즘들이 전략적으로 활용되어야 한다. 그렇다면 소다자주의적인 한중일의 협력 메커니즘을 어떻게 활용해 한반도 공진화 및 동아시아 평화질서 구축을 구현해나갈 수 있을까? 이를 위한 서너 가지의 방안을 제시하고자 한다.

1) 한반도 공진화 및 동아시아 다자간 협력질서 구상과 정책을 책정하기 위한, 가칭 '국제안보전략위원회' 설치

노무현 정부는 국가안보회의(NSC)를 강화하고, '동북아시대위원회'와 같은 기구를 신설하면서, 경제, 안보 그리고 통일 정책을 총괄·조정하는 역할을 담당하도록 했고 한반도 평화체제 구축 및 좀 더 적극적인 동북아 시대 구상을 추진하고자 했다.

이에 반해 이명박 정부는 국가안보회의의 조직과 역할을 대폭 축소하고 동북아시대위원회를 폐지하면서, 이를 대체해 관계 장관으로 구성된 '외교안보조정회의'가 외교안보 관련 정책의 조정 및 추진을 담당하게 했다. 또한 미래기획위원회를 설치해, 그중 하나의 분과인 외교안보분과위원회가 외교안보 및 통일 정책에 대한 구상을 개발하거나 정책 제언하도록 했다. 그러나 결과적으로 관련 부서와 위원회의 축소·폐지가 한반도 및 동아시아 지역질서에 대한 구상의 빈곤으로 이어졌고, 긴밀하게 연결되어야 할 외교·안보·통일 정책의 조정과 추진에도 여러 문제점을 가져왔다고 보인다.

한반도 공동진화 구상이나 다자적 동아시아 지역협력질서에 대한 구상과 정책을 현행 조직체계처럼 관료 집단에만 맡겨 놓기에는 너무 버거운 일이 될 것이다. 한반도 공동진화 및 동아시아 협력 정책은 학계, 경제 단체, NGO, 언론인 등 민간 분야의 전문가와 광범위한 소통의 과정을 통해 구체적인 구상을 입안하고, 정책을 추진해가야 한다. 그런 차원에서 가칭 '국제안보전략위원회'를 청와대 자문기구로 구성해 그 예하에 외교

안보, 경제, 남북 관계, 사회문화 등의 분과를 설치하고, 민간 전문가와 관료들이 다 같이 참여해 한반도 공진화 및 동아시아 다자협력 확대에 대한 중요 정책을 구상하며, 이를 집행하는 정부 기관과 밀접하게 의사소통할 필요가 있다.[25] 또한 NSC를 다시 상설화해 '국제안보전략위원회'로부터 제기되는 정책 구상을 수용하면서, 청와대, 외교통상부, 통일부, 국방부, 국정원 등 국가안보 관련 정부부서의 정책을 총괄·조정할 필요가 있다.

2) 한중일 협력사무국의 역할 강화

이미 동아시아 지역에는 역내 국가들이 참가하는 다자간 협의체가 정례적으로 가동되고 있다. 안보 문제를 협의하는 ARF, 아세안+3 정상회의, 2008년부터 정례화된 한중일 정상회담, 2005년부터 정례화된 동아시아 정상회의 등이 그것이다. 그런데 이 같은 다자간 협의체가 좀 더 실질적인 사안에 대한 협력을 증진하기 위해서는 제도화, 즉 상설적인 사무조직의 설립이 필요하다. 아시아 지역에 설치된 다양한 다자간 협의체 가운데 실질적인 사무조직이 설치된 것은 한중일 3국 정상회의를 지원하기 위해 2011년에 서울에 설치된 한중일 협력사무국이 거의 유일하다. 현재 한중일 협력사무국은 3국 간 정상회담 및 경제·외교·환경·교통·관광 등의 기존 장관회담 관련 업무를 지원하고 조정하는 역할을 수행할 것으로 예상된다. 그러나 향후에는 한중일 협력사무국의 조직과 기능을 점차 확대해 경제협력 및 사회문화협력뿐 아니라, 3국 간 안보 이슈도 다룰 수 있

---

25) 이러한 국제안보전략위원회는 일찍이 박세일 교수가 언급한 세계전략기획기구와 유사한 기능을 수행하게 될 것이다. 박세일, 『대한민국 국가전략』(21세기북스, 2008), 111쪽.

는 조직으로 발전시켜야 할 것이다.

이미 한중일 정상들은 2003년 정상회담을 통해 한중일 3국이 대량살상 무기 확산 방지를 위한 수출통제협력, 상호 군축 관련 협력, 한반도 비핵 화를 위한 상호 협력 등을 추진하기로 합의한 바 있다. 그리고 2009년의 정상회담에서는 한중일 3국 간 국방 당국의 실무협력을 추진해가기로 합 의한 바도 있다. 이 같은 정상들의 합의에 따라 3국 간 북한의 비핵화 및 개혁개방 유도, 동북아 역내 국가 간의 공동안보 실현을 위한 구체적인 신뢰구축 조치의 이행, 이를 위한 국방 당국 간 3자 협의 등이 실무적으로 추진되어야 한다.

지역 내 다자간 안보협력의 성공 사례로 거론되는 유럽안보협력기구 (OSCE)의 경우에는 56개국의 참가국 대표들이 참여하는 상설 대표부가 오스트리아 빈에 설치되어 매주 1회 이상의 안보대화를 상설적으로 개최 하면서, 참가국 간의 실질적인 협력을 증진시키고 있다.[26] 이 같은 선례 에 따라 한중일 협력사무국에 국방 및 안보 관련 협력을 위한 상설부서를 설치하거나 기능을 확대할 필요가 있다.[27]

한중일 협력사무국의 기능 확대뿐만 아니라 좀 더 중층적인 안보협의

---

26) 植田隆子, "アジア太平洋安保: 東京に常設フォーラムを(아시아 태평양안보: 동경에 상설 포럼을)", ≪朝日新聞≫, 2012년 1월 21일 자.

27) 이미 일본 내 식자들 사이에서는 한중일 정상회담, 6자회담과 더불어 지역안전보장 기구로서 역할을 하게끔 해야 한다는 구상이 제출된 바 있다. 이를 확대해석하면 한중일 협력사무국이 그 같은 기능을 담당해야 할 것이다. 일본국제포럼 정책위원 회 제35회 정책제언, "팽창하는 중국과 일본의 대응", ≪朝日新聞≫, 2012년 1월 27일. 참고로 일본국제포럼 정책위원회 위원장은 이토 겐이치(伊藤憲一), 정책위원으로 는 전 총리 아베 신조(安倍晉三)를 포함해, 가미야 마타케(神谷萬丈), 모리모토 사토 시(森本敏), 사지마 나오코(佐島直子) 등 학자, 외교관, 기업인 등 70여 명으로 구성 되어 있다.

체 설치도 가능하다. 만일 6자회담이 재개되고, 일정한 성과를 거두게 된다면, 2007년 2·13 합의에 따라 6자회담 내에 상설적인 다자안보협력기구도 설치할 수 있을 것이다. 혹은 ARF 산하에 상설적인 안보협력기구를 설치하는 것도 가능하다.

3) "맹미(盟美) 연일(連日) 화중(和中) 협로(協露)"의 대외 정책

21세기 동아시아에는 GDP 세계 2위로 부상한 중국과 기존의 강대국인 미국 간의 힘겨루기 양상이 전개되고 있다. 중국은 국방부가 정식 공표하고 있는 것보다 많은 1000~1500억 달러 정도의 국방비를 지출하면서, 특히 해·공군과 우주 및 미사일 전력을 강화하고 있다. 해군의 경우에는 원해방어 전략을 추구하면서, 함정 및 잠수함 전력의 활동 반경을 서태평양 해역에까지 확대하고 있으며, 파키스탄, 방글라데시, 스리랑카, 미얀마 등지에는 개별 국가와의 합의를 통해 군사용 항구를 건설하고 있는 것으로 알려지고 있다.[28] 또한 중국은 대륙 간 탄도미사일(ICBM) 및 중거리 미사일 전력을 지속적으로 증강하고, 중국 인민해방군 총장비부가 중심이 되어 인공위성 발사와 같은 우주개발도 강력하게 추진하면서, 2012년까지는 GPS 기능을 갖는 총 15기의 베이더우(北斗) 위성을 운용하려고 하고 있다.[29]

---

28) Edward Wong, "Chinese Military Seeks to Expand Its Naval Power: A Rapid Buildup is Seen," *The New York Times*, April 24, 2010; Robert D. Kaplan, "Obama Takes Asia by Sea," *The New York Times*, November 12, 2010.

29) Edward Wong and Kenneth Chang, "Beijing adds fuel to global space race," *International Herald Tribune*, December 31-January 1, 2012. 옌쉐퉁 교수는 중국과 미국의 경쟁이 불가피하며, 중국은 미국보다 고차원의 리더십을 제공해, 세계

이에 대해 미국도 중국의 부상을 반접근 지역거부 전략으로 파악하면서, 중국의 부상을 견제하려는 태세를 취하고 있다. 버락 오바마 대통령은 2012년 1월에 공표된 신국방전략방침에서 이라크-아프간 전쟁의 종료 이후 아시아 태평양 지역에 군사 정책의 중점을 두겠다는 방침을 밝혔으며,[30] 2011년 11월의 오스트레일리아 및 동남아 순방을 통해서도 미국이 아시아 태평양 국가의 일원임을 천명했다. 이러한 방침하에 미국은 한국, 일본, 오스트레일리아, 필리핀, 타이, 싱가포르, 말레이시아, 베트남 등에 대한 안보 공약 재확인 및 함정과 병력 증파 등의 조치를 취하고 있다.[31]

미국과 중국이 아시아 태평양 지역에서 힘의 투사 정책을 전개하면서, 동아시아 역내에는 한미일 대 북중러의 군사적 대립구도가 노정되는 양상이 전개되고 있다. 한국, 미국, 일본은 북한 핵 문제에 대한 공동의 입장을 조율하기 위한 목적으로 외교 장관 및 차관급의 전략협의를 수시로 개최해왔다. 이에 대해 북한, 중국, 러시아 간에는 나진·선봉지구에 대한 도로 건설과 철도 개통, 청진항에 대한 부두 사용권 취득, 북러 간의 연합 해군훈련 실시 예정과 중국 함정의 원산 기항과 같은 군사협력이 가시화되고 있다. 이러한 한미일 대 북중러 간의 신냉전 대립구도 재현은 남북 관계를 좀 더 경색시키고, 한반도 안보 환경에 불안정성을 더해주는 요소가 될 수 있다. 이러한 지역적 대립구도의 전개는 신냉전 정국을 초래하

지도력의 위상을 올려야 한다고 주장했다. Yan Xuetong, "How China can defeat America."

30) Department of Defense, *Sustaining U.S. Global Leadership: Priorities for 21st Century Defense.*

31) Ian Johnson and Jackie Calmes, "U.S. making presence felt in Beijing's backyard," *International Herald Tribune,* November 16, 2011; Thom Shanker and Elisabeth Bumiller, "Downsizing is key word in planning at Pentagon," *International Herald Tribune,* January 6, 2012.

게 해, 한반도 공동진화의 노력 자체를 저해하게 할 수 있다.

따라서 한국으로서는 다양한 외교 방책을 활용해 한미일 대 북중러의 대립구도 전개를 완화시킬 필요가 있다. 미국과의 동맹 관계를 유지하고[盟美], 일본과의 성숙한 파트너십 관계를 증진하고[連日], 중국 및 러시아와도 각각 '전략적 동반자 관계'를 동시적으로 발전시켜야 한다[和中 協露]. 이를 위해 복수의 중층적 외교 접근을 시도할 필요가 있다. 북중러의 응집구도를 완화하기 위해 한국으로서는 '21세기 북방 정책', 혹은 '신북방 정책'을 과감하게 취할 필요가 있다. 즉, 북한 문제의 해결을 궁극적 목표로 하면서 중국 및 러시아와의 경제적·사회문화적 협력 관계를 심화해가는 전략이다. 시베리아 및 연해주, 그리고 북극해 항로 개발을 목표로 하는 러시아와의 협력 프로젝트를 적극 추진하고,[32] 북 3성 및 두만강 지역 개발을 구상하는 중국과의 창지투 개발 프로젝트에도 적극 관여하는 것이 구체적인 방책이 될 수 있다.[33]

이와 아울러 한중일 협력기구를 통해 중국과 일본 간의 다양한 협력 프로그램도 추진할 수 있다. 기왕에 추진 중인 한중일 경제, 에너지, 환경, 관광, 등의 협력 등이 그것이다. 동북아시아의 신냉전적 대립구도를 완화하기 위해 소다자주의적 한중일 협력은 긴요하게 활용될 수 있다. 이 같은 중층적 협력을 통해 중국이 갖고 있는 한반도 통일에의 불안감도 완화시킬 수 있을 것이다.[34]

---

32) 지구 온난화에 따른 북극해 항로의 전망과 이에 대한 러시아의 정책은 Andrew E. Kramer, "Melting ice opens path for a boom in the Arctic," *International Herald Tribune*, October 19, 2011 참조.

33) 배명복, "제2의 북방정책 필요하다", ≪중앙일보≫, 2011년 6월 29일 자.

34) 베이징 대학교 주펑(朱鋒) 교수는 한반도 통일에 대해 중국 정책결정그룹이 갖고 있는 불안감을 솔직하게 표명한 바 있다. 주펑 베이징 대학교 국제관계학원 교수

4) 동아시아 인식공동체 창출과 한반도 공진화

한중일 3국의 소다자주의는 한반도 공진화를 위한 인식공동체(epistemic East Asian Community) 창출에도 큰 역할을 할 수 있다. 북한의 핵 폐기 및 개혁개방은 한국뿐만 아니라, 중국과 일본의 공동이익이 될 수 있다. 따라서 한중일의 소다자주의를 통해, 북한의 핵 폐기 및 개혁개방 유도를 위한 인식의 공감대를 형성하고, 이를 기반으로 한반도 통일을 위한 주변국의 협력을 조달받을 수 있을 것이다.

이를 위한 구체적인 방법으로서는 이미 설치된 한중일 협력사무국의 기능 확대 및 그 활동을 보조하기 위한 트랙 1.5 레벨의 전문가 위원회 설치를 제안한다. 즉, 한중일 협력사무국의 어젠다는 세 개국의 정치·경제·환경·문화·교통·관광에 더해 북한의 핵 폐기와 개혁개방 유도를 위한 어젠다를 포함해야 한다. 또한 이를 위해 한중일 3국의 학자, 언론인, 경제인들로 구성되는 1.5트랙 수준의 한중일 협력사무국 자문위원회를 구성한다. 이 자문위원회는 한중일 협력사무국의 어젠다 가운데 특히 북한의 핵 폐기와 개혁개방을 유도하기 위한 목표를 분명히 지향해야 한다. 자문위원회에 포함될 멤버는 한중일 3개국의 외교 및 안보 정책에 영향력을 가진 전문가들로 구성한다. 예컨대 일본 측에서는 다나카 아키히코(田中明彦) 도쿄 대학교 교수(일본 국제정치학회 이사장 및 도쿄 대학교 부총장 역임), 소에야 요시히데(添谷芳秀) 게이오 대학교 교수(게이오 대학교 동아시아연구소 소장, 일본 방위계획대강 2010 기초 참가), 오코노기 마사오(小此木政夫) 규슈 대학교 석좌교수(게이오 대학교 교수 역임, 한일신시대공동연구위원회 일본 측 위원장), 데라시마 지츠로(寺島實郎) 일본총합연구소 이사장

인터뷰. ≪조선일보≫, 2012년 1월 4일 자.

(일본 민주당 정부 외교안보 브레인) 등을 자문위원으로 위촉할 수 있다. 중국 측에서도 중앙당교, 베이징 대학교 등에서 자문위원을 선임한다. 한국 측에서는 통일부 과제에 참가하고 있는 한국정치학회 연구진을 우선 고려할 수 있을 것이다. 이러한 자문위원회는 분기별 회합을 가지면서, 북한의 핵 폐기 및 개혁개방 유도를 위한 한중일 3국의 공동방책에 대해 보고서를 작성해 제출한다. 이러한 3국의 지식인에 의한 정책 제언이 좀 더 효과적으로 북한을 한반도 공진화의 목표에 접근시키는 효과를 가질 수 있을 것이다. 그리고 나아가 한반도 통일에 대한 중국과 일본의 우려를 불식시키고, 좀 더 호의적인 통일 환경을 조성하는 데 도움을 줄 수 있을 것이다.

5. 맺는말

동아시아 지역은 한반도를 둘러싼, 한반도가 포함된 공간이다. 한반도에 거주하는 사람들의 평화와 번영은 동아시아 전체의 평화와 번영 없이 달성될 수 없다. 지난 60여 년간 한국의 정치적 민주화와 경제성장, 그리고 사회적 발전은 경이로운 속도로 달성되었다. 향후 한국은 지속적으로 정치적 민주화와 경제성장을 달성해야 하고, 북한 문제도 해결해 한반도 평화의 세계를 달성해야 한다.

이러한 국가적 과제 달성을 위해 북한의 정상국가화와 동아시아 지역의 상대적 안정과 공동번영이 불가결하다. 이 때문에 한국은 자국의 국가이익 추구를 위해, 북한의 정상국가화 및 동아시아 지역 전체의 공동번영과 안정을 강구하는 국가전략을 수립·추진하지 않으면 안 된다. 한반도 공동진화와 동아시아 다자협력이 동시적 과제로서 추진되어야 하는 이유가 여기에 있다.

동아시아 지역협력구상을 추진한다고 해서 기존 한국 대외 정책의 핵심적 요소였던 한미동맹 구조가 약화되어야 한다는 것은 결코 아니다. 한국이 기존에 구축한 대외 관계, 즉 한미동맹과 한미일 안보협력체제는 유지·발전되어야 한다. 여기에 더해 동아시아 국가들과의 다자적인 안보, 경제, 그리고 사회문화적인 측면에서의 상호 이해와 협력이 제도화된 형태로 진전되어야 한다. 동아시아 역내에 한국의 주도적 참여로 경제협력의 공동체, 협력안보의 공동체, 다원적 공생의 공동체가 형성되어야 한다. 이러한 동아시아 전략이 21세기 이 지역에 배태되는 신냉전적 대립을 해소하고, 내셔널리즘 대립의 가능성을 잠재우며, 나아가 북한 지역을 핵 폐기와 개혁개방으로 유도하는 길이 될 수 있다.

한중일 3국 협력은 이러한 한반도 공진화 및 동아시아 전략을 추구하는 데 충분히 활용될 수 있는 잠재성을 갖고 있다. 한국은 한중일 3국 협력을 포함한 동아시아 역내의 중층적 협력체를 활용해 한반도 공동진화 및 동아시아의 열린 지역주의를 구현해나가기 위한 국제안보 전략을 일층 정교하게 강구해야 할 것이다.

1914년의 유럽, 2014년의 동아시아

2014년 7월 28일은 제1차 세계대전 발발 100주년을 맞는 날이었다. 세르비아 청년이 오스트리아-헝가리 제국 황태자 부부를 저격한 사라예보 사건 이후 불과 한 달여 만에 독일, 프랑스, 러시아, 영국, 이탈리아 등이 각자의 동맹 관계에 따라 전쟁에 휘말려 들어갔다. 급기야 미국과 일본도 참전하면서 이 전쟁은 유례를 찾아볼 수 없는 세계 최초의 대전쟁(Grand War)이 되었다.

제1차 세계대전 발발 이후 식자들은 왜 사라예보 사건이 극히 짧은 시일 내에 대규모 전쟁으로 확산되었는가를 묻기 시작했다. 당시 미국 대통령 우드로 윌슨(Woodrow Wilson)은 유럽 왕조 국가들의 비밀 외교, 상호 간의 군비 경쟁 그리고 내셔널리즘 분출 등이 전쟁의 원인이라고 생각했다. MIT 대학교 교수인 베리 포즌은 독일과 프랑스 등이 슐리펜 플랜

---

* 이 글은 ≪중앙선데이≫, 2014년 7월 20일 자에 게재되었다.

(Schlieffen Plan) 등 상호 공격적인 군사 독트린을 채택하고 있었기 때문에 전쟁이 불가피했다고 분석했다. 다른 학자들은 기존 강대국 영국에 대해 후발 주자인 독일이 급속하게 국력을 증대시키면서, 이것이 상호 긴장과 두려움을 유발해 전쟁의 원인이 되었다고 주장했다. 이러한 분석에 따라 구미 국가들은 제1차 세계대전 종전 이후 국제연맹을 만들어 국가 간의 외교를 공개하고, 국제적인 군비 축소를 추진하며, 민족자결주의 원칙에 따라 동유럽과 중동에 신생 국가들을 독립시키면서 전쟁 원인을 감소시키고자 했다.

그러나 이 같은 평화 구축의 노력에도 100여 년이 지난 지금 인류는 과연 전쟁의 위험에서 벗어나게 된 것일까? 러시아의 크리미아 합병으로 촉발된 동유럽의 민족 간 분쟁, 혹은 중동 지역에서 격화되고 있는 수니파와 시아파 간의 분쟁은 21세기의 국제질서에도 여전히 대규모 국제분쟁의 요인들이 잠복해 있음을 보여준다.

특히 현재 동아시아 국가들 간에 전개되는 상황에 눈을 돌리면, 마치 제1차 세계대전의 전야를 방불케 한다. 중국은 급속한 경제성장을 바탕으로 해·공군 중심의 원거리 투사능력을 확대하면서, 아시아 태평양 방면에서 군사 활동을 증대하고 있다. 동중국해에서는 일본 및 한국의 기존 구역과 중첩되는 방공식별구역을 일방적으로 선포했고, 남중국해에서도 구단선(nine dash line)을 주장하면서 베트남 및 필리핀과 대립하고 있다.

중국의 이러한 움직임은 아시아 태평양 지역을 중시해온 기존 강대국 미국의 세계 전략과 부딪치고 있다. 비록 양국이 신형대국 관계의 기조를 유지하기로 하면서 전략 경제대화를 매년 개최하고 있지만, 부상하는 신흥 강국에 대한 기존 강대국의 불안감이 결국 상호 전쟁을 유발하게 된다는 투키디데스의 함정을 과연 회피할 수 있을지 주목된다.

새로운 안보 전략서에 따르면 일본은 중국의 센카쿠/댜오위다오 영유권 주장과 해·공군력 활동 확대를 잠재적 위협 요인으로 파악하고, 이에 대응하는 형태로 그동안 금기시되어왔던 해병대 전력 보유를 명시하기 시작했고, 집단적 자위권의 용인이라는 루비콘 강도 건넜다. 중일 양국 간 신뢰 구축을 위한 정상회담 및 안보협의가 중단된 지도 오래이다. 이에 더해 핵과 미사일 등 대량살상무기 개발을 지속하고, 대남 공세 전략을 포기하지 않은 북한의 동태도 동아시아 역내의 잠재적 분쟁 유발 요인 가운데 하나임이 분명하다. 이러한 잠재적 분쟁의 요인들이 잠복한 동아시아 역내 질서에서 우발적 사건이나 충돌이 발생한다면, 마치 사라예보 사건 이후의 유럽이 그러했듯이, 지역 전체로 분쟁이 확산될 가능성을 배제할 수 없다.

임시정부의 대통령을 지낸 박은식 선생은 1차 세계대전 발발 직후인 1915년에 쓰인 『한국통사』에서 한국이 스위스나 벨기에처럼 독립을 유지하려면, 일본, 중국, 러시아 등 열강들 간에 세력균형이 유지되도록 해야 한다고 갈파했다. 과연 한국은 동아시아 대국들 간에 박은식 선생이 강조한 '균형 외교'를 제대로 하고 있는 것일까? 나아가 전후의 유럽 국가들이 그러했듯이, 국가들 간의 분쟁을 사전에 예방하고 역내 평화를 도모하기 위한 다자간 안보협의체 구축에 노력을 기울이고 있는 것일까? 6자 회담이 재개되지 못하고 기존에 구축해놓은 한중일 협력 관련 협의체도 원활하게 가동되지 않는 최근의 현실을 타개하는 것에서부터, 역내 분쟁을 억제하기 위한 21세기 균형 외교 및 동북아 평화협력의 길을 모색해야 할 것 같다.

동아시아 정치 지도자들의 비전 경쟁

국가들이 어떤 연유로 흥망성쇠의 서로 다른 경로를 보이는가에 대해서는 동서고금의 많은 식자들이 다양한 견해를 제시한 바 있다. 어떤 이들은 국가가 처한 지정학적 위치가 결정적인 요인이라고 답하기도 했고, 다른 이들은 국가가 선택하는 제도와 정책의 차이가 발전과 쇠퇴를 갈랐다고 보기도 했다. 그런데 동아시아 근현대사의 흐름을 보건데, 아널드 토인비가 지적했듯이, 창조적 소수자, 즉 지도자의 비전과 능력 여부가 그 못지않은 중요한 결정 요인이 아닌가 생각하게 된다. 불리한 지정학적 여건에도 싱가포르가 동아시아 국가들 가운데 최고 수준의 발전과 번영을 누리게 된 것은 고 리콴유(李光耀) 총리의 리더십을 빼놓고 이야기할 수 없을 것이다.

---

* 이 글은 박영준, 「21세기형 지도자 되는 길」, ≪중앙선데이≫, 2015년 4월 26일 자로 게재되었다.

국민들 간의 접촉과 교류가 증대되고, 국가들의 상호 의존도도 증가된 21세기 국제질서에서 이제 지도자들은 자신들의 국가이익만 추구해서는 위대한 리더십으로 평가받을 수 없다. 국가이익을 구현하면서 동시에 타국의 이해와 지지도 획득할 수 있는 비전 제시와 리더십이 요구된다.

버락 오바마 대통령은 취임 이후 일관되게 '아시아 태평양 지역에 대한 재균형 전략'을 표방하면서, 한국, 일본, 오스트레일리아, 필리핀 등 동맹 국가들과의 연대를 강화하고, 아세안이나 동아시아 정상회의와 같은 역내 다자간 기구들에 대한 적극적 관여 정책을 추진해왔다. 이러한 비전을 바탕으로 버락 오바마 대통령은 "가장 중요한 외교는 적대국과의 사이에 이루어진다"고 하면서 미얀마, 쿠바, 이란 등 그간 소원했던 국가들과의 관계를 극적으로 정상화하는 성과를 거두고 있다. 관여 정책을 추진하면서도 동시에 세계 최강인 미국의 국력 수준은 계속 유지할 것이라는 오바마 독트린으로 인해 미국의 글로벌 위상은 더욱 굳건해지는 느낌이다.

세계 제2위의 경제 대국으로 부상한 중국도 최근 시진핑 국가주석 주도하에 국제사회와의 윈윈(win-win) 외교를 적극 표명하고 있다. 특히 2015년 3월 28일 보아오 포럼 연설에서 시진핑 주석은 '아시아 운명공동체'의 비전을 제시하고, 이를 구현하기 위한 아시아인프라투자은행(AIIB) 및 일대일로의 구상 그리고 한중일이 포함된 아시아 경제공동체의 실현 구상을 표명했다. 이 구상은 낙후된 중국 서부 지역의 경제개발을 견인하겠다는 국가이익적인 측면과 아울러 미국과의 직접 대결을 회피하면서 국제협력 네트워크를 확대하겠다는 국제 공동이익을 동시에 고려하는 것으로 보인다.

일본 아베 총리도 취임 이후 '국제협조주의에 기반을 둔 적극적 평화주의'의 비전을 제시하면서 경제 부흥과 안보 역할 확대를 추진하고 있고, 2015년 4월 말에 예정된 미 의회에서의 연설에서도 이 같은 입장이 표명될 것으로 보인다. 그러나 일본 지도자들은 역사 인식이나 영유권 문제에 관해 지나치게 국수주의적 입장을 취함으로써 오히려 이웃 국가인 한국 및 중국의 반발을 초래하고 있는 실정이다.

요컨대 국가뿐 아니라 지역질서 전반에 대해 공생공영의 비전을 제시할 수 있는가의 여부가 21세기 지도자들의 경쟁 요소가 되고 있다. 그러한 지도자를 가진 국가는 발전이 기약되고 국제사회에서도 존경을 받게 되지만, 그러하지 못한 지도자의 국가는 쇠퇴의 길을 갈 수 있다. 인도네시아 반둥회의와 러시아 승전기념 퍼레이드 등 기념비적인 행사들이 즐비한 2015년 4월 말과 5월 초, 외교 무대로 떠나는 우리의 지도자들이 배타적인 국가주의의 함정에 빠지지 않으면서, '일대일로'와 같은 원대한 비전을 제시하거나 '적대국과의 외교도 불사'하는 리더십을 보였으면 한다.

'파격적 다자 외교'에 대한 기대

미국 시카고 대학교의 존 미어샤이머 교수는 2000년대 초반에 『강대
국 국제정치의 비극』이라는 책을 저술하면서, 일약 세계적인 국제 정치
학자로 각광받기 시작했다. 이 책에서 그는 영국, 중국, 러시아, 독일, 이
탈리아, 미국 등 역사상 강대국들의 대외 정책을 분석하면서, 지역 강대
국들은 자신들의 안전보장을 확보하기 위한 가장 확실한 방책으로서 육
군력 및 해군력을 포함한 세력 확대를 단행해 패권국이 되려는 경향이 있
다고 주장했다. 이 때문에 국제정치는 패권국을 지향하는 강대국들의 끊
임없는 세력경쟁이 펼쳐지는 '비극의 무대'라고 보았다.

처음에 이 책을 접했을 때, 과연 강대국들의 성향이 팽창주의적 속성을
갖고 있고, 국제정치가 비극의 경연장일까 하는 의문이 생기지 않을 수

---

* 이 글은 박영준, 「다자외교 속 파격외교」, ≪중앙선데이≫, 2014년 10월 12일 자로
  게재되었다.

없었다. 그러나 최근 지역 대국으로 부상하는 중국과 기존의 대국을 자처하던 일본이 동아시아 무대에서 펼치는 대외 정책의 양상을 생각하면, 존 미어샤이머의 통찰이 어쩌면 정곡을 찌르는 것일지도 모른다는 생각이 들기 시작했다. 경제력과 군사력 면에서 세계 2위 수준의 강대국으로 부상한 중국은 첨단 해군력과 공군력을 지속적으로 증강하면서 동중국해에서 센카쿠/댜오위다오에 대한 영유권을 주장하기 시작했고, 2013년 11월에는 그 주변 공역을 포함한 방공식별권을 일방적으로 선포했다. 남중국해에서도 그 해역 거의 전부를 포함하는 소위 '구단선'의 영유권을 주장하면서, 베트남 및 필리핀과 첨예하게 대립하고 있다.

반면 이에 대해 일본은 2013년 말에 공표한 국가안보 전략서와 방위계획대강에서 중국의 첨단 군사력 증강 및 해양 진출 동향을 잠재적 위협으로 명기하면서, 평화헌법체제하에서 보유 자체가 금기시되었던 해병대 전력의 창설을 선언했다. 아울러 미국과 협의를 추진하면서 중국을 염두에 둔 신가이드라인 개정도 추진하고 있다. 한때 일본은 '총합안전보장'의 개념을 제창하면서, 비전통적 안보 개념까지 포함한 포괄적 안보 정책을 선도적으로 추진한 국가였지만, 현재의 일본은 오히려 군사안보에 편중된 대중 정책에 기울고 있다.

21세기의 동아시아는 중국과 일본 등 지역 강대국들의 세력 확대 경향이 노골화되는 '비극적 국제정치의 무대'가 되고 있는 것은 아닐까? 이러한 상황에서 한국과 같은 상대적 중견국이 '아시아 비극'의 도래를 예방하고, 나름의 안보와 번영을 유지하기 위해서는 양자 외교뿐 아니라 다자간 외교 무대를 적극적으로 활용하는 지혜가 필요하다. 박정희 대통령이 1966년 주도적으로 아스팍을 결성한 이래, 역대 한국 지도자들이 동아시아 지역 내의 다자간 협의체 결성과 활용에 적극적으로 임했던 것은 나름 중견국으로서의 생존을 위한 현명한 외교 전략이었다고 할 것이다. 동아시아 비전그룹의 발족이나 한중일 정상회담의 정례화 및 협력사무국 발족 등은 지금도 여타 역내 국가들이 평가하는 한국 다자 외교의 성과들이다. 박근혜 정부도 기회 있을 때마다 동북아 평화협력 구상 및 유라시아 이니셔티브 등 다자간 협력 제안을 발신해왔는데, 이제는 구체적인 결실을 맺어야 할 시기이다.

다만 다자간 무대에서 입장이 다른 타국을 상대로 공감을 얻어내고, 협력을 획득하기 위해서는 가끔은 상대국들의 의표를 찌르고 예상을 뒤엎는 메시지의 발신과 행동이 필요할 때도 있다. 2014년 10월 16일부터 이탈리아 밀라노에서 개최되는 ASEM 정상회담도 좋고, 2014년 11월에 베이징과 미얀마, 오스트레일리아에서 연속 개최될 APEC 정상회의, 동아시아 정상회의 그리고 G20 정상회의도 좋다. 중국과 일본의 계속되는 군사적 대립을 완화하고, 동북아 평화협력을 구현하기 위해 대통령이 주도적으로 한중일 3국 정상회담의 개최를 제안하는 것은 어떨까? 혹은 남북한 신뢰프로세스를 가속화시키기 위해 아시아 태평양 지역의 다자간 회의에 북한 정상을 옵서버로서라도 초대하자는 파격적인 제안을 해보는 것은 어떨까? 이러한 파격 제안을 통해 '아시아 비극의 주인공'이 될 수도 있는 중국과 일본을 화해·협력의 길로 유도하고, 북한의 핵 폐기와 개혁개방을 촉구한다면 평화적 가교 국가로서 한국의 국제적 위상이 좀 더 증진되는 효과도 클 것이다. 1966년 6월, 한국 최초로 주도한 아시아 지역 다자기구였던 아스팍이 결성될 때, 당시 박정희 대통령은 참가 10여 개국에 대해 "평화와 자유, 균형된 번영의 위대한 아시아 태평양 공동사회"를 건설하자고 호소했다. 다른 대국들의 정치가들에게 과감한 역사 반성을 통해 아시아의 지도자가 되어달라고 요구하는 것도 필요하지만, 우리 스스로가 '아시아 태평양 공동사회'를 견인하는 다자 외교의 구상력과 지도력을 발휘할 시기이다.

참고문헌

1) 국문 자료

고경은. 1988. 「1970년대 한반도 군비경쟁과 남북한」. 하영선 엮음. 『한반도 군비경쟁의 재인식』. 인간사랑.

구민교. 2012. 「2010년대 한국 해양정책의 과제와 전망」. 『EAI 국가안보패널보고서: 2010년대 한국외교 10대 과제』. EAI.

국가안전보장회의. 2004. 『평화번영과 국가안보: 참여정부의 안보정책 구상』.

국방부. 2003. 『참여정부의 국방정책 2003』. 국방부.

＿＿＿. 2012. 『국방백서 2012』. 국방부.

＿＿＿. 2014. 『국방백서 2014』. 국방부.

국사편찬위원회 엮음. 1998. 『자료대한민국사 8: 1948년 8-10월』. 국사편찬위원회.

＿＿＿. 1998. 『자료대한민국사 9: 1948년 11-12월』. 국사편찬위원회.

＿＿＿. 1999. 『자료대한민국사 10: 1949년 1-2월』. 국사편찬위원회.

＿＿＿. 1999. 『자료대한민국사 11: 1949년 3-4월』. 국사편찬위원회.

＿＿＿. 1999. 『자료대한민국사 12: 1949년 5-6월』. 국사편찬위원회.

＿＿＿. 2000. 『자료대한민국사 13: 1949년 7-8월』. 국사편찬위원회.

＿＿＿. 2000. 『자료대한민국사 14: 1949년 9-10월』. 국사편찬위원회.

＿＿＿. 2001. 『자료대한민국사 15: 1949년 11-12월』. 국사편찬위원회.

＿＿＿. 2001. 『자료대한민국사 16: 1950년 1-3월』. 국사편찬위원회.

＿＿＿. 2001. 『자료대한민국사 17: 1950년 4-6월』. 국사편찬위원회.

＿＿＿. 2004. 『자료대한민국사 18: 1950년 6-9월』. 국사편찬위원회.

권태영. 2010. 「천안함 이후 우리의 역·비대칭 전략 및 정책방향」. ≪국방정책연구≫, 제26권 제3호(가을).

권혁철. 2012. 「선제적 자위권 행사 사례 분석과 시사점: 1967년 6일전쟁을 중심으로」. ≪국방정책연구≫, 제28권 제4호(겨울).

김기정. 2005. 「21세기 한국 외교의 좌표와 과제: 동북아 균형자론의 국제정치학적 의미를 중심으로」. ≪국가전략≫, 제11권 4호.

김대중. 2004. 『21세기와 한민족: 김대중 전 대통령 주요 연설 대담, 1998-2004』. 돌베개.

_____. 2010. 『김대중 자서전 2』. 삼인.

김석주. 2011.5.5. "사이버 테러 대비하는 컨트롤타워부터 세워야". ≪조선일보≫.

김영호. 2008. 「국가론의 관점에서 본 대한민국 건국의 특징과 의의」. ≪한국정치외교사논총≫, 제30집 1호.

김일영. 2003. 「인계철선으로서의 주한미군: 규모, 편제, 운용방식의 변화를 중심으로」. 김일영·조성렬. 『주한미군: 역사, 쟁점, 전망』. 한울아카데미.

_____. 2004. 『건국과 부국: 현대한국정치사 강의』. 생각의 나무.

김재엽. 2010. 「제4세대 전쟁: 미래전과 한국 안보에 대한 함의」. ≪신아세아≫, 제17권 1호(봄).

_____. 2012. 「미국의 공해전투(Air-Sea Battle): 주요 내용과 시사점」. ≪전략연구≫, 제14권 제1호.

김정렴. 1997. 『아, 박정희: 김정렴 정치회고록』. 중앙M&B.

김종형. 2011. 「대안적 분석모형에 의한 탈냉전 이후 동북아 재래식 전력지수 평가: 1991-2010 해공군력을 중심으로」. 국방대학교 군사전략전공 석사학위 논문.

김종휘. 1970. 「미국의 대중공정책: 역사적인 변천과정을 중심으로」. ≪국방연구≫, 제29호.

김치욱. 2009. 「국제정치 분석단위로서 중견국가: 그 개념화와 시사점」. ≪국제정치논총≫, 49집 1호.

김태성·성경륭. 2000. 『복지국가론』. 나남.

노태우. 2011. 『노태우 회고록(하권)』. 조선뉴스프레스.

대통령비서실. 1965. 『박정희대통령연설문집: 제1집(1963.12-1964.12)』. 대통령공보비서관실.

_____. 1966.1. 『박정희대통령연설문집: 제2집(1965.1-1965.12)』. 대통령비서실.

_____. 1967.1. 『박정희대통령연설문집: 제3집(1966.1-1966.12)』. 대통령비서실.

_____. 1968.2. 『박정희대통령연설문집: 제4집(1967.1-1967.12)』. 대통령비서실.

_____. 1969.2. 『박정희대통령연설문집: 제5집(1968.1-1968.12)』. 대통령비서실.

_____. 1970.2. 『박정희대통령연설문집: 제6집(1969.1-1969.12)』. 대통령비서실.

_____. 1971. 『박정희대통령연설문집: 제7집(1970.1-1970.12)』. 대통령비서실.

_____. 1972. 『박정희대통령연설문집: 제8집(1971.1-1971.12)』. 대통령비서실.

_____. 1973. 『박정희대통령연설문집: 제9집(1972.1-1972.12)』. 대통령비서실.

_____. 1974. 『박정희대통령연설문집: 제10집(1973.1-1973.12)』. 대통령비서실.

_____. 1975. 『박정희대통령연설문집: 제11집(1974.1-1974.12)』. 대통령비서실.

_____. 1977. 『박정희대통령연설문집: 제13집(1976.1-1976.12)』. 대통령비서실.

_____. 1978. 『박정희대통령연설문집: 제14집(1977.1-1977.12)』. 대통령비서실.

_____. 1990. 『노태우대통령연설문집: 제1권(1988.2.25-1989.2.24)』. 대통령비서실.

_____. 1990. 『노태우대통령연설문집: 제2권(1989.2.25-1990.1.31)』. 대통령비서실.

_____. 1991. 『노태우대통령연설문집: 제3권(1990.2.1-1991.1.31)』. 대통령비서실.

_____. 1992. 『노태우대통령연설문집: 제4권(1991.2.1-1992.1.31)』. 대통령비서실.

_____. 1992. 『노태우대통령연설문집: 제5권(1992.2.1-1993.2.24)』. 대통령비서실.

대통령직 인수위원회 한반도 평화체제 구축 태스크포스팀. 2003.2. 『한반도 평화체제 구축』.

대한민국 정부. 2008. 『이명박 정부 100대 국정과제』. 대한민국 정부.

동북아시대위원회. 2008. 『동북아시대위원회 백서』. 동북아시대위원회.

리델 하트, 바실 헨리(Liddell Hart, Basil Henry). 1999. 『전략론』. 주은식 옮김. 책세상.

마상윤. 2003. 「안보와 민주주의, 그리고 박정희의 길: 유신체제 수립원인 재고」. ≪국제정
치논총≫, 제43집 4호.

문정인. 2012.1. "중국의 부상과 한반도 미래". ≪신동아≫.

박기련. 2004. 「9.11테러 이후 미국의 군사전략 변화: 목표, 수단, 방법 측면」. ≪국방연구≫,
제47권 제2호.

박세일. 2008. 『대한민국 국가전략』. 21세기북스.

박영준. 2006. 「동북아균형자론과 21세기 한국외교」. ≪한국정치외교사논총≫, 제28집 1호.

_____. 2015a. 「미중 해군력 경쟁의 전망과 한국의 해양전략」. 전재성 편저. 『미중 경쟁 속
의 동아시아와 한반도』. 늘품플러스.

_____. 2015b. 「새로운 아태지역 지정학 구도와 한미일 해양협력 과제」. ≪Strategy 21≫,
제36호(봄).

박용옥. 2003.8.19. "노, 자주국방론의 위험성". ≪동아일보≫.

박정희. 1963. 『국가와 혁명과 나』. 向文社.

_____. 1971. 『민족의 저력』. 광명출판사.

_____. 1978. 『민족 중흥의 길』. 광명출판사.

박태호. 1987. 『조선민주주의인민공화국 대외관계사 2』. 사회과학출판사.

박창권. 2012. 「북한의 탄도미사일 위협과 한국의 대응체제 발전방향」. ≪국방정책연구≫,
제28권 2호(여름).

박철언. 2005a. 『바른 역사를 위한 증언 1』. 랜덤하우스 중앙.

_____. 2005b. 『바른 역사를 위한 증언 2』. 랜덤하우스 중앙.

박철희. 2012. 「노태우 시대의 대전략과 우방국 외교: 대미, 대일관계」. 강원택 엮음. 『노태우 시대의 재인식: 전환기의 한국 사회』. 나남.

박휘락. 2008. 『정보화시대 국방개혁의 이론과 실제』. 법문사.

배기옥. 2008. 「이승만의 위협인식과 국방정책 연구」. 국방대학교 석사학위논문.

배명복. 2011.6.29. "제2의 북방정책 필요하다". ≪중앙일보≫.

백승주. 2007. 「차기 정부의 국방정책 과제와 정책방향」. 『차기 정부의 외교안보, 국방, 통일정책의 과제』, 평화재단 창립3주년 기념 심포지움 자료집(2007.11.15)

빅터차. 2004. 『적대적 제휴: 한국, 미국, 일본의 삼각안보체제』. 문학과 지성사.

서중석. 2007. 『이승만과 제1공화국: 해방에서 4월혁명까지』. 역사비평사.

서울올림픽대회조직위원회. 1989. 『제24회 서울올림픽대회 공식보고서: 제1권 대회준비 및 운영』. 서울올림픽대회 조직위원회.

신기욱. 2009. 『한국 민족주의의 계보와 정치』. 이진준 옮김. 창비.

신봉길 한중일협력사무국 사무총장 인터뷰(2011년 6월 17일 동아시아재단 사무실).

오원철. 2006. 『박정희는 어떻게 경제강국 만들었나』. 동서문화사.

외교통상부. 1999. 『한국외교 50년, 1948-1998』. 외교통상부.

외무부. 1959. 『외무행정의 10년』. 외무부.

유현석. 2008. 「동아시아 경제외교전략: 경제외교에 대한 새로운 인식을 바탕으로」. 전재성 외. 『한국의 동아시아 미래전략』. 삼영사.

윤태영. 2012. 「북한 위협과 한국 위기관리체제의 발전방향」. 한국정치외교사학회 국민대 정치대학원 공동학술회의 발표문(2012.10.27).

이근. 2012. 「노태우 정부의 북방외교: 엘리트 민족주의에 기반한 대전략」. 강원택 엮음. 『노태우 시대의 재인식: 전환기의 한국 사회』. 나남.

이대우. 2005. 「2020년 안보환경 전망: 세력전이이론에서 본 패권경쟁」. 이상현 외. 『한국의 국가전략 2020: 외교안보』. 세종연구소.

이동원. 1992. 『대통령을 그리며』. 고려원.

이명박 대통령 주요 연설(17대 대통령 청와대 홈페이지: http://17cwd.pa.go.kr)

이민룡. 2001. 「한국 안보정책의 역사적 전개」. 육군사관학교. 『국가안보론』. 박영사.

이병천 엮음. 2003. 『개발독재와 박정희』. 창비.

이상옥. 1984. 「민족통일의 과제」. 이홍구 외. 『분단과 통일, 그리고 민족주의』. 박영사.

_____. 2002. 『전환기의 한국외교: 이상옥 전 외무장관 외교회고록』. 삶과 꿈.

_____. 2010. 「한국 국방선진화 방향」. 제38회 KIDA 국방포럼 발제문(2010.12.17).

이성훈. 2014. 「북한 도발 억제를 위한 자위권 적용에 관한 연구: 북핵 위협에 대응위한 선제적 자위권 적용을 중심으로」. ≪국가전략≫, 제20권 2호.

이원덕. 2013. 「북방정책과 일본: 북일 수교교섭과 일본의 대북정책」. 하용출 외. 『북방정책: 기원, 전개, 영향』. 서울대학교 출판부.

이완범. 2014.6. 「법학자 함병춘의 대미관과 현실적용」. ≪법학연구≫, 제24권 제2호.

이정우. 2014.5.10. "남북관계와 안보딜레마". ≪IFES 현안진단≫, No. 7(2014-07).

이정철. 2012. 「탈냉전기 노태우 정부의 대북정책: 정책연합의 불협화음과 전환기 리더십의 한계」. ≪정신문화연구≫, 제35권 제2호.

이호재. 1981. 「자주국방과 자주외교문제」. 『핵의 세계와 한국 핵정책』. 법문사.

_____. 1982. 「이승만 외교로부터의 탈피(1981.7.21.)」. 『냉전시대의 극복』. 동아일보사.

이홍구 선생문집 간행위원회 엮음. 1996. 『이홍구문집 3: 민족공동체와 통일』. 나남.

이홍구. 2015.9.14. "평화통일을 위한 분단체제의 제도화". ≪중앙일보≫.

_____. 1996. 『이홍구문집 3: 민족공동체와 통일』. 나남.

임동원. 2008. 『피스 메이커: 남북관계와 북핵문제 20년』. 중앙books.

임성진. 2009. 「박정희의 국가안보전략 연구(1961-1973)」. 국방대학교 석사학위논문.

전경만 외. 2004. 『중장기 안보비전과 한국형 국방전략』. 한국국방연구원.

전봉근. 2014. 「북핵 외교의 리셋팅: 환경변화와 새로운 비핵화 전략 모색」. 한반도포럼 창립 3주년 학술회의 '한반도 평화와 통일: 통일 과정을 중심으로'(2014.4.22).

전성훈. 2012. 「북한 핵위협 재평가와 한국의 군사적 대비방향」. ≪국방정책연구≫, 제28권 2호(여름).

전재성. 2013. 「노태우 행정부의 북방정책 결정요인과 이후의 북방정책의 변화과정 분석」. 하용출 외. 『북방정책: 기원, 전개, 영향』. 서울대학교 출판부.

정정길. 1994. 『대통령의 경제리더쉽: 박정희, 전두환, 노태우 정부의 경제정책관리』. 한국경제신문사.

정진영. 2006. 「동북아 경제협력과 한국의 FTA 전략: 참여정부의 FTA 정책 평가」. 하영선 엮음. 『21세기 한국외교 대전략: 그물망 국가 건설』. EAI.

조갑제. 2007. 『박정희: 한 근대화 역명가의 비장한 생애, 제13권』. 조갑제 닷컴.

조윤영. 2008. 「동아시아 외교안보전략: 이명박 정부의 정책방향과 과제중심으로」. 전재성 외. 『한국의 동아시아 미래전략』. 삼영사.

주성하. 2014.3.11. "북한 주민의 마음 못사는 통일은 또 다른 분단의 시작일 뿐". ≪동아일보≫.

정훈. 2014. 「전시 민군작전간 이북 5도청 활용 방안」. ≪합참≫, 제60호.

진덕규. 2000. 「한국 정치의 권력구조와 지배세력」. 『한국현대정치사 서설』.

청와대. 2004. 『평화번영과 국가안보: 참여정부의 안보정책 구상』. 청와대.

_____. 2009.3. 『성숙한 세계국가: 이명박 정부 외교안보의 비전과 전략』. 청와대.

최영종. 2009. 「동아시아의 다자주의, 다자외교, 다자제도」. 화정평화재단·21세기 평화연구소 엮음. 『다자외교 강국으로 가는 길』. 동아일보사.

최호중. 2004. 『외교는 춤춘다』. 한국문원.

하영선. 1989. 『한반도의 전쟁과 평화: 군사적 긴장의 구조』. 청계연구소.

_____. 2010. 「2032 북한 선진화의 길: 복합그물망국가 건설」. 하영선·조동호 엮음. 『북한 2032: 선진화로 가는 공진전략』. EAI.

한승조. 1992. 『한국정치의 지도자들』. 대정진.

한용섭. 2012. 『국방정책론』. 박영사.

한표욱. 1996. 『이승만과 한미외교』. 중앙일보사.

함택영. 2006. 「북한군사연구 서설: 국가안보와 조선인민군」. 경남대학교 북한대학원 엮음. 『북한군사문제의 재조명』. 한울아카데미.

홍준기. 2004. 「한국 자주국방 정책의 역사적 변천과정에 관한 연구」. 국방대학교 석사학위논문.

홍현익. 2000. 「한국의 국가전략과 러시아」. 세종연구소 엮음. 『21세기 한국의 국가전략』. 세종연구소.

황병무. 2001. 『전쟁과 평화의 이해』. 오름.

2) 영문 자료

Allison, Graham. 2015.9.24. "The Thucydides Trap: Are the U.S. and China Headed for War?" *The Atlantic.*

_____. 2015. "The Thucydides Trap," in Richard N. Rosecrance and Steven E. Miller(eds.). *The Next Great War?: The Roots of World War and the Risk of U.S.-China Conflict.* Cambridge, M.A.: Belfer Center for Science and International Affairs.

Bae, Jong-Yun. 2010. "South Korean Strategic Thinking toward North Korea: The Evolution of the Engagement Policy and Its Impact upon U.S.-ROK Relations." *Asian Survey*, Vol.59, No.2.

Bautista, Lowell and Julio Amador III. 2013. "Complicating the Complex: China's ADIZ."

PacNet, #87A(December 4).

Blackwill, Robert D. and Ashley J. Tellis. 2015. *Revising U.S. Grand Strategy Toward China*. Council on Foreign Relations(March).

Brzezinski, Zbigniew. 2012. *Strategic Vision: American and the Crisis of Global Power*. New York: Basic Books.

_____. 2013.2.14. "Giants, but not hegemons." *International Herald Tribune*.

Bumiller, Elisabeth. 2012.11.12. "U.S. pivot to Pacific is just starting to take shape." *International Herald Tribune*.

Catherine, Wong Tsoi-lai. 2015.5.7. "China, Russia boost ties with naval drill in Mediterranean Sea." *Global Times*.

Cole, Bernard D. 2014. "The History of the Twenty-First-Century Chinese Navy." *Naval War College Review*, Vol.67, No.1(Summer).

Copp, Tara. 2015.11.2. "China warns US it will defend its man-made islands in South China Sea." *Stars and Stripes*.

CSIS. 2016. *Asia-Pacific Rebalance 2025: Capabilities, Presence, and Partnership: An Independent Review of U.S. Defense Strategy in the Asia-Pacific*. CSIS.

Cumings, Bruce. 1984. *The Two Koreas*. New York: Foreign Policy Association.

_____. 2005. *Korea's Place in the Sun: A Modern History*. New York: Norton(1997/ 2005)

Delury, John and Chung-in Moon. 2014. "A Reunified Theory: Should We Welcome the Collapse of North Korea?" *Foreign Affairs*(November/December).

Department of Defense. 2012a. *Sustaining U.S. Global Leadership: Priorities for 21st Defense*(January).

_____. 2012b. *Report to Congress on Military and Security Developments involving the People's Republic of China 2012*(May).

_____. 2014. *Quadrennial Defense Review 2014*(March 4).

_____. 2015. *Asia-Pacific Maritime Security Strategy*(July).

Evera, Stephen Van. 1998. "Offense, Defense, and the Causes of War." *International Security*, Vol.22, No.4(Spring).

_____. 1999. Causes of War: *Power and the Roots of Conflict*. Ithaca: Cornell University Press.

Fackler, Martin. 2010.7.7. "Capitalist Enclave in North Korea Tries to Ride Out Political Storm." *The New York Times.*

_____. 2010.12.10. "South Koreans Guess at the North's Next Target." *The New York Times.*

Forsythe, Michael. 2016.2.17. "Missiles Deployed on Disputed South China Sea Island, Officials say." *International New York Times.*

Friedberg, Aaron L. 2011. *A Contest for Supremacy: China, America, and the Struggle for Mastery in Asia.* New York: Norton.

Friedman, Hal M. 2007. *Governing the American Lake: The U.S. Defense and Administration of the Pacific, 1945-1947.* East Lansing: Michigan State University Press.

Ferguson, Niall. 2004. *Colossus: The Rise and Fall of the American Empire.* London: Penguin Books.

Fitzpatrick, Mark. 2016. *Asia's Latent Nuclear Powers: Japan, South Korea and Taiwan.* IISS.

Gilpin, Robert. 1981. *War and Change in World Politics.* Cambridge: Cambridge University Press.

Greenert, Jonathan W. 2012. "Sailing into the 21st Century: Operating Forward, Strengthening Partnerships," *JFQ* 65. National Defense University.

Haass, Richard N. 2015. "Regime Change and Its Limits." *Foreign Affairs*, Vol.84, No.4 (Jul/Aug).

Hahm, Pyong-choon. 1972. "Korea and the Emerging Asian Power Balance." *Foreign Affairs*, Vol.50, No.1(January).

_____. 1974. "Political Dilemmas in the Republic of Korea." *Asian Affairs*, Vol.1, No.5 (May-June).

Hammes, Colonel T. X. 2012. "Offshore Control is the Answer." *Proceeding Magazine*, Vol.138/12(December). U.S. Naval Institute.

Hammes, Thomas X. 2004. *The Sling and the Stone: On War in the 21st Century.* St. Paul. Minnesota: Zenith Press.

Hao, Zhou and Guo Kai. 2013.1.11. "Japan scrambles fighters over Diaoyu." *Global Times.*

Ha, Young-Sun. 1978. "Nuclearization of Small States and World Order: The Case of Korea," *Asian Survey*, Vol.18, No.11(November).

Heath, Timothy R. 2016.2.10. "China's Naval Moderniation: Where is it headed?" *World Politics Review*.

Hong, Sung Gul. 2011. "The Search for Deterrence: Park's Nuclear Option." in Byung-Kook Kim and Ezra F.Vogel(eds.). *The Park Chung Hee Era: The Transformation of South Korea*. Cambridge, Massachusetts: Harvard University Press.

Huntington, Samuel P. 1993. "The Clash of Civilizations?" *Foreign Affairs*(Summer).

Jiang, Jie. 2016.2.2. "China unveils five new theater commands." *Global Times*.

Jiang, Yi. 2015.8.24. "Sino-Russian drills show determination in safeguarding international order." *Global Times*.

Johnson, Ian and Jackie Calmes. 2011.11.16. "U.S. making presence felt in Beijing's backyard." *International Herald Tribune*.

Johnson, Jesse. 2016.2.1. "U.S. risks credibility gap by swatting China with international treaty it has never ratified." *The Japan Times*.

Kang, David C. 2009. "Between Balancing and Bandwagoning: South Korea's Response to China." *Journal of East Asian Studies*, Vol.9, No.1(Jan.-Apr.).

Kaplan, Robert D. 2007. "Lost in the Pacific: Asia Rising." *International Herald Tribune* (September 22-26).

_____. 2010.11.12. "Obama Takes Asia by Sea." *The New York Times*.

Kayyem, Juliette. 2012.3.28. "The Arctic's widening shipping lanes." *International Herald Tribune*.

Kim, Hyung-A. 2004. *Korea's Development under Park Chung Hee: Rapid Industrialization, 1961-79*. London: Loutledge.

Kissinger, Henry. 2011. *On China*. London: Penguin Books.

Kramer, Andrew E. 2011.10.19. "Melting ice opens path for a boom in the Arctic." *International Herald Tribune*.

Krepinevich Jr. and Andrew F. 2015. "How to deter China: the case for Archipelagic Defense." *Foreign Affairs*(March-April).

Landler, Mark. 2014.11.13. "U.S. and China reach climate deal." *International New York Times*.

Lankov, Andrei. 2009. "Changing North Korea." *Foreign Affairs*, Vol.88, No.6(Nov/Dec).

Lee, Sook-Jong. 2009.6.1. "South Korea's Soft Power Diplomacy", *EAI Issue Briefing* (2009-01).

Li, Jie. 2013.1.3. "Reality forces Washington to take new military approach in East Asia." *Global Times*.

Lind, William S. et al. 1989. "The Changing Face of War: Into the Fourth Generation." *Marine Corps Gazette*, October.

Liu, Mingfu. 2015. *The China Dream: Great Power Thinking and Strategic Posture in the Post-American Era*. New York: CN Times Books.

Liu, Yang. 2015.8.31. "As China rise alarms US think tanks, the importance of good ties must not be forgotten." *Global Times*.

Lu, Yaodong. 2015.8.5. "Expanded Indo-Japanese military cooperation dangerous for Asia." *Global Times*.

McDonald, Mark. 2010.10.26. "An Unlikely Pairing Bears Fruit in North Korea." *The New York Times*.

Mearsheimer, John J. 2011. *The Tragedy of Great Power Politics*. New York: Norton.

Millet, Allan R. and Peter Maslowski. 1994. *For the Common Defense: A Military History of the United States of America*. New York: The Free Press.

Modelski, George. 1987. *Long Cycles in World Politics*. Macmillan Press.

Moon, Chung-In and Byung-joon Jun. 2011. "Modernization Strategy: Ideas and Influences." in Byung-Kook Kim and Ezra F. Vogel(eds.). *The Park Chung Hee Era: The Transformation of South Korea*. Cambridge, Massachusetts: Harvard University Press.

Nye, Jr. and Joseph S. 2013. "Our Pacific Predicament." *The American Interest*, Vol.VIII, No. 4(March/April).

_____. 2013.1.28. "Don't try to 'contain' China." *International Herald Tribune*.

_____. 2014.1.21. "1914 Revisited?" PacNet #8 . CSIS Pacific Forum.

_____. 2015. "Inevitability and War." in Richard N. Rosecrance and Steven E. Miller(eds.). *The Next Great War?: The Roots of World War and the Risk of U.S.-China Conflict*. Cambridge, Massachusetts: Belfer Center for Science and International Affairs.

Oberdorfer, Don. 1997, 2001. *The Two Koreas: A Contemporary History.* New York: Basic Books.

Office of Naval Intelligence. 2015. *The PLA Navy: New Capabilities and Missions for the 21st Century.*

Office of the Secretary of Defense. 2012. *Military and Security Development involving the Democratic People's Republic of Korea 2012: Annual Report to Congress.*

Olson, Wyatt. 2015.9.21. "Study: US needs more subs, fewer carriers to combat Chinese military growth." *Stars and Stripes.*

Perlez, Jane. 2015.4.17. "Images show China building airstrip in disputed sea." *International New York Times.*

_____. 2015.5.2~3. "China and Russia to hold Mediterranean drills." *International New York Times.*

Pillsbury, Michael. 2015. *The Hundred-Year Marathon: China's Secret Strategy to Replace America as the Global Superpower.* New York: St.Martin's Griffin.

Posen, Barry R. 1984. *The Sources of Military Doctrine: France, Britain, and Germany between the World Wars.* Ithaca, New York: Cornell University Press.

_____. 2003. "Command of the Commons: The Military Foundation of U.S.Hegemony." *International Security*, Vol.8, No.1(Summer).

Ramzy, Austin and Chris Buckley. 2014.5.24. "Deal on conduct at sea is reached." *International New York Times.*

Rice, Susan E. 2013.11.20. "America's Future in Asia". Georgetown University.

Ross, Robert S. 2009. "China's Naval Nationalism: Sources, Prospects, and the U.S. Response." *International Security*, Vol.34, No.2(Fall).

_____. 2012. "The Problem With the Pivot: Obama's New Asia Policy is Unnecessary and counterproductive" *Foreign Affairs*(November/December).

Rumsfeld, Donald H. 2003.5.23. "Defense for the 21st Century." *The Washington Post.*

_____. 2003.7.18. "Why Defense Must Change." *The Washington Post.*

Russell, Mark. 2013.9.24. "'Real North Korea' more complex than it appears." *Korea*

JoongAng Daily.

Sanger, David E. and Rick Gladstone. 2015.4.10. "Piling sand, China literally gains ground." *International New York Times*.

Sanger, David E. 2013.5.8. "U.S. blames military in China for cyberattacks." *International Herald Tribune*.

Schmitt, Eric. 2011.5.26. "NATO's complex, high-tech Libya battle." *International Herald Tribune*.

Schwartz, General Norton A. and Admiral Jonathan W. Greenert. 2012.2.20. "Air-Sea Battle." *The American Interest*.

Schweller, Randall L. and Xiaoyu Pu. 2011. "After Unipolarity: China's Visions of International Order in an Era of U.S. Decline." *International Security*, Vol.38, No.1(Summer).

Shanker, Thom and Elisabeth Bumiller. 2016.1.6. "Downsizing is key word in planning at Pentagon." *International Herald Tribune*.

Steinberg, Gerald M. 2014.7.3. "Israel Air Power in a Changing Strategic and Technological Environment." the Air and Space Power Conference.

Sun, Chenghao. 2015.8.11 "Sino-US ties far from showdown moment." *Global Times*.

Sun, Xiabo. 2015.2.1. "Speculation of 2nd aircraft carrier unwanted but expected." *Global Times*.

The Secretary of Defense. 2011. *Military and Security Developments Involving the People's Republic of China 2011: Annual Report to Congress*.

_____. 2015. *Military and Security Developments Involving the People's Republic of China 2015: Annual Report to Congress*.

The State Council Information Office. 2015. *China's Military Strategy*(May).

Terry, Sue Mi. 2014.6.17. "Let North Korea collapse." *International New York Times*.

_____. 2014. "A Korea Whole and Free." *Foreign Affairs*(July/August).

Waltz, Kenneth N. 1959. *Man, the State and War: A Theoretical Analysis*. New York: Columbia University Press.

Wang, Jisi, 2011. "China's Search for a Grand Strategy: A Rising Great Power finds its Way." *Foreign Affairs*, Vol.90, No.2(March/April).

Wang, Xiaoxuan. 2012.7.27. "Navy has to get stronger." *China Daily*.

440

Wen, Ya. 2013.1.1. "US threatens China's maritime rights, say experts." *Global Times*.

Wong, Edward. 2010.4.24. "Chinese Military Seeks to Expand Its Naval Power: A Rapid Buildup is Seen." *The New York Times*.

Wong, Edward and Kenneth Chang. 2012. "Beijing adds fuel to global space race." *International Herald Tribune*(December 31-January 1).

Wu, Xinbo. 2012. "Not Backing Down: China Responds to the US Rebalance to Asia." *Global Asia*, Vol.7, No.4(Winter).

Yan, Xuetong. 2011.4.1. "How assertive should a great power be?" *International Herald Tribune*.

_____. 2011.11.21. "How China can defeat America." *International Herald Tribune*.

Yufan, Huang. 2016.2.9. "Q.and A.: Yan Xuetong urges China to adopt a more assertive foreign policy." *International New York Times*.

Zhang, Junshe. 2015.8.27. "Washington hawks hype up Beijing parade." *Global Times*.

3) 일문 자료

秋山昌廣. 2002. 『日米の戰略對話が始まった』. 亞紀書房.

石原莞爾. 1940. 「支那事變の解決」, 玉井禮一郎 編. 1986. 『石原莞爾選集』.

尹健次. 2000. 『現代韓国の思想: 1980－1990年代』. 岩波書店.

黒沢文貴. 2000. 『大戦間期の日本陸軍』. みすず書房.

佐道明廣. 2003. 『戰後日本の防衛と政治』. 吉川弘文館.

田中明彦. 1996. 『新しい中世』. 日本經濟新聞社.

船橋洋一. 1997. 『同盟漂流』. 岩波書店.

樋渡由美. 2012. 『專守防衛克服の戦略』. ミネルらあ書房.

防衛省 防衛研究所 編. 2012. 『中國安全保障レポート2011』. 防衛省防衛研究所.

찾아보기

인명

ㄱ

강영훈 136~137, 147
고르바초프, 미하일(Mikhail Gorbachyov)
　122, 124~126, 147
김영삼 141, 149, 152, 161, 178, 392
김종휘 116, 118, 121, 125, 138, 146~147

ㄴ

노무현 114, 182~191, 195, 197, 200, 202~
　203, 207~213, 216~221, 227~228, 231~
　232, 234, 236~237, 249, 251, 279, 393~
　396, 398, 400, 402, 405~406, 408, 410
노신영 122
노태우 113~130, 133~134, 136~140, 142~
　149, 151, 177, 392

ㄹ, ㅁ

란코프, 안드레이(Andrei Lankov) 283, 285, 319~
　320
매들린, 올브라이트(Albright Madeleine) 166

ㅂ, ㅅ

박정희 16, 36, 51~62, 65~71, 73~87, 89,
91~92, 94~100, 102~103, 105~106, 114,
119~121, 128, 130, 135, 145~147, 177~
178, 222, 332, 391, 427~428
박철언 114, 116, 118, 123~124, 132, 136,
147
백락준 41
서동만 184
신상초 50

ㅇ

오버도퍼, 돈(Don Oberdorfer) 134
오원철 86~88, 91
윤영관 184
이동원 68
이명박 222~228, 231~250, 279, 393, 399~
400, 402~403, 407~409, 411
이범석 31, 33, 46, 120, 122
이승만 16~50, 56~57, 59, 61~66, 68~70, 73~
76, 80, 83, 97~100, 121, 222, 344, 391
이양하 49
이종석 184
이형근 46
이호재 92, 99, 121, 146
이홍구 116~117, 132~133, 135, 146~147
임동원 147, 151~153, 155~159, 162, 178,
231
임병직 39~40

지은이 박영준

　　현재 국방대학교 안보대학원 교수이다. 연세대학교 정치외교학과를 졸업
하고 서울대학교 대학원 외교학과 석·박사 과정을 수료한 후 육군사관학교
교관을 거쳐 도쿄 대학교에서 국제정치학 박사 학위를 받았다. 하버드 대학
교 미·일 관계 프로그램(US-Japan Program) 방문학자로 두 번 체재했고, 한
국평화학회 회장, 국제정치학회 안보국방분과위원장 등으로 활동했다. 또한
일본 정치외교, 동북아 국제관계, 국제안보 등의 분야에서 『제3의 일본』, 『안
전보장의 국제정치학』(공저), 『21세기 국제안보의 도전과 과제』(공저), 『해
군의 탄생과 근대일본』 등 다수의 저서와 연구 논문을 발표했다. 국가안전보
장회의 및 외교부의 정책자문위원 활동과 다양한 언론 매체에서의 칼럼 집필
등을 통해 국가안보 정책에 대한 제언도 활발히 하고 있다.

한울아카데미 1961
한국 국가안보 전략의 전개와 과제
한반도, 동아시아 그리고 평화

ⓒ 박영준, 2017

지은이 ㅣ 박영준
펴낸이 ㅣ 김종수
펴낸곳 ㅣ 한울엠플러스(주)

편집책임 ㅣ 김영은
편   집 ㅣ 최은미

초판 1쇄 인쇄 ㅣ 2017년 2월 21일
초판 1쇄 발행 ㅣ 2017년 3월 3일

주소 ㅣ 10881 경기도 파주시 광인사길 153 한울시소빌딩 3층
전화 ㅣ 031-955-0655
팩스 ㅣ 031-955-0656
홈페이지 ㅣ www.hanulmplus.kr
등록번호 ㅣ 제406-2015-000143호

Printed in Korea.
ISBN 978-89-460-5961-0 93340(양장)
      978-89-460-6290-0 93340(학생판)

※ 책값은 겉표지에 표시되어 있습니다.
※ 이 책은 강의를 위한 학생용 교재를 따로 준비했습니다.
   강의 교재로 사용하실 때에는 본사로 연락해주시기 바랍니다.